Ilka Sommerfeld

[illegible]

# Der Geschmack von Blumen und Blüten

# Der Geschmack von Blumen und Blüten

## Eine kulinarische Entdeckungsreise

Elisabeth de Lestrieux • Jelena de Belder-Kovačić
Fotos von Rudolf Bom u. a.

DuMont Buchverlag Köln

# Einleitung

Blumen im Garten oder in der Natur sind ein Quell uneingeschränkter Freude. Zu Sträußen gebunden, sind Blumen eine Augenweide, bei deren Anblick uns warm ums Herz wird. Kommen Blüten aber zum Verzehr auf den Tisch, erreicht der Genuß ungekannte Dimensionen.

Die verfeinerte Kunst des Kochens mit Blüten bringt uns in einen so intensiven Kontakt mit der Schönheit und mit dem Duft der Blüten, daß man – hat man einmal damit begonnen – unablässig neue Schönheiten auf den Tisch zaubern möchte. Die stille Zufriedenheit einer Kamelienblüte (*Camellia*), die im Beignet-Teig ihre Blütenform bewahrt, ... der Duft der Holunderblüte, der – in Sirup eingeschlossen – jederzeit bereit ist, Speisen mit seinem Aroma zu krönen, ... der einfache Löwenzahn, den man zu honigfarbenen Gelees verarbeiten kann, ... die Rose, die unzähligen Speisen ihre Schönheit schenkt, ... das sind nur einige der Freuden, die sich dem Leser dieses Buches erschließen werden.

Wer genießt nicht den Wechsel der Jahreszeiten, der uns immer wieder anderes frisches Gemüse aus dem Garten auf den Teller bringt. Was könnte es Schöneres geben, als dieses kulinarische Erleben der Jahreszeiten noch zu erweitern, indem man die Teller mit aromatischen und bunten Blüten ziert? Das bevorstehende Frühlingsfest wird mit Sirup aus duftenden Veilchen (*Viola odorata*) und mit Schlüsselblumen (*Primula veris*) auf dem Salat gefeiert oder mit einem üppigen Kranz gezuckerter Gänseblümchen (*Bellis perennis*) auf einer Torte. Ein frühsommerliches Festmahl kann mit *Robinia*- und Rosen- oder Zucchiniblüten und orangefarbenen Blütenblättern der Ringelblume angerichtet werden, und der Spätsommer erglüht in den leuchtenden Farben der Kapuzinerkresse oder schimmert in den sanften Tönen von Broccoli und anderen *Brassica*-Arten. Würzige Getränke kann man mit Nelkenblüten und Gewürznelken (den getrockneten Knospen von *Syzygium aromaticum*) zubereiten, Eis mit Lavendel- oder mit Quittenduft aromatisieren und Gemüsegerichte mit *Salvia*- oder *Sium*-Blüten verzieren. Und wenn dann die kalten Wintermonate kommen, stehen die nach Ananas duftenden kleinen roten Ähren von *Salvia rutilans* bereit. Wer könnte dann dem schweren Parfüm des Arabischen Jasmin (*Jasminum sambac*) aus dem Gewächshaus widerstehen, und wer würde nicht erfreut nach draußen eilen, um Blüten von *Trachystemon orientalis* und *Lonicera fragrantissima*, von *Stachyurus praecox* und *Prunus mume* zu pflücken und sie sorgsam einzuhüllen in ein schützendes Zuckermäntelchen, damit sie auf Desserts, Kuchen und Torten von der Winterblüte Zeugnis ablegen können.

Um jedoch sicher zu gehen, daß all dieser Genuß auch Genuß bleibt, soll an dieser Stelle eine Warnung ausgesprochen werden: Versuchen Sie bitte nicht – möglicherweise von unserem Enthusiasmus angeregt –, mit Blüten zu experimentieren, von denen Sie nicht eindeutig wissen, daß sie genießbar sind. Büchern über eßbare Blüten, in denen keine botanischen Namen angeführt werden, sollten Sie kein unbedingtes Vertrauen schenken, da die volkstümlichen Namen von Pflanzen regional verschieden sein können, was möglicherweise zu lebensgefährlichen Verwechslungen führt (bei Übersetzungen ist dieses Risiko noch höher). So habe ich einmal Maiglöckchen (*Convallaria majalis*), die ja bekanntlich wie viele andere Mitglieder ihrer Familie trotz ihres herrlichen Dufts sehr giftig sind, in einem Rezept gefunden! Eindeutigkeit hinsichtlich der Identität der beschriebenen Pflanzen ist ein sehr wichtiger Punkt. Wir haben deshalb großen Wert darauf gelegt, daß die jeweils verwendeten Blüten oder Pflanzen in unmittelbarer Nähe der Rezeptbeschreibungen deutlich abgebildet sind.

Lassen Sie sich jedoch durch diese Warnung nicht verunsichern: Was Sie in diesem Buch finden, ist nicht nur ungefährlich, es schmeckt außerdem vorzüglich, ist im allgemeinen leicht anzubauen oder zu sammeln, und sollten Sie zufällig keine *Lonicera fragrantissima* im Garten haben – das in diesem Buch beschriebene luftig leichte Dessert, das man damit zubereiten kann, schmeckt auch ohne diese Blüten (oder mit anderen) sehr gut.

Wir möchten Sie mit diesem Buch dazu anregen, eigene Rezepte mit den hier zusammengetragenen Blüten zu erfinden, und vielleicht sogar dazu, daß Sie in Ihrem Blumen-, Kräuter- und/oder Gemüsegarten der einen oder anderen genießbaren Blütenpflanze einen Platz einräumen. Wir hoffen, daß Sie künftig nicht mehr nur zum Kräuterblatt, sondern auch zur Kräuterblüte greifen, denn die Blüte ist in ihrem Aroma gewöhnlich zarter und reiner.

Natürlich haben wir darauf geachtet, daß die in den Rezepten verwendeten Blüten nicht nur bekömmlich sind (vorausgesetzt, Sie gehen maßvoll damit um), sondern daß sie auch »ungeschützt« sind: Wir verarbeiten keine Pflanzen, die man in freier Natur nicht pflücken darf. (Alles, was Sie selbst gesät haben, können Sie natürlich nach Belieben ernten.) Darüber hinaus lassen sich die aufgeführten Pflanzen im allgemeinen leicht im Garten kultivieren, und die meisten von ihnen sind als Samen, Setzlinge oder Container-Pflanzen im Sortiment vieler Gärtnereien oder Baumschulen.

Um die hier beschriebenen Gerichte zuzubereiten, brauchen Sie nicht erst ein Kochseminar zu absolvieren, es genügt vollkommen, die verständlich beschriebenen Grundrezepte am Ende des Buches durchzulesen. Wir haben bewußt darauf verzichtet, komplizierte mittelalterliche Rezepte aufzuführen – so faszinierend es auch sein mag, einmal nachzuforschen, was dazumal aufgetragen wurde –, denn oft erfordert die Zubereitung dieser Speisen so viele Stunden der Vorbereitung und eine solche Anzahl von Zutaten, daß vermutlich kaum jemand Lust verspüren wird, sich an derart aufwendige Gerichte heranzuwagen. Wir verwenden Blüten, die schon an sich schön und schmackhaft genug sind, und sie kommen in einer einfachen Verarbeitung wesentlich besser zu ihrem Recht als nach stundenlanger Zubereitung.

Dies ist ein modernes Kochbuch, für Menschen unserer Zeit, und sein besonderer Reiz liegt darin, daß es mit der Romantik und mit den Aromen längst vergangener Zeiten und ferner Länder vertraut macht, von denen wir uns haben inspirieren lassen. In Europa ist es nicht oder nur in sehr geringem Maße üblich, den Wechsel der Jahreszeiten mit bestimmten Blüten zu feiern, wie dies zum Beispiel in Japan geschieht, wenn die Zeit der *Prunus*-Blüte gekommen ist. Es wäre wundervoll, wenn dieses Buch dazu anregen würde, die ständig wechselnde Blütenpracht intensiver zu genießen, nicht nur mit dem Auge, sondern auch mit Nase und Gaumen. Begleiten Sie uns also auf einer erregenden Entdeckungsreise zu unbekannten kulinarischen Erlebnissen.

Jelena de Belder-Kovačić
Elisabeth de Lestrieux-Hendrichs

# Die Blüten des Frühlings

Die eßbaren Blüten des zeitigen Frühjahrs sind eigentlich alle klein und zart – als ob es die Pflanzen zu viel Kraft kosten würde, so früh schon Größeres aus dem kalten Boden zu treiben. Zugegeben, Wintergewächse wie beispielsweise geschossener Grünkohl und andere Kohlsorten geben ihr Bestes mit hohen Büscheln wogenden Gelbs, aber sie haben ja auch viel länger Zeit gehabt. Direkt über dem Boden wachsen Frühlingsschätze wie *Primula veris*, Stiefmütterchen und Gänseblümchen, die sich für Frühlingsgerichte eignen, und auch an Bäumen und Sträuchern ist die Blüte zwar üppig, aber doch zart und fein – im Gegensatz zur Blütenkraft mancher Magnolien und der Kamelien, die sich schon früher entfaltet.

Um die zierlichen Frühlingsblüten gebührend feiern zu können, benötigte ich Dutzende kleinster ›Vasen‹: leere Eierschalen, gefüllt mit feuchtem Steckschaum, in denen sich das fröhliche Gewimmel zu einer festlichen Hommage an die eßbare Farbenpracht des Frühlingsgartens und der Frühlingswiese aufstecken ließ (links).

*Alliaria petiolata*, die Knoblauchsrauke, ist der erste der vielen Kreuzblütler (*Cruciferae*), mit denen wir uns beschäftigen werden. Dieses Gewächs ist in freier Natur sehr verbreitet; und obwohl es sich hier nicht um eine Lauchpflanze handelt, weisen Blätter und Blüten einen Zwiebel- oder Lauchgeschmack auf.

*Allium cowanii* ist unter den echten Laucharten oder Zierzwiebeln die frühblühendste Art. Die Pflanze bildet lockere Dolden mit sechsblättrigen weißen Blüten, die ein feines Zwiebelaroma verbreiten.

*Bellis perennis*, das niedliche Gänseblümchen mit seinem weißen Margeritengesichtchen, das in keinem Frühlingsgarten fehlt, ist roh in Salaten verwendet etwas enttäuschend im Geschmack, doch im ganzen verzuckert, überrascht es plötzlich mit einem Marzipanaroma.

*Brassica napus* ssp. *napus*, Raps, und *Brassica rapa* ssp. *oleifera*, Rübsamen oder Rübsen, liefern beide frische gelbe Blüten, die sonnig leuchten und sehr lecker sind.

*Brassica oleracea* convar. *acephala* var. *sabellica* – ›ellenlanges‹ Pflanzenlatein für jenes Gewächs, das wir kurz und bündig Grünkohl oder Krauskohl nennen und das außer oder besser gesagt nach seinem krausen Winterblatt frühlingsgelbe, ziemlich zerknitterte Blüten bildet, die von überraschend feinem Geschmack sind (siehe Seite 10/11).

*Cardamine pratensis*, das liebliche rosaviolette Wiesenschaumkraut, das Wiesen und Weiden zuweilen schon im März einen Hauch von Frühling verleiht, ist ein weiterer Kreuzblütler, der es verdient, hier erwähnt zu werden.

*Crataegus laevigata*, Weißdorn, habe ich mit etwas Wärme (am Ofen) dazu überredet, bereits Mitte April ein paar Blütenknospen zu öffnen, um ihn in das Frühlingsgesteck aufnehmen zu können.

*Cydonia oblonga* var. *pyriformis*, der Birnenquittenblüte (die größer ist als die des Apfels und von ebenso zarter Tönung), sehen wir gerne nach, daß ihre zartrosa Blüten kein starkes Aroma verbreiten: Verzuckert schmecken sie sehr gut und ergeben zusammen mit den verarbeiteten Früchten der Birnenquitte reizvolle Desserts.

*Eruca vesicaria* ssp. *sativa*, die Ölrauke, ist ebenfalls ein Kreuzblütler, der alle Aufmerksamkeit verdient, denn wenn diese Pflanze schießt, entwickelt sich ein üppiges Bukett sehr aromatischer Blüten in Blaßgelb mit feiner purpurner Äderung.

*Glechoma hederacea*, Gundermann, kann ganze Teppiche mehr oder weniger erwünschten Krauts bilden, selbst an sehr schattigen Standorten. Seine leuchtend hellvioletten Lippenblüten besitzen ein würziges Aroma; das Blatt selbst ist gewöhnlich zu bitter für den Verzehr.

*Mentha × piperita* var. *citrata* habe ich ›dazwischengeschmuggelt‹, denn natürlich blüht sie nicht so früh im Jahr. Die üppig wachsenden Triebe in der schönen, leicht purpurnen Tönung verbreiten aber einen so herrlichen Eau-de-Cologne-Duft, daß die Versuchung einfach zu groß war.

*Myrrhis odorata*, die Süßdolde, trug zum Zeitpunkt der Aufnahme tatsächlich zwischen den wunderbar aromatischen Blättern schon ein paar zerzauste Blütendolden, die nicht nur herrlich duften, sondern auch sanfter und süßer schmecken als das Blatt.

*Primula veris*, die Gewöhnliche Schlüsselblume, ist außergewöhnlich liebreizend, blüht erfreulich lange und läßt sich sowohl frisch in Salaten als auch verzuckert auf Desserts verwenden. Ein paar ihrer Blüten schmücken das abgebildete Frühlingsblüten-Eis.

*Prunus serrulata* ‚Gioiko' mit ihren cremefarbenen, leicht grünlichen Blüten ist hier als Repräsentant der vielen Zierkirschen vertreten, die uns der Frühling schenkt. In Japan wird die Kirschblüte ausgiebig gefeiert. Auch wir wollen dies hier tun, wenn auch in etwas bescheidenerer Form. Die verzuckerten ‚Gioiko'-Blüten auf Eis sind außerdem ein gutes Beispiel für die Überraschungen, die man beim Verzuckern erleben kann, denn durch diesen Verarbeitungsprozeß wird nicht nur der Geschmack intensiviert, sondern manchmal auch die Farbe.

*Rosa* ‚Frühlingszauber' zauberte mit Hilfe von etwas Ofenwärme schon ein paar hellrosa Rosenknospen an ihre Zweige.

*Rosmarinus officinalis* spielt mit seinen zarten Blüten eine der Hauptrollen in unserer Frühlingssinfonie, denn diese früh blühende Pflanze schenkt ihren Blüten ein außergewöhnlich feines Aroma, das die Geduldsarbeit der Ernte reichlich belohnt.

*Viola tricolor* ‚Hortensis' ist eine Kreuzung zwischen der kleinen einjährigen Pflanze, deren Blüten deutlich erkennbar drei Farben (daher ›tricolor‹) zur Schau stellen, und einem größeren Gartenstiefmütterchen. Die etwas größeren Blüten lassen sich leichter verzuckern und können auch Essigen und anderen Wässerchen mehr Farbe verleihen.

Frühling auf dem Eis

Stellen Sie Zitroneneis her, das Sie mit in Branntwein eingelegten Zitronenschalen (siehe Seite 185) verfeinern. Richten Sie das erfrischende Dessert mit einem großzügigen Bukett verzuckerter bunter Frühlingsblüten an (siehe Grundrezepte, Seite 201). Wir haben hier das Violett der *Viola tricolor* ‚Hortensis' und eine Blütenspitze Gundermann (verzuckerte ›würzige‹ Blüten überraschen mit unerwarteten Geschmacksakzenten) mit dem sanften Gelb der *Primula veris*, dem frischen Grün der Zierkirsche *Prunus serrulata* ‚Gioiko' und dem hellen Rosa einer verspäteten Winterblüte meiner *Camellia × williamsii* ‚Elisabeth Rothschild' kombiniert.

# Japanische Pestwurz am Teich

Wer einen Teich von einiger Größe (oder das Ufer eines Wassergrabens) zur Verfügung hat, sollte sich den Luxus der cremefarben blühenden Japanischen Pestwurz erlauben, mit botanischem Namen *Petasites japonicus* var. *giganteus* und im Japanischen kurz Fuki genannt.

Diese außergewöhnlich reizvolle Pflanze ähnelt in ihrer äußeren Erscheinung der europäischen *Petasites hybridus* (Gemeine oder Rote Pestwurz), jedoch sind die ausladenden Blätter von etwas hellgrünerer Tönung (siehe Seite 92/93 hinter der Luzerne) und die Blütenstände über den apfelgrünen Rosetten cremefarben. Sie blüht gewöhnlich im April, bei milder Witterung oft schon im März, und dann summt und tanzt es um sie herum nur so von Hummeln und Bienen, die soeben hungrig aus dem Winterschlaf erwacht sind. Wenn die Japanische Pestwurz sich erst einmal richtig akklimatisiert hat und anfängt, sich wuchernd zu verbreiten, kann man bedenkenlos dem Völkchen, das sie umschwirrt, etwas von seinem Naschwerk nehmen und eine kleine Menge sehr junger Blütenknospen abschneiden: Fuki produziert sie in Hülle und Fülle. Haben die Knospen ungefähr die Größe einer Walnuß erreicht, kann man jene köstlichen Fuki-Pickles daraus zubereiten, die in Japan als Beilage zu Reis sehr geschätzt werden. Man serviert sie in Schälchen zusammen mit anderen Gemüsegerichten und mit Fleisch oder Fisch. Pro Person sollte man nur zwei bis drei Knospen rechnen, auch wenn ihr ganz eigener, ein wenig bitterer Geschmack sehr einladend ist.

[Wir weisen darauf hin, daß alle Teile von *Petasites hybridus* u. a. unterschiedliche Mengen Pyrrolizidin-Alkaloide mit z. T. leberschädigender und krebserregender Wirkung enthalten. Aus diesem Grund soll die Pflanze nach Bewertung des Bundesgesundheitsamtes (Kommission E; BAnz. Nr. 138, 27. 7. 1990) nicht mehr als Ausgangsmaterial für Arzneimittel zugelassen werden. Es ist nicht auszuschließen, daß auch *Petasites japonicus* var. *giganteus* Pyrrolizidin-Alkaloide enthält. Anm. d. dt. Red.]

### Eingelegte Fuki-Blütenknospen

Pro Person 2–3 Blütenknospen werden zunächst 10 Minuten lang bei schwacher Hitze in Wasser mit Holzasche (1 Eßl. Buchenholzasche auf 1 l Wasser) gekocht. Holen Sie die Fuki-Knospen dann mit einem Schaumlöffel heraus und garen Sie sie weitere 10 Minuten in siedendem frischem Wasser.

Die gut abgetropften Fuki-Knospen werden anschließend einige Tage in einer Marinade, bestehend aus Sojasauce und japanischem Reiswein (oder nicht zu trockenem Sherry) eingelegt. Im Kühlschrank halten sie sich nach dieser Behandlung mehrere Wochen.

# Kohltriebe und Hopfensprossen

Die auf dieser Seite vorgestellten Pflanzen sind sozusagen ›dazwischengeschmuggelt‹ worden, denn weder das gebleichte Blatt des Meerkohls noch die Hopfentriebe kann man als Blüten bezeichnen.

Doch lassen sich ein paar Punkte zur Entschuldigung dieser Inkonsequenz anführen. Zunächst und vor allem sind beide Pflanzen so schmackhaft, daß wir keinesfalls auf sie verzichten wollten. Darüber hinaus könnte man als Ausrede gelten lassen, daß sich zwischen den gebleichten Blättern des Meerkohls gelegentlich eine Blütenknospe verbirgt und im Hopfentrieb schon alles angelegt ist, was die Hopfenranke später entwickeln wird: meterlange rauhbehaarte Stengel, Unmengen von Blättern und eine Fülle von Hopfenblüten.

### Meerkohl-Segen

Die Meerkohlart *Crambe maritima* ist eine im allgemeinen nicht sonderlich geschätzte Schwester von *Crambe cordifolia* (Riesenschleierkraut), die mit ihren kräftigen Büscheln dunkelgrüner Blätter und ihren mannshohen Wolken winziger Blüten und Samenkügelchen die Welt der Gartenliebhaber erobert hat. Doch *Crambe maritima* verdient ein besseres Schicksal: Die Blätter sind atemberaubend schön, und zwar von dem Augenblick an, in dem sie sich tiefpurpurn aus dem kalten Boden emporkräuseln, bis weit ins Jahr hinein, wenn sie den taufeuchten, graublauen Untergrund für gefächerte Dolden mit unzähligen murmelgroßen Samenkapseln bilden. In der Zwischenzeit öffnen sich die Blüten – fast weiß mit einem Hauch von Lila –, und sie entfalten ihre Pracht hoch über den Blättern, die zu diesem Zeitpunkt alle Schattierungen zwischen Purpur und Blaugrün aufweisen.

Im Frühjahr machen wir begeisterten Köche uns gierig und hungrig mit unseren Bleichtöpfen auf den Weg, um das soeben sprießende Meerkohlblatt in Dunkelheit zu hüllen, auf daß es bleich werden und mit seinem so gemilderten Geschmack unseren Frühlingsteller zieren möge.

Solche Bleichtöpfe aus Terracotta waren bis vor kurzem nur in Großbritannien erhältlich. Wer nur wenige Pflanzen auf diese Weise abdecken will, wird wahrscheinlich beim Anblick eines dieser altmodischen Töpfe schwach werden; wer hingegen ganze Reihen von Meerkohl erblassen lassen möchte, wird zu einfacheren Dingen greifen müssen: zu großen, auf den Kopf gestellten Kunststoff-Blumenkästen oder zu aus Zweigen und schwarzer Gartenbau-Plastikfolie hergestellten Kuppeln.

Wer den Vorgang noch beschleunigen möchte, kann um solch einen Bleichtopf herum Mist aufhäufeln, am besten Pferde- oder Eselsmist, denn dieser erzeugt Wärme im Inneren des Topfes, so daß der Meerkohl-Genuß noch früher beginnen kann. (Natürlich sollte man niemals alle Blätter pflücken und auch nicht alle Hopfensprossen gleichzeitig abschneiden, denn dadurch nimmt man den Pflanzen alle Lebenskraft.)

Die gebleichten Meerkohlblätter sind am schmackhaftesten in einer einfachen Zubereitung: kurz in Wasser oder Bouillon unter Beigabe eines kleinen Stückchens Butter gekocht oder ungefähr 10 Minuten lang gedämpft. Servieren Sie den Meerkohl mit zerlassener Butter oder mit einer Sauce hollandaise und mit Zitronenscheiben, falls Sie dem Gericht eine frische Note geben wollen.

### Hopfen: gross und grosszügig

Langsam wird dieses exklusive Gemüse, das in Deutschland zwar im Mittelalter schon geschätzt wurde, dann aber lange Zeit in tiefste Vergessenheit geriet, wiederentdeckt. Inzwischen ist es gelungen, die kurze Saison der Freilandsprossen auf rund 14 Wochen zu verlängern (unter Glas natürlich, was die Kosten der Produktion in die Höhe treibt). Wer also ausreichend Platz hat, sollte seine eigene Sprossenzucht anlegen: Schon ein kleiner *Humulus lupulus* erledigt dies in kürzester Zeit.

Der Geschmack von Hopfensprossen erinnert an wilden Spargel, wird jedoch von einem nussigen Beigeschmack begleitet, weshalb sie gut zu Fischen und Schaltieren passen (Jakobsmuscheln beispielsweise sind ideal). Aber auch zu Geflügel oder zu Kalbfleisch schmecken sie köstlich. Zum Verzehr am besten geeignet sind die Sprossen, wenn sie maximal 8 cm lang und mehr als 4 mm dick sind. Ihre Farbe sollte creme bis blaßgelb sein; Sprossen, die im Tageslicht schon grün zu werden beginnen, schmecken bitter. Achten Sie auch darauf, daß die Köpfchen noch fest geschlossen sind.

Hier ein klassisches Hopfensprossenrezept von Paul und Ida Kerckhoff aus der Küche ihres Hotels Regina in Jeper: Die gut gewaschenen Sprossen 7 Minuten lang in Wasser (gut bedeckt) mit 1 Eßl. Mehl und ein paar Tropfen Zitronensaft kochen. Salz und Pfeffer nach Geschmack hinzufügen. Die Sprossen in der Kochflüssigkeit etwas abkühlen lassen, dann abgießen und mit einem pochierten Ei und Sauce hollandaise servieren.

Pieter Taselaar, Mitherausgeber der Zeitschrift »Entre nous«, bereitet dazu folgende Sauce: Pro Person rechnet er ein Eigelb und eine halbe Eierschale desselben guten Rieslings, den er auch zum Essen serviert. Zusammen mit Salz und Pfeffer werden die Zutaten im Wasserbad zu einer Sauce von Mayonnaise-Konsistenz verquirlt. Ein Tropfen Maggi gibt die erforderliche Würze, mit etwas Zucker läßt sich ein eventueller Überschuß an Säure neutralisieren. Zur Abrundung kann man ein wenig zerlassene Butter unterrühren.

Anmerkung: Die Hopfensprossen auf dem mittleren Foto sind schon etwas zu hoch aufgeschossen. Zum Verzehr werden sie ›lilienweiß‹, also noch in der Erde, geschnitten – genau wie Spargel.

# Ein Strauß von Kohl

Auf der Suche nach Alternativen zum Blumenkohl bescherten uns unsere Experimente mit Kohlblüten einige köstliche Überraschungen.

Geschossener Grünkohl (*Brassica oleracea* convar. *acephala* var. *sabellica* – ohne Kopf also, und das letzte Wort bezieht sich auf die Sabeller, jene mittelitalischen Kleinstämme, die im 4. Jahrhundert v. Chr. von den Römern unterworfen wurden) erwies sich nicht nur als schön und schmackhaft, sondern er bietet auch einen rührenden Anblick mit seinen hellgelben, leicht geknitterten Blütenblättern, dem Gegenstück zum gekräuselten Blatt.
Beim Rotkohl (*Brassica oleracea* convar. *capitala* var. *rubra* – mit einem roten Kopf also, und den hat er unbestreitbar) sind die glatten Blütenblätter gelb, doch Stengel und Knospen tragen dem Namen des Kohls Rechnung.

### Grünkohlblüten

Sicher wird es bald allgemein zum guten Ton gehören, Grünkohlblüten auf den Speisezettel zu setzen, da sie in allen Stadien ihrer Entwicklung äußerst schmackhaft sind. Die jungen Spitzen der großen Rispen lassen sich sehr gut pfannenrühren oder auch hervorragend in einem Beignet-Teig fritieren. Sie schmecken dann – wir zögern, es zu gestehen – meist besser als die unter großen Mühen aufgezogenen und gebleichten Meerkohlblätter. Kurzum, die Blütenknospen sind eine wirkliche Delikatesse.

Wenn die frischen gelben Blüten ihre leicht geknitterten Blätter entfaltet haben, sind die Stengel zum Pfannenrühren oder Fritieren zu zäh geworden, doch in diesem Stadium werden die abgezupften rohen Blüten in Salaten zum Genuß. Ich habe sie mit den bißfest gedämpften *Brassica*-Blütenknospen von grünem Broccoli kombiniert (siehe auch Seite 174/175). Für einen fröhlichen Farbkontrast sorgen violette Gundermannblüten (*Glechoma hederacea*, siehe auch Seite 24/25), die frisch im Salat ihre schöne Farbe behalten, in Vinaigrette (siehe Grundrezepte, Seite 201) jedoch schnell verblassen, obwohl sie geschmacklich darin gut zur Geltung kommen (siehe die Abbildung unten).
Mit Rotkohlblüten können Sie übrigens auf die gleiche Weise Ehre einlegen.

Links: Dreimal Grünkohl – ein Gesteck aus Grünkohlblüten, ein Blütenmodell für den Schulunterricht in stark vergrößertem Maßstab und Blütenknospenstengel nach dem Fritieren
Rechts: Das *Brassica*-Duett Broccoli und Grünkohlblüten zusammen in einem Salat mit ein paar Gundermannblüten als Akzent. Grünkohlblüten sind an ihren leicht geknitterten Blütenblättern zu erkennen, bei den Rotkohlblüten ist die rötliche Farbe von Knospe und Stengel das Erkennungsmerkmal.
Oben: Der Rotkohl scheint noch ein wenig zu zögern, ob er sein entzückendes Blütengeheimnis preisgeben soll

# Osterküken mit Wiesenschaumkraut

Wiesenschaumkraut (*Cardamine pratensis*) sprenkelt schon früh im Jahr Wiesen und Felder, Deiche und Straßenränder, so daß man bereits das Osterfest mit seinen lieblichen rosavioletten Blüten verschönen kann.

Das ist in Form einer Tischdekoration möglich, wie die niedlichen Küken auf der Abbildung zeigen, die die anmutige Frühlingslast bereitwillig tragen, oder in fritierter Form, wobei eine Beilage entsteht, die ausgezeichnet mit rosafarbenem Fleisch harmoniert. Auf der Abbildung unten leisten in Beignet-Teig fritierte Blüten des Wiesenschaumkrauts einem zarten Kalbssteak Gesellschaft.

# Quartett aus köstlichen Kreuzblütlern

Ein Quartett der schmackhaftesten Kreuzblütler als Repräsentanten für die vielen Kreuzblütler, die fast alle eßbar sind: Manche sind von kräftigem Geschmack, manche etwas zurückhaltender im Aroma, aber allesamt sind sie hübsch anzuschauen und wegen ihrer Schönheit in dieses Buch aufgenommen worden, wie beispielsweise die etwas später im Jahr blühende *Hesperis matronalis*.

Hier paradieren von links nach rechts: Wiesenschaumkraut (*Cardamine pratensis*), wovon es außer dieser weitverbreiteten wilden Art auch eine Zuchtform mit gefüllten Blüten gibt: *Cardamine pratensis* 'Plena'.
Blütenrispen des Grünkohls (*Brassica oleracea* convar. *acephala* var. *sabellica*), der schon so früh in der Saison in jeder Hinsicht überaus ›großzügig‹ in seiner zart aromatischen Blüte ist.

Wunderschön chamois getönte Blüten der Ölrauke (*Eruca vesicaria* ssp. *sativa*), die mit ihrer hübschen purpurnen Äderung auf keinem Teller deplaziert sind.
Schließlich das tiefe Gelb, das Rübsamen oder Rübsen (*Brassica rapa* ssp. *oleifera*) und Raps (*Brassica napus* ssp. *napus*) in Felder und an Straßenränder zaubern, nicht ganz so kräftig im Geschmack wie die sanfter getönte Grünkohlblüte, doch in Salaten nicht zu verachten.

APRIL

*Eruca vesicaria ssp. sativa*

APRIL

*Eruca vesicaria ssp. sativa*

# Ein Loblied auf die Ölrauke

Auf den beiden vorangehenden Seiten wird überzeugend demonstriert, wie schön die Blüte der Ölrauke (*Eruca vesicaria* ssp. *sativa*) aus der Nähe betrachtet ist. Schon früh im Jahr kann man das Chamois mit der feinen purpurnen Äderung genießen, denn obwohl die Senfrauke, wie sie auch genannt wird, einjährig ist, beginnt sie nach milden Wintern oft schon früh zu treiben. Wer im Mai sät, kommt erst viel später in den Genuß ihrer Schönheit und ihres Geschmacks. Deshalb lohnt es sich in jedem Fall, die Wurzelstöcke der abgeernteten Pflanzen im Boden zu lassen, in der Hoffnung auf eine frühe Ernte nach einem milden Winter.

### Lammrippchen mit fritierten Blüten der Ölrauke

Neuseeländische Lammrippchen sind so klein und fein, daß sie nach 12 Minuten in einem auf 225° C vorgeheizten Backofen gar sind. Es genügt, das Fleisch mit Meersalz und gemahlenem rotem Pfeffer einzureiben, mit Öl zu bepinseln braucht man es nicht, denn die Rippchen haben genau die richtige Menge an eigenem Fett. Bei einem Rippenstück mit größeren Koteletts verlängert sich die Garzeit auf 20 Minuten, und die Temperatur des Backofens muß etwas reduziert werden, falls das Fleisch zu stark zu bräunen droht.

Für die Beilage tauchen Sie die Spitzen der Blütenstände von Ölrauke in einen gut deckenden Beignet-Teig (siehe Grundrezepte, Seite 202), um sie anschließend goldbraun zu fritieren (in Traubenkernöl zum Beispiel).

Wenn Sie die Blüte der Ölrauke voll auskosten möchten, können Sie zusätzlich frische Blüten unter den Salat mischen, denn sie schmecken frisch ebenso gut wie fritiert oder verzuckert.

### Tomaten-Sorbet mit Ölraukenblüten

(Abbildung siehe Seite 15) Im Frühjahr nehme ich für dieses Sorbet eine Tomatenkonserve (425 ml), aber später im Jahr sollten Sie nach Möglichkeit frische Eiertomaten wählen, die Sie abziehen und eventuell mit ein wenig Tomatensaft anreichern. Außerdem benötigen Sie Sirup, gekocht aus 175 ml Wasser und 100 g Zucker, den Saft von einer Zitrone, Salz, frisch gemahlenen grünen Pfeffer, 50 ml Schlagsahne und 50 ml ›Eau-de-vie de Céleri‹.

Alle Zutaten im Passiersieb oder Mixer pürieren und dann 20 Minuten in der Eismaschine verarbeiten. Nach 15 Minuten eine Handvoll frische Ölraukenblüten hinzugeben.

Richten Sie das Sorbet (das sich auch ideal als ›Trou normand‹ eignet – ursprünglich ein ›Schnäpschen‹ zwischen zwei Gängen) in Glasschalen an, in denen Sie zuvor ein paar frische Blüten dekorativ von innen an der Wandung ausgebreitet haben. Reizvoll beschlagene Gläser bekommen Sie, wenn Sie das Sorbet ein paar Stunden vor dem Servieren in die Schalen füllen und tiefgefrieren. Wenn Sie dieses Sorbet außerdem mit frischen und verzuckerten Blüten verzieren, haben Sie alle geschmacklichen Aspekte der Ölraukenblüte vereint.

### Marmorierte Eier

Die marmorierten Eier haben natürlich im Grunde nichts mit den Kreuzblütlern auf dieser Seite zu tun, aber ihr besonders würziger Geschmack läßt sich ausgezeichnet mit dem herzhaften (Un-)Kraut namens *Cardamine hirsuta* (Vielstengeliges Schaumkraut) kombinieren, jenem hartnäckigen und ungebetenen ›Mitbewohner‹ in Pflanzenkübeln sowie in Pflasterfugen, den Sie sicherlich wiedererkennen werden.

Um den schönen Marmoreffekt zu erzielen, müssen Sie die Eier zunächst 10 Minuten lang kochen. Anschließend ›zertrümmern‹ Sie vorsichtig die Schale der abgeschreckten Eier (ohne sie zu entfernen), so daß möglichst viele feine Sprünge entstehen. Je feiner die Sprünge sind, um so schöner wird die Marmorierung, wenn die Farbe durch die Risse in der Schale eindringt.

Bereiten Sie einen starken Sud aus 4 Eßl. Teeblätter (am besten eine chinesische Sorte, denn dieses Rezept stammt ursprünglich aus China), 2 Zimtstangen, 4 Sternanis-Samenkapseln, der Schale von einer Orange, 2 Eßl. Sojasauce, 1 Teel. Salz und Wasser. Lassen Sie die zerbrochenen Eier vorsichtig in diese aromatische Flüssigkeit gleiten, 2 Stunden lang darin simmern und auch darin abkühlen, am besten über mehrere Stunden, damit der Geschmack gut einziehen kann.

Sie können diese Eierspeise als fernöstliche Alternative zu unseren ›Ostereiern‹ anbieten oder sie zu einem frischen Salat servieren, dem Blätter und Blüten von *Cardamine hirsuta* und eventuell auch noch ein paar Blüten der Knoblauchsrauke (wegen des Zwiebelgeschmacks) untergemischt sind. Die gebeizten Eier schmecken auch gut auf Vollkornbrot mit einer der Blütenbutterarten von Seite 164 oder auf einem Frühlings-Sandwich mit Schnittlauchblüten oder den Blüten eines anderen frühblühenden Lauchs.

### Zwiebelbraune Eier

Um Eier mit einer schönen braunen Schale und einem leichten Zwiebelaroma zu versehen, sammeln Sie mindestens eine Woche lang alle braunen Häutchen der Zwiebeln, die Sie zum Kochen verwenden. Bereiten Sie daraus einen tiefbraunen Zwiebelsud zu (30 Minuten), und lassen Sie die Eier darin kochen, bis sie hart und ausreichend gefärbt sind.

# Himmlische Tulpenfreuden

Die Tulpensorte, die diesen Frühlingssalat ziert, trägt den Namen 'Angélique', und die wie hellrosa Muscheln anmutenden Blätter ihrer gefüllten Blüten schmecken in den verschiedensten Kombinationen – zunächst einmal im Salat, befreit von Stiel, Staubbeuteln und Stempel. (Die ganzen Blüten, hier ›verpackt‹ in Blättern von rotem Chicorée – besser bekannt als Radicchio –, sind auf der Abbildung nur so angerichtet, um zu zeigen, wie schön sie sind.)
Tiefgrüner Feldsalat (*Valerianella locusta*), hellrosa Tulpenblätter und der warme Ton des Radicchio (*Cichorium intybus* var. *foliosum* 'Rossa di Verona') ergeben zusammen einen farbenfrohen Frühlingssalat, der eine gute Vinaigrette verdient (siehe Grundrezepte, Seite 201).
Falls sich einigen Lesern beim Anblick dieses und der folgenden Tulpenblütengerichte die Frage aufdrängt, ob so eine Tulpenblüte denn überhaupt nach irgend etwas schmecke (womit sie übrigens nicht die ersten wären), dann sollten sie am besten in den Frühlingsgarten gehen und probieren.
Wir haben dies natürlich schon längst getan, inspiriert durch alte Bücher, und erfreut festgestellt, daß die Blütenblätter der Tulpe von angenehm knackiger Konsistenz sind, leicht süß im Geschmack, aber doch so neutral, daß sie sowohl zu herzhaften als auch zu süßen Speisen passen. Hinzu kommt, daß sie sich in einer schier unbegrenzten Farbskala darbieten, so daß sie bei zahllosen Gerichten als (Farb-)Akzent dienen können; eine Abwechslung von der sattsam bekannten Tomatenscheibe, dem Petersilienzweiglein oder dem Salatblättchen.
Bekanntlich nimmt kein Mensch es dem Salatblatt übel, daß es nicht der Gipfel des Wohlgeschmacks ist: Mit Öl, Essig und Gewürzen wird dem abgeholfen. Nun, die Tulpe wartet schon voller Ungeduld auf ihre Chance, und mancher Salat, manche Terrine und Torte wird durch sie im übertragenen wie im wörtlichen Sinn aufblühen.
[Vor dem Genuß von Tulpenzwiebeln ist zu warnen, da Vergiftungserscheinungen bekanntgeworden sind. Anm. d. dt. Red.]

Links: Marmorierte und zwiebelbraune Eier sind eine aromatische Abwechslung für das Ostermenü
Darüber: Lammrippchen mit fritierten Blütenspitzen der Ölrauke, die aufsehenerregend schön und sehr schnell zubereitet sind

## Zierlauch in Weiss

Diese sehr elegante weiße Lauchart ist ein entzückender Vorbote des vielfältigen *Allium*-Genusses, der sich über viele Monate fortsetzt. Zierlaucharten (allerdings ist die erste Silbe eigentlich unpassend, weil sie wirklich hervorragend schmecken) werden auf den Seiten 48–55 noch ausführlich behandelt, mit einer kleinen Zugabe auf Seite 130 und einem Vorgeschmack hier.
*Allium cowanii* heißt dieser weiß blühende Zierlauch, der im April damit beginnt, gewundene Knospenstengel zu bilden, und dessen letzte aufblühende Blütenstengel sich erst im Juni aufrichten. Die Dolden bestehen aus Dutzenden verhältnismäßig großer weißer Einzelblüten mit eindeutig grünen Staubbeuteln und einem herrlichen milden Zwiebelaroma. Zum Verzehr kann man die Blüten der Dolde vereinzeln und über Salate streuen oder die ganze Dolde im Beignet-Teig fritieren. Die Blüten sind köstlich auf und in pikanten Sorbets (siehe Seite 43), in herzhaften Frühlings-Sandwiches (siehe Seite 42) oder einfach als Beigabe zu einem Käsebrot oder einem Spiegelei (später im Jahr kann die reiche Blüte des Schnittlauchs, *Allium schoenoprasum*, vor allem diese letzte Aufgabe übernehmen).
*Allium cowanii* ist eng verwandt mit *Allium neapolitanum* und *Allium subhirsutum*, doch die Blüten sind viel größer und haltbarer, sowohl auf dem Teller als auch in der Vase, weshalb sie sich auch gut als passende Tischdekoration eignen.
*Allium cowanii* mag ein wenig Sonnenwärme, da sie aus Westasien stammt. Sollten Sie nur einen Schattenplatz zur Verfügung haben, können Sie sich mit *Allium ursinum*, dem Bärlauch, trösten, der sogar unter Sträuchern und Bäumen wächst. Seine Blüte ist nicht ganz so anmutig, sein Geschmack nicht so verfeinert, doch beim Bärlauch ist erfreulicherweise auch das leicht nach Knoblauch schmeckende Blatt genießbar.

## Nicht alle Zierlaucharten schmecken

Da unter den vielen existierenden Lauchgewächsen keine giftigen bekannt sind, lädt diese Pflanzengattung zu einer kulinarischen Entdeckungsreise geradezu ein. Und weil ich gerne zwischen der rosa und lila Blütenpracht der *Allium*-Gewächse ein paar andere Farbtöne sehe und mir deshalb beispielsweise *Allium nigrum* var. *multibulbosum* (meist kurz *Allium multibulbosum* genannt) wegen ihrer Schönheit so sehr am Herzen liegt, konnte ich es kaum abwarten, daß sich in den breiten weißen Blütendolden die ersten Knospen öffneten (erst im Mai).
War das eine Enttäuschung! Ganze drei Mal habe ich sie gekostet: gleich zu Anfang, dann noch einmal, weil ich nicht glauben wollte, daß der Geschmack wirklich so unangenehm war, und schließlich ein drittes Mal später in der Jahreszeit, weil ich gehofft hatte, die warme Sonneneinstrahlung hätte den Geschmack auf wunderbare Weise verändern können. Doch diese vollkommene Schönheit war und blieb unnahbar und ungenießbar.

# Hände voller Herrlichkeiten

Wie wundervoll doch der Frühling ist. Das Sonnenlicht bricht sich im noch hellen Blattwerk, allenthalben erblühen Blumenzwiebeln in leuchtenden Farben, die Bäume stehen im Schmuck ihrer Blüten, und man hat reichlich Gelegenheit, Hände voller Herrlichkeiten für Vasen, aber auch für den Teller zu pflücken.

Drei ›Hand‹-Vasen aus klarem Glas, Stücke aus meiner leider noch recht bescheidenen Sammlung, sind hier gefüllt mit den weißen Blütendolden von *Allium cowanii*, einem Strauß rosafarbener gefüllter Tulpen 'Angélique' und den zartgrün schimmernden Blüten von *Prunus serrulata* 'Gioiko' – zarte Frühlingsfarben, eingefaßt in funkelndes Glas – eine strahlende Antwort auf die Frühlingssonne und gleichzeitig frische Zutaten für die Frühlingsküche.

Süsses in Zucker

Nahezu alls *Prunus*-Blüten lassen sich ausgezeichnet verzuckern, das zeigte bereits das Frühlingsblumen-Eis auf Seite 7. Wie man diese Blüten sonst noch verarbeiten und verwenden kann, ist auf den Seiten 22/23 nachzulesen, auf denen das japanische Kirschblütenfest besungen wird.

Wie man Tulpen im Salat oder auf Torten als Verzierung und als köstliche Beigabe zur Geltung bringen kann, sehen und lesen Sie auf der vorangehenden und auf der folgenden Seite. Auf der vorliegenden Seite aber zeigt sich die Tulpe in ihrem süßesten Gewand: verzuckert zur Verwendung in und auf Eis und sonstigen Nachspeisen.

Das Rezept für das Verzuckern von Blüten finden Sie unter den Grundrezepten auf den Seiten 200–204. Bei größeren Blüten wie bei Tulpen eignen sich dafür am besten die gefüllten Sorten, denn ihre Blütenblätter stehen im Herzen der Blüte dicht genug, um sich nach der Verzuckerung gegenseitig stützen zu können (dies gilt auch für Rosen).

Je ›fleischiger‹ das Blütenblatt, um so länger dauert es, bis es in der Zuckerhülle völlig getrocknet ist, eine Voraussetzung dafür, daß sich die Blüten wirklich lange halten. Die abgebildete gefüllte 'Angélique' stand beispielsweise 3½ Stunden im Ofen, aber dafür hat sie sich bis jetzt, Monate später, ihr schönes Aussehen unter der Glasglocke im Schrank bewahrt.

Mango-Sorbet-Sahneeis

Ich bevorzuge Früchte-Sorbets, in denen etwas Schlagsahne und die gleiche Menge eines dazu passenden hochprozentigen Getränks verarbeitet werden.

Das Eisbett für die zuckersüße 'Angélique' bereiten Sie wie folgt zu: Kochen Sie aus 200 ml Wasser und 200 g Zucker einen Sirup. Geben Sie den Sirup zusammen mit dem Fruchtfleisch einer 500 g schweren Mango (ein wenig davon zurückhalten, um es später in kleine Stückchen geschnitten unter das Eis zu rühren), dem Saft von einer Zitrone, 50 ml Schlagsahne und 50 ml Maracuja-Likör in den Mixer oder die Küchenmaschine. (Falls Sie keinen Alkohol verwenden wollen, können Sie den Likör ebensogut weglassen.) Füllen Sie die Sorbet-Mischung und die restlichen Fruchtstückchen für ca. 20 Minuten in die Eismaschine.

Frühlings-Beignets

Natürlich bieten sich im Frühling zahllose Blüten und anderes zum Fritieren in einem Beignet-Teig an, doch die hier aufgeführte Kombination empfiehlt sich besonders gut als Beilage zu diversen Fischsorten: Auf einem Untergrund von fritierten Blättern des großen Sauerampfers (*Rumex acetosa*) und der Süßdolde (*Myrrhis odorata*) kommen junge Blüten der gleichen Süßdolde und des Zierlauchs *Allium cowanii* sehr gut zur Geltung.

Verwenden Sie auch hier wieder eine der in den Grundrezepten (Seite 202) angegebenen Arten von Beignet-Teig.

Unten: Fritierte Blätter des Sauerampfers und der Süßdolde mit Blüten von Süßdolde (*Myrrhis odorata*) und *Allium cowanii* sind eine ideale Beilage für Fisch

Gegenüberliegende Seite, links:
Ein Bett aus Mango-Sorbet für die zuckersüße 'Angélique'

Gegenüberliegende Seite, rechts:
Hände voller Herrlichkeiten bietet der Frühlingsmonat April

# Apricot Beauties

'Apricot Beauty' ist der Name dieser Tulpe von atemberaubend schöner Färbung, die mich zu Gerichten in wundervollen Apricot-Tönen inspirierte.

Natürlich sind echte Aprikosen dabei im Spiel, aber auch geräucherte Lachsforelle und in Rotwein glasierte Silberzwiebeln bilden farblich und geschmacklich eine gute Ergänzung.

### Aprikosentörtchen

Die Böden der Törtchen können Sie aus Mürbeteig oder tiefgefrorenem Blätterteig selbst anfertigen (getrocknete Hülsenfrüchte zum Blindbacken nicht vergessen), Sie können aber auch Fertiggebäck verwenden. Belegen Sie die Torteletts mit je 3–4 Aprikosenhälften aus der Dose, oder pochieren Sie frische halbierte und entsteinte Aprikosen in Weißwein mit einem Schuß ›Apricot Brandy‹. Mit der Pochier-Flüssigkeit bereiten Sie anschließend das Weingelee nach dem Grundrezept auf Seite 202 zu. Wenn Sie eine Aprikosenkonserve verarbeiten, können Sie den Fruchtsaft in das Weingeleerezept integrieren. Passen Sie zum Überziehen der Törtchen jenen Augenblick ab, in dem der Tortenguß zu gelieren beginnt.

Die Tulpendekoration sollten Sie erst unmittelbar vor dem Servieren fertigstellen, denn durch die in die Blüte (Stempel und Staubfäden werden zuvor mit einer kleinen Schere entfernt) gespritzte, mit ›Apricot Brandy‹ und Zucker aromatisierte Schlagsahne büßt das Tulpenblatt mit der Zeit seine angenehm knackige Konsistenz ein.

### Aprikosen vom Schloss

Zum erstenmal hat ein ›Schloßherr‹ seine Aufmerksamkeit einer Aprikose gewidmet – und was für eine Aprikose das ist! Sie ist saftig und aromatisch, süß und groß, so groß, daß die Franzosen für diese Köstlichkeit von Château Pérouse das Wort ›abricot‹ zu ›jumbocot‹ umgewandelt haben. Diese Früchte können pro Stück bis zu 175 g wiegen und einen Durchmesser von gut 8 cm haben. Sie werden von Ende Mai bis Ende Juni angeboten, und so wäre es zeitlich gerade noch möglich, solche Törtchen mit einer halben Jumbocot und diesen außergewöhnlichen Tulpen zu belegen – zwei Aprikosen-Schönheiten auf einem Teller! 'Apricot Beauty'-Tulpen werden übrigens auch mitten im Sommer zum Kauf angeboten. Die ›kürzeren Wege‹ machen es möglich, denn natürlich stammen sie dann aus einem Land, in dem die Jahreszeiten anders liegen als bei uns in Europa.

### Salade tiède mit geräucherter Lachsforelle

Ich bin glückliche Besitzerin eines elektrischen Räucherofens, in dem man hervorragend kalträuchern kann. Doch auch mit einfacheren Räucheröfen, bei denen man das Sägemehl selbst anzünden muß, lassen sich gute Ergebnisse erzielen. Allerdings

Links oben: 'Apricot Beauty'-Tulpen, ›Apricot Brandy‹-Aroma und eine Jumbocot vom Château Pérouse
Links unten: Geräucherte Lachsforelle, Tulpenblütenblätter, Lollo-Rossa-Salat und grüne Dillsauce – eine Kombination, die nicht nur das Auge, sondern auch den Gaumen besticht

stimmen dann möglicherweise die im folgenden angegebenen Zubereitungszeiten nicht.
Bei meinem Ofen schütte ich das Sägemehl in einen Behälter, wo es mit Hilfe einer Glühspirale zum Schwelen gebracht wird. Nach 15 Minuten ist das gesamte Sägemehl verbraucht und schwarz (eine Zeituhr zeigt dies an). In 45 Minuten räuchere ich selbst die dickste Lachsforelle zart und gar, ohne dabei auf Ofentemperatur schalten zu müssen: Dies bezeichnet man als Kalträuchern, eine Methode, die köstlich zartes Räuchergut garantiert. In diesem aprikosigen ›salade tiède‹ erhalten die noch lauwarmen (›tiède‹) Stücke geräucherter Lachsforelle Gesellschaft von den schön gekrausten Blättern des Lollo-Rossa-Salats und von Tulpenblütenblättern.
Für die Sauce verrühren Sie etwa 200 ml grünen (französischen) Kräutersenf mit 2–2½ Eßl. braunem Zucker und 2–3 Eßl. feingewiegtem Dill. Reichen Sie diese aromatische Sauce getrennt zum Salat, so daß sich jeder Gast nach Belieben bedienen kann.
Selbstverständlich kann dieser Salat auch mit fertig gekauftem Räucherlachs zubereitet werden (er ist dann allerdings nicht ›tiède‹), der farblich ebenfalls gut harmoniert. Geräucherte Makrele ist optisch zwar nicht so reizvoll, dafür aber wesentlich preiswerter.

### Errötende Zwiebelchen in 'Apricot Beauty'

Dies ist eine Vorspeise, die nicht nur ebenso schön anzusehen wie wohlschmeckend, sondern außerdem auch noch schnell zubereitet ist, vorausgesetzt Sie kaufen die Silberzwiebeln in der richtigen Jahreszeit, wenn sie noch etwas Grün ›auf dem Kopf‹ haben. Sind die Häute erst silbrig vertrocknet, dann ist das Schälen eine Geduldsarbeit.
Nehmen Sie pro Person ca. 75 g frische Silberzwiebeln, eine 1 cm dicke Scheibe geräucherte Puten- oder Hühnerroulade (oder eine jeweils entsprechende Menge geräucherter Puten- oder Hühnerbrust), ein Stück Salatgurke von 5–6 cm Länge und eine 'Apricot Beauty'-Tulpe.
Die geputzten Zwiebeln werden in etwas aromatischem Öl (Kürbiskernöl eignet sich sehr gut) zusammen mit Salz, frisch gemahlenem Pfeffer und Zucker (pro 300 g Zwiebeln 3–3½ Eßl.) unter ständigem Rühren von allen Seiten gleichmäßig angebraten. Gießen Sie dann einen Schuß Rotwein und 3 Eßl. Balsamessig an und lassen Sie die Zwiebeln ca. 15 Minuten bei schwacher Hitze schmoren. Damit die Zwiebeln von den Aromen stärker durchzogen werden, sollten Sie sie in der Schmorflüssigkeit abkühlen lassen und erst kurz vor dem Anrichten abtropfen (auf diese Weise garen die Zwiebeln noch einige Zeit nach).
Legen Sie auf jeden Teller eine Scheibe Fleisch, und höhlen Sie die geschälten Gurkenstücke an einer Seite etwas aus, so daß eine Art Vase entsteht, in der die Tulpenblüte sicheren Halt bekommt.
Schneiden Sie Staubbeutel und Stempel aus den Tulpenblüten, setzen Sie sie auf die Gurkenstücke, und füllen Sie sie mit den errötenden Zwiebelchen. Legen Sie den Rest der Zwiebeln auf das rosige Geflügelfleisch.

Links: 'Apricot Beauty'-Tulpenväschen, gefüllt mit errötenden Silberzwiebeln, ergeben zusammen mit frischen Gurken und aromatisch geräucherter Putenroulade eine köstliche, rasch zubereitete Vorspeise

# Kirschblütenfest in Japan

Die Bevölkerung in Japan und, wie die Festlichkeiten zu Ehren der *Rhododendron mucronulatum*-Blüte zeigen, auch in Korea lebt in engem Kontakt mit der Natur. Deshalb gibt es in jenen Ländern so viele Feste zu Ehren verschiedener Blüten.

Das größte unter diesen Festen ist zweifellos das ›Sakura‹- oder Kirschblütenfest. Es wird zu einer Zeit gefeiert, in der nicht nur überall die Kirschbäume blühen, sondern buchstäblich alles im Zeichen dieser Kirsche (japanisch: sakura) steht. Anläßlich dieses Festes gibt es nicht nur Leckerbissen aus Kirschblüten, es werden auch Speisen in Kirschblütenform hergestellt. Als Souvenir

aus Papier, auf Stoffen und als Kunstobjekt ist das Motiv der Kirschblüte allgegenwärtig, und allerorten werden Lieder gesungen, in denen die Freude über den Beginn der Kirschblüte zum Ausdruck kommt. Das Kirschblütenfest symbolisiert auch das Ende des ›Winterschlafs‹ für die Landarbeit, denn zu dieser Zeit müssen die Reisfelder neu bepflanzt werden . . . Fruchtbarkeit allenthalben.
Eine sehr wichtige Rolle beim Kirschblütenfest spielt ein Tee, der aus Kirschblüten zubereitet wird, die im Vorjahr in Salz eingelegt wurden. Das Getränk zeichnet sich – neben einem salzigen Geschmack – durch ein wunderbar frisches Aroma aus, das noch verstärkt wird, wenn man die duftende *Prunus serrulata* 'Io-nioi' verwendet.

EINGELEGTE KIRSCHBLÜTEN
(SAKURA-ZUKE)

(Für die Feier im nächsten Jahr) Nehmen Sie 500 g frische Kirschblüten und 250 g grobes Meersalz mit einer Prise Alaun. Füllen Sie ein Einweckglas oder einen Ton- bzw. Steinguttopf mit einer 3–4 cm dicken Schicht Kirschblüten. (Jede *Prunus*-Art eignet sich dafür. Bei uns kann man jedoch außerdem auch andere duftende Arten wie *Prunus speciosa*, *Prunus conradinae* syn. *Prunus birtipes* und *Prunus pseudocerasus* 'Wadai' verwenden, wodurch das Resultat besonders aromatisch wird). Streuen Sie etwas von der Salz-Alaun-Mischung darüber, und geben Sie eine weitere Schicht Blüten in den Topf. Dann folgt wieder eine Schicht Salz-Alaun-Gemisch. Fahren Sie so fort, bis alle Kirschblüten eingefüllt sind. Den Abschluß bildet eine Schicht Salz. Dekken Sie das Gefäß mit einer Untertasse ab, die Sie beschweren. Wenn die Flüssigkeit, die sich dadurch nach einer Weile absetzt, über die Blüten hinaussteigt, gießen Sie sie ab, verteilen die Blüten vorsichtig auf einem mit Stoff oder Fliegengitter-Gaze bespannten Gestell und bestreuen sie mit feinem Tafelsalz. Sobald sie völlig trocken sind, werden sie in luftdicht verschließbare Dosen geschichtet und bis zum Sakura-Fest des folgenden Jahres aufbewahrt, um dann, mit kochendem Wasser überbrüht, in Teeschalen wieder aufzuerstehen.

KIRSCHBLÜTEN-PICKLES
(SAKURA-YU)

Füllen Sie 100 g Kirschblüten und 50 g Salz schichtweise in ein Gefäß, das Sie mit einer Untertasse und einem Gewicht abdecken und 3–4 Tage stehenlassen. Gießen Sie dann die salzige Flüssigkeit ab, und lockern Sie die Blüten etwas auf, so daß sie im Essig wieder ›aufblühen‹ können. Füllen Sie den Behälter zu drei Vierteln mit einem guten neutralen Essig, und stellen Sie ein entsprechend großes Schälchen Wasser darauf, damit die Blüten unter der Oberfläche des Essigs bleiben. Verschließen Sie den Topf, und lassen Sie ihn eine Woche lang stehen. Danach werden die Blüten aus dem Essig geschöpft, vorsichtig ausgedrückt und auf einem mit Gaze bespannten Gestell zum Trocknen ausgebreitet. Noch ehe sie gänzlich ausgetrocknet sind, werden sie mit feinem Tafelsalz bestreut und bis zum Verzehr in gut verschließbaren Behältern an einem kühlen Ort aufbewahrt.
Auch diese in Essig eingelegten Kirschblüten kann man als Tee aufgießen. In Japan ißt man sie in Salaten oder in kalten Reisbällchen, die ›Oniairi‹ heißen.

KIRSCHBLÜTEN-PLÄTZCHEN
(SAKURA-MOCHI)

Während des Blütenfestes werden auch Süßigkeiten in Blütenform serviert – diese Blütenplätzchen gehören zu den traditionellen Leckerbissen.
Kneten Sie einen Teig aus 150 g Weizenmehl, 20 g Reismehl, 20 g Zucker, einer Prise Salz und 50–75 ml Wasser (klebt der Teig an den Händen, etwas mehr Mehl nehmen; ist er zu trocken, etwas mehr Wasser hinzugeben). Rollen Sie den Teig aus, stechen Sie Blütenformen (und eventuell ein paar Blattformen) aus, und braten Sie diese in Butter in einer Pfanne bei niedriger Hitze von beiden Seiten goldbraun. Lassen Sie sie auf Küchenpapier abtropfen, und servieren Sie sie mit (verzuckerten) *Prunus*-Blüten und Apfelkraut. In Japan ißt man sie herzhaft, mit Sojabohnenpaste.

Oben: *Prunus* × *yedoensis* (eine Kreuzung zwischen *Prunus speciosa* und *Prunus subhirtella*) wird Tokiokirsche genannt
Gegenüberliegende Seite, oben: Das Kirschblütenfest in Japan wäre undenkbar ohne Kirschblüten-Tee, für den die Blüten schon ein Jahr zuvor eingelegt werden
Gegenüberliegende Seite, unten: ›Sakura-mochi‹ heißen diese Plätzchen in Blütenform, die zu den traditionellen Leckerbissen des Kirschblütenfestes gehören

# Frühlingsleckereien aus Schattenblümchen

Wer im Frühling lange Beete voll mit echten Schlüsselblumen (*Primula veris*) sein eigen nennt, wird es möglicherweise jenen Engländern gleichtun, die aus diesen Frühlingsschätzchen Wein machen. Wer jedoch nur wenige davon hat wie Jelena (bei ihr ist der Boden zu sauer) und ich (der Boden ist zu sehr überwuchert), wird sich mit einer kleinen Ernte zur (verzukkerten) Garnierung von Frühlingsblumen-Eis (siehe Seite 7) begnügen oder sie frisch über Frühlings-Mousse oder über Frühlingssalat streuen.

Mit dem Waldmeister (*Galium odoratum*, früher *Asperula odorata* genannt) verhält es sich anders; wenn er sich erst einmal wohlfühlt, wuchert er nach Herzenslust, und deshalb könnte man mit diesem aromatischen Kraut eigentlich sehr großzügig umgehen. In früheren Zeiten ging man auch ganz und gar nicht sparsam damit um, denn man steckte ganze Sträußchen davon in Matratzen und legte sie in Wäscheschränke, einerseits wegen des herrlichen Dufts, andererseits aber auch, weil der Waldmeistergeruch Insekten vertreibt. Daß *Galium odoratum* außerdem so beliebt in Frühlingsgetränken ist, geht angeblich auf Stanislas Leczynski zurück, der im 18. Jahrhundert König von Polen und Lothringen war. Dieser Herrscher begann jeden Tag mit einem Schälchen Waldmeistertee, dem er seine ausgezeichnete Gesundheit zuschrieb.

### Drei-Gemüse-Mousse mit Schlüsselblumen

Jelena de Belder versteht es ganz meisterhaft, allerlei ›Grünzeug‹ zu schmackhaften Mousses und Pürees zu kombinieren, mit denen sie dann Eier oder Avocados füllt: Hier eine Kombination aus frischen Ölraukenblättern (*Eruca vesicaria* ssp. *sativa*) in Verbindung mit gedämpftem *Cardamine hirsuta* (siehe auch Seite 16) und *Montia perfoliata*, dem Tellerkraut, das auch als Winterportulak bezeichnet wird.

Mit dem pürierten gedämpften Gemüse bereiten Sie eine Mayonnaise zu, indem Sie es mit Eigelb, Salz, Pfeffer, Senf (Pulver), ein paar Tropfen Zitronensaft und tropfenweise hinzugegebenem Öl verquirlen. In die fertige grüne Mayonnaise werden abschließend die grobgehackten Ölraukenblätter eingerührt. Ein paar *Primula veris*-Blümchen auf den gefüllten Leckereien sorgen für einen frühlingsfrischen Farbkontrast.

### Spinatsalat mit Schlüsselblumen und Brot-Croûtons

Eine sehr farbenfrohe Komposition aus Grün und Gelb erhalten Sie, wenn Sie frische junge Blätter echten Spinats (*Spinacea oleracea* – in dieser Jahreszeit aus dem Frühbeet oder Kalthaus) mit Kürbiskernen ohne Häutchen, mit goldgelb gebratenen Brot-Croûtons und mit frühlingsgelben *Primula*-Blüten vermischen. (Wußten Sie übrigens, daß der Kürbis, der diese ›nackten‹ Samen liefert, den Beinamen ›Lady Godiva‹ hat?) Natürlich gehört eine gute Vinaigrette dazu – die entsprechenden Rezepte finden Sie auf Seite 201.

### Maibowle

Eine sehr alte und immer noch sehr verbreitete Tradition ist natürlich die Maibowle, in der *Galium odoratum* die Hauptrolle spielt. Der Waldmeister darf eigentlich bei diesem Rezept seine Blüten noch nicht geöffnet haben, da das Blatt sonst seinen starken Cumarin-Gehalt – um den es hier in erster Linie geht – eingebüßt hat. [In größeren Mengen kann das im Waldmeister enthaltene Cumarin Vergiftungen verursachen, als deren erste Anzeichen Kopfschmerzen auftreten. Anm. d. dt. Red.]

Hängen Sie ein paar Stengel dieses Krauts 30 Minuten in eine Schüssel oder in eine Kanne mit Moselwein. Sobald der Wald-

Links: Eine aromatische Drei-Gemüse-Mousse für Füllungen aller Art
Rechts oben: Eine festliche Frühlingskomposition in Grün und Gelb für einen vitaminreichen Salat
Rechts unten: Primadonna *Primula veris* erhebt sich elegant über das ›Fußvolk‹ der Gundermannranken

meister seinen Geschmack abgegeben hat, nehmen Sie das Grün wieder heraus, süßen nach Geschmack mit Zucker und gießen kurz vor dem Ausschenken moussierenden Wein oder Sekt hinzu (das Verhältnis sollte 2–3 Teile Moselwein auf 1 Teil Schaumwein oder Sekt betragen). Eventuell können Sie auch noch ein paar Apfelsinenscheiben in die Bowlenschüssel geben.

### Berliner Weisse

In Berlin ist dieses Biergetränk so populär, daß es dort sogar spezielle Berliner-Weiße-Gläser gibt: mit kugelförmiger, weit geöffneter Kuppa und kurzem, gedrungenem Schaft. Um Berliner Weiße zuzubereiten, gießt man zunächst das schwach säuerliche Schankbier mit dem hohen Kohlensäure- und dem niedrigen Alkoholgehalt vorsichtig in die Gläser, süßt dann mit einem Schuß Himbeersirup und würzt mit einem Waldmeisterstengel. (Wenn Sie die Reihenfolge umkehren, entsteht eine äußerst merkwürdig aussehende rosa Schaumkrone.)

### Drei-Weine-Trank

Für diesen Drei-Weine-Trank verwende ich zwei Arten von Waldmeister: *Galium odoratum*, das ich im Rotwein ziehen lasse, und Stengel der kräftigen und besonders aromatisch blühenden *Asperula taurina* (Italienischer Meister), die ich zum Servieren in die Gläser gebe.
Lassen Sie in Rotwein mit einem Schuß ›Marc de Bourgogne‹ (oder Cognac, falls Sie keinen Marc im Haus haben) und Zucker (nach Geschmack) einige Stengel Waldmeister 30 Minuten ziehen. Geben Sie trockenen Weißwein und Sekt hinzu, und gießen Sie dieses Getränk über einen Stengel *Asperula taurina* (falls vorhanden). Ich mische 1 Teil Rotwein und 1 Teil Weißwein auf 2 Teile Sekt und füge Cognac oder Marc nach Geschmack hinzu.

Rechts, von oben nach unten:
Berliner Weiße, ein sommerliches Erfrischungsgetränk in seinem angestammten Glas
Von *Montia perfoliata* (früher *Claytonia perfoliata*) oder auch Tellerkraut sind sowohl die runden Blättchen als auch die Spitzen mit Miniblümchen sehr schmackhaft – von Gundermann (hier die weißbunte Form *Glechoma hederacea* 'Variegata') sollten Sie nur die violetten Blümchen probieren, die Blätter sind meist zu bitter.
Drei-Weine-Trank, umspielt vom Grün zweier Waldmeisterarten: ein kurzer Strauß *Galium odoratum*, darüber die duftende *Asperula taurina*

# Kleines Blümchen ganz groß

Johnny-jump-up heißt dieses winzige dreifarbige Blümchen in England, in Anspielung darauf, daß *Viola tricolor* auch an unerwarteten Stellen auftaucht.

Das dreifarbige Stiefmütterchen ist eigentlich einjährig, taucht aber immer wieder, wenn nicht an der gleichen Stelle wie im Vorjahr, dann als Sämling an den verschiedensten anderen Orten auf. Hat es sich einmal bei Ihnen angesiedelt, wird es Sie freiwillig nie mehr verlassen. Es wird für zahlreiche vielfältige Nachkommenschaft sorgen, denn es ist nicht nur äußerst säfreudig, sondern auch offen für die unterschiedlichsten Kreuzungsscherze mit anderen, größeren Stiefmütterchen. Auf der Abbildung sehen Sie neben der kleinen Originalblüte im Topf und einer Modellblume für den Schulunterricht solche Kreuzungskinder im Korb – kaum noch dreifarbig zu nennen und außerdem mit einer größeren Blüte; sie werden meist als *Viola tricolor* 'Hortensis' (also ›im Garten entstanden‹) bezeichnet, und das sind sie auch wirklich.

Die etwas größeren Blüten der 'Hortensis'-Form lassen sich leichter verzuckern als die ursprünglichen dreifarbigen (siehe beispielsweise Seite 7, dort liegen sie auf dem Frühlingsblumen-Eis). Echte kleine ›Tricolorchen‹ habe ich zwischen die Frühlings-Sandwiches auf Seite 42 gelegt, und das kann man monatelang tun, denn sie blühen von Ende April bis Ende September. Einen individuellen Geschmack haben die Blüten nicht (eigentlich ist die winterliche *Viola odorata*, das Märzveilchen, die einzige Art mit einem echten Aroma; sie ist aber so winzig, daß es fast unmöglich ist, sie schön zu verzuckern), doch sie sind so hübsch, daß sie jedem Salat und jedem Canapé zur Zierde gereichen. Und eine Handvoll Blüten läßt Essig hold erröten.

Anmerkung: Seit einiger Zeit sind auch Samen von *Viola tricolor* 'Nigra' im Handel, deren Blüte so tiefschwarz-purpurn ist, daß man das Purpur kaum noch bemerkt: schwarz also, samtig schwarz und deshalb wundervoll für interessante Desserts (mit schwarzen Johannisbeeren beispielsweise), zu denen man sie verzuckert oder frisch verwenden kann.

# Leidenschaftliche Liebe zum Löwenzahn

Die Familie de Belder hegt eine leidenschaftliche Liebe zum Löwenzahn: Bei Frühlingsanfang, wenn das Blatt noch zart und nicht zu bitter ist, sieht man die ganze Familie gut gelaunt und mit Messerchen bewaffnet Säcke voller Löwenzahnpflanzen ernten – im Arboretum, in der Domäne Hemelrijk oder einfach irgendwo unterwegs. Die Pflanzen werden zu Salaten verarbeitet, in Reisgerichte untergerührt, gedämpft, geschmort – kurzum: Familie de Belder liebt den Löwenzahn heiß und innig!

Diese Liebe erstreckt sich außerdem auf die Löwenzahnblüte und vor allem auf die kleine Löwenzahnknospe – eine Liebe, die ich ›von Herzen‹ teile. Deshalb werden Sie auf dieser und den folgenden Seiten eine große Vielfalt an Gerichten finden, in denen die gelben Puderquasten oder die grünen Knospenkügelchen eine Glanzrolle spielen.

### Schaumomelett mit verzuckerten Löwenzahnblüten

Um gelbe Löwenzahnblüten zu verzukkern, stechen Sie am besten einen Zahnstocher in den kurz abgeschnittenen hohlen Blütenstiel, pinseln die Blüten mit Eiweiß ein, bestreuen sie dünn mit feinem Kristallzucker und stecken sie mit den hölzernen Hilfsstengelchen in ein Stück Steckschaum. Das Ganze wird dann in den auf 50° C vorgeheizten Ofen geschoben. So präpariert, haben die ziemlich kompakten Blüten genügend Luft, um völlig zu trocknen.

Ein Schaumomelett zählt zu den traditionellen Eierspeisen, doch die kristallisierten Löwenzahnblüten sind ein extravaganter Akzent.

Schlagen Sie 4 Eigelb mit 25 g Zucker und einer Prise Salz schaumig (die Masse soll dickflüssig vom Schneebesen fließen und als Band auf der Oberfläche des Teigs

1–2 Minuten erkennbar bleiben), und heben Sie diese Masse unter den steifen Schnee aus 4 Eiweiß, 25 g Zucker und 2 Teel. Zitronensaft. Erhitzen Sie etwas Butter in einer geeigneten Pfanne, backen Sie das Omelett 3 Minuten bei niedriger Hitze, und schieben Sie es dann in den Ofen: 5 Minuten bei 125° C und weitere 5 Minuten bei 150° C, bis das Omelett gut aufgegangen ist und eine goldgelbe Farbe angenommen hat.
Lassen Sie es anschließend aus der Pfanne gleiten, und überstreuen Sie es mit den verzuckerten Löwenzahnblüten.

### Löwenzahnblütengelee

Pflücken Sie 365 schön aufgeblühte Löwenzahnblüten (für jeden Tag des Jahres eine – das ist eine nette Idee, aber es dürfen natürlich auch 400 sein). Schneiden Sie die Stiele ab, falls Sie den ›harzigen‹ Geschmack nicht mögen, und notfalls auch die grünen Kelchblätter (was ich persönlich allerdings schade fände), und lassen Sie die Blüten ein paar Stunden in der Sonne ausgebreitet liegen.
Schneiden Sie inzwischen 3 Apfelsinen und 2 Zitronen in schmale Spalten und lassen Sie diese anschließend mit den Blüten in 1,5 l Wasser 30 Minuten bei schwacher Hitze kochen. Seihen Sie die Flüssigkeit ab, und pressen Sie auch die Blüten und die Früchte sorgfältig aus, um ihnen soviel Aroma wie möglich zu entziehen.
Sie können das Gelee anschließend entweder mit Gelierzucker oder mit 1 kg Zucker und einem anderen pflanzlichen Geliermittel einkochen lassen. Wenn Sie einen blühenden Rosmarin- oder Thymianzweig in die Gläser füllen, so verleiht dies dem Gelee eine zusätzliche Aromakomponente zu dem würzigen, honigartigen Geschmack, der für Löwenzahnblütengelee charakteristisch ist. (Der große Glaszylinder auf Seite 27 ist mit den Zutaten angefüllt, die für das danebenstehende Gelee benötigt werden.)

### Löwenzahn-Reiskranz auf türkische Art

Dieses Rezept erhielt Jelena de Belder von Herrn Nuri Birgi, dem früheren türkischen Botschafter in Belgien. Darin werden die Blüten von *Taraxacum officinale* mit dem grünen Blatt kombiniert, das recht zäh wird, sobald die Pflanzen zu blühen anfangen. Es schmeckt dann nicht mehr so gut in Salaten, aber es ist köstlich in Gerichten, in denen es durch kurzes Erhitzen seine Festigkeit verliert und dem Ganzen sein angenehm bitteres Aroma verleiht.
[Die Bitterstoffe, die im ausgereiften Löwenzahnblatt enthalten sind, können bei Personen, die ohnehin an Magenbeschwerden leiden, Erbrechen verursachen. Anm. d. dt. Red.]
Nicht nur die Familie de Belder schätzt Löwenzahnblätter im Frühjahr als nährstoffreiches Gemüse, auch in Italien und in der Türkei wird dieses ›Unkraut‹ – blanchiert (oder gedämpft) und mit Öl vermischt – als Beilage zu Fleischgerichten, Reis oder Pasta gereicht. Ein türkisches Rezept kennt Löwenzahn auch feingeschnitten in Joghurt und gewürzt wie Tsatsiki.
In dem Reiskranz wird außerdem noch ein weiteres ungewöhnliches Gemüse verarbeitet: die Blütenknospen und die in 2 cm lange Stücke geschnittenen Blütenstengel der Blattzichorie (*Cichorium intybus* var. *foliosum*), einer Chicorée-Sorte, die ihre Blütenstengel in langen, schmalen und etwas welk wirkenden Blättern verbirgt: eine besondere Endivienart also, die nur selten im Handel angeboten wird, die Sie jedoch, falls Sie sie einmal irgendwo finden, unbedingt probieren sollten.
Schneiden Sie für den Reiskranz 4 Zwiebeln in grobe Würfel und dünsten Sie sie in 100 ml gutem Olivenöl glasig. Fügen Sie 500 g Hackfleisch vom Lamm hinzu, das Sie während des Anbratens mit einer Gabel sorgfältig zerteilen (wenn Sie Lammfleisch nicht mögen, können Sie auch anderes Hackfleisch wählen). Mit Salz und Pfeffer würzen. Rühren Sie 125 g Langkornreis ein, und gießen Sie 350–400 ml Tomatensaft an. Lassen Sie alles zusammen bei geschlossenem Deckel auf niedriger Hitze kochen bis der Reis gar ist.
Schätzen Sie das Volumen der Hackfleisch-Reis-Mischung ungefähr ab, und schneiden Sie die doppelte Menge Löwenzahnblätter in Streifen, die Sie in das heiße Gericht einrühren und 2–3 Minuten bei aufgelegtem Deckel mitschmoren. Abschließend großzügig mit Zitronensaft abschmecken. Der Reis wird nun in eine mit Olivenöl eingefettete Kranzform gedrückt und kann warm oder kalt serviert werden. Stürzen Sie den Reiskranz auf eine Platte, und richten Sie in seiner Mitte kurz geschmorte Löwenzahnknospen, die schön dunkelgrün bleiben, und eventuell Blütenstengel der Blattzichorie an, die beim Schmoren eine frische grüne Farbe annehmen und knusprig werden.

### Nesselsuppe mit Löwenzahnknospen

Auf die Zutatenliste dieser Frühlingssuppe gehört unbedingt ein Paar Gartenhandschuhe – zum Ernten der zwei Handvoll frischer Brennesselspitzen, die das Rezept vorsieht.
Lassen Sie die Brennesselspitzen in 250 ml Wasser kurz aufkochen, dann abkühlen, und pürieren Sie sie anschließend im Mixer (wenn Sie die noch warmen Blätter zerkleinern, wird das Schneidwerk zu schnell stumpf). Gießen Sie das Püree mit 500 ml Milch auf, würzen Sie mit Salz und

gemahlener Muskatblüte, und fügen Sie ein paar Würfel tiefgefrorenen Geflügelfond (siehe Grundrezepte, Seite 203) oder, wenn es nicht anders geht, einen Hühnerbouillonwürfel hinzu (aber dann müssen Sie mit dem Salz vorsichtig sein). Lassen Sie die Suppe ca. 1 Minute durchkochen (wobei Sie eventuell mit 1 Eßl. aufgelöster Speisestärke binden), und servieren Sie mit halbsteif geschlagener Sahne und mit kleinen Toasts oder Stückchen gerösteten Brots als ›Inselchen‹, auf denen die kurz geschmorten und leicht gesalzenen Löwenzahnknospen angerichtet werden (rechnen Sie 5–10 Knospen pro Person).

### Geröstetes Brot mit Löwenzahnknospen-Rührei

(Ohne Abbildung) Eine Variante der oben beschriebenen ›Inselchen‹ können Sie auch einfach als kleine Vorspeise servieren. Schmoren Sie in diesem Fall pro Person 20 Löwenzahnknospen in Butter oder Öl, fügen Sie pro Person 1 verquirltes Ei hinzu, und würzen Sie nach Geschmack mit Salz und Pfeffer. Richten Sie das Rührei, sobald es stockt, auf gerösteten Brotscheiben an und servieren Sie sofort. Wenn Sie es etwas herzhafter mögen, so können Sie auch zunächst eine Handvoll gewürfelten durchwachsenen Speck auslassen.

### Löwenzahnwein

Sie brauchen zwei gut gefüllte Litermaße schön aufgeblühter Löwenzahnblüten, die sehr dünn abgeschälte Schale von 4 Orangen und 3 Zitronen (das Weiße der Schale würde den Wein bitter machen) und müssen das Ganze mit 4 l kochendem Wasser übergießen und es abgedeckt 2 Tage ziehen lassen.
Gießen Sie die Flüssigkeit durch ein Sieb in eine große Schüssel mit 1,5 kg Zucker, und fügen Sie den Saft von 4 Orangen und 3 Zitronen sowie Weinhefe* und Hefenahrung** hinzu. Rühren Sie diese Mixtur so lange, bis der Zucker sich völlig aufgelöst hat. Für die Gärung benötigen Sie einen Gärballon samt Gärrohr und zusätzlich ein wenig Geduld. Ist der Gärprozeß abgeschlossen, kann der Wein in gut verschließbare Flaschen abgefüllt werden.
Löwenzahnwein ist ein köstlicher Aperitif und wirkt anregend auf die Leber- und Nierenfunktion.

Links oben: Ein Reiskranz auf türkische Art mit dem allgegenwärtigen Löwenzahn und der italienischen Blattzichorie, einer besonderen Endiviensorte
Links unten: Eine Frühlingssuppe mit Brennesselspitzen und Löwenzahnknospen-Inseln
Rechts: Eine ganze Familie von Löwenzahnpflänzchen wählte meinen außergewöhnlich großen ›Erdbeertopf‹ zu ihrem Domizil (eigentlich hatte ich vorgehabt, etwas Dekoratives mit *Clematis* darin anzupflanzen), und für kurze Zeit ließ ich sie gewähren, da sie einen passenden Hintergrund für meine bescheidene Weinproduktion bildeten. (Beachten Sie das Anschauungsmodell aus dem Biologieunterricht, das den Blütenkelch des Löwenzahns zeigt, der einen so köstlich harzigen Geschmack hat.)

## Avocado mit marinierten Löwenzahnknospen

(Ohne Abbildung) Schmoren Sie die Knospen kurz an, und marinieren Sie sie dann für 1–2 Stunden in einer guten Vinaigrette (siehe Grundrezepte, Seite 201). Halbieren und entsteinen Sie die Avocados erst kurz vor dem Servieren, und beträufeln Sie die Schnittflächen mit Zitronensaft, um eine Braunfärbung zu verhindern. Schließlich füllen Sie die Höhlung großzügig mit Löwenzahnknospen.

## Kiebitzeier mit Löwenzahnknospen

(Ohne Abbildung) Wenn die Erntesaison der Löwenzahnblätter für Salat zu Ende geht, findet man in den Herzen der ausgestochenen Pflanzen ganze ›Nester‹ von Blütenknospen, die – in gutem Öl und mit etwas Salz (zum Freisetzen des vollen Aromas) kurz geschmort – so gut schmecken, daß sie sogar auf einem halben Kiebitzei nicht fehl am Platz sind: Legen Sie 3 Knospen auf jede Eihälfte (oder eine einzige, falls Sie die noch kleineren Wachteleier verwenden – siehe auch Seite 49).

## Löwenzahnsprudel

(Ohne Abbildung) Mit diesem Rezept können Sie ein kohlensäurehaltiges Getränk herstellen, das sich 14 Tage lang hält.
Stechen Sie gut 500 g Löwenzahnpflanzen samt Wurzeln aus, und waschen Sie sie sorgfältig (die Wurzeln mit der Bürste abschrubben). Entfernen Sie eventuelle gelbbraune Blättchen.
Legen Sie den Löwenzahn dann mit den sehr dünn abgeschälten Schalen von 3 Zitronen und 1–1½ Eßl. geraspelter frischer Ingwerwurzel in einen Topf, gießen Sie 8 l Wasser an, und lassen Sie das Ganze 1 Stunde lang bei schwacher Hitze kochen. Filtern Sie den noch warmen Sud durch ein Sieb in einen großen Steingut- oder Tontopf, in den Sie zuvor 1,5 kg braunen Zucker und 2 Eßl. Zitronensäure (oder den Saft von 6 Zitronen) gegeben haben. Rühren Sie alles um, bis der Zukker sich vollkommen aufgelöst hat, und fügen Sie, sobald das Getränk auf Zimmertemperatur abgekühlt ist, je 2 Eßl. Weinhefe* und Hefenahrung** hinzu. Decken Sie den Topf ab, und lassen Sie die Flüssigkeit 3 Tage lang ziehen. Füllen Sie sie anschließend in Flaschen mit Schraubverschluß, oder benutzen Sie zum Verschließen Weinkorken. Sie können die Korken auch mit Fäden festbinden, die Sie wie den Draht eines Champagnerkorkens befestigen: unter der Halsverdickung und über dem Korken. Lassen Sie die Flaschen 1 Woche lang ruhen. Im Anschluß daran ist der sprudelnde Frühlingstrank reif zum Ausschenken.

## Löwenzahn-Abschiedshonig

Wenn flauschige Pusteblumen ankündigen, daß die Zeit der Löwenzahnblüte zu Ende geht, Sie sich aber von diesem sonnigen gelben Genuß noch nicht trennen können, pflücken Sie rasch noch eine letzte Ernte und tauchen sie in ein Glas mit Honig, der Aroma und Farbe der Löwenzahnblüte einfängt. Für das Foto haben wir ein hohes, schlankes Einweckglas gewählt, doch praktischer ist es, Gläser mit Schraubverschluß zu nehmen, denn wenn die Blüten schrumpfen und allmählich an die Oberfläche steigen, müssen die Gläser umgedreht werden, bis die Löwenzahnblüten schließlich so schwer und von Honig durchtränkt sind, daß sie am Boden der Gläser bleiben. Im Winter sind diese Honigblüten eine sehr beliebte Süßigkeit, die man auch zum Süßen von Tees oder Tisanen (Kräuteraufgüssen) verwenden kann.

## Bald auch in Weiss...

Von zwei Seiten erhielt ich junge Pflanzen weiß blühenden Löwenzahns (*Taraxacum officinale* 'Album'). Diese hegte und pflegte ich in meinem Garten an Stellen, wo ich sie ständig im Blick hatte. Ich habe wirklich mein Bestes getan, um das allererste weiße Löwenzahnblümchen für Sie fotografieren lassen zu können. Aber leider reagieren Pflanzen nicht immer so, wie man es gerne hätte, und selbst als im September hier und da noch junge Löwenzahnpflänzchen gelbe Blüten produzierten, verhielten sich die weißen Raritäten äußerst zurückhaltend. Wirklich schade, aber nun wissen Sie zumindest, daß sie existieren. Man entdeckte sie in Japan auf der Insel Kiusjiu, und sie hören dort auf den freundlichen Namen Tampopo.

Eine letzte Ernte gelber Löwenzahnblüten, eingefangen in goldenem Honig

* Weinhefe kann man in Flaschen kaufen, die für 5–10 l selbstgemachten Wein ausreichen.

** Hefenahrung ist für die Herstellung von Blüten-, Blatt- und Honigweinen notwendig, da diese im Gegensatz zu reinem Traubensaft nicht genügend Sauerstoff, Vitamine, Enzyme und Säuren produzieren, um den Gärungsprozeß einzuleiten. Es muß also ein stickstoffhaltiger Stoff hinzugefügt werden.
Hefenahrung wird von verschiedenen Herstellern angeboten. Wollen Sie sie selbst herstellen, so lassen Sie sich vom Apotheker 2 g Ammoniumsulfat mit 0,25 g Magnesiumsulfat und 1 g Kaliumphosphat mischen – das reicht aus für 5 l Blüten- oder Blattwein. Für 5 l Honigwein muß die Menge verdoppelt werden. (Wenn Sie oft Wein machen, können Sie sich auch gleich 100 g davon mischen lassen und jeweils die gewünschte Menge entnehmen).
Lösen Sie die Hefenahrung auf, indem Sie sie in einem Fläschchen mit etwas Wasser schütteln, und geben Sie sie zusammen mit der Weinhefe zum Grundstoff für Ihren Wein.
Eine gute Alternative ist Malzextrakt; davon nehmen Sie 1 Eßl. auf 5 l.

# Pimpernußblüten, sauer und süß

Die Pimpernüsse (*Staphylea pinnata* und *Staphylea colchica*) sind in unseren Gärten längst nicht so verbreitet, wie man angesichts ihrer aromatischen Blüten, ihrer schön gefiederten Blätter und des relativ geringen Ausmaßes dieser Gehölze (*S. pinnata* bis zu fünf Meter und *S. colchica* nur bis zu drei Meter Höhe) eigentlich erwarten würde. Ich hatte in meinem früheren Garten ein herrliches Exemplar einer *Staphylea colchica*, das jedes Jahr im Mai weiß von duftenden Blütenrispen war, und auch Jelena hatte verschiedentlich faszinierende Begegnungen mit Pimpernüssen.

*Staphylea pinnata* kommt in ganz Mitteleuropa bis nach Süditalien, Bulgarien, in die Westukraine und nach Südwestasien vor. *Staphylea colchica* stammt aus dem Kaukasus, wo die Pflanze so stark verbreitet ist, daß man die Blüten erntet, um eine Art Sauerkraut daraus zuzubereiten, das in Salz eingelegt und in Holz- oder Toneimerchen zum Kauf angeboten wird. Natürlich hat Jelena den Markt in Tiflis besucht und von all den hochinteressanten Gewächsen gekostet, die dort sauer eingelegt oder auf andere Weise konserviert angeboten werden. Als die Händler Jelena mit ihrem Notizblock sahen, bestanden sie darauf, daß sie von allem probieren müsse. So kamen schließlich 24 Notizen zusammen, und die Eintragung über die Blüten von *Staphylea colchica* war mit einem Stern versehen. Wir wollen Sie nun keineswegs dazu anspornen, Ihre Pimpernußbäumchen zu plündern, um ›Sauerkraut‹ herzustellen, und deshalb haben wir die Blütentrauben mit ihrem herrlichen frischen Duft (Vanille mit einem Unterton von Waldmeister beschreibt ihn am ehesten) einfach nur verzuckert, was eine sehr elegante und geschmackvolle Krönung verschiedener Frühlingsnachspeisen oder Frühlingstorten ergibt.

## Von Buchenblatt und Kräuterblüte

Über Getränke aus Buchenblättern ist schon wiederholt geschrieben worden. Ich selbst habe die folgende Variante entwickelt.

Füllen Sie ein Einweckglas locker mit sehr jungen und deshalb noch zartgrünen Buchenblättern, streuen Sie 250 g Zucker darüber, und gießen Sie mit 700 ml Branntwein auf (bzw. Wodka oder Gin, wenn Sie das lieber mögen). Lassen Sie das Ganze 3 Wochen ziehen, und filtern Sie die Flüssigkeit anschließend. Sie werden feststellen, daß die Blätter eine reizvolle zartgrüne Farbe und ein köstlich würziges Aroma abgegeben haben. Ein paar Tage vor dem Servieren können Sie noch die Würze der Rosmarinblüten hinzufügen, wodurch auch eine subtile Farbkombination entsteht.

Anmerkung: Wenn Sie ein weniger starkes Getränk bevorzugen, dann lassen Sie die Blätter nur in Branntwein ziehen und süßen Sie die Flüssigkeit erst nach dem Filtern mit Zuckersirup (gekocht aus 250 ml Wasser und 250 g Zucker pro Flasche).

MAI

*Staphylea colchica · Rosmarinus officinalis*

# In jeder Hinsicht zart

Manche Gewächse sind so ›zart besaitet‹, daß sie schon bei der ersten anhaltenden Frostperiode zugrunde gehen, und leider gilt dies auch für den äußerst aromatischen und wunderbar früh blühenden Rosmarin (*Rosmarinus officinalis*).

Wenn nach ein paar milden Wintern wieder schöne duftende Büschel im Garten stehen (am besten pflanzt man sie an Wegrändern, so daß man schon im Vorübergehen durch ein Darüberstreichen mit der Hand das Aroma freisetzen kann), kommt unweigerlich die nächste hinterhältige Kälteperiode mit schneidenden Winden und starkem Frost, der die nadelförmigen Blätter des Rosmarins vertrocknen läßt. Dann ist der Strauch verloren. Grund genug für mich, es erst gar nicht mehr mit der Freilandkultur zu versuchen und lieber gleich Kübel mit dieser aromatischen Pflanze aufzustellen. Glücklicherweise hat *Rosmarinus officinalis* nichts gegen die Existenz in Töpfen, solange die Pflanze genug Licht, Dünger und Wasser bekommt, und im allgemeinen reicht es aus, die Töpfe nur bei anhaltendem Frost, der sich über mehrere Tage und Nächte hinzieht (ein paar leichte Nachtfröste verträgt Rosmarin ohne weiteres), in Sicherheit zu bringen, so wie man dies auch mit anderen nicht winterharten, wohl aber wintergrünen Pflanzen tut. Nach diesen wenigen Wochen (länger dauert es meist nicht) sollte man die Töpfe möglichst bald wieder ins Freie setzen, um frühzeitiges Ausschlagen zu verhindern.

Zart ist auch früh im Mai die Blütenfarbe des Rosmarins; eine lieblich zarte Lavendelfarbe mit einem Hauch von jenem Wasserblau, das so typisch für den Frühlingshimmel bei gutem Wetter ist.

Und zart ist der Geschmack dieser allerliebsten Blüte, viel zarter als der des Blattes. Sie verströmt einen Hauch von Süße, der in den unterschiedlichsten Gerichten wahre Wunder wirkt. Zart und behutsam muß auch der Erntende vorgehen, denn diese winzigen blauen Blüten zwischen den aromatischen Nadelblättern zu pflücken, ist eine Arbeit, die viel Geduld (und lange Fingernägel oder eine winzig kleine Schere) erfordert.

### Kichererbsenpüree mit Rosmarinblüten

In den östlichen Mittelmeerländern versteht man aus Kichererbsenpüree allerlei hochgeschätzte Leckerbissen zuzubereiten. Mit Würstchen und/oder gebratenem Speck kann das Püree Hauptbestandteil einer Mahlzeit sein (wie hier abgebildet), es kann aber auch mit Fond zu Suppe verdünnt oder – weniger stark verdünnt – mit Zitronensaft, Olivenöl und Knoblauch zu ›Hummus‹ verarbeitet werden. Mit einem Ei gebunden, läßt sich das Püree auch zu Bällchen formen und fritieren, was dann die sogenannten ›Falafel‹ ergibt. In Teshavi, einem kleinen Ort in der Türkei, bekam Jelena einmal ›Leblebi‹ serviert – das sind gedämpfte, geschälte und anschließend geröstete Kirchererbsen.

Um unser Püree zuzubereiten, lassen Sie 300 g Kichererbsen über Nacht in Wasser einweichen. Anschließend werden die Erbsen zusammen mit 4 Zwiebeln, 2 Möhren, ½ Sellerieknolle, 1 großen Pastinake,

1 ganzen geputzten Knoblauchknolle, 2 Lorbeerblättern, je 1 Teel. Thymian und Salz sowie so viel Wasser, daß es 5 cm über den Erbsen steht, 1 Stunde lang im Druckkochtopf (oder Schnellkochtopf) gegart. Das Gemüse schneiden Sie dazu in größere Würfel. (Sollten Sie keinen Schnellkochtopf haben, so kann die Kochzeit bei hochwertigen Kichererbsen 1½ Stunden, bei überlagerter Ware bis zu 3 Stunden betragen.)

Schöpfen Sie nach dem Kochen zwei Drittel der Kichererbsen aus dem Topf, und pürieren Sie sie in einem Passiersieb oder im Mixer. (Geben Sie anschließend auch die übrigen Zutaten in den Mixer, und vermischen Sie alles unter Hinzufügen von Bouillon oder Wasser zu einer schmackhaften Suppe.)

Das Kichererbsenpüree kann warm serviert und zusammen mit Würstchen und Speck gereicht und mit einer Garnitur von Rosmarinblüten verfeinert werden. Man kann das Püree aber auch mit Olivenöl (eventuell mit Paprikapulver vermischt), Oliven und eingelegten Knoblauchzehen anreichern und kalt anbieten. Für ›Hummus bi tahina‹ wird unter das mit Zitronensaft verdünnte Püree außerdem ›Tahin‹, eine Paste aus gemahlenem Sesam, gerührt. Man nimmt 1 Teil Tahin auf gut 2 Teile Kichererbsenpüree.

### Eier-Aspikkranz mit Kräuterblüten

Ein exquisiter Lunch oder eine köstliche Vorspeise sind hartgekochte Eier in einem Aspikkranz (mit Gelatine zubereitet, wie in den Grundrezepten, Seite 202, beschrieben, oder wie zu Großmutters Zeiten mit Kalbsfüßen selbstgemacht).

Dazu gießen Sie eine dünne Schicht Aspik in eine mit Öl eingepinselte Kranzform und drücken die ersten Kräuter mit den Blütengesichtern nach außen hinein. Wie auf der Abbildung zu sehen, habe ich Dolden der Süßdolde (*Myrrhis odorata*), Rosmarinblüten und sehr junge Blätter von purpurnem Shiso (*Perilla nankinensis* 'Atropurpurea') – der neuerdings immer häufiger in diesem jungen Stadium wie Gartenkresse in Schalen angeboten wird – in das Aspik gesetzt. (Außerdem ist auf der Abbildung eine junge Pflanze des roten Sauerampfers, *Rumex atrosanguineus*, zu sehen. Damit möchte ich Sie darauf aufmerksam machen, daß es diese Art gibt.)

Nachdem die erste Schicht Aspik fest geworden ist, verteilen Sie die Eier gleichmäßig in der Form und gießen weiteres Aspik hinzu. Zwischen den Eiern breiten Sie weitere Kräuterblüten aus. Anschließend stellen Sie die Form in den Kühlschrank, damit der Inhalt geliert (im Eisfach geht es noch schneller). Nachdem Sie die letzte Schicht Aspik mit Kräutern in die Form gegossen haben, lassen Sie den Kranz völlig erkalten und fest werden. Servieren Sie dazu Toastbrot und vielleicht ein Joghurt-Dressing mit vielen Rosmarinblüten.

### Duftpinsel

Ein nettes Extra für die Grillparty sind Duftpinsel, mit denen Sie Fleisch, Fisch oder Gemüsestücke mit Öl bestreichen. Auf der Abbildung ganz links sehen Sie solche Pinsel aus Rosmarin und Lavendel. Thymian eignet sich aber ebensogut. In manchen Ländern schlägt man das Fleisch während des Grillens mit Kräuterbüscheln, damit das Aroma der Kräuter besser in die Poren eindringt.

Auf der gleichen Abbildung sind einige Ölsorten zusammengetragen, die ich empfehlen möchte: das ausgezeichnete kaltgepreßte Olivenöl eines italienischen Weinguts, außerdem ein Olivenöl mit Trüffelaroma und schließlich das aromatische Kürbiskernöl.

### Gegrillter Ziegenkäse mit Rosmarinkaramel

Scheiben von Ziegenkäse, die kurz in den Grill geschoben werden, so daß sie eine schöne braune Farbe bekommen, sind vielseitig: Man kann sie als Mittagsimbiß, als Vorspeise, als warmes Zwischengericht nach der Hauptplatte und vor dem Braten servieren. Sehr lecker schmecken sie auf einer gebratenen oder gegrillten Apfelscheibe. (Probieren Sie es einmal mit ein paar Tropfen Nußlikör, dessen Aroma sehr gut mit dem Käse harmoniert. Louis Roque te Souillac im Périgord stellt eine stark konzentrierte ›Crème‹ her, die den Namen ›La Vieille Noix‹ trägt und äußerst ergiebig im Verbrauch ist. Sie eignet sich auch ausgezeichnet für Kuchen und Torten.)
Eine außergewöhnliche, aber reizvolle Kombination ist eine süße Sauce zu (gegrilltem) Ziegenkäse. Ich bereite einen flüssigen Karamel zu, indem ich Zucker karamelisieren lasse und mit so viel Weißwein ablösche, daß eine flüssige Sauce entsteht. (Immer kräftig rühren und nicht erschrekken, wenn es schäumt.) Eine Handvoll hellblauer Rosmarinblüten verleiht dieser Sauce ein besonders köstliches Aroma.

### Pilze in Kräuteröl

Für die Zubereitung dieser in sehr aromatischem Öl eingelegten Pilze eignen sich die verschiedensten Sorten: zum Beispiel Champignons mit Austernpilzen, grobgeschnittene Shiitake (ein japanischer Pilz), und – falls es etwas Besonderes sein soll – ein paar Pfifferlinge und/oder Morcheln. Zunächst werden die Pilze 10 Minuten auf schwacher Hitze in einem Sud gegart, der zur Hälfte aus Apfelcidre-Essig und zur anderen Hälfte aus leicht gesalzenem Wasser besteht; anschließend die Pilze abtropfen, in ein Tuch einschlagen und ein paar Stunden ruhen lassen.
Die sorgfältig abgetrockneten Pilze abwechselnd mit den folgenden Gewürzen in (Marmeladen-)Gläser oder in ein großes Einweckglas schichten: mit Knoblauch (ungeschält, aber leicht zerdrückt), Koriandersamen, (roten) Pfefferkörnern, (frischem) Lorbeerblatt, griechischem Bockshornklee, Thymianzweigen und natürlich mit reichlich Rosmarinblüten.
Füllen Sie das Glas mit dem besten Olivenöl auf, das Sie bekommen können, und lassen Sie die Pilze einige Wochen lang an einem kühlen Ort ziehen, damit das Aroma der Gewürze die Pilze ganz durchdringen kann.
So marinierte Pilze sind köstlich auf (getoastetem) Brot, gemischt unter (Kartoffel-)Salat oder als Beilage zu Fleisch- oder Eiergerichten. Das aromatisierte Öl ist nicht verloren, es kann nach Verzehr der Pilze zum Braten oder zum Würzen von Vinaigrettes weiterverwendet werden.

## Auf den Spuren Leonardos

Vor kurzem ist in England ein ›Kochbuch‹ erschienen, in dem Leonardo da Vincis Leibgerichte aufgeführt sind (und solche, die er nicht mochte, zum Beispiel Holunderblüten-Pudding; das Buch trägt den Titel ›Codex Romanum‹). Eins der Rezepte, die man darin findet, gilt einer einfachen eleganten Zwischenmahlzeit, die Sie leicht selbst zubereiten können, falls Sie auf Leonardos Spuren wandeln möchten. Bestreichen Sie eine Scheibe Vollkornbrot mit Butter, belegen Sie sie großzügig mit hauchdünnen Scheiben Bündner Fleisch, und garnieren Sie darauf etwa 3 der allerbesten getrockneten Pflaumen, die Sie bekommen können. Sind die Dörrpflaumen zu hart, so lassen Sie sie in Apfelcidre-Essig einweichen. Entkernen Sie die Pflaumen, füllen Sie sie mit leicht angerösteten Pinienkernen oder Mandeln, und bestreuen Sie das Ganze mit einem Löffel Rosmarinblüten. (Leonardo streute zusätzlich Apfelblüten darauf).

Anmerkung: Natürlich können Sie in allen Rezepten, in denen Sie bisher Rosmarinblätter verwendet haben, diese durch entsprechend größere Mengen Rosmarinblüten ersetzen. Sie dürfen die Blüten nur nicht mitkochen oder mitschmoren lassen. Dafür sind sie zu zart und eigentlich auch zu köstlich. Nehmen Sie für Rezepte, bei denen dies erforderlich ist, weiterhin Rosmarinblätter, und verwenden Sie die Blüten hauptsächlich als ›Streugut‹.

Das Mäulchen voller Borretsch

Nach alter niederländischer Tradition richtete man den ersten (früher) grünen Hering mit einem Sträußchen blauer Borretschblüten im Maul an. Eine moderne Variante könnte aus kleinen Schnittchen (die Mini-Brote von Seite 93 wären hier sehr hübsch) mit einem Stück Heringsfilet bestehen, die mit ein paar Borretschblüten (siehe Anm. S. 67) garniert werden, deren Farbe und leichter Gurkengeschmack solch einem Heringshäppchen eine besonders festliche Note verleihen.

# Das wundersame Wasserblümchen

Wasserblümchen, so wird *Aponogeton distachyos*, die Wasserähre, im subtropischen Afrika, dem Ursprungsland dieser Pflanze, genannt – ein freundlich klingender Name, den diese Wasserpflanze mit ihren nach Vanille duftenden Blüten ganz sicher verdient. Übrigens ist man nicht einheitlich der Meinung, daß die gegabelten weißen Blüten mit ihren Sträußchen purpurschwarzer Staubgefäße nach Vanille duften, denn einer der volkstümlichen englischen Namen dieser Pflanze ist Water hawthorn – Wasserweißdorn also, was sich auf den angeblichen Weißdornduft der Blüten bezieht. Oder verdankt die Pflanze diesen Namen vielleicht der Kombination von weißen Blüten mit purpurfarbenen Staubgefäßen?

Der zweite englische Name lautet Cape pondweed, was ungefähr soviel bedeutet wie Kap-Teich(un)kraut – kein besonders netter Name für dieses üppig duftende Wassergewächs, von dem man sich nur wünscht, daß es auch in kälteren Regionen gedeihen möge. In unseren Weihern ist der Wasserähre nur eine fröstelnde Existenz beschieden, und strenge Winter machen ihr rigoros den Garaus. Sie in einer Wassertonne zu züchten, die man bei extremer Kälte ins Haus tragen kann, ist eine Lösung, wenn auch vielleicht nicht gerade ein Vergnügen.

Da wir jedoch davon überzeugt sind, daß dieses Buch auch in wärmeren Gegenden gelesen und benutzt werden wird, haben wir *Aponogeton distachyos* einen Platz darin eingeräumt. Denn obgleich die Pflanze aus Afrika stammt, kommt sie beispielsweise auch in Südfrankreich vor und kann in den wärmeren Gebieten Englands sehr gut gedeihen.

In der Nähe des Kaps der Guten Hoffnung wird die Wasserähre als Delikatesse angebaut. Die weißen Bewohner Südafrikas lernten ihre Verwendung bei den Zulus kennen, die das herrliche Aroma der Blüten (und der Wurzelstöcke) schon seit langer Zeit zu schätzen wissen und die in den Gewässern ihrer Heimat wild wachsenden Pflanzen sammeln. Jelena de Belder hatte auf ihren vielen Pflanzenreisen mehrfach Begegnungen mit dieser Wasserpflanze, die wildwachsend stehende Gewässer bedeckt, aber auch in von Menschenhand angelegten Teichen gedeiht. In solchen Zuchtteichen werden sie in Reihen gepflanzt und mit niedrig gespannten Schnüren gegen Enten geschützt, die natürlich ebenfalls längst gemerkt haben, daß Wasserähren wahre Leckerbissen sind. Wegen ihres delikaten Geschmacks und ihrer relativ knackigen Konsistenz eignen sie sich für kalte Hors d'œuvres und herzhafte Salate; aber auch in süßen Kombinationen, zu Obst und als aromatische Zugabe zu (Vanille-)Eis, sind sie eine exotisch-festliche Beigabe.

Die ersten Kolonisten warfen die schönen Blüten einfach in ihre Schmortöpfe, denn ihre fleischige Substanz kann auch als Bindemittel dienen. Von den Blüten ist dann zwar nichts mehr zu sehen, doch das Gericht erhält eine sämige Konsistenz.

Es wäre wünschenswert, daß diese Blüten irgendwann einmal in ebenso großen Mengen aus Südafrika zu uns kommen würden wie die 'Granny Smith'-Äpfel, die 'Packhams Triumph'-Birnen und die Kap-Stachelbeeren oder Ananaskirschen (*Physalis peruviana*) – verpackt in Schachteln, aus denen uns der Vanilleduft entgegenströmt, sobald man das Cellophan entfernt.

Der botanische Name von *Aponogeton distachyos* ist etwas zweifelhaften Ursprungs: *Aponogeton* kommt von Aponos (heute Abano) in Norditalien, und geton (oder geiton) bedeutet Nachbar. Der Name war deshalb ursprünglich der einer italienischen Wasserpflanze und ist später zu Unrecht (aber offenbar unwiderruflich) auf die heute mit diesem Namen bezeichnete Pflanzengattung übertragen worden. Der Name *distachyos* ist jedoch sehr passend, denn er bedeutet zwei (dys) Ähren (stachys), und die gegabelten Blüten bilden eigentlich nach zwei Seiten ausfächernde Blütenähren, jeweils mit kleinen Büschelchen purpurner Staubgefäße am Fuß der fleischigen weißen Blütenhüllblätter.

Wenn die Blüten verblühen, werden sie grün und senken die Blütenköpfe unter Wasser, wo ihre Samen reifen. Sobald sie reif sind, lösen sie sich von der Pflanze, schweben an die Wasseroberfläche, wo sie einige Zeit treiben, was der Verbreitung sehr zugute kommt. Dann sinken sie in den (sub-)tropischen Schlamm, um dort zu keimen.

Wenn Sie versuchen wollen, Wasserähren anzupflanzen, so reicht eine Wassertiefe von 20–100 cm aus, denn in dieser Hinsicht ist die Pflanze völlig anspruchslos.

# Duftblüten-Weingelee

Schon zu Beginn des Frühlings gibt es reizende kleine Gartennelken (*Dianthus*) mit duftenden Blüten, die mit ihrem an Muskatnuß erinnernden Aroma Salaten eine besondere Würze geben und die sich verzuckert auch gut in Süßspeisen verwenden lassen.

Ich habe sie hier mit duftenden Levkojen (*Matthiola incana*) kombiniert, die zwar nicht viel Eigengeschmack mitbringen, sich aber bestens verzuckern lassen und mit ihrem wunderbaren Duft ihren Teil zu einer dazu passenden Tischdekoration beitragen können.
Unter den großen und kleinen Nelken kommt jede duftende Sorte in Betracht, mit Ausnahme von Blüten, die mit viel Kunstdünger, ›Pflanzenschutzmitteln‹ und dergleichen hochgepäppelt worden sind. Nun kann man natürlich jedes Nelkenblütenblättchen einzeln verzuckern; kräftig genug sind sie dafür. Es ist allerdings viel praktischer, sie (vor allem die Nelken mit gefüllten Blüten) als Ganzes zu verzukkern, also samt Kelch. Sind sie trocken und kräftig, dann knipsen Sie, bevor Sie die Blüten in das Weingelee legen, das in Grün gehüllte untere Stück ab.
Auf Seite 202 finden Sie das Rezept für Weingelee – ich reicherte das Gelee aus Weißwein für diese aromatischen Timbalen mit einem Schuß ›Mandarine Napoleon‹ an, weil er zusätzlich eine hübsche goldgelbe Farbe gibt, aber es darf natürlich auch jeder andere Likör sein, den Sie mögen.
Es ist absolut notwendig, die Blüten (ob es nun die hier verwendeten Nelken und Levkojen sind oder andere – siehe beispielsweise Seite 47) zu verzuckern, bevor man sie mit dem Gelee übergießt, da ungeschützte Blütenblätter in dem zu lange flüssig bleibenden Gelee häßliche und unangenehm schmeckende Verfärbungen davontragen. Blüten, die man zu lange unter Wasser taucht, werden ja auch nicht schöner.
Für optisch reizvolle Blüten-Timbalen muß man die Form zunächst mit einer dünnen Schicht Gelee ausgießen, diese fest werden lassen und dann die verzukkerten Blüten hineindrücken, mit den Gesichtern nach unten, dann wieder Gelee dazugeben, fest werden lassen und so fort, wie es auch auf Seite 80 bei der Zubereitung des Holunderblüten-Kumquat-Weingelees beschrieben wird.
Als Hintergrund wählten wir duftenden frühblühenden Elfenbeinginster (*Cytisus × praecox*) – der gelegentlich für eßbar, überwiegend für ungenießbar gehalten wird. Auch uns hat der Geschmack nicht überzeugen können, und so haben wir die Blüten nicht verarbeitet. Übrigens kann man die sauer eingelegten Blütenknospen des Besenginsters (*Cytisus scoparius*) als annehmbaren Ersatz für die ziemlich kostbare Kaper verwenden. Die Samen dieser Pflanze wurden früher in Frankreich als Kaffee-Ersatz gebrannt.
[Ginsterarten enthalten u. a. das nikotinähnlich wirkende Alkaloid Cytisin, und ein Cytisingehalt auch der Blüten ist nicht auszuschließen. Anm. d. dt. Red.]

## Von Traubenkirsche und frühem Holunder

Die allerersten Frühlingslimonaden, in denen Blütenaromen in Wasser und Zucker eingefangen werden, sind ein festlicher Auftakt des abwechslungsreichen Duft- und Geschmacksvergnügens, das uns die vielen Blütengetränke, Limonaden, Tisanen und Aufgüsse bescheren. Sie werden viele davon in diesem Buch finden.
Als erste bieten sich die üppige, weißblühende Traubenkirsche (*Prunus padus* und ihre rosafarbene Form, deren Name um den Zusatz 'Colorata' erweitert ist) sowie zwei Holunderarten an. *Sambucus tigranii* ist die früheste, und ihr folgen *Sambucus racemosa* und *Sambucus williamsii* var. *koreana* mit größeren Blüten (siehe Seite 78/79) auf dem Fuße.
Um eine kräftige Frühlingslimonade zuzubereiten, lassen Sie eine gute Handvoll dieser Blüten über Nacht in Wasser mit einer in Scheiben geschnittenen Zitrone und einer (dünnen) Schicht Zucker (nach Geschmack) ziehen. Sie können diese und ähnliche Limonaden vor dem Servieren filtern oder sie direkt durch ein Sieb in die Gläser ausschenken.

# Blütenduft in Kannen und Krügen

Die Blüte der schmalblättrigen Ölweide (*Elaeagnus angustifolia*) ist wenig auffällig, aber üppig und duftend, und dieser Duft läßt sich hervorragend in Limonade oder Branntwein einfangen.

### Ölweidenblüten-Tisane

Ernten Sie eine reichliche Menge dieser Miniblüten (eine Geduldsarbeit, die sich jedoch lohnt), um sie über Nacht in Wasser mit Zitronenstücken und einer (dünnen) Schicht Zucker (nach Geschmack) ziehen zu lassen. Das Ergebnis ist eine Limonade oder Tisane mit einem leicht harzigen Geschmack – sozusagen der Retsina unter den Tisanen – und deswegen gut mit herzhaften Gerichten zu kombinieren.

Ölweidenblüten in Branntwein (mit Zucker nach Geschmack) passen ganz ausgezeichnet zu einer Tasse Kaffee nach einem erlesenen Menü.

Auch die zartgelben und silbrig gesprenkelten Beeren von *Elaeagnus angustifolia* sind eßbar; sie schmecken süß.

Die immergrüne *Elaeagnus × ebbingei* entfaltet bei der Blüte einen fast noch intensiveren Duft, jedoch zu einer völlig anderen Zeit (Oktober/November). Deshalb können wir unseren Frühlingstisch bereits mit den rötlich-silbrigen, eßbaren Früchten dieses Strauchs dekorieren.

### Drei rosige Frühlingsgetränke

Auf der Abbildung links ist ein Trio rosiger Frühlingsgetränke zu sehen, von denen nur eines eine längere Vorbereitung erfordert: die Rhabarber-Tisane.

### Rhabarber-Tisane

Schneiden Sie 500 g schöne junge Rhabarberstengel in 2 cm lange Stücke, die Sie mit 150 g Zucker in eine weite Keramikschüssel geben und mit 2 l kochendem Wasser übergießen. Mit Klarsichtfolie abdecken und 1½–2 Tage ziehen lassen. Servieren Sie das Getränk gut gekühlt, mit ein paar aromatischen Nelkenblütenblättern (oder anderen nach Frühling duftenden Blüten) als Garnierung.

### Getränk aus rosa Grapefruit

Sehr schön farblich dazu passend ist ein Glas rosa Grapefruitsaft, der je nach Geschmack mit etwas Holunderblütensirup oder einem Blütenzucker (Lavendelzucker – siehe Seite 124 – paßt ausgezeichnet dazu) gesüßt werden kann. Servieren Sie auch dieses Getränk mit einer duftenden Blüte als Garnierung. Ich habe dafür eine weiße Levkoje gewählt.

### Schlankheitstrunk

Wenn eine Ihrer Freundinnen sich gerade ernsthaft einer Schlankheitskur unterzieht und deshalb auf all diese süßen rosigen Frühlingsköstlichkeiten verzichten will, können Sie ihr Glas Quellwasser mit ein paar Klatschmohnblättern tönen und einige Erdbeerstücke darin schwimmen lassen.

Anmerkung: Klatschmohnblätter haben kaum Eigengeschmack, aber sehr viel Farbe – ein natürliches Rot, das man beim Kochen oft dekorativ verwenden kann. Füllen Sie so viele Klatschmohnblätter wie möglich in eine Flasche, und gießen Sie sie mit Branntwein auf. Ein paar Tropfen davon reichen zum Färben einer Speise.

# Nadelfein . . .

Alle Koniferen, die zur Familie der *Pinaceae* gehören – die Kiefern (*Pinus*), die Fichten (*Picea*), die Douglas-Tannen (*Pseudotsuga menziesii*, früher *Pseudotsuga douglasii*) und sogar die nadelabwerfenden Lärchen (*Larix*) und Goldlärchen (*Pseudolarix*) – bieten uns köstliche ›nadelfeine‹ Genüsse, sowohl in Form ihres jungen Grüns als auch in Gestalt ihrer interessanten Blüten zwischen den feinen Nadeln.

Ein biologisches Pflanzen-Präparat auf der Basis junger Triebe von *Picea abies*, angereichert mit Honig und Birnenextrakten, das ein Schweizer Hersteller über ein Konstanzer Unternehmen auch in der Bundesrepublik vertreibt, zeigt, daß Heilmittel nicht immer unangenehm schmekken müssen. Ich habe bereits früher geschrieben, daß man diesen Hustensaft auch einfach so zum Vergnügen zu sich nehmen kann, und das gilt für alle Sirupe, in denen *Pinaceae*-Triebe in Verbindung mit Zucker und anderen Kräuterzutaten verwendet werden: Sie sind gesund, lindernd bei Erkältung und Husten, aber auch äußerst angenehm in winterlichen Tees und Tisanen, denen sie viel zusätzliche Wärme und ein intensives Aroma verleihen.

### Nadelbaumsirup

Aromatische junge Triebe der oben genannten Nadelbäume kann man auch mit den ebenso gesunden (jungen und daher saftigen) Blättern des Spitzwegerichs (*Plantago lanceolata*) kombinieren. Zerpflücken Sie die Kiefern- und/oder Fichtentriebe in kleine Büschelchen, schneiden Sie die Spitzwegerichblätter in schmale Streifen, und füllen Sie ein Einweckglas abwechselnd mit Schichten des Grüns und weißem und/oder braunem Zucker. Den Abschluß sollte eine Schicht Zucker bilden. Verschließen Sie dann das Glas, und stellen Sie es drei Wochen lang in die Sonne. Es bildet sich dann ein aromatischer Sirup, der nur noch gefiltert und für den späteren Gebrauch (im Winter) in Flaschen gefüllt werden muß.

Wer den Zeitpunkt genau abpaßt, kann auch die so begehrten gesunden Pollen aus den männlichen Blütenständen dieser Koniferen in Sirup einfangen. Klopfen Sie dazu in regelmäßigen Abständen vorsichtig gegen die männlichen ›Kätzchen‹ (bei *Picea orientalis* 'Aurea' auf dem Foto sind sie rosarot). Tritt eine Wolke von goldgelbem Staub aus, so sind die Blüten im Begriff, ihre Pollen für die Befruchtung der weiblichen Blüten freizusetzen (es sind Windbestäuber). Dann ist der Augenblick gekommen, ganz behutsam die mit Pollen beladenen männlichen Blüten zu pflücken und in das Sirupglas einzulagern. Ich kombiniere sie mit jungen Kiefern- und Fichtentrieben sowie mit Zucker und zusätzlich noch, um das Aroma zu verfeinern, mit dünnen Schichten junger Blätter der Süßdolde (*Myrrhis odorata*). Das Ergebnis ist nicht nur sehr aromatisch, sondern auch äußerst gesund, und die Gläser gekaufter Blütenpollen (dessen Ausgangsprodukt die von Bienenbeinchen abgestreiften Pollenklümpchen sind) können dann wieder eine Weile im Schrank bleiben.

### Liebenswerte Goldlärche

Einen absoluten Ehrenplatz unter den Nadelbäumen verdient die Goldlärche – so genannt wegen der goldenen Herbstfarbe, mit der diese ›Konifere‹ sich schmückt, bevor sie wie alle Lärchen (*Larix*) ihre nadelfeinen Blätter abwirft. Warum die Goldlärche als eine der Schönsten unter den Lärchen *Pseudolarix* genannt wird, als ob sie eigentlich nicht dazugehörte, ist nicht völlig klar – nur das Blatt ist etwas breiter –, aber wie zum Trost lautet ihr vollständiger Name *Pseudolarix amabilis* (syn. *Pseudolarix kaempferi*), und liebenswert ist sie nun wirklich in jeder Hinsicht.
*Pseudolarix amabilis* liefert nicht nur duftiges junges Grün für Sirupe, sondern auch ihre Blütenstände verdienen unsere Bewunderung. Zunächst einmal sind sie fast die schönsten unter allen Nadelbaumarten: Die weiblichen Blüten liegen wie Rosetten oben auf den Zweigen und warten darauf, daß die männlichen Blütenstände (hier abgebildet) die Pollen freigeben und sie in Wolken goldgelben Staubs einhüllen, der sie befruchtet und zu den wunderschönen grünen fleischigen Kegeln ausreifen läßt, die im Herbst ihren

geflügelten Samen mit dem Wind auf die Reise schicken.

Daß die männlichen Blütenstände hier im Knospenstadium abgebildet sind, hat seinen Grund natürlich nicht nur darin, daß sie so schön anzusehen sind. Sie sind zudem über alle Maßen köstlich, von sehr angenehmer Konsistenz und haben einen ausgeprägten Haselnußgeschmack. Weiterhin sind sie aufgrund des in ihnen gespeicherten Pollenvorrats sehr gesund und reich an Eiweiß. (Die Indianer Amerikas sammeln von den verschiedensten Koniferen Pollen und verarbeiten sie in Brotteig.)

### Platte kaas mit Pseudolarix

Jelena bereitet mit dem in Belgien überall erhältlichen Platte kaas, einer Art Quark (siehe »Über Sahne und Frischkäse«, Seite 200), eine köstliche Paste, die man als Dip oder als Brotaufstrich genießen kann.

Vermischen Sie feingemahlene Mandeln und zerteilte männliche Blüten der *Pseudolarix amabilis* mit Platte kaas (oder einem vergleichbaren Produkt), und freuen Sie sich auf einen außergewöhnlichen Leckerbissen.

Anmerkung: Die männlichen Blüten eignen sich – eventuell verzuckert – auch für eine süße Zubereitung. Beispielsweise könnte man eine Torte mit einem Ring gleich großer Kiwischeiben mit je einer Bananenscheibe (mit Zitronensaft beträufeln!) belegen und diese dann jeweils mit einer Goldlärchenblüte krönen.

# Truglauch und Süßigkeit aus Kerbel

Knoblauchsrauke *(Alliaria petiolata)* ist in Wirklichkeit kein Lauch, weil sie keine Zwiebel bildet. Die Pflanze zählt zu den Kreuzblütlern, obwohl ihre Blätter und Blüten einen deutlichen Lauchgeschmack aufweisen. Sie und die Süßdolde *(Myrrhis odorata)*, die zur Familie der Doldengewächse *(Umbelliferae)* gehört, fangen nahezu gleichzeitig zu blühen an, als wollten sie unsere Mahlzeiten mit ganz unterschiedlichen köstlichen Aromen bereichern.

### Ein unternehmungslustiges Pflänzchen

Die Knoblauchsrauke ist weit verbreitet, und wenn man diese Pflanze mit ihren herzförmigen, gebuchteten Blättern irgendwo sieht, so verheißt dies eine Blüte im nächsten Jahr, denn *Alliaria* ist eine zweijährige Pflanze. Die kleine Abbildung zeigt eine Szene auf einer meiner Terrassen, wo die blühenden Pflanzen einen Moosfrosch neben einer Wassertonne anmutig umspielen.

Wenn sie so früh im Jahr erscheinen, lasse ich sie stehen, denn das Grün und die Blüten dieser Pflanze sehen so schön frisch aus und sind in der Küche vielseitig verwendbar. Einige Exemplare lasse ich Samen bilden, da ich auf diesen unternehmungslustigen Truglauch nicht verzichten möchte.

Die Blütenschirmchen mit den nach Lauch duftenden Kreuzblüten verzehrt man am besten frisch. Auf der Abbildung zieren sie Frühlings-Sandwiches und Eis, aber sie können natürlich auch auf andere Weise verwendet werden: beispielsweise über Salate gestreut oder mit Vinaigrette oder Mayonnaise verrührt.

Ebenso wie die zarten weißen Blüten von *Allium cowanii* lassen sie sich übrigens auch ausgezeichnet fritieren, gehüllt in leckeren Beignet-Teig.

### Geblümte Frühlings-Sandwiches

Glücklicherweise hat der Frühling für die Zubereitung von geblümten Frühlings-Sandwiches noch mehr zu bieten als die auf diesen Seiten vorgestellten Blüten. (Eigentlich kommt der größte Teil der Blüten aus dem Frühlingsblumengesteck auf Seite 6 dafür in Betracht.)

Damit bereits das Brot ›erblüht‹ können Sie zunächst einmal ein Blütenbrot damit backen, denn so, wie im Beispiel des leckeren Holunderblütenbrots auf Seite 80 beschrieben, lassen sich natürlich auch andere Blüten in einem Hefeteig mitbakken. Rosmarinblütenbrot beispielsweise ist herrlich aromatisch, ebenso Süßdoldenbrot.

Hier habe ich jedoch (fertig gekauftes) Sonnenblumenkernbrot für die herzhaften Sandwiches und ein nicht aromatisiertes weißes Kastenbrot für die süßen verwendet.

Da ich sie mit einer dicken Schicht Blüten belegen wollte, habe ich sie mit gewöhnlicher Butter bestrichen, aber Sie können natürlich aus den verwendeten oder aus anderen geschmacklich dazu passenden Blüten auch Blütenbutter zubereiten, so wie es auf den Seiten über die Rosen, auf den Zitrus-Seiten und auf Seite 164 beschrieben wird, wo Sie Rezepte für fünf verschiedene Arten von Blütenbutter aus Sommerblumen finden.

Zwischen den Weißbrot-Sandwiches auf dem ersten Brettchen sehen Sie Rosmarinblüten, die 'Hortensis'-Form des gewöhnlichen Stiefmütterchens (siehe Seite 26) und die cremefarbenen, seidenweichen

Blütenblätter von *Rosa pimpinellifolia* var. *altaica* (syn. *Rosa pimpinellifolia* 'Grandiflora'), eine Rose, deren Blüten sich im Anschluß an die noch etwas früher blühenden Varietäten der Frühlingsserie (siehe Seite 7 – von denen sie außerdem ein Elternteil ist) öffnen und die Zeit bis zu den vielen im Juni erblühenden Rosen überbrücken helfen.
Zwischen die diagonal halbierten Schnittchen aus Sonnenblumenkernbrot legte ich *Allium cowanii* (siehe Seite 17–19), eine Lauchart, die früh mit der Produktion zarter weißer Blütendolden beginnt und erfreulich lange damit fortfährt, und natürlich Blütenschirmchen der wohlschmeckenden Knoblauchsrauke sowie flauschige Süßdoldenblüten.

### Gurken-Sorbet mit Süssdolde

Sweet cicely wird die Süßdolde in England genannt, und vermutlich bezieht sich dieser Name auf den süßen Duft der Blüten, nicht auf das köstliche Kerbelaroma der Blätter.
Die Blüten bilden eine angenehme geschmackliche Ergänzung der Blätter, denn auch sie besitzen jenes Kerbelaroma, sind jedoch süßer, wie schon ihr Geruch verrät. Sie eignen sich deshalb für vielerlei schöne Rezepte: Auf Seite 19 finden Sie frühe Blütendolden, die fritiert sind, auf der Abbildung Seite 42 lugen sie zwischen den Brotscheiben hervor, und auf nebenstehender Abbildung veredeln sie ein Gurken-Sorbet.
Für dieses Sorbet bereiten Sie zunächst einen Sirup aus 200 ml Wasser und 75 g Zucker zu, den Sie dann im Mixer mit 350 g geschälter Gurke, dem Saft von einer Zitrone, Salz, frisch gemahlenem grünem Pfeffer und 50 ml ›Eau-de-vie de Céleri‹ vermischen; anschließend gießen Sie den ›Cocktail‹ in die Eismaschine. (Den Alkohol können Sie eventuell weglassen oder durch einen frischen Apfel ersetzen; 'Granny Smith' schmeckt sehr gut dazu.)
Nach 15 Minuten schalten Sie die Eismaschine ab und fügen dem Sorbet eine gute Handvoll fein auseinandergezupfte Süßdoldenblüten hinzu. Lassen Sie die Eismaschine noch 5 Minuten weiterrühren, dann ist Ihr Sorbet perfekt.
Garnieren Sie das Gurken-Sorbet mit Süßdolden-Sträußchen und eventuell auch mit Blüten der Knoblauchsrauke oder mit einer stolzen *Allium cowanii*-Blüte. Ich habe versucht, die Blüten auf den Pokalen in der Tiefkühltruhe einzufrieren, und sie sahen dann auch sehr schön aus, als ich sie wieder an den Tag brachte, allerdings nur für eine halbe Minute; dann fielen sie in sich zusammen und wurden unansehnlich. Man sollte also besser frische Blüten für die Dekoration verwenden.
Den kleinsten Pokal zieren ein paar verzuckerte Blütenköpfe von *Myrrhis odorata:* eine sehr aparte zusätzliche Geschmacksnuance zu solch einem pikanten Sorbet.

Vor ein paar Jahren gaben May und Axel Vervoordt ein atemberaubendes Fest auf Schloß 's Gravenwezel. Hunderte geladener Gäste feierten den vierzigsten Geburtstag von Axel und gleichzeitig den Einzug des Paars in das Schloß mit einem grandiosen Fest mit Gesang und Tanz, mit Musik, Speis' und Trank. Der absolute Höhepunkt der vielen kulinarischen Köstlichkeiten war eine Torte, die einen Teil des Gartens mit dem Schloß darstellte – auf einem Tablett präsentiert von acht Lakaien, die vom Küchenmeister, dem Schöpfer des Kunstwerks, angeführt wurden . . . Die Gäste fühlten sich »nicht von dieser Welt«, wie in einem Märchen, das für einen Augenblick Wirklichkeit geworden war.

Auf diesen Seiten können Sie als Zaungäste an diesem Märchen teilnehmen, denn wir zeigen Ihnen ein Foto des Gartens in Tortenausführung (das Vorbild war ein Teil des ursprünglichen Gartenentwurfs für den Schloßgarten). Aber damit brauchen Sie sich nicht zu begnügen, denn für Ihr ganz persönliches Märchen erhalten Sie die Rezepte für die Gartentorten (oder für die Tortengärten, wenn Sie so wollen), die die schneeweißen Beete bilden, bestreut mit purpurnen verzuckerten Stiefmütterchen und serviert mit einem Himbeer-Coulis (einer Art Sauce aus passierten Himbeeren), angereichert mit Rosenblättern.

Als ich den wahrhaft genialen Konditor Dellafaille aus Schoten anrief, ihm erklärte, daß May und Axel mir die Gartentortenfotos von jenem Fest zur Veröffentlichung in diesem Buch überlassen hätten, und ihn in diesem Zusammenhang fragte, ob er bereit wäre, mit die Rezepte für die Köstlichkeiten, die er für diesen Anlaß kreiert hatte, zur Verfügung zu stellen, war er so entgegenkommend, mir das Geheimnis zweier seiner Spitzentorten zu verraten: eine Mousse-Citron (deretwegen Kunden von weit her zu ihm kommen) und eine Schokoladentorte, die jeden Schokoladenliebhaber in Entzücken versetzt. Zu beiden Torten kann man als aromatische Beigabe einen Himbeer-Coulis servieren.

### Eine Torte vom eigenen Garten

Sie müssen keineswegs Besitzer eines Schloßgartens sein, um solch ein Fest feiern zu können: Natürlich kann man jeden Garten, auch wenn er noch so klein ist, in Form einer festlichen Torte darstellen, diese mit den verzuckerten Blüten verzieren, die darin blühen, und so eine eigene ›Gartenparty‹ oder ein Gartenfest veranstalten.

Wenn es Ihnen zu kompliziert erscheint, Torten in Gartenform zu backen, können Sie natürlich auch einfach ein großes Rechteck backen und darauf mit verzuckerten Blüten und Blättern den Garten darstellen. (*Buxus*-)Hecken kann man beispielsweise mit grünen Linien aus verzuckerten Minzeblättern darstellen oder sogar aus den schlanken Kolben der Resedablüten; Gartenwege kann man mit einem Blütenzucker (siehe Seite 68) andeuten und Blumenbeete natürlich mit den daraus gepflückten und anschließend verzuckerten Blüten (sofern sie genießbar sind).

### Mousse-Citron

Weil diese Mousse-Citron so köstlich ist, gebe ich hier das Rezept für die Menge von vier großen (Garten-)Torten (oder acht kleinen Torten von 18 cm Durchmesser) an. Mit dieser Menge wird eine große Gesellschaft problemlos fertig. Da aber selbst Monsieur Dellafaille die Mousse einfriert (sie auch oft Kunden, die von weit her kommen, um sich einen Vorrat davon zuzulegen, eingefroren verkauft), ist es natürlich kein Problem, einen Teil bis zur nächsten festlichen Gelegenheit zu konservieren.

Nehmen Sie die geriebene Schale und den Saft von 7 Zitronen, verquirlen Sie diese zusammen mit 500 g Zucker und 9 Eiern, und erwärmen Sie alles unter ständigem Schlagen im Wasserbad. Halten Sie auf diese Weise 1 Stunde lang eine Temperatur kurz unter dem Siedepunkt bei. Anschließend nehmen Sie die Creme vom Herd und lösen sofort 18 eingeweichte und ausgedrückte Blätter Gelatine darin auf. Danach lassen Sie sie abkühlen.

Schlagen Sie 18 Eier mit 400 g Zucker schaumig (bis die Masse zähflüssig vom Schneebesen läuft und für 1–2 Minuten als bandförmige Spur in der Schüssel sichtbar bleibt), und fahren Sie dann mit dem Schlagen im Wasserbad fort, bis die Creme anfängt zu binden (bei einer Temperatur von ca. 35° C). Heben Sie diesen alkoholfreien Sabayon anschließend unter die Zitronencreme, und lassen Sie die Masse auskühlen. Sodann schlagen Sie 1,8 l Schlagsahne halbsteif und ziehen sie unter die Mousse, die nun in Formen gegossen und in der Tiefkühltruhe deponiert wird.

Zum Gebrauch nehmen Sie die Zitronencreme aus der Form und passen sie einem Mürbeteigboden an. Überziehen Sie die Torte mit Meringue italienne, die Sie bei starker Hitze im Backofen karamelisieren lassen.

Meringue italienne, auch Baiser genannt, stellen Sie her, indem Sie 100 ml Wasser mit 250 g Zucker auf 121° C erhitzen (›Fester Ball‹), den Sirup auf 90° C abkühlen lassen und unter fortwährendem Schlagen mit dem Schneebesen zu 125 g sehr steif geschlagenem Eiweiß (von 4–5 Eiern) gießen. Den Schnee dann langsam in der Schüssel Ihrer Küchenmaschine drehen lassen, bis er völlig abgekühlt ist.

### Himbeer-Coulis mit Rosenblättern

Man rechnet für einen Himbeer-Coulis 1 kg Früchte auf 600 g Zucker (sowohl Kri-

stall- als auch Puderzucker werden verwendet). Diese Zutaten mischen Sie in der Küchenmaschine, mit dem Rührgerät oder im Mixer, bis der Zucker sich im Fruchtpüree aufgelöst hat. Anschließend wird das Fruchtmus durch ein Sieb gestrichen (um Kerne und Stückchen Schale, falls Sie anderes Obst verwenden wollen, daraus zu entfernen) und gegebenenfalls mit einem Schuß Sodawasser, mit Zuckersirup, mit dazu passendem Fruchtsaft, mit Zitronensaft oder mit einem geschmacklich darauf abgestimmten Likör oder Obstbrand verdünnt. Diese spezielle Gartenfest-Ausführung verfeinern Sie mit 100 g Rosenblättern in Sirup, und wem der Coulis dann zu süß sein sollte, der schmeckt mit Zitronensaft ab.
Auch Frucht-Coulis kann man sehr gut einfrieren, so daß Sie in der Obst-Hochsaison mit sehr wenig Zeitaufwand und Mühe aromatische Coulis für den späteren Gebrauch zubereiten können.

### Schokoladentorte

Stellen Sie zunächst einen einfachen Schokoladen-Biskuitteig her: Sie schlagen 250 g Eier (ca. 5 Eier) mit 250 g Eigelb (15–17 Dotter) und 300 g Zucker sehr schaumig (bis die zähflüssig vom Schneebesen fließende Masse einige Zeit als Band auf der Creme-Oberfläche sichtbar bleibt) und vermischen dies mit 250 g Mehl und 50 g Kakaopulver (beides zusammen durchsieben). Gießen Sie diesen Teig in mit Butter eingefettete und mit Mehl bestäubte Springformen und backen Sie die Kuchen 25–35 Minuten lang (bei einer kleinen Form 25 Minuten, bei einer großen 35 Minuten) in einem auf 180° C vorgeheizten Backofen überwiegend bei Unterhitze.
Schneiden Sie die abgekühlten und herausgelösten Biskuitkuchen zweimal horizontal durch, so daß drei Böden entstehen, und bestreichen Sie den untersten Boden mit Schokoladen-Mousse. Legen Sie den zweiten Boden darauf, und bestreichen Sie ihn mit (gesüßter) geschlagener Sahne. Darauf legen Sie den dritten Boden. (In diesem Stadium können Torten, die Sie nicht sofort benötigen, eingefroren werden.) Zum Verzehr werden die Torten mit Ganache überzogen. Die Ganache bereiten Sie zu, indem Sie 500 g bittere Schokolade in 500 ml Schlagsahne auf schwacher Hitze schmelzen.

Für die Schokoladen-Mousse nach dem Rezept von Monsieur Dellafaille schlagen Sie 500 ml Eiweiß (von ca. 15–20 Eiern) mit 400 g Zucker sehr schaumig. Fügen Sie dann 750 g geschmolzene abgekühlte Bitterschokolade hinzu, und heben Sie zuletzt 1,25 l halbsteife Schlagsahne darunter.

Anmerkung: Da die Größe und damit auch das Gewicht von Eiern variiert und bei solchem Backwerk die verwendete Menge Ei, Eiweiß und Eigelb sehr genau abgemessen werden muß, arbeiten professionelle Konditoren immer mit Gewichts- oder Volumenangaben. Dazu gibt man die Eier beim Trennen gleich in einen Meßbecher oder in eine Waagschale.

Unten: Die nach Mandeln duftende Rose 'Chaucer', benannt nach Geoffrey Chaucer (1343–1400), ist eine passende Zutat für diese kulinarische ›Gartenparty‹

# Weißdorn oder Dornröschen

Blüten von Weißdorn *(Crataegus laevigata* und *Crataegus monogyna)* schmecken etwas fade und leicht süßlich – sie haben also keinen besonders aufregenden Geschmack. Verzuckert man sie, so kommt ihr Eigengeschmack etwas besser zur Geltung, aber getrocknet oder frisch in Tee getrunken wird dieses Blümchen plötzlich sehr aromatisch.

Weißdorntee wirkt entspannend und so zuweilen schlaffördernd: Dornröschen ist also in zweifacher Hinsicht nicht unpassend, denn diese dornige Art gehört zur Familie der Rosengewächse. Da auch der echte Steinklee *(Melilotus officinalis)* und Lavendel schlaffördernd wirken, können Sie, wenn Sie Ihrem Schlaftrunk etwas mehr Aroma geben wollen, eine Mischung aus diesen drei Bestandteilen zubereiten.
Außerdem hat man herausgefunden, daß man Weißdorn auch zur Regulierung der Herzfunktion und als herzstärkendes Mittel einsetzen kann. Daß Weißdorn den Blutdruck zu senken vermag, ist ebenfalls seit langem bekannt. Außerdem wird Weißdorntee – wohl aufgrund seiner beruhigenden und leicht harntreibenden Wirkung – im Rahmen von Reduktionsdiäten empfohlen. Wenn es Ihnen um diesen Aspekt geht, können Sie eine Teemischung aus Löwenzahn und Baldrian zubereiten, der die beruhigende Wirkung allerdings noch verstärkt. Dies sind sicherlich gute Gründe, den Weißdorn zu schätzen und auch für die Verwendung nach dem Maimonat eine ansehnliche Portion dieser Blüten zu trocknen. Wie Sie dabei verfahren müssen, wird auf den Seiten 68/69 beschrieben.

Anmerkung: Schauen Sie sich die Weißdornblüte, dieses Mini-Dornröschen, einmal aus nächster Nähe an, denn dann zeigt sich (genau wie bei Brombeerblüten), wie hübsch sie tatsächlich sind.

### Zwei Röschen ohne Dornen

Wenig bekannt ist, daß auch die Quitte *(Cydonia oblonga)* und der Zierapfel (Malus coronaria) zur Familie der Rosengewächse *(Rosaceae)* gehören – zwei Röschen ohne Dornen also.

Die Birnenquitte *(Cydonia oblonga* var. *pyriformis)* hat solch schöne zartrosa Blüten, daß ich beschloß, ein Rezept für sie zu finden, obwohl sie keinen besonders ausgeprägten Eigengeschmack haben. (Die Familie der Malvengewächse, die *Malvaceae*, empfehlen sich auch nicht durch ihr Aroma, sie werden jedoch wegen ihrer Farbe und Konsistenz verwendet.) Dabei erhob sich zunächst das Problem, daß die Blüten sich ebenso wie die der *Magnolia* beim Verzuckern recht unattraktiv verfärbten. Ein Spritzer Zitronensäure, den ich dem geschlagenen Eiweiß zusetzte (womit sie zunächst eingepinselt werden), schaffte jedoch Abhilfe; und der leichte Hauch Säure läßt sich durch eine dickere Zuckerschicht neutralisieren.

### Dreimal Quitte in einem Eis

In diesem außergewöhnlich leckeren Eis spielt die Quitte eine Glanzrolle. Sie tritt in drei verschiedenen Verkleidungen auf: einmal als Quittengeist, dann als Quittenbrot und zur Krönung als verzuckerte zartrosa Quittenblüten.

Für das Eis lassen Sie zunächst eine aufgeschnittene Vanilleschote in 250 ml heißer Milch ziehen und abkühlen. Sodann schlagen Sie 8 Eigelb mit 200 g Zucker schaumig und geben diese Masse, vermischt mit der Vanillemilch, 50 ml ›Eau-de-vie de Coing‹ und 250 ml Schlagsahne für 20 Minuten in die Eismaschine. Fügen Sie schließlich eine gute Handvoll zarter Quittenblütenblätter zusammen mit ca. 150 g zerkleinertem Quittenbrot hinzu und stellen die Maschine eine weitere Minute an (nicht länger, sonst sind die Blütenblätter nicht mehr zu erkennen). Füllen Sie das Eis in Kelchgläser, und garnieren Sie mit verzuckerten Quittenblüten.

Für das Quittenbrot benötigen Sie 2 kg Quitten und Zucker. Dieses Rezept schlägt zwei Fliegen mit einer Klappe: Bei der Zubereitung der Geleefrüchte erhalten Sie als Nebenprodukt köstliches Quittengelee. Die Quitten waschen, vierteln und die Gehäuse entfernen. Binden Sie die Kerngehäuse in ein Mulltuch und setzen Sie alles zusammen in einem großen Topf mit gerade so viel Wasser, daß die Quittenstücke eben bedeckt sind, auf. Haben die Quitten etwa 1 Stunde auf schwacher Hitze gekocht, werden sie durch ein Tuch über einer Schüssel abgegossen und müssen gründlich abtropfen (am besten über Nacht). Bemessen Sie die Menge der aromatischen Flüssigkeit, und geben Sie sie zusammen mit der gleichen Menge Zucker wieder in einen Topf, um sie 10 Minuten schwach kochen zu lassen, damit sich der Zucker löst. Anschließend können Sie das Gelee in sterilisierte Gläser füllen.

Für die Zubereitung des Quittenbrots wiegen Sie die gekochten Quittenstücke aus (die Kerngehäuse sind entfernt), um sie mit der gleichen Menge Zucker zu pürieren. Das Püree wird in einem Topf mit schwerem Boden unter ständigem Rühren (mit einem Holzlöffel) erhitzt, bis die Masse eindickt und sich vom Topf löst (dies dauert ca. 20–25 Minuten).

Streichen Sie anschließend das Fruchtmus auf einem eingezuckerten Backblech zu einer 2–3 cm hohen Schicht aus, bestreuen Sie es mit etwas Zucker, und lassen Sie es etwa 4 Tage trocknen.

Schneiden Sie es dann in Streifen, Würfel oder Rauten, die Sie in Zucker wälzen und abermals einige Tage auf Backpapier trocknen lassen.

Das fertige Quittenbrot läßt sich problemlos in Blechdosen aufbewahren, wo es monatelang nichts von seinem köstlichen Geschmack einbüßt. Schließlich hat es im nächsten Frühling eine eisgekühlte Verabredung mit den jungen Quittenblüten …

### Weingelee-Timbalen mit Blütenfüllung

Bereiten Sie Gelee aus Weißwein nach dem Grundrezept (Seite 202) zu, das Sie mit einem Schuß konzentriertem Holundersirup oder einem anderen Blütensirup noch verfeinern können, vorausgesetzt, Sie achten darauf, die angegebene Menge an Flüssigkeit pro Gelatineblatt nicht zu überschreiten. Verzuckern Sie die Blüten, die Sie verarbeiten wollen: Dies ist absolut notwendig, da sie sonst unansehnlich verfärbt sind, bevor das Weingelee fest wird. Außerdem gewinnen viele Blüten durch den Verzuckerungsprozeß an Aroma. Dies gilt besonders für den hier von mir verwendeten Zierapfel und in geringerem Maße auch für die Weißdornblüten.

Die Sorte *Malus coronaria* 'Charlottae' ist in diesem Fall wichtig, denn dies ist einer der wenigen Zieräpfel, deren Blüten duften. Und beim Verzuckern verwandelt sich der Duft in ein volles und besonders köstliches Aroma.

Achten Sie darauf, daß eine besonders schöne Blüte jeweils unten und oben in der Timbale liegt, und servieren Sie die kleinen Geleepuddings pur oder mit etwas Schlagsahne.

# Lauter rosige Zwiebelchen

Die freundlichen rosa- und lilafarbenen Blütenköpfchen der Zwiebelchen bzw. Zierlaucharten auf diesen Seiten sind nur ein Auftakt zu den vielen Seiten mit Zwiebel-Freuden, die nun folgen werden und die wir nicht selten unerwarteten *Allium*-Arten zu verdanken haben.

Angesichts der vielen Arten, die wir bisher schon als Zierlauch bezeichnet haben, sollte man auf das ›Zier‹ besser verzichten, denn diese Zwiebelgewächse wachsen und blühen nicht nur, um unsere Augen zu erfreuen, sondern sie verwöhnen auch unseren Gaumen. Es ist mit einer gewissen Spannung verbunden, die verschiedenen Arten auszuprobieren. Giftig ist keine, aber manche schmecken äußerst unangenehm, während andere wahre Delikatessen sind. Wir haben zwar nicht alle, aber doch einige Arten gekostet, und hier ist unser Testurteil.

Ausgesprochen ungenießbar sind nach unserem Dafürhalten:
*Allium christophii* (sehr)
*Allium karataviense* (mäßig)
*Allium nigrum* var. *multibulbosum* (sehr – siehe auch Seite 17)
Sehr angenehm im Geschmack sind unserer Meinung nach:
*Allium caeruleum* (die einzige wirklich blaue Lauchblüte – siehe Seite 52/53)
*Allium cowanii* (siehe Seite 17–19)
*Allium cyathoforum* var. *farreri* (tief purpurviolett – siehe Seite 50/51)
*Allium fistulosum* (Winterzwiebel – siehe Seite 52)
*Allium neapolitanum* (weiß und fast genauso früh blühend wie *A. cowanii)*
*Allium oreophilum* (tiefrosa mit dunkelrosa Staubblättern – siehe obere Nahaufnahme)
*Allium roseum* (zartrosa – links in der Sauciere und in der unteren Nahaufnahme schon mit Brutzwiebeln unter den Blüten)
*Allium schoenoprasum* (der gewöhnliche, zartlila blühende Schnittlauch – auf der Abbildung links im Schwan)
*Allium schoenoprasum* 'Foreskate' (ein Schnittlauch mit intensiv rosavioletten Blüten – rechts in der Sauciere)
*Allium scorodoprasum* (Schlangenlauch mit einer ›Blütenkugel‹ voller Mini-Zwiebelchen)
*Allium sphaerocephalon* (Kugellauch, siehe Seite 50 und Seite 130)
*Allium subhirsutum* (blüht zur gleichen Zeit wie *A. cowanii,* aber mit einer kleineren Blüte)
*Allium tuberosum* (Chinesischer Schnittlauch, der leckerste von allen – siehe Seite 52)
*Allium unifolium* (in zartem Lila mit einem dunklen Strich auf jedem Blütenblatt

– siehe mittlere Nahaufnahme und Sauciere)
*Allium ursinum*, der sehr früh weiß blühende Bärlauch
*Allium vineale*, der Weinberglauch, der keine Blüten bildet, aber Unmengen von Mini-Zehen zum Schmoren – siehe Seite 50/51
*Nectaroscordum siculum* (früher *Allium siculum* – prachtvoll und herrlich pikant – siehe Seite 52/53)
Im Saatgutkatalog des Botanischen Gartens von Nowosibirsk in Sibirien fand Jelena außerdem folgende eßbare Sorten:

*Allium angulosum, A. globosum, A. hymenorhizon, A. ledebourianum, A. lineare, A. nutans, A. obliquum, A. platyspathum, A. sibiricum*

### Frühlingszwiebeln und Wachteleier mit Zwiebelblüten-Mayonnaise

Frühlingszwiebeln – Küchenzwiebeln *(Allium cepa)* also, die jung geerntet werden, bevor die verdickte ›Zwiebel‹ entstanden ist – sind von Mitte des Winters bis Mitte des Sommers erhältlich. Sie sind ein delikates Gemüse, das sich sehr gut für Vorspeisen eignet. Ich schmore sie ein paar Minuten in wenig Wasser mit etwas konzentriertem Holunderblütensirup und einem Schuß Balsamessig. Lassen Sie die Frühlingszwiebeln anschließend gut abtropfen und abkühlen, und servieren Sie sie zu Wachteleiern und einer selbstgemachten Mayonnaise (siehe Grundrezepte, Seite 201), unter die viele Zwiebelblüten gerührt werden.

### Staudensellerie mit Käse und Schnittlauchblüten-Füllung

Waschen Sie einen schönen Staudensellerie sorgfältig, damit später kein Sand zwischen den Zähnen knirscht. Verrühren Sie Mascarpone und einen Blauschimmelkäse in einem Mengenverhältnis Ihrer Wahl (Roquefort, Danablu, Gorgonzola eignen sich alle – der eine ist etwas pikanter, der andere etwas milder). Rühren Sie reichlich auseinandergeschnittene Zwiebelblüten darunter. Schnittlauchblüten sind natürlich am preiswertesten und am leichtesten erhältlich und schmecken außerdem überraschend gut.
Füllen Sie den Staudensellerie mit der Käsecreme, und stecken Sie als Naschdekoration noch ein paar Schnittlauchblüten hinein. Stellen Sie den Sellerie in den Kühlschrank, bis die Füllung schnittfest geworden ist. Schneiden Sie dünne Scheiben davon ab, und servieren Sie diese mit Butter und geröstetem Toast als Lunch oder als Vorspeise.
Sie können dieses Rezept variieren, indem Sie beispielsweise geriebenen Meerrettich oder zerbröselten knusprig gebratenen hauchdünn geschnittenen Frühstücksspeck unter das Käsegemisch rühren.

Links: Aromatisierte Frühlingszwiebeln und Wachteleier mit einer würzigen Zwiebelblüten-Mayonnaise
Gegenüberliegende Seite, rechts (von oben nach unten):
*Allium oreophilum* bildet tiefrosa Blütendolden auf niedrigen Stengelchen
*Allium unifolium* mit einem dunklen Strich auf jedem Blütenblatt und rosa Staubblättern (siehe auch in der Sauciere bei den Frühlingszwiebeln)
*Allium roseum* bildet oft schon während der Blüte Brutzwiebeln auf ihrer Dolde aus (siehe auch in der Sauciere bei den Frühlingszwiebeln)
Gegenüberliegende Seite, links: Staudensellerie mit Käse-Schnittlauchblüten-Füllung – in Scheiben geschnitten ein köstlicher Lunch oder eine Vorspeise

# Zwiebelfreuden in Purpurtönen

Mit *Allium*-Arten, die Blütenstiele mit tiefgetönten Köstlichkeiten hervorbringen, kann man sehr interessante Farbkontraste erzeugen.

Dazu gehören auch der Weinberglauch *(Allium vineale)* und der Schlangenlauch *(Allium scorodoprasum)*, die keine (oder nur selten) Blüten bilden und statt dessen meist gleich einen Stengel voller purpurfarbener Brutzwiebeln aufschießen lassen, aus denen oft noch auf dem Stengel die grünen Halme sprießen.

TORTELLONI MIT ALLIUM-BLÜTEN

Tiefgrüne Tortelloni mit Ricotta-Füllung passen in jeder Beziehung gut zu den tiefpurpurn blühenden Zierzwiebeln, denn Käse läßt sich sehr gut mit Zwiebeln kombinieren.

Die Pasta erhält ihre grüne Farbe durch Spinat, und wie man solche Nudeln selbst herstellt, können Sie bei den Grundrezepten, Seite 203, nachlesen. Die purpurfarbenen Blüten stammen hier von *Allium cyathoforum* var. *farreri*, einer Pflanze, die ich schon seit Jahren in einem Topf halte und der es dort ausgezeichnet zu gefallen scheint, da sie jedes Jahr mehr pikante und anmutig nickende Blütenköpfchen hervorbringt.

Die Tortelloni sind al dente gekocht, abgegossen, in einem Schuß gutem Olivenöl geschwenkt und mit den hübschen *Allium*-Blüten bestreut.

Links, von oben nach unten:
Die anmutig nickenden Blüten von *Allium cyathoforum* var. *farreri* haben einen pikanten Zwiebelgeschmack
Weinberglauch *(Allium vineale)* drängt darauf, sich fortzupflanzen, denn aus den in purpurne Häutchen gehüllten Kopf-Zehen schießen schon bald die grünen Triebe empor
Die tiefe Purpurfarbe des Kugellauchs *(Allium sphaerocephalon)* macht sich bestens im Garten und auf dem Teller (ein Gericht mit diesem spätblühenden Lauch finden Sie auf Seite 130)

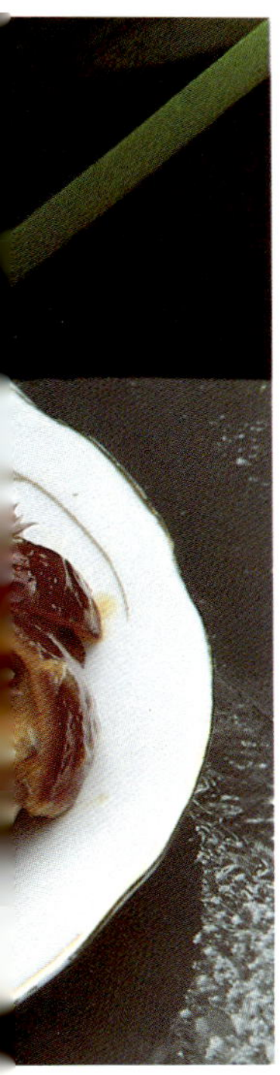

Ei mit Purpurzwiebel

Äußerst purpurn werden die Zwiebelfreuden, wenn frische Schnittlauchblüten mit den violetten Zwiebeln kombiniert werden, die Namen wie 'Nordholländische Blutrote', 'Zur Robal' und 'Noro' tragen.
Ich dünste die rotvioletten Zwiebelscheiben in etwas Butter weich und glasig, gebe dann einen guten Schuß Schlagsahne, etwas weißen Wermut, ½ Teel. Kümmel und eine Prise Salz hinzu und lasse unter Rühren weiterschmoren, bis der Großteil der Flüssigkeit zu einer an den Zwiebelringen haftenden aromatischen dickflüssigen Masse verdampft ist.
Zum Servieren richte ich die Zwiebeln mit je einem hartgekochten Ei auf Tellern an und streue als Garnierung auseinandergezupfte Schnittlauchblüten darüber. Zusammen mit knusprig getoastetem Brot eignet sich dieses Gericht hervorragend als kleines Mittagessen.

Mini-Patissons mit Weinberglauch und Knoblauch

Die Patisson-Kürbisse im Baby-Stadium schmecken am besten, wenn man sie ganz schlicht zubereitet. Ich benutze dazu meist einen Wok. Dazu gieße ich etwas aromatisches Kürbiskernöl und ein wenig Traubenkernöl in den Wok (jedes andere gute Öl eignet sich natürlich ebenfalls) und gebe, sobald es warm geworden ist, ein paar Scheiben (frischen) Knoblauch hinein. Sobald sie ihr Aroma freisetzen, füge ich die Mini-Patissons zusammen mit einer guten Portion Weinberglauch-Zwiebeln *(Allium vineale)* hinzu. Das Gemüse wird unter ständigem Rühren kurz angebraten, bis sich das Aroma voll entwickelt hat, und anschließend mit etwas Bouillon abgelöscht. Nach weiteren 3 Minuten bei geschlossenem Deckel ist das Gemüse gar, und wenn alles planmäßig verlaufen ist, müßte die Flüssigkeit verkocht sein. Diese chinesische Garmethode eignet sich übrigens für viele Gemüsearten.

Links oben: Zu Tortelloni mit Ricotta-Füllung paßt sehr gut ein pikantes Zwiebelchen wie *Allium cyathoforum* var. *farreri*
Links unten: Ei mit geschmorten Purpurzwiebeln und Schnittlauchblüten ist ein schmackhaftes kleines Mittagsmahl
Rechts: Mini-Patissons in aromatischer Gesellschaft von frischem Knoblauch und Brutzwiebeln des Weinberglauchs *(Allium vineale)*

# Zwiebelblüten in anderen Farben

### Confit aus drei Allium-Arten

Diese überaus köstliche Beilage zu den unterschiedlichsten Fleischgerichten ist glücklicherweise sehr leicht zuzubereiten. Schmoren Sie nicht zu fein geschnittene Zwiebeln in einem Öl von guter Qualität. (Traubenkernöl mit einem Schuß Trüffelöl wirkt sich natürlich sehr positiv auf das Aroma dieses und vieler anderer Gerichte aus, ist aber nicht unentbehrlich.) Rühren Sie, bis die Zwiebeln glasig werden, würzen Sie dann mit einer Prise Salz und einer guten Portion Zucker und rühren Sie bei stärkerer Hitze weiter, bis der Zucker zu karamelisieren beginnt. Löschen Sie dann sofort mit einem Schuß Weißwein ab, den Sie verdampfen lassen, und geben Sie – nachdem Sie den Topf vom Feuer genommen haben – die Blüten von zwei *Allium*-Arten hinzu. Ich bevorzuge junge Blütenköpfchen der Winterzwiebel *(Allium fistulosum)* und in einzelne Blüten zerteilte Dolden der aufsehenerregend schönen und würzig-aromatischen *Nectaroscordum siculum,* die früher *Allium siculum* genannt wurde, aber andere wohlschmeckende *Allium*-Arten sind ebenso geeignet. Servieren Sie das Confit warm oder kalt (es läßt sich in gut verschlossenen Gläsern einige Zeit aufbewahren – am besten im Kühlschrank), zum Beispiel zu Leber, Geflügel oder Wild.

### Blinis mit zwiebliger Beigabe

Die berühmten russischen Buchweizenpfannkuchen, Blinis genannt, die mit grauem, schwarzem, aber auch mit dem preiswerteren lachsrosa Kaviar (und dafür zusätzlich mit einem Löffel saurer Sahne) serviert werden, können durch eine würzig zwieblige Beigabe der chamois-grünpurpurnen Blüte von *Nectaroscordum siculum* nur gewinnen.

Für die Zubereitung von zehn Blinis (falls vorhanden, in echten kleinen Blini-Pfannen wie auf der Abbildung) setzen Sie mit 15 g Hefe und 2–3 Eßl. von 200 ml lauwarmer Milch einen Vorteig an. Sobald er sein Volumen verdoppelt hat, fügen Sie die restliche lauwarme Milch hinzu und rühren nach und nach 100 g gesiebtes Buchweizenmehl ein, bis ein glatter Teig entsteht, der nun 3 Stunden zugedeckt bei Zimmertemperatur gehen muß.

Anschließend 2 Eigelb mit 1 Eßl. zerlassener Butter (oder einem exquisiten Öl) verquirlen, dann eine Messerspitze Salz, 1 Teel. Zucker und 100 ml lauwarme Milch untermischen und zusammen mit noch einmal 75 g Buchweizenmehl unter den beiseite gestellten Teig rühren. Sollte der Teig nicht mehr dickflüssig sein, etwas mehr Milch hinzufügen.

Zum Schluß 2 steifgeschlagene Eiweiß darunterheben und den Teig noch einmal 30 Minuten zugedeckt ruhen lassen.

Backen Sie die kleinen Pfannkuchen, und servieren Sie sie sofort mit Kaviar (bzw. mit Lachskaviar und saurer Sahne) und den *Allium*-Blüten.

Anmerkung: Wenn Ihnen die Konsistenz des Buchweizenteigs nicht zusagt, können Sie die Hälfte des Mehls durch Weizenmehl ersetzen (und lassen den Teig 2 statt 3 Stunden gehen).

### ›Kornähren‹ in Blau

Dieses extravagante und elegante Gemüse wird unter dem Namen Kornähren, Mini-Grünspargel oder Wildspargel angeboten. Letztere Bezeichnung ist irreführend, denn es handelt sich dabei keineswegs um eine Wildform von *Asparagus acutifolius* (diese ist gerader und hat zwar Sprossen an der Spitze, aber keine so ausgeprägte Blütenähre), sondern um die Blütenstiele von *Ornithogalum pyrenaicum* im Knospenstadium, einer Pflanze, die im Englischen Bath asparagus (Bath-Spargel) oder Prussian asparagus (Preußischer Spargel) und mit deutschem Namen Pyrenäen-Milchstern genannt wird. Die Pflanze kommt in ganz Europa wildwachsend vor, einschließlich Marokko und dem Kaukasus. Sie wurde und wird in einigen Ländern als Ersatz für Wildspargel angebaut. Wenn Sie Gelegenheit haben, eine dieser beiden Pflanzen – entweder den echten Wildspargel oder den hier abgebildeten ›Preußischen Spargel‹ – zu kaufen, so sollten Sie es sich auf gar keinen Fall ent-

Rechts, von oben nach unten:
Der Chinesische Schnittlauch *(Allium tuberosum)* hat ein ziemlich breites und flaches Blatt und treibt im August/September süß (!) duftende Blüten, die wahrscheinlich die köstlichsten von allen *Allium*-Blüten sind *Allium caeruleum* bildet reinblaue Blütenköpfchen: sehr außergewöhnlich für eine Zwiebel und dazu auch noch äußerst schmackhaft
Die Winterzwiebel *(Allium fistulosum)* bietet auf jedem dicken hohlen Stengel solch eine schöne flauschige Blütenkugel an

gehen lassen, diese wildwachsende Delikatesse zu probieren.

Die Sprossen von *Asparagus acutifolius* vereinen in sich alles, was ein Spargel haben muß, und die Knospenstengel von *Ornithogalum pyrenaicum* (Pyrenäen-Milchstern) sind milder, aber sehr fein im Geschmack. Ich schmore sie ein paar Minuten lang in ganz wenig Wasser mit etwas Butter und einer Prise Salz und serviere mit zerbröseltem Blauschimmelkäse (Danablu, Roquefort oder Gorgonzola – alle sind geeignet), blauen Blütenköpfchen von *Allium caeruleum* und zerlassener Butter, in der ich ein paar Scheibchen frischen Knoblauch ziehen lasse.

Oben: Diese ›Kornähren‹ werden als Wildspargel verkauft, aber es sind knospende Blütenstiele des Pyrenäen-Milchsterns
Links oben: Confit aus drei *Allium*-Arten – eine Beilage zu Fleisch, in der pikante Zwiebelaromen mit Karamel kombiniert werden
Links unten: Die berühmten russischen Blinis, hier mit den drei Farben von Lachskaviar, saurer Sahne und den zart getönten Blüten von *Nectaroscordum siculum*

# Die Blütenpracht von Porreepflanzen

Eigentlich ist dieser Abschnitt über Porree noch gar nicht an der Reihe, denn bis die Porreepflanze *(Allium porrum)* ihre Blüten öffnet, dauert es noch vier Wochen. Aber dieses Porree-Bild paßte so gut als Abschluß des umfangreichen Teils über die *Allium*-Arten, daß es etwas vorgezogen wurde.

Porreepflanzen mit ihren schönen silberblauen Blättern und den imposanten violettsilbernen Blütenköpfen können im Gemüsegarten eine gliedernde Funktion als Einfassungen von Beeträndern oder Rechtecken im Beet übernehmen. Je höher die Pflanzen aufschießen, um so deutlicher hebt sich das Muster ab – und um so mehr werden Sie vermutlich zögern zu ernten, um dieses Linienspiel nicht zu zerstören.

Auf diese Weise erhalten Sie im Frühling Blütenknospen, die auf dem Teller wunderschön wirken, und im Frühsommer schließlich dicke kugelige Blütendolden, deren Geschmack auch noch zur Geltung kommt, wenn man einzelne Blüten aus den flauschigen dicken Köpfen voller zwiebligen Silbers herausschneidet.

### Wildreis mit Porree-Blütenknospen

Je jünger die Porree-Blütenknospen sind, um so besser schmecken sie; deshalb sollte man möglichst viele Porreepflanzen zur Blüte kommen lassen. Glauben Sie nicht, daß der Genuß ein einmaliger ist, denn Porree ist gewöhnlich eine winterharte *Allium*-Art, die wir nur aufgrund tradierter Küchenkonventionen vorzeitig aus dem Boden ziehen. Wenn Sie ihn jedoch stehenlassen und nur die Blüten pflücken, wird er Sie Jahr um Jahr mit einer neuen Ernte erfreuen.

Junge Porree-Blütenknospen sind also am schmackhaftesten, wenn sie kurz geschmort oder in aromatischem Öl (Walnußöl beispielsweise) sautiert werden. Pfannenrühren heißt das in der modernen Küchenterminologie. Würzen Sie mit etwas Salz und frisch gemahlenem Pfeffer, und reichen Sie Reis dazu.

Wildreis schmeckt natürlich köstlich, doch er ist recht kostspielig. Mittlerweile sind auch fertige Reismischungen im Handel, die Wildreis enthalten. Und obwohl ich grundsätzlich jeder Form von Fertigprodukten kritisch gegenüberstehe, gibt es unter diesen Reismischungen doch erfreuliche (und dazu noch zeitsparende) Ausnahmen.

### Rinderzunge mit Porreeblüten-Penne und Weinberglauch-Trüffel-Sauce

Die unzähligen silberviolett getönten kleinen Blüten, aus denen sich die Doldenblüte des Porrees zusammensetzt, sind auch roh über al dente gekochte Penne gestreut mit ihrem sanften Zwiebelgeschmack sehr angenehm.

Die Rinderzunge wird zuerst auf die übliche Weise, das heißt in reichlich Wasser mit Salz und Gewürzen, gekocht: ›Man nehme‹ Zwiebel, (Winter-)Möhre, Sellerie, Petersilie, Muskatblüte, Lorbeerblatt, Wacholderbeere, Nelke. Bei einer Kalbszunge reicht eine Kochzeit von 1½ Stunden bei niedriger Temperatur, eine Rinderzunge erfordert dagegen eine 3stündige Garzeit. Ist die Zunge gar, dann entfernen Sie so bald wie möglich die ledrige Haut der Zunge, und halten Sie das Fleisch bis zum Servieren im Kochsud warm.

Die Weinberglauch-Trüffel-Sauce bereiten Sie zu, indem Sie die kleinen Zwiebel-Zehen von 6 Weinberglauch-Köpfen in 50 g Butter glasig schmoren. Rühren Sie anschließend (mit dem Schneebesen und bei starker Hitze) 50 g gesiebtes Mehl darunter. Rühren Sie kräftig, damit das Mehl nicht klumpt, und löschen Sie (immer noch unter kräftigem Rühren) eßlöffelweise mit 500 ml Kochsud der Zunge ab.

Nehmen Sie den Topf vom Feuer, und schlagen Sie 1 Eigelb hinein, das Sie mit 100 ml Schlagsahne verquirlt haben. Schmecken Sie die Sauce mit dem Saft von einer halben Zitrone und mit 1–1½ Eßl. feingehackten Trüffeln ab. (Wenn Sie Trüffeln aus der Dose nehmen, können Sie natürlich die Flüssigkeit aus der Dose verwenden.)

Erwärmen Sie die Sauce wieder bei niedriger Hitze, und würzen Sie mit Salz, frisch gemahlenem schwarzem Pfeffer und einem Schuß weißem Wermut.

Zum Servieren richten Sie die warme, in Scheiben geschnittene Zunge dachziegelartig auf einem Bett aus warmen Porreeblüten-Penne an und reichen die Sauce getrennt dazu.

Anmerkung: Wenn Sie eine mit Mehl gebundene Sauce nicht mögen, können Sie die Weinberglauch-Zehen auch mit dem Kochsud der Zunge oder mit Fleischfond ablöschen, die Flüssigkeit reduzieren, dann 250 ml Schlagsahne hinzufügen und diese ebenfalls einkochen lassen, bis die Sauce die gewünschte Konsistenz hat. Gewürzt wird diese Variante auf die gleiche Weise.

# Fassadenkletterer im Kücheneinsatz

Auch die Blüten einiger Kletterpflanzen, die Torbogen und Pergolen, Pfeiler und Giebel mit ihrem Grün und ihrem Duft umhüllen, sind für den Küchengebrauch geeignet.
Vor allem einige der duftenden Geißblattarten *(Lonicera)* wachsen rasch und sind äußerst freigebig mit ihren Köstlichkeiten, allen voran die ungestüm wachsende *Lonicera japonica*, die in ihrem Expansionsdrang keinerlei Rücksicht darauf nimmt, was in ihrer unmittelbaren Nachbarschaft sonst noch wachsen will. Sie blüht ohne Unterlaß von Anfang Mai bis zum ersten Nachtfrost, wobei sie einen wundervollen Duft verströmt.

### Japanischer Lonicera-Likör

So ist es auch nicht verwunderlich, daß man in Japan aus den Blüten dieses dort heimischen Wildfangs Likör zubereitet, der in hübschen Steinkrügen überall zum Kauf angeboten wird. Von einer ihrer Reisen hat Jelena zwei Krüge voll mitgebracht, die auf der Abbildung (rechts unten) vor der üppig wachsenden *Lonicera japonica* stehen. (Der Ehrlichkeit halber muß ich hinzufügen, daß ich sie erst nach den drei strengen Wintern dort angepflanzt habe, in denen viele von ihnen andernorts eingegangen sind. Doch sollte so etwas noch einmal passieren, dann werde ich sie wieder neu anpflanzen, denn es wird sicherlich nicht lange dauern, bis sie ihre alte Pracht und Größe zurückgewonnen hat.) Überraschenderweise haben wir nach dem Probieren und Prüfen festgestellt, daß diese sehr stark duftende Sorte keineswegs die schmackhafteste ist. Für die Herstellung von Likör und für die Verwendung in Ratafias (siehe Seite 58) ist sie durchaus brauchbar, doch frisch vom Strauch gegessen, ist sie eine Enttäuschung, und sogar verzuckert behält sie eine papierartige Konsistenz.

### Weincreme mit Weinrebenblüten

Dies ist eine außergewöhnlich gelungene Kombination aus einer sanften Weincreme und dem überraschend frischen Traubenaroma sowie der knackigen Struktur verzuckerter Weinrebenblüten.
Schlagen Sie 3 Eier und 3 zusätzliche Eigelb mit 200 g Zucker schaumig. Gießen Sie anschließend nach und nach 250 ml leicht angewärmten Weißwein hinzu, fahren Sie mit dem Schlagen fort, und setzen Sie die Schüssel dann auf einen Topf mit kochendem Wasser.
Erwärmen Sie die Masse unter ständigem Schlagen in diesem Wasserbad, bis sie eindickt. Nehmen Sie sodann die Schüssel vom Herd, lösen Sie unverzüglich 3 zuvor eingeweichte Blätter Gelatine darin auf, und fügen Sie einen Schuß (mindestens 2 Eßl.) Cognac hinzu.
Lassen Sie die Creme abkühlen, während Sie 500 ml Schlagsahne sehr steif schlagen. Sobald die Weincreme völlig abgekühlt ist, ziehen Sie die Hälfte der Schlagsahne darunter und lassen die Creme im Kühlschrank völlig erkalten.
Zum Servieren reichen Sie die restliche Schlagsahne (eventuell gesüßt) und ein Dutzend verzuckerte Weinrebenblüten (mindestens, denn sie sind wirklich sehr lecker) getrennt dazu.

Anmerkung: Sie können die Weinrebenblüten von jeder vorhandenen Weinrebe *(Vitis vinifera)* ernten, ob es nun die 'Blaue Burgunder', die 'Weiße Gutedel' oder eine andere Varietät ist, die Sie vielleicht angepflanzt haben.

### Kiwi-Eis mit Geissblatt

Von 500 g Kiwi legen Sie 100 g beiseite, die Sie später in Spalten schneiden und als Garnierung verwenden (halten Sie dafür die nicht ganz reifen Früchte zurück), die übrigen Früchte pürieren Sie.
Kochen Sie einen Sirup aus 150 ml Wasser und 150 g Zucker, fügen Sie den Saft einer halben Zitrone hinzu, vermischen Sie dies mit dem Kiwimus, und veredeln Sie es nach Geschmack noch mit 50 ml Schlagsahne und/oder 50 ml Kiwilikör.
Geben Sie die Mischung in die Eismaschine, oder lassen Sie sie in der Tiefkühltruhe zu Eis werden, wie bei den Grundrezepten, Seite 202, beschrieben.
Zum Servieren garnieren Sie das Eis mit den aufbewahrten Kiwistücken und, um das Aroma zu ergänzen, mit verzuckerten Geißblattblüten.

Anmerkung: Geeignet sind beispielsweise die kletternde *Lonicera periclymenum* und die nur leicht kletternde *Lonicera × heckrotti*, aber natürlich auch die duftenden Straucharten wie die auf Seite 189 beschriebenen drei Winterblüher. [*Lonicera*-Arten sind nicht alle völlig unbedenklich. Wenn auch über toxische Wirkungen der Blüten keine Untersuchungen vorliegen, gen, Früchte und Samen können – zumal bei Kleinkindern – Durchfall und Erbrechen verursachen. Anm. d. dt. Red.]

# Robinien in der Hauptrolle

Das einzige, was sich gegen *Robinia pseudacacia* aus der Sicht der Küche anführen läßt, ist, daß sich bei ausgewachsenen Exemplaren die Blüten, die man ernten möchte, völlig außer Reichweite befinden. Stehen sie jedoch allein und sind nicht als Hochstämmchen gezüchtet, so können die Zweige von der üppigen Blütenlast so tief gebeugt sein, daß man die duftende Köstlichkeit doch pflücken kann. [Rinde und Samen von *Robinia pseudacacia* sind giftig. Über eine toxische Wirkung auch der Blüten ist nichts bekannt. Anm. d. dt. Red.]

Aus den weißen Blüten von *Robinia pseudacacia*, die mit volkstümlichem Namen gewöhnlich einfach Scheinakazie genannt wird, kann man fast genauso viele hübsche und köstliche Dinge zaubern wie aus Holunderblüten, denen sie jedoch voraus haben, daß sie sich außergewöhnlich gut verzuckern lassen und in Branntwein sehr lange schön bleiben (siehe den Brauttrank auf Seite 137). Dies gilt auch für die weiß-rosa Blütentrauben von *Robinia × slavinii* 'Hillieri' auf der nächsten Seite, die frisch vom Baum gegessen noch besser schmecken als die weißen.

### Robinien-Beignets

Duftende weiße Blütentrauben der Robinie, umfangen von einer goldgelb-knusprigen Beignet-Hülle, sind ein köstliches Frühlingsgericht, das Sie nur mit Puderzucker bestreut servieren oder zusätzlich mit Fruchtsaft (beispielsweise Orangensaft) oder einem Likör (›Mandarine Napoleon‹ schmeckt sehr gut dazu) beträufeln. Wählen Sie eine der Beignet-Teigarten aus den Grundrezepten (siehe Seite 202) und verwenden Sie zum Fritieren ein gutes geschmacksneutrales Pflanzenöl wie Traubenkern- oder Sonnenblumenkernöl.

### Robinien-Baiser-Nester

Nicht nur hübsch anzusehen, sondern auch genußvoll zu verspeisen sind diese Baiser-Nester mit einer Füllung aus gerösteten Pinienkernen, gebettet in Akazienhonig (dieses köstliche Nebenprodukt der Robinie ist überall erhältlich) und gekrönt von einer süß-aromatischen verzuckerten Blütentraube.

Für die Baiser-Nester schlagen Sie 4 Eiweiß mit 300 g extrafeinem Kristallzucker steif (wenn Sie mögen, dann können Sie den Eischnee mit dem Inneren einer Vanilleschote oder mit ein paar Tropfen Orangenblüten- oder Rosenöl aromatisieren). Füllen Sie die Baisermasse in einen Spritzbeutel (mit der gezackten Spritzdüse), und spritzen Sie kleine Torteletts als ›Nester‹ auf ein gut gefettetes Backblech: zuerst den ovalen Boden und dann den aufrechten Rand, indem Sie drei Lagen aufeinanderspritzen. Das Blech schieben Sie in den auf 120° C vorgeheizten Ofen und lassen die Nester 1 Stunde trocknen.

Die Pinienkerne werden kurz in etwas Butter oder Öl in einer Pfanne geröstet, vom Herd genommen, mit Akazienhonig vermischt und in die Nester gefüllt.

# Rosa-violett und reizvoll

Hier steht die attraktive rosa-violett blühende *Robinia × slavinii* 'Hillieri' im Mittelpunkt. Ihre offenbar überschwengliche Lebensfreude scheint sich in den unzähligen Ausläufern, die sie unermüdlich bildet, niederzuschlagen. Aber daß sie auf ihren eigenen Füßen bzw. Wurzeln steht (also nicht auf einem anderen Unterstamm veredelt ist), ist nicht weiter schlimm. Im Gegenteil, man hat auf diese Weise immer mehr von diesen angenehmen Gehölzen, die man dann anderswo (im eigenen Garten oder in den Gärten anderer) auspflanzen kann.

*Robinia × slavinii* ist eine 1915 gezüchtete Kreuzung zwischen der duftenden weißblühenden *Robinia pseudacacia* und *Robinia kelseyi*, die gleichzeitig die rosa-violetten Blütenknospen und die Blattknospen entwickelt. Das Kreuzungskind hat die Farbe und die Blütenstände von *Robinia kelseyi*, blüht aber viel reicher als ihr Elternteil. 1962 entstand in dem berühmten Zuchtbetrieb von Hillier in England die hier verwendete Varietät, die abgesehen von ihrer reichen Blüte auch noch vorzüglich duftet.

Die Blütentrauben von *Robinia × slavinii* 'Hillieri' sind so köstlich süß und so knackig, daß Verzuckern eigentlich überhaupt nicht nötig ist: einfach frisch vom Baum sind sie schon ein wahrer Leckerbissen.

### Vier-Blumen-Ratafia

Das Herstellen von Blumen-Ratafias ist eine angenehme Tätigkeit, der Sie sich zu allen Jahreszeiten, in denen es duftende (und natürlich zweifelsfrei eßbare!) Blüten gibt, widmen können. Man schichtet einfach abwechselnd duftende Blüten und Kristallzucker in ein Einweckglas und gießt mit 90%igem Alkohol auf. Dann läßt man das Glas 2 Wochen stehen und filtert schließlich die Blüten, die ihr Aroma abgegeben haben, heraus. Auf diese Weise erhalten Sie einen sehr starken Blütenextrakt, von dem Sie jeweils ein paar Tröpfchen in Nachspeisen oder Salaten verwenden können.

Zur Herstellung eines Blütenlikörs müssen Sie diesem Konzentrat nach dem Filtern pro Liter Blütenalkohol einen noch warmen Zuckersirup hinzufügen, den Sie aus 1 l Wasser und 500 g Zucker zubereiten. (Übergießen Sie die Blüten- und Zuckerschichten mit Branntwein, Cognac oder Gin, dann entstehen wieder andere Geschmacksvarianten, die man nicht mit Zuckersirup zu ›verdünnen‹ braucht.)

Wir haben für Sie eine Kombination aus rosa-violetten Robinien, tiefroten Rosen, Holunder und Geißblatt ausgewählt.

### Erdbeeren mit Robinien

Die eleganten rosa-violetten Blüten dieser Robinie sind eine ideale Ergänzung zu aromatischen Erdbeeren, die sie im verzuckerten ebenso wie im frischen Zustand begleiten können. Süßmäuler werden ein wenig Zucker darüberstreuen, und wer nicht auf die schlanke Linie zu achten braucht, kann Schlagsahne dazu essen, gesüßt mit selbstgemachtem Robiniensirup oder Akazienhonig.

### Sirupe und Limonaden

Aus Robinienblüten (sowohl von weißen *Robinia pseudacacia* wie auch von der hier abgebildeten *Robinia × slavinii* 'Hillieri' und von anderen duftenden Arten oder Varietäten, die Sie möglicherweise im Garten haben) kann man auf genau die gleiche Weise, wie es beim Holunder beschrieben ist (siehe Seite 78/79) mehr oder weniger konzentrierte Sirupe und Limonaden herstellen, einschließlich des leicht fermentierten serbischen ›Šabeso‹ (siehe Seite 81).

### Erdbeer-Sahne-Sorbet im Nachtviolenbett

Es gibt sie in verschiedenen Farben – die gegen Abend immer intensiver duftenden Nachtviolen (*Hesperis matronalis*): ein weiterer Kreuzblütler, der durch Aussehen und Geschmack hervortritt.

Wer sowohl der weißen als auch der lila Form Platz in seinem Garten einräumt, hat Chancen, mit Kreuzungen in zahlreichen Farbabstufungen überrascht zu werden, ähnlich den hier abgebildeten Nachtviolen, die in zartestem Violett erscheinen.

Ich habe sie frisch (mit Eis) und verzuckert (auf dem Eis) mit einem sahnigen Erdbeer-Sorbet kombiniert, das noch zusätzlich mit einem Schuß Walderdbeergeist angereichert ist.

Für das Eis kochen Sie einen Sirup aus 200 ml Wasser und 200 g Zucker. Lassen Sie ihn abkühlen und geben Sie ihn dann zusammen mit 500 g Erdbeeren, 50 ml Schlagsahne, 50 ml Walderdbeergeist und dem Saft von einer Zitrone in einen Mixer. Gießen Sie diese Mischung anschließend für 20 Minuten in die Eismaschine. Fügen Sie nach 15 Minuten Laufzeit frische Nachtviolenblüten hinzu.

Servieren Sie das cremige Erdbeer-Sorbet mit einer Garnitur aus verzuckerten Nachtviolenblüten in gläsernen Pokalen, damit die intensive Farbe gut zur Geltung kommt.

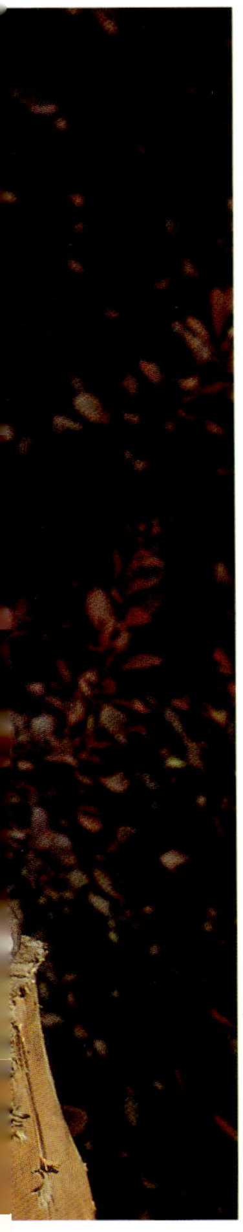

# Randfiguren im Rampenlicht

## Angenehm saure Begonien

Die meisten Begonien (hier eine aprikosenfarbige Elatior-Hybride) bilden Blüten oder Blütchen (auch die Semperflorens-Hybriden eignen sich gut), die von angenehm knackiger Struktur sind und einen frischen sauren Geschmack haben. [Für den sauren Geschmack ist Oxalsäure verantwortlich. Begonienblüten sollten daher mit Maßen genossen werden. Anm. d. dt. Red.]
Man kann die Blüten ausgezeichnet mit süßen Früchten kombinieren, etwa mit dem aromatischen Fruchtfleisch ausgereifter Mangos, aber sie passen auch ausgezeichnet zu herzhaften Salaten.
In Zucker gehüllt, setzt dieser ›saure Drops‹ einen sehr raffinierten Akzent (betrachten Sie daraufhin auch die Hochzeitstorte auf Seite 136, dort finden Sie Begonien in Weiß).

## Zuckrige Mohrrübchen

Für diese indische Süßspeise werden Möhren als aromatisch süßer Zusatz zu Joghurt, Sahne oder Eis verwendet.
Lassen Sie 1 l Milch auf schwacher Hitze langsam um die Hälfte einkochen, bevor Sie 2 kg geriebene Möhren zusammen mit den zerstoßenen Samen von 10 Kardamomkapseln, einer Prise Safran (auch ein Blütenprodukt: die Stempel von *Crocus sativus*) und Zucker nach Geschmack hinzufügen. Lassen Sie unter ständigem Rühren 2 Stunden lang schwach kochen.
Bei der langen Garzeit empfiehlt sich die Zubereitung einer so großen Menge, zumal sich dieses aromatische Möhren-Dessert gut in kleineren Portionen zur späteren Verwendung einfrieren läßt.

Anmerkung: Wenn wir dieses Dessert vor einer Gruppe von amerikanischen Kermesbeeren *(Phytolacca americana)* fotografiert haben, so geschah dies nicht, weil die Blüten auch in der Nachspeise verarbeitet sind oder weil mit den purpurschwarzen Beeren, die später reifen, früher Rotwein gefärbt wurde, sondern weil man diese Pflanze nach wie vor zu den Nutzpflanzen zählen könnte, denn in ihrem Ursprungsgebiet (Nordamerika) und speziell in Philadelphia und Louisiana werden ihre jungen Triebe sogar auf Märkten als Gemüse angeboten.

## Magnolie mit Ingwergeschmack

Angespornt durch die köstlichen Geschmacksüberraschungen, die uns die verschiedenen Magnolienblüten beim Verzuckern bereiteten (siehe Seite 115 und 194), stürzte ich mich mit Eiweißpinsel und Zucker bewaffnet auf die allerersten Blüten meiner sehr jungen *Magnolia acuminata* und kam aus dem Staunen nicht mehr heraus. Obwohl man allen guten Willen braucht, um bei diesen Blüten auch nur einen Hauch von Duft wahrzunehmen, entwickeln sie beim Verzuckern einen herrlich aromatischen Ingwergeschmack und behalten zudem noch ihre prachtvolle Färbung: Grün mit einem bläulichen Hauch und gelbgrünen Tupfen. Die weißblühenden Sorten hingegen verfärben sich manchmal in ein unschönes Braun.
Also kreierte ich für diese Blüte ein farblich und geschmacklich abgestimmtes Dessert: Pfannkuchen mit einer Füllung des kernreichen grünen Inhalts, den die Kiwano *(Cucumis metuliferus)* zu bieten hat, mit kleingeschnittenem kandiertem Ingwer (nicht zuviel, sonst überdeckt man den Geschmack der verzuckerten Magnolienblüte) und mit saurer Sahne, die mit Ingwersirup, Eukalyptushonig, dem pikanten ›Castagno‹ (siehe Seite 97) oder einer Kombination aus Sirup und Honig gesüßt wird. Und natürlich gibt es für jeden eine schöne verzuckerte Blüte als Garnitur.

Anmerkung: Ermutigt durch diesen Verzuckerungserfolg und zu Ehren der wunderschönen grünen und aprikosenfarben getönten Blüten meiner *Liriodendron tulipifera* (auch ein Mitglied der *Magnoliacea*-Familie) bezog ich auch diese in meine Verzuckerungswut ein . . . Sie blieben atemberaubend schön, schmeckten aber abscheulich: als ob man Petroleum verzukkert hätte!

# Ingwer für draußen

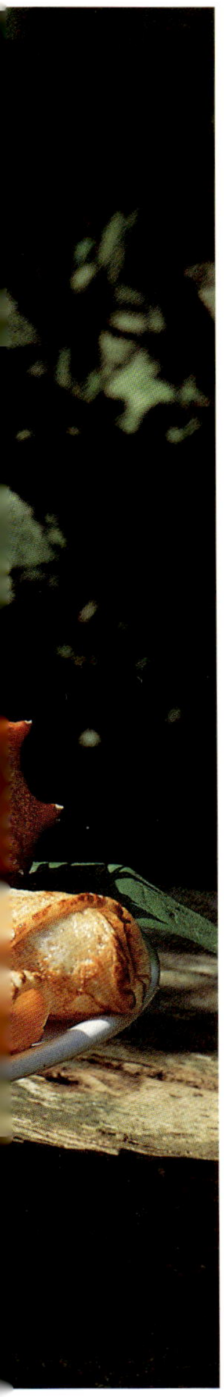

Die verschiedenen *Roscoea*-Arten (Ingwerorchideenarten) gehören zur Familie der Ingwergewächse (*Zingiberaceae* – siehe auch Seite 116), was an ihren Blütenständen und am Geruch ihrer zerriebenen Blätter zu erkennen ist. Sie sehen sehr exotisch aus, diese asiatischen Schönen, erweisen sich aber in unserem heimischen Garten als erstaunlich robust. Temperaturen von – 20° C tun ihnen zwar nicht gerade gut, aber ansonsten sind sie recht winterhart, wenn auch eine Mulchabdeckung in jedem Fall vorteilhaft ist.
Die schwefelgelb blühende *Roscoea cautleoides*, die verzuckert hier abgebildet ist, blüht von Ende Mai bis tief in den August hinein, doch ist ihr Geschmack auch nach dem Verzuckern nicht sehr ausgeprägt. Die etwas später (von August bis in den Oktober) blühende *Roscoea purpurea* mit rotvioletten weißgezeichneten Blüten besitzt ein deutlich süßeres Aroma. Die am frühesten blühende *Roscoea humeana*, die rein rotviolette Blüten bildet, und die weiß oder rosa blühende *Roscoea alpina* (Juli/August) haben wir noch nicht probiert, aber auch sie sollen gut schmecken.
Ein anderer Außenseiter unter den Ingwergewächsen mit angenehm schmeckenden Blüten ist *Cautleya gracilis* (früher *Cautleya lutea*), die, wie ihr früherer Name schon sagt, gelbe Blüten auf einem schönen purpurnen Schaft bildet. Diese Art ist jedoch weniger abgehärtet und braucht im Winter eine sehr dicke Mulchabdeckung oder einen Platz im Kalthaus. *Cautleyas* fangen erst im August zu blühen an und können deshalb die Blütenerntesaison der Ingwergewächse um einiges verlängern.
Weil die Blütenstände des Blumenrohrs (Canna-Indica-Hybriden) an die hier beschriebenen Gewächse erinnern (allerdings als eine Art Riesenausführung), wollen wir an dieser Stelle darauf hinweisen, daß auch diese leuchtendgelb, orange oder rot gefärbten Blütenblätter einen sehr angenehmen Geschmack haben: süßlich (mit leichtem Ingweraroma) und deshalb passend zu Desserts und (exotischen) Obstsalaten. Sie verlängern den Blütengenuß bis tief in den September hinein.

### Auf exotischem Kaktusbett

Da die schwefelgelben *Roscoea*-Blüten so exotisch aussehen, habe ich mir ein passendes Bett für die knusprig verzuckerte Blüte ausgedacht, und zwar in Form von zwei Kaktusfrüchten mit süßem, weichem Fruchtfleisch. Am leckersten ist zweifellos die sehr schöne Frucht von *Lemaireocereus marginatus*, die herrlich süß-aromatisches, fast weißes Fruchtfleisch mit ebenfalls eßbaren schwarzen Kernen hat.
Die Kaktusfeige, die in England Prickly pear (Stachelbirne) genannt wird (letzteres völlig zu Recht, auch wenn die Stacheln heute glücklicherweise schon vor dem Transport zu uns abgeschoren werden), wächst an einer Kaktee mit Namen *Opuntia ficus-indica*. Die Früchte müssen sehr reif gegessen werden und haben erst dann einen angenehm säuerlichen Geschmack. (In manchen Delikatessenläden kann man ganze kandierte Früchte kaufen: Sie sind von tiefgrüner Farbe und herrlich süß – auf dem Foto ist der Vollständigkeit halber eine davon abgebildet.)

Anmerkung: *Lemaireocereus* ist eng mit der (nachts) blühenden Königin der Nacht (*Selenicereus grandiflorus*) verwandt, die bei uns nur als – äußerst stark duftende – Zimmerpflanze existiert. Doch bisher habe ich noch kein Exemplar von ersterer gefunden.

# Die Blüten des Frühsommers

Juni und Juli sind die Monate der besonders verschwenderisch blühenden Pflanzen: Holunder und Rosen beispielsweise bieten eine Fülle duftender Herrlichkeiten; Artischocken produzieren die größte eßbare Blüte überhaupt; Zucchini und Kürbis schenken uns außer ihren Früchten auch ihre Blüten; Wiesen und Wegränder erröten von den Kleefarben, und natürlich fängt jetzt auch der Kräutergarten zu blühen an, was Sie ihm nach der Lektüre dieses Buches auch nicht länger verwehren sollten – denn vorbei sind die Zeiten, in denen das Kraut nicht blühen durfte, weil dies auf Kosten des aromatischen Blattes geht. Jetzt sind es die Kräuterblüten, die in herzhaften Hors d'œuvres und süßen Desserts die größten Erfolge verzeichnen.

Wenn zuvor der ganzen blauen Herrlichkeit des Rosmarins ein zaghaftes Plätzchen in flüssigem Karamel eingeräumt wurde, finden Sie jetzt Salbeiblüten in süßen Pfannkuchen, Minze und Basilikum in köstlichem Eis, Blüten der Ingwergewächse auf gebratenen Bananen, Lavendel in Sahneeis, Meringen und ›Îles flottantes‹, *Reseda* auf Birnen-Crème-Caramel und Kamillenblüten in Weißwein.

Bei den herzhaften Gerichten suchen bescheidene Sellerieblüten die vornehme Gesellschaft von Gänseleber; rote Bete wird von Basilikumblüten begleitet; liebliche Korianderdolden umschmeicheln köstliche Dim sum; Anisblüten sorgen in Verbindung mit einem Pastis für einen äußerst aromatischen Garnelengenuß, und *Tulbaghia* und Feuerbohnenblüten schmücken ein an sich schon festliches Lachs-Tatar.

In dieser Jahreszeit gibt es auch zahlreiche nicht duftende, aber äußerst schmackhafte blaue Blüten, die einen Kontrast zu den stark und exotisch duftenden Zitrusblüten und aromatischen Gräsern bilden.

Weiterhin schenken uns diese Monate den fernöstlichen Genuß der *Hosta*-Blüten und der *Hemerocallis*, die sich als äußerst angenehm offenbart. Auch an Ufern von Seen und Weihern verströmen nun *Valeriana* und *Filipendula* ihren Duft – angenehme Süße von Baldrian und Mädesüß. *Salvia sclarea* und *Calendula*, die nicht ohne Grund im Holländischen Goldblume genannt wird, machen durch starkes Aroma und leuchtende Farben auf sich aufmerksam.

Es sind Monate des Überschwangs und des Überflusses, und man sollte dabei nicht vergessen, daß es auch im Winter Freude macht, Holunderblütenbrot zu backen und aromatische Blütentees zu servieren; daß Rosensirupe bei kaltem Wetter Wärme in Torten und Nachspeisen bringen; daß man Farbe und Aroma in Zucker und in Alkohol einfangen kann, um sich in der kälteren Jahreszeit daran zu erfreuen.

### Rosen-Pfeffer

Ein gutes Beispiel für das Aroma, das man durch Trocknen erschließen kann, ist das Kräutergemisch, das in manchen Spezialgeschäften für Gewürze als ›Poivre rose‹ angeboten wird und das man in der Zeit der Rosenblüte im Handumdrehen selbst herstellen kann. Sie mischen einfach getrocknete Rosenknospen und ein paar der abgefallenen Rosenblätter mit getrockneten Pfefferkörnern: Ich kombiniere roten Pfeffer mit hellrosa Röschen und etwas dunklere Röschen mit grünen getrockneten Körnern. (In dem alten Parfümfläschchen in der Form einer Rose mit Schmetterlingsstöpsel – auf der Abbildung vor den beiden Gewürzgläsern zu sehen – bewahre ich das köstliche und kostbare ›Küchenparfüm‹ namens Rosenöl auf.)

### Weitere Kräutermischungen

Eine köstliche Kräutermischung ist auch schwarzer Pfeffer mit winzigen Stückchen getrockneter Zitronenschale (auch diese Mischung ist bereits im Handel erhältlich).

Darüber hinaus kann man noch selbst mischen: ›Canelle-Rose‹, Zimtstangenstückchen und Rosenknospen zu gleichen Teilen, im Mörser zerkleinert, beispielsweise für Couscous mit Lamm- oder Hammelfleisch. In Tunesien wird diese Mischung ›Bharat‹ genannt.

Ebenfalls aus Tunesien stammt ›Ras el hanout‹, eine Würzmischung, die aus getrockneten Rosenknospen (125 g), Pfefferkörnern (300 g), Zimtstangenstückchen (100 g) und den getrockneten Blütenknospen (25 g), die als Gewürznelken bezeichnet werden, besteht. (Aber dies ist nur eins von vielen verschiedenen und zum Teil sehr aufwendigen Rezepten für dieses auf dem afrikanischen Kontinent äußerst beliebte Gewürz.)

Typisch türkischen Kaffee erhalten Sie schließlich, wenn Sie (am besten in der Sonne) getrocknete Apfelsinenschale zusammen mit türkischen Kaffeebohnen vermahlen – ein äußerst angenehmer Geschmack.

# Verzuckerte Sträußchen

Sehr kleine Biedermeiersträußchen tragen in England den netten Namen ›tuzzy-muzzy‹. Aus duftigen Blüten zusammengestellt und verzuckert, sind sie nicht nur ein reizender Tischschmuck, sondern laden auch zum Naschen ein.

Unter den Blumen, die durch Verzuckern an Geschmack gewinnen, gibt es auch viele duftende Arten, so daß man zahlreiche verzuckerte Sträußchen zusammenstellen kann, die nicht nur auf Torten und Nachspeisen hübsch anzuschauen sind, sondern auch als geschmackvolle Tischdekoration nicht fehl am Platz sind.
Im folgenden haben wir für Sie 16 Beispiele als Anregungen für Ihre eigenen verzukkerten Variationen zusammengestellt. Gebunden sind diese Duftsträußchen mit Zitronengras (*Cymbopogon citratus*), weil es eßbar ist und der Komposition ein zartes Zitronenaroma hinzufügt.

In der ersten Reihe von links nach rechts:
1. Eine duftende tiefpurpurne Rose ('Reine des Violettes') mit zartrosa Weißkleeblüten (*Trifolium repens*) als Umrandung
2. *Hosta*-Blüten, gefaßt in einem Kranz aus dem gleichen Weißklee
3. Als Beispiel ein verzuckertes Sträußchen aus drei weißen gefüllten Rosen 'Little White Pet' mit Weinrebenblüten (*Vitis vinifera*)
4. Eine größere Rose ('Blanchefleur'), weniger weiß, als ihr Name vermuten läßt, denn zum Blütenherz hin hat sie eine leicht rosa Färbung, umrahmt von tiefroten Nelken (*Dianthus* 'Red Feather') und Blättern einer herrlich duftenden Pfefferminze-Varietät (*Mentha* × *piperita* var. *citrata*), die natürlich erst später blüht

In der zweiten Reihe von links nach rechts:
5. Eine weiß-rosa Fuchsienblüte, umgeben von den kugeligen tiefrosa Blüten des Wiesenklees (*Trifolium pratense*)
6. Rund um das gewölbte Herz einer *Reseda odorata*-Blüte ein dicker Kranz aus Gänseblümchen (*Bellis perennis*)
7. Im Zentrum eine große gefüllte weiße Rose 'Madame Plantier', eingerahmt von Holundersträußchen (*Sambucus nigra*) und Sträußchen Grüner Minze (*Mentha spicata* var. *crispa*)
8. Eine Fuchsienblüte auf einem dicken Strauß zartrosa *Trifolium repens*

In der dritten Reihe von links nach rechts:
9. Hellrosa *Malope trifida* und rosa *Phlox* in einer Einfassung Grüner Minze
10. Hellrosa *Phlox paniculata* 'Bright Eyes' mit dunkelrosa Herzen, die eine Farbentsprechung in den dicken Blüten des Wiesenklees (*Trifolium pratense*) finden
11. Eine duftlose Fuchsienblüte (übrigens sehr köstlich in einer Zuckerglasur) in der sehr aromatischen Gesellschaft von *Mentha* × *piperita* var. *citrata*, einer Pfefferminz-Varietät
12. Rosa Federnelken (*Dianthus plumarius*) auf einer weißen Rosette aus Gänseblümchen

In der vierten Reihe von links nach rechts:
13. Ein Sträußchen aus einer geruchlosen, aber schönen *Malope*-Blüte und Geißblattblüten (*Lonicera*), die für das Aroma sorgen
14. Ein Sträußchen grüner Weinrebenblüten inmitten von drei Röschen 'Reine des Violettes'
15. Rosa Federnelken (*Dianthus plumarius*) in lebendigem Kontrast zu einem Kränzchen Salbeiblüten (*Salvia officinalis*)
16. Die duftende weiße Rose 'Madame Hardy', umgeben von noch intensiver duftenden Geißblattblüten

Anmerkung: Selbstverständlich können Sie für die verzuckerten Sträußchen jede andere duftende, vorzugsweise alte Rosensorte nehmen, die in Ihrem Garten wächst. Es brauchen nicht unbedingt die hier genannten Königinnen und Madames zu sein. Eine Übersicht über geeignete Sorten finden Sie auf den Seiten 82–89.

# Fritierte Sträußchen

Auf den vorangehenden Seiten sind 16 süße Sträußchen abgebildet und aufgelistet. Hier finden Sie nun ebenso viele herzhafte Sträußchen, die man als Ganzes fritieren und als hübsche Beigabe zu Reisgerichten oder zu einem schönen Stück Fleisch reichen kann.

Auch diese fritierten Sträußchen habe ich mit Zitronengras zusammengebunden, denn ein Stückchen Bast oder Kordel auf dem Teller ist nicht gerade appetitanregend. Bereiten Sie einen gut deckenden Beignet-Teig zu, wie Sie ihn unter den Grundrezepten auf Seite 202 finden, und lassen Sie sich durch die hier vorgestellten Beispiele auch zu eigenen Kompositionen inspirieren. (Wenn Sie einen Eßblumen-Festschmaus inszenieren wollen, dann stellen Sie möglichst viele vorbereitete Sträußchen auf den Tisch, ein Schälchen Beignet-Teig neben jeden Teller und Ihren Fondue-Topf in die Mitte. So kann sich jeder seine Sträußchen selbst fritieren.)

In der ersten Reihe von links nach rechts:
1. Ein dickes Herz purpurner Weinberglauch-Blüten (*Allium vineale*) mit einem Spitzenkragen aus ebenfalls purpurfarbenen Shiso-Blättern (*Perilla nankinensis* 'Atropurpurea Laciniata')
2. Blütenköpfe des Weinberglauchs in einem Kranz aus *Hosta*-Blüten und den zartrosa Blüten des Weißklees (*Trifolium repens*)
3. Ein Beispiel für ein Fritier-Sträußchen aus Weinberglauch mit Weißklee
4. Blauer (Zier-)Lauch (*Allium caeruleum*) in der Umarmung einer Dillblütendolde und gestützt von kugeligem Weißklee

In der zweiten Reihe von links nach rechts:
5. Weinberglauch in der Mitte schaut gerade noch aus einem dicken Kranz aus Blütendolden des Korianders hervor
6. Eine goldgelbe Blüte der Kapuzinerkresse (*Tropaeolum majus*) im luftigen Grüngelb der Dillblüten (*Tropaeolum*-Blüten verlieren zwar beim Erhitzen fast ihren gesamten würzigen Geschmack, behalten aber ihr schönes Aussehen, so daß der Dill hier als Geschmacksgeber fungiert)
7. Blaue Borretschblüten in einer farbenfrohen Kombination mit leuchtendgelbem Raps (*Brassica napus* ssp. *napus*), Rübsamen (*Brassica rapa* ssp. *oleifera*) oder jeder beliebigen anderen *Brassica*-Sorte, die gerade zur Verfügung steht, gewürzt mit dem Aroma einiger junger Blättchen des Liebstöckel (*Levisticum officinale*).
[*Borago officinalis* enthält in allen Teilen – auch in den Blüten – neben zahlreichen anderen Inhaltsstoffen unterschiedliche Mengen Pyrrolizidin-Alkaloide mit z. T. leberschädigender und krebserregender Wirkung. Nach Ansicht des Bundesgesundheitsamtes (Kommission E; BAnz. Nr. 127, 12. 7. 1991) ist die therapeutische Anwendung nicht vertretbar. Wenn auch gegen die Verwendung als Gewürz keine Bedenken bestehen, sollte man Borretschblüten sicherheitshalber nicht in größeren Mengen oder über einen längeren Zeitraum zu sich nehmen. Anm. d. dt. Red.]
8. Ein Koriander-Blütendoldenherz mit einem Kranz aus Weißklee

In der dritten Reihe von links nach rechts:
9. Hier wieder eine Kombination aus Blau und Gelb, und zwar eine würzig zwieblige Dolde von *Allium caeruleum*, eingefaßt in leuchtendgelbe *Brassica*-Blüten
10. Orangefarbene Ringelblumenblüten (*Calendula*) und purpurfarbene Salbeiblüten (*Salvia officinalis*) bilden eine ebenso farbenfrohe wie delikate Kombination
11. Ringelblume in einem Spitzenkragen aus Dill, ruhend auf einem Kranz Weinberglauch-Blüten
12. Das freundliche Rosa der Blütendolde von *Allium roseum*, umrahmt vom kräftigen Purpur des Shiso-Blattes

In der vierten Reihe von links nach rechts:
13. Kanariengelbe Kapuzinerkresse in Begleitung von purpurnen Blüten des Weinberglauchs
14. Ringelblume in Dillblütendolden-Umarmung
15. Luzerne (*Medicago sativa*) oder Vogelwicke (*Vicia cracca*) mit dicken Wiesenkleeblüten (*Trifolium pratense*): ein Sträußchen aus dem Feld
16. Eine tiefrosa Blüte von *Begonia semperflorens* (siehe Seite 60: Anm. d. dt. Red.) mit vielen gelben *Brassica*-Blüten und den sehr würzigen jungen Liebstökkelblättern

# Trockengelegt

Wer in den Sommermonaten Blüten trocknet, kann sich im Winter ein Stück Sommer zurückholen.

Zum Trocknen pflücken Sie natürlich nur unbeschädigte Blüten, die sich auf dem Höhepunkt ihrer Entwicklung befinden und die deshalb (falls vorhanden) ihren Duft voll entfaltet haben. Am besten tun Sie dies früh am Morgen eines schönen warmen Tages, wenn der Tau gerade getrocknet ist. Von größeren Blüten wie Rosen oder Ringelblumen pflücken Sie die Blütenblätter, kleine Blüten können Sie im ganzen trocknen.
(Holunderblüten-)Dolden trocknet man am besten hängend (siehe Seite 78/79).

### Blütenpulver

Blütenpulver stellen Sie her, indem Sie die getrockneten Blüten in einem Mörser zerreiben, das so entstandene Pulver aussieben, um die restlichen groben Teilchen zu entfernen, und es dann in gut verschlossenen Gläsern oder Flaschen aufbewahren. Solche Pulver sind natürlich sehr viel ergiebiger als locker aufeinandergeschichtete getrocknete Blütenblätter. Füllt man winzig kleine Gläschen mit solchen Blütenpulvern, so hat man außerdem ein schönes Geschenk für Freunde, deren Garten weniger üppig ist als der eigene.

### Blütenzucker

Für die Verwendung in Süßspeisen und Getränken können Sie Blütenaromen und Zucker auch auf folgende Weise vereinigen: Nehmen Sie auf 1 Teil Zucker 2 Teile Blütenblätter, und vermahlen Sie beides zusammen in einem Mixer oder in Ihrer Küchenmaschine zu einer sehr feinkörnigen Substanz. Sieben Sie diese durch, und streuen Sie sie in einer nicht zu dicken Schicht auf einem Backblech aus, das mit Aluminiumfolie ausgekleidet ist. Lassen Sie dies im Ofen bei 50° C und halbgeöffneter Ofentür trocknen, und bewahren Sie den Blütenzucker in gut verschließbaren Gläsern auf.

### Blütenöle

Eine völlig andere Methode, Blütenaromen für Speisen verfügbar zu machen, besteht darin, ihre Farben und Düfte in Öl, Essig oder Honig einzufangen.

Für die Herstellung von Blütenölen füllen Sie Marmeladengläser mit Blütenblättern oder Blüten und gießen mit Öl auf, bis die Blüten gerade bedeckt sind. Wenn Sie das unverfälschte Blütenaroma genießen wollen, verwenden Sie ein geschmacksneutrales Öl: Traubenkernöl ist sehr empfehlenswert, Sonnenblumenkernöl ist ebenfalls geeignet. Wenn Sie Olivenöl besonders gerne mögen, können Sie auch dieses verwenden und das Blütenaroma als eine zusätzliche Komponente betrachten.
Stellen Sie die Marmeladengläser in einen großen (breiten) Topf mit Wasser, und sorgen Sie dafür, daß die Wassertemperatur 30 Minuten gerade unterhalb des Siedepunkts bleibt. Lassen Sie die gut verschlossenen Gläser ca. 14 Tage an einem warmen Ort stehen. Filtern Sie dann die Blütenblätter aus, und bewahren Sie das sehr aromatische Öl an einem kühlen, dunklen Ort auf.
Blütenreiche Sommerträume, trocken aufbewahrt, sorgen in kälteren Zeiten bei ihrer Wiederbelebung in warmen Aufgüssen und würzigem Backwerk für Duft und Farbe, die zu dieser Jahreszeit draußen kaum zu finden sind. Grund genug, um in den Zeiten üppiger Blütenfreuden auch an die kargen Wintermonate zu denken, wenn getrocknete Blumen viel Freude bereiten können. Fotografiert haben wir hier nur neun Beispiele, aber es gibt natürlich unendlich viel mehr Blütenblätter (oder ganze Blüten), die sich leicht an einem luftigen Ort trocknen lassen.
Sie sehen in der ›Kettenflasche‹ (einem alten gläsernen Laborgerät) die frischen

Blüten und in den Einweckgläsern dahinter die getrockneten. Von links nach rechts: Lindenblüten, Rosenblätter, ganze Kleeblüten, Gänseblümchen, Orangenblüten, Klatschmohnblütenblätter, Holunderblütendolden, Lavendelblüten und Blütenblätter der Ringelblume.

### Keine Sommersonne, aber ein lindes Lüftchen

Blüten und/oder Blütenblätter lassen sich schnell und gut auf Holzrahmen trocknen, die man mit Fliegengitter (teuer, aber dauerhaft) oder mit (altem) Gardinenstoff (billiger, aber weniger haltbar und fleckempfindlich) bespannt. Wer viel und oft trocknet, entscheidet sich am besten für ein Regal mit herausnehmbaren Fliegengitterböden, das man auf einer überdachten warmen und luftigen Terrasse aufstellt. Farbe und Aroma des Trockenmaterials bleiben am besten erhalten, wenn man schnell trocknet: Nicht im direkten Sonnenlicht, wohl aber an einem Platz, wo ungehindert ein warmer Windhauch darüberstreichen kann. Gegen Abend, wenn die Luft feuchter wird, kann man solch ein leichtes Regal ohne große Mühe an einen trockenen Platz im Haus stellen.
Kleine Mengen kann man auch problemlos im Backofen trocknen, bei 50° C mit halbgeöffneter Ofentür, so daß die entweichende Feuchtigkeit wirklich abziehen kann. Wenn die Blüten beim Trocknen ihre Farbe verlieren, so kann dies an einer zu hohen Temperatur, an direkter Sonneneinstrahlung oder an zu langsamem Trocknen liegen.

### Blütenessige

Für Blütenessig nehmen Sie am besten duftende Blüten von intensiver Farbe. Auch hier füllen Sie wieder Gläser oder Flaschen mit einem weiten Hals mit Blüten und gießen genügend (Wein-)Essig auf, so daß die Blüten vollständig bedeckt sind. Lassen Sie die Gläser bzw. Flaschen 7–8 Tage an einem warmen, schattigen Ort ziehen, dann filtern Sie den Essig und füllen ihn in gut verschließbare Flaschen. Blüten, die sowohl Duft als auch Farbe abgeben wie Rosen, *Viola odorata*, Salbeiblüten, Rosmarinblüten, Minzblüten und rosa blühendes Basilikum, sind natürlich am effektvollsten für Öle und Essige. Aber solche, die ›nur‹ köstliches Aroma zu bieten haben (wie z. B. *Citrus*, *Jasminum*, *Lonicera*), eignen sich natürlich auch.

# Engelhaftes

*Angelica archangelica* oder auch Echte Engelwurz ist von kräftigem Wuchs – irdisch schön, aber von geradezu himmlischem Duft und Geschmack.

Aus den Wurzeln dieser Pflanze wird Likör hergestellt, und auch Sie können dies tun, indem Sie kandierte Blattstengel, die leicht nach Ingwer schmecken, 6 Wochen in Branntwein ziehen lassen (500 g kandierte Engelwurzstückchen mit 2 Zimtstangen und 4 Nelken auf 1,5 l Kornbrand oder anderen Branntwein), diese aromatische Flüssigkeit nach dem Filtern süßen und den Alkohol mit einem Sirup vermischen, der aus 500 ml Wasser und 750 g Zucker gekocht wird.
In Blumensträußen verwende ich gern die gefiederten Blätter, weil sie schon bei der leichtesten Berührung ihren herrlichen Duft freisetzen (und weil sie außerdem wochenlang in der Vase frisch bleiben). Auch die Dolden mit den Blüten oder den jungen Samen sind in Sträußen sehr dekorativ. [*Angelica archangelica* enthält fotosensibilisierende Stoffe. Bei empfindlichen Personen kann es nach Berührung oder Einnahme von Teilen der Pflanze und nachfolgender Sonnenbestrahlung zu Hautentzündungen kommen. Anm. d. dt. Red.]
Einem Essig verleihen die Blattstiele und Blüten ein starkes Aroma, wie der aromatische ›Engelwurz-Edik‹ von Marga Vugs zeigt. Natürlich wollte sie nicht das vollständige Rezept ihrer mit Wein gemilderten Essige preisgeben, doch sie verriet, daß sie das intensive Aroma nicht zuletzt durch Verarbeitung der Pflanze unmittelbar nach der Ernte erzielt. Sie stellt ›Ediks‹ mit Gemüse, Obst und den verschiedensten Kräutern her, mit Mandeln und sogar mit Kokosnuß. (Die ›Ediks‹ von Marga Vugs sind zu beziehen über: ISPC Horacea groothandels markt, Kalshoven 25, NL-4825 AL Breda. Da es sich um einen Großmarkt handelt, ist die Abgabe an Endverbraucher nicht anzunehmen. Bitten Sie einen befreundeten Restaurantbesitzer . . .)
Gewissenhaft habe ich versucht, Engelwurzblüten auch zu verzuckern. Das Ergebnis war von sehr lieblichem, leicht ingwerartigem Geschmack und zartgrüner Farbe. Zwar sieht eine solche verzuckerte Dolde recht zerzaust aus – die Abbildung zeigt sie auf dem Flaschenkorken –, aber sicherlich läßt sie sich als Dekoration all jener Speisen verwenden, zu denen auch süß eingelegte Ingwerstückchen gut schmecken: zu Apfelkuchen zum Beispiel oder zu der Schlagsahne, mit der Sie Taglilien füllen (siehe Seite 100–103).

# Thymian-Kaninchen

Dieses freundliche Thymian-Kaninchen, präsentiert in einer Thymian- und Mairüben-Landschaft, ist der Auftakt zu den hier folgenden Rezepten mit Thymianblüten, die so verspielt und abwechslungsreich sind wie die vielen Erscheinungsformen der Thymianpflanze.

Das Thymianblümchen, das sich in zartem Perlmuttrosa, in dunklerem Rosa oder in lebendigem Lila zeigt, hat dem würzigen Grün der Pflanze gegenüber den Vorteil, daß man damit nicht so vorsichtig umzugehen braucht. Für die Zubereitung unseres Thymian-Kaninchens wäre eine solche Kaninchenform sicher wünschenswert, aber selbstverständlich ist sie nicht unbedingt erforderlich – man kann die Galantine auch in Brot- oder Rollenform garen.

### Thymian-Kaninchen-Galantine

Für die Zubereitung der Farce drehen Sie 750 g rohes Kaninchenfleisch, 250 g rohen Schinken und 75 g geräucherten Speck durch den Fleischwolf. Verkneten Sie die drei Fleischsorten mit 25 g Rindermark oder Nierenfett, 75 g blanchierten Pistazien, 75 g gestiftelten Mandeln, 2 gehackten hartgekochten Eiern, 4 verquirlten Eiern und 150 ml Marsala. Würzen Sie mit Salz, Pfeffer, Muskatblüte, gemahlenem Koriander und 2 Eßl. Thymianblüten. Fetten Sie beide Hälften der Kaninchenform ein, füllen Sie sie mit dem Fleischteig und schließen Sie die Form. (Alternativ formen Sie ein Brot oder eine Rolle daraus, die Sie fest in Backpapier einpacken und sorgfältig mit Küchengarn zusammenbinden.)
Legen Sie die Form, das Brot oder die Rolle in einen Topf mit Wasser, und lassen Sie 1½ Stunden auf schwacher Hitze zugedeckt kochen. Lösen Sie sodann die Kaninchen-Galantine aus der Form oder der Verpackung, und lassen Sie sie abkühlen.
Wenn Sie eine Kaninchenform verwendet haben, dann drücken Sie ›Augen‹ oder eventuell andere Dekorationen in die noch warme Galantine, und übergießen Sie sie, sobald sie abgekühlt ist, mit einer dünnen Aspikschicht.
Sie können die Galantine mit warmem Baguette servieren, sie noch zusätzlich mit Thymianblüten bestreuen und vielleicht rohe Mairüben (etwa diese zweifarbige Sorte) dazu reichen, die milder im Geschmack sind als Radieschen.

# Duftende Thymianteppiche

Eine schöne Idee für den Kräutergarten: Füllen Sie das Thymianbeet mit verschiedenen kriechenden Thymianarten, und pflanzen Sie darin in regelmäßigen Abständen die etwas höher wachsenden ›Küchen‹-Thymiansträucher (*Thymus vulgaris*). So wächst ein Duftteppich heran, der nicht nur gute Ernten liefert, sondern auch sehr dekorativ aussieht. Sie können alle Arten ›einweben‹: die verschiedenen kriechenden Sorten des *Thymus serpyllum* ('Albus' mit weißer Blüte, 'Coccineus' mit dunkelgefärbten Blüten und 'Variegatus' mit bunten Blättern), aber auch den dikken ›Pelz‹, den der nach Zitrone duftende *Thymus × citriodorus* bildet. Von letzterem ist eine silberblättrige ('Argenteus') und eine goldblättrige ('Aureus') Form erhältlich, außerdem eine Form mit weißbunt-silbrigem Blatt ('Silver Queen'). Und wer eine besonders kleinwüchsige Sorte sucht, sollte nach 'Golden Dwarf' Ausschau halten. *Thymus pulegioides* (*Mentha-pulegium*-artig oder polei-artig) mit für Thymian recht großen Blättern und länglichen Duftblütenkerzen wächst äußerst kräftig und eignet sich gut zum Füllen von Ecken oder als Einfassung, besonders für Kräutergärten in den kälteren Teilen unseres Landes, denn diese Pflanze ist überraschend winterhart. *Thymus vulgaris* 'Compactus' mit tiefvioletten Blüten an kompakten Sträuchern oder der zartrosa blühende *Thymus vulgaris* 'Odoratissimus' (siehe Abbildung, nicht zu verwechseln mit dem kriechenden *Thymus fragrantissimus*, die beide darum wetteifern, der ›allerduftendste‹ zu sein) sollten natürlich auch einen Platz in dem Teppich bekommen. Als niedrigste Kriechpflanze, die auch etwas Schatten verträgt – und nicht zuletzt wegen ihres Kontrastaromas – kann man *Mentha requienii* auf ihre eigenwillige Weise durch das Beet wachsen lassen. Wie Sie sich auch entscheiden mögen, in jedem Fall erhalten Sie auf diese Weise genügend Thymianblüten für die folgenden Rezepte – wobei auf den Abbildungen viele Arten in Töpfen stehen, weil bei mir die unerwartetsten Pflanzen strenge Fröste überstehen, wohingegen andere, die eigentlich widerstandsfähig sein müßten (die Thymianteppiche zum Beispiel), eingehen (die Kombination von Feuchtigkeit, Lehmboden und Frost gefällt ihnen gar nicht).

## Aubergine im Thymianmantel

Dies ist eine wunderbare Art, Auberginen zuzubereiten, und außerdem ein sehr be-

kömmliches Gericht, denn mit dem Thymianteigmantel saugt das Fruchtfleisch weniger Fett auf.
Verquirlen Sie ein Ei mit Salz, Pfeffer und sehr fein zerpflückten Thymianblüten. Schneiden Sie die ungeschälte Aubergine (oder mehrere) in 2 cm dicke Scheiben, die Sie zuerst in das Ei tauchen und anschließend in Paniermehl wälzen. Drücken Sie pro Scheibe ca. 3–4 grob zerteilte Thymianblütenspitzen fest in die Panade und wälzen Sie die Scheiben abermals in Paniermehl, bevor Sie sie in reichlich Öl und Butter (im Verhältnis 1:1) goldbraun braten.

PARFÜMIERTE VENUSMUSCHELN
Erhitzen Sie Butter und Öl (1:1) in einer großen Pfanne. Schütten Sie 1 kg Venusmuscheln hinein, lassen Sie sie bei starker Hitze aufspringen, streuen Sie dann 3 grobgehackte Schalotten und 10 Thymianblütenspitzen darüber, würzen Sie mit etwas Salz und Pfeffer, gießen Sie ca. 100 ml trockenen Weißwein an, und lassen Sie das Ganze zugedeckt 6–7 Minuten lang sanft nachgaren.

FRÜHLINGSKÄSE MIT KRÄUTERBLÜTEN
Nehmen Sie für diese Kräuterkäseplatte kleine frische Käse, die gut mit den gewählten Kräutern harmonieren. Ich bevorzuge einen zarten Ziegenkäse – hier mit zartblau blühendem Rosmarin dekoriert; daneben einen Frischkäse in Rollenform mit einem grünen Kräuterrand, der ausgezeichnet zu dem Aroma der Thymianblütenspitzen paßt; und saftigen Mozzarella, der von ›Zier‹-Lauch begleitet wird: *Allium unifolium* liegt in der Schale, rotviolett blühender Schnittlauch (*Allium schoenoprasum* 'Foreskate') und hellrosa *Al-*

*lium roseum* stehen dahinter. Reichen Sie knuspriges ofenfrisches Baguette und frische Landbutter dazu, und sorgen Sie dafür, daß ein ausreichender Vorrat an Kräuterblüten auf dem Tisch steht.

### Drei-Tomaten-Ravioli mit Thymianblüten

Weil Thymian und Tomate eine so allgemein geschätzte Kombination sind, folgt hier ein Gericht, in dem beide Aromen ausgezeichnet zur Geltung kommen. Die halbmondförmigen Tomatenravioli auf der Abbildung unten sind fertig gekauft (›Ravioli pomodoro‹), aber es ist auch nicht schwer, mit Tomatenpüree aromatisierten Pastateig herzustellen und daraus Ravioli mit einer Füllung aus Huhn und Kräutern zu bereiten. Das Rezept finden Sie am Schluß des Buches bei den Grundrezepten.

Die Ravioli in kochendes Salzwasser geben oder auch in Bouillon oder in Wasser mit einer guten Portion Kräuter der Provence bzw. einer anderen aromatischen Kräutermischung. Sind die Ravioli gar, gießen Sie sie ab und lassen sie gründlich abtropfen. Anschließend schwenken Sie die Tomatenravioli vorsichtig in etwas Butter und/oder einem feinen aromatischen Öl mit auseinandergezupften Thymianblütenspitzen, und geben Sie, um das Tomatenaroma zu verstärken, zwei verschiedene Nachtschattengewächse hinzu: vielleicht Kirschtomaten in leuchtendem Goldorange (‘Golden Tom Boy‘) und die köstlich aromatischen Baumtomaten (*Cyphomandra betacea*). Letztere sind nicht einjährig wie die ›gewöhnlichen‹ *Lycopersicon*-Tomaten, sondern die Stauden werden – als Kübelpflanze gehalten oder im frostfreien Gewächshaus gezüchtet – von Jahr zu Jahr größer und ertragreicher.

### Seltener Blaublüher

Eng verwandt mit ›unseren‹ Thymiansorten ist *Ziziphora taurica*, die niedrige Polster mit nahezu rein blauen Blüten bildet. Ganze Felder dieser Pflanze sind an den Südhängen der Berge über Jalta am Schwarzen Meer zu finden. In Rußland ist dieses Kraut, das ein herrliches Aroma verbreitet – eine Mischung aus Thymian und Minze – sehr beliebt und findet sowohl in der Küche als auch in Potpourris Verwendung. Falls es Ihnen gelingen sollte, einer solchen Pflanze habhaft zu werden: Sie lieben einen gut durchlässigen, neutralen oder leicht alkalischen Boden und säen sich unter günstigen Bedingungen sogar zwischen Terrassen- und Mauersteinen aus.

# Sinfonie in Salbei

Von den verschiedenen *Salvia*-Arten, die in der Küche verwendet werden können, ist echter Salbei (*Salvia officinalis*) sicher die bekannteste.

Es gibt ihn in der ›gewöhnlichen‹ Ausführung mit silbergrauen Blättern und kräftigen violetten Blüten (siehe die nächsten Seiten), aber auch mit goldfarbenen Blättern ('Aurea'), mit einem tiefpurpurfarbenen Schimmer auf den Blättern ('Purpurascens'), mit creme- und rosafarben gezeichnetem Laub ('Tricolor' – im Topf neben dem Unterrichtsmodell) und mit andersfarbigen Blüten. *Salvia officinalis* 'Berggarten' prunkt mit besonders großen Blüten (siehe nebenstehende Abbildung und auf Seite 144/145); bei 'Grete Stölzle' sind sie zartblau und bei 'Albiflora' natürlich weiß.

Eine große Vielfalt an Salbeisorten also, die es uns ermöglicht, ein variationsreiches Beet nur mit Salbei anzulegen und reichlich von der lange andauernden Blüte zu ernten: Nach der Hauptblüte entwikkeln sich viele Seitentriebe mit Blüten, vor allem, wenn die erste Blüte für den Küchengebrauch geschnitten worden ist, so daß die Pflanze ihre Kräfte nicht in der Samenbildung erschöpfen kann, sondern zu einer zweiten Blüte angeregt wird. Beim Anlegen eines nur dem genießbaren Salbei gewidmeten Eckchens kann der kräftige Muskateller-Salbei (*Salvia sclarea*) als Hintergrundbepflanzung dienen; dazwischen kann man in Töpfen die nicht winterharte und nach Ananas duftende *Salvia rutilans* (siehe Seite 181) setzen.

Es folgen nun vier Rezepte, in denen Salbeiblüten Verwendung finden, doch auch in diesem Fall gilt ebenso wie bei allen anderen Kräutern: In jedem Rezept, in dem Sie bisher die Blätter eines Krautes benutzt haben, können Sie diese durch (viele) Blüten ersetzen. Das Blütenaroma ähnelt dem Aroma des Blattes, ist aber viel sanfter und feiner und meist auch etwas süßer.

### Huhn à l'Escabèche

Dieses Gericht ist in Argentinien sehr beliebt, vielleicht weil die Menschen dort oft viele Kilometer reisen müssen, wenn sie einander besuchen wollen, und es daher schwierig ist, die Ankunftzeit immer exakt anzugeben. Ein kalter Imbiß, den man fertig zubereitet im Kühlschrank aufbewahren kann (und der nach einem Tag sogar noch besser schmeckt), ist unter diesen Umständen viel praktischer als ein warmes Gericht, das möglicherweise nicht rechtzeitig fertig ist oder Gefahr läuft zu verkochen. Jelena erhielt dieses Rezept von einer französischen Freundin, die in Argentinien lebt und ihre heimische Küche den Verhältnissen ihrer neuen Heimat angepaßt hat.

Sie brauchen ein großes Huhn von 1,5 kg oder die entsprechende Menge Hühnerschenkel und/oder -brüste; 200 ml (Oliven-)Öl, 8 Zwiebeln, 1 Knoblauchknolle, 2 rote und 2 gelbe Paprikaschoten, 500 g abgezogene Fleischtomaten, 400 ml Apfelcidre- oder Weinessig, 1 Teel. Salz, 1 Eßl. Majoranblüten (siehe Seite 131), 1 gehäuften Eßl. Salbeiblüten sowie zusätzliche Salbeiblütenstengel für die Garnierung.

Falls Sie sich für ein ganzes Huhn entschieden haben, zerlegen Sie dieses zunächst in handliche Stücke.

Zerteilen Sie Zwiebeln und Knoblauchzehen, und schmoren Sie sie in Öl, bis sie glasig sind. Fügen Sie die geputzten und in Streifen geschnittenen Paprika hinzu, zusammen mit den Hühnerteilen.

Lassen Sie das Ganze rund 15 Minuten schmoren, wobei Sie die Hühnerteile ab und zu wenden. Fügen Sie dann die in Stücke geschnittenen abgezogenen Tomaten hinzu, und gießen Sie den Essig darüber, so daß das Fleisch fast bedeckt ist.

Verschließen Sie den Topf mit dem Deckel, und lassen Sie das Huhn bei niedriger Hitze simmern, bis es völlig gar ist.

Um zu gewährleisten, daß sich das Gericht später problemlos stürzen läßt, können Sie 4 Blätter eingeweichte Gelatine in dem Geflügelsud auflösen. Die Bouillon geliert natürlich auch ohne Zusatz von Gelatine beim Abkühlen, doch wenn Sie Gäste haben, sollte das Gericht nicht nur gut schmecken, sondern auch schön aussehen.

Ordnen Sie das Hühnerfleisch deshalb in einem schönen Muster in einer flachen Schüssel an (oder nehmen Sie zwei Schalen), verteilen Sie das aromatische Gemüse darüber, gießen den Sud auf, und stellen Sie die Schüssel mindestens 12 Stunden in den Kühlschrank.

Zum Servieren stürzen Sie die Sülze auf eine Platte und garnieren mit ein paar Zweiglein bunten Salbeiblüten. Reichen Sie Scheiben frischen Grau- oder Vollkornbrots dazu.

# Blauroter Salut für Salbei

Die intensive Farbe der kräftigen Salbeiblüten und die ›neuen‹ violetten Paprika haben mich zu diesem Gericht inspiriert.

### Paprika mit Salbeiblüten-Farce

Für dieses Rezept benötigen Sie 6 violette Paprika, 500 g Hackfleisch vom Kalb, 1–2 Scheiben (Sonnenblumenkern-)Brot, etwas Milch, 1 Ei, Salz, Pfeffer, Muskatnuß, ca. 30 Salbeiblüten sowie Butter und/oder Traubenkernöl zum Braten.

Weil die violetten Paprika an Farbe verlieren, wenn sie allzulange im Ofen stehen, und weil auch die Eifüllung des folgenden Rezepts bereits nach 15 Minuten im Ofen gestockt ist, empfiehlt es sich, das Hackfleisch vorzubraten.

Dazu weichen Sie zunächst das Sonnenblumenkernbrot in etwas Milch ein. (Sonnenblumenkernbrot schmeckt zwar sehr gut in Hackfleisch, ist jedoch nicht unbedingt erforderlich). Verarbeiten Sie das ausgedrückte Brot und die übrigen Zutaten zu einem geschmeidigen Teig, und formen Sie Bällchen daraus, deren Format Sie auf das Innere der Paprika abstimmen. Braten Sie die ovalen Hackfleischbällchen in Butter oder in einer Kombination aus Butter und Traubenkernöl rundherum an.

Füllen Sie dann die Paprikaschoten (zuvor die Kappen abschneiden und entkernen) mit den Bällchen, legen Sie Butterflöckchen darauf (oder tropfen Sie etwas Öl darüber), und lassen Sie sie in einer gebutterten feuerfesten Form 15 Minuten in einem vorgeheizten Backofen bei 150° C backen.

### Salbeiblüten-Eierflan-Paprika

Verquirlen Sie 4 Eier mit 150 ml Schlagsahne, Salz, Pfeffer und ca. 30 Salbeiblüten. Bestreichen Sie 6 violette Paprikaschoten, von denen Sie zuvor Kappen und Kerne entfernt haben, von innen mit Butter, gießen Sie die Eimasse in die Paprikaschoten, die Sie dann in einer gebutterten feuerfesten Form im vorgeheizten Backofen bei 150° C 15 Minuten backen.

Sie können natürlich die Paprika nur mit dem Hackfleisch oder nur mit dem Salbeiblüten-Eierflan füllen; für eine große Gesellschaft ist es aber sehr viel attraktiver, beide Gerichte miteinander zu kombinieren.

### Salbeiblüten-Pfannkuchen

Verrühren Sie 250 g Mehl mit 3–4 Eiern, 500 ml Milch, 1 Prise Salz und etwas Traubenkernöl oder zerlassener Butter zu einem glatten Pfannkuchenteig, und backen Sie daraus dünne Pfannkuchen, indem Sie jeweils einen Löffel Teig in einer kleinen gebutterten Pfanne zerlaufen lassen. Streuen Sie auf jeden Pfannkuchen ca. 5 Salbeiblüten (Sie brauchen insgesamt rund 60 Blüten, denn die angegebene Teigmenge sollte für 12 Pfannkuchen reichen), wenden Sie die Pfannkuchen, und lassen Sie sie leicht bräunen. Halten Sie die fertigen Pfannkuchen auf einem Teller warm, der auf einem Topf mit kochendem Wasser steht. Servieren Sie die Pfannkuchen mit Zucker und als dekorative und schmackhafte Beilage zusätzlich mit verzuckerten Salbeiblütenzweigen.

Früher habe ich dieses Rezept immer mit kleingeschnittenen Salbeiblättchen zubereitet, aber Salbeiblüten sind wesentlich zarter im Geschmack.

### Salbeiblüten-Digestivum

Ein ausgezeichnetes Digestivum erhalten Sie, wenn Sie in 250 ml Branntwein ca. 30 Salbeiblüten 4 Wochen lang in der Sonne (und im Mond) ziehen lassen. Filtern Sie das Getränk anschließend durch ein feines Nesseltuch (oder durch einen Kaffeefilter). (Wenn Sie es lieber süß mögen, hindert Sie nichts daran, Zucker nach Geschmack hinzuzufügen, wenn Sie die Blüten in den Alkohol geben. Man kann das ungesüßte Getränk auch über einem Stück Würfelzucker einschenken).

# Hymne auf Holunder

Schon seit vielen Jahren haben sowohl Jelena de Belder als auch ich eine ganz besondere Beziehung zum Holunder. Wir können regelrecht ins Schwärmen geraten, wenn es um diesen einfachen Strauch geht, der so bereitwillig wächst und so duftig blüht und uns nahezu von Ende März bis Ende Juli mit seinen duftenden Blütenschirmen beschenkt, aus denen sich vielerlei Köstlichkeiten zubereiten lassen. Zahlreiche Holunderrezepte warten daher auf Sie.

*Sambucus tigranii* macht meist den Anfang, und wenn der Frühling früh und warm beginnt, öffnet der Strauch bereits Ende März seine mittelgroßen, duftenden gelbgrünen Trugdolden. Im Arboretum zu Kalmthout stehen schon ausgewachsene Exemplare dieser neu eingeführten Pflanze, die glücklicherweise mittlerweile auch im Handel erhältlich ist.

*Sambucus racemosa*, der rote Traubenholunder, und *Sambucus williamsii* var. *koreana* (siehe das ›Limonadenfoto‹) folgen auf dem Fuße, mit größeren Rispen in einem sehr schönen, leicht grünlichen Creme. Auch *Sambucus williamsii* var. *koreana* ist eine neu eingeführte Varietät mit noch größeren Blüten als *Sambucus racemosa*.

*Sambucus nigra*, unser guter alter Schwarzer Holunder, reiht sich dann etwa Anfang Juni in den Reigen ein mit einem Überfluß an herrlich aromatischen, cremeweißen Trugdolden, die, wenn man sie im richtigen Augenblick pflückt, mit einer goldgelben, duftenden Pollenschicht bedeckt sind. Von diesem ›Schwarzen‹ Holunder sind zahllose Sorten im Handel: *Sambucus nigra* 'Viridis' beispielsweise hat grüne Beeren von fast transparenter Schönheit (sehr irreführend für Vögel, die nicht begreifen, daß sie reif sind – und eigentlich auch von Nachteil für nicht ausreichend informierte Menschen, die nur wissen, daß unreife Beeren von *Sambucus* giftig sind, und die es deshalb nicht wagen, diese grünen Beeren zu ernten). *Sambucus nigra* 'Purpurea' zeigt seine abweichende Farbe in Blatt und Blüte: Ersteres ist purpur-bronzefarben, und die Blütenrispen sind zartrosa mit ebenfalls rosa Staubbeuteln – was für Holunder sehr außergewöhnlich ist. Diese Sorte wurde erst 1954 in Yorkshire in England entdeckt, und niemand weiß, woher diese rosafarbene Schönheit so plötzlich kam. Außerdem gibt es noch buntblättrige, gelbblättrige und Varietäten mit filigranartig eingeschnittenen Blättern.

*Sambucus canadensis* schließlich löst alle möglicherweise anfallenden Kombinationsprobleme, da diese Art ihre gigantischen, leicht rotstengeligen Rispen erst im Juli (manchmal auch schon im Juni) öffnet – also gerade rechtzeitig für die Verarbeitung mit Stachelbeeren in Marmeladen und Chutneys. (Auf Seite 80 ist solch eine stattliche Blüte abgebildet.)

## Holunderblütenlimonade

Auf Seite 79 können Sie die Holunderblütenlimonade in ihrer ganzen Pracht bestaunen (gebraut aus *Sambucus williamsii* var. *koreana*, aber jede der obengenannten Sorten eignet sich), die – wie viele der in diesem Buch aufgeführten Limonaden – zubereitet wird, indem man die Blütenrispen über Nacht in Wasser mit Zitronenscheiben und einer Portion Zucker (nach Geschmack) ziehen läßt.

## Holunderblütensirup I (stark konzentriert)

Diesen stark konzentrierten, köstlichen Sirup stelle ich schon seit Jahren her. Er steht immer griffbereit, um zu Limonade verarbeitet oder in allen möglichen Gerichten verwendet zu werden: in Vinaigrettes, aber auch bei ›Champignons bleus‹ (siehe Seite 125), um nur zwei Möglichkeiten zu nennen. (Natürlich eignen sich auch andere aromatische Blütenrispen dafür. Ein Sirup aus Robinienblüten ist beispielsweise köstlich, aber ich habe nur eine Baby-*Robinia* im Garten, dagegen eine große Menge von sehr erwachsenem Holunder … So wird sich vermutlich auch Ihr Sirupvorrat nach Ihren Pflanzen richten.)

Für diesen konzentrierten Sirup (der auf dem nebenstehenden Foto abgebildet ist) pressen Sie so viele gut gereifte, das heißt mit Blütenstaub beladene Holunderblüten

in ein Vorratsglas, wie Sie nur können. (Ein Glas von der Größe des auf dem Foto abgebildeten nimmt einen ganzen Korb voll Blüten auf.)
Füllen Sie das Glas mit Wasser auf und nehmen Sie eventuell überzählige Blüten wieder heraus, denn alle, die nicht mit Wasser bedeckt sind, werden unansehnlich braun. Stellen Sie das Glas 24 Stunden lang an einen warmen Ort – tagsüber am besten in die Sonne. Anschließend filtern Sie die Flüssigkeit, und drücken Sie den Blütenbrei gut aus, damit möglichst das gesamte Aroma in der Flüssigkeit bleibt.
Fügen Sie pro Liter Saft 1,25 kg Zucker und 20 g Zitronen- oder Ascorbinsäure (in der Apotheke erhältlich) hinzu. Lassen Sie den Sirup weitere 3 Tage in Gläsern in der Sonne stehen, bis sich der gesamte Zucker aufgelöst hat (gelegentliches Durchrühren beschleunigt diesen Vorgang), und füllen Sie den Sirup dann in gut verschließbare Flaschen ab.

### Holunderblütensirup II (weniger stark konzentriert)

(Ohne Abbildung) Wenn Sie sich für diese Zubereitungsmethode entscheiden, erhalten Sie ein weniger stark konzentriertes Produkt, das mit einem Schuß Wasser verdünnt wird. (Von dem Konzentrat reicht dagegen ein Schuß für viel eisgekühltes Wasser.)
Nehmen Sie pro Liter Wasser ca. 10 schöne reife Rispen, die Sie über Nacht ziehen lassen. Anschließend filtern Sie das Ganze durch ein Nesseltuch, fügen Sie pro Liter Flüssigkeit 1 kg Zucker hinzu und erhitzen bis zum Siedepunkt. Nehmen Sie den Topf vom Feuer, rühren Sie pro Liter 20 g Zitronen- oder Ascorbinsäure unter, und füllen Sie die Flüssigkeit in sterilisierte Flaschen ab, die Sie mit einem Schraubdeckel oder mit einem Korken fest verschließen.

### Holunderblütentee

(Aus getrockneten Blüten) Für das Trocknen braucht man eine Wäscheleine, die an einem überdachten, schattigen Ort aufgespannt ist. Schöne reife Blütenrispen werden dann auf diese Leine gehängt, wie es auf der Abbildung zu sehen ist. Sie müssen natürlich vor Regen und auch vor Feuchtigkeit geschützt werden, aber eine sanfte Brise hilft, den Trocknungsprozeß zu beschleunigen.
Auf diese Weise getrocknete Blüten behalten eine schöne, leicht grünliche Färbung und ein Maximum an Aroma. (Wenn Sie sie zum Trocknen hinlegen, verfärben sie sich nach Beige und verlieren viel von ihrem Geschmack.)
Ein Tee aus auf diese Weise getrockneten Holunderblüten kann einen kalten Wintertag um einiges erträglicher machen, vor allem, wenn der Tee zusätzlich mit einer Orangenscheibe und mit 1–2 Eßl. Weißwein aufgefrischt wird.

### Holunderblüten-Beignets

Wählen Sie hierfür aus den Grundrezepten (siehe Seite 202) einen dünnflüssigen Beignet-Teig mit Sodawasser oder hellem Bier.
Tauchen Sie reife Blütenschirme hinein, und lassen Sie sie in der Friteuse goldbraun backen. Legen Sie sie anschließend zum Abtropfen auf Küchenpapier. Servieren Sie sie mit Puderzucker, und besprenkeln Sie sie eventuell mit frisch ausgepreßtem Orangensaft.
Bei besonders festlichen Gelegenheiten können Sie ein Holunderblüten-Wein-Chaudeau (Weinschaum, im heißen Wasserbad zubereitet) dazu servieren.

Unten: Dank der vielen geeigneten Holunderarten kann man viele Monate lang frische Holunderblütenlimonade zubereiten: Hier spielt *Sambucus williamsii* var. *koreana* die süße Hauptrolle
Links oben: Die Blütendolden auf der Wäscheleine im Schatten, unter einem Dach – so bekommt man den aromatischsten getrockneten Holunder
Links unten: Dreimal Sirup aus Holunderblüten: in der Mitte das mit duftenden Blüten buchstäblich vollgestopfte Vorratsglas, links davon das Goldgelb des frischen Sirups, rechts die Bernsteinfarbe von Sirup, der schon acht Jahre alt ist, aber immer noch köstlich schmeckt. Er hat jenen leichten Beigeschmack angenommen, der durch Oxidation entsteht, und er wird gehegt und gepflegt und nur zu ganz besonderen Anlässen verwendet.
Ganz links: Holunderblüten-Beignets in einem dünnen Teigmantel zählen zu den leckersten süßen Blüten-Beignets

### Holunderblütenbrot

Für zwei Brote benötigen Sie 1 kg Mehl, 600 ml Milch oder Buttermilch, 40 g Hefe, 20 g Meersalz, 10 g Zucker, die geriebene Schale von 2 Zitronen sowie 14 reife Holunderblütenschirme. (Wenn Sie *Sambucus nigra* verwenden, haben Sie eine früher blühende, kleinrispigere Art und müssen natürlich mehr Blüten nehmen. – Im Winter kann man die Brote auch sehr gut mit getrockneten Blüten zubereiten: Nehmen Sie dann 3–4 Eßl.)

Lösen Sie die Hefe in etwas lauwarmer Milch, den Zucker und das Salz in der restlichen Milch bzw. in der Buttermilch auf. Zerschneiden Sie die Holunderblüten in kleine Sträußchen, die Sie zusammen mit dem gesiebten Mehl und der geriebenen Zitronenschale in eine Schüssel geben. Fügen Sie die Hefe sowie nach und nach die Milch hinzu, und kneten Sie das Ganze, bis ein elastischer (und aromatischer) Teig entstanden ist.

Lassen Sie den Teig an einem warmen Ort, mit einem feuchten Tuch (oder mit Plastikfolie) abgedeckt, 1 Stunde lang stehen. Danach kneten Sie ihn noch einmal ca. 8 Minuten lang kräftig durch und teilen ihn in zwei gleich große Stücke, die Sie mit bemehlten Händen zu 2 Rollen in der Länge der Backform ausrollen. Fetten Sie die Formen mit Butter oder einem aromatischen Öl ein, ebenso die Teigrollen von einer Seite, und legen Sie die Brote mit der eingefetteten Seite nach oben in die Formen.

Lassen Sie die Brote in den (wieder abgedeckten) Formen noch einmal 2 Stunden lang gehen. Heizen Sie unterdessen den Backofen auf 200° C vor, stellen Sie ein Schüsselchen mit Wasser unten in den Ofen, und lassen Sie die Brote auf der mittleren Schiene 45 Minuten goldbraun backen.

Lösen Sie die Brote aus der Form, und lassen Sie sie auf einem Gitter abkühlen. (Probieren Sie ruhig eine Scheibe von dem noch warmen Brot mit Butter: Der Geschmack ist ebenso köstlich wie der Duft.)

Holunderblütenbrot ist ideal für Sandwiches oder als Beilage zu Suppen und Salaten. Es schmeckt jedoch auch einfach mit Quark oder Hüttenkäse belegt (siehe auch »Über Sahne und Frischkäse«, Seite 200). Und sollten Sie von dem Brot etwas übrigbehalten, dann ist es als verzuckertes Blütenschnittchen (siehe Seite 160/161) äußerst schmackhaft.

### Holunderblüten-Kumquat-Weingelee

Bereiten Sie nach dem Grundrezept auf Seite 202 ein Weingelee zu, daß Sie mit konzentriertem Holunderblütensirup und eventuell mit einem Schuß Holundergeist abschmecken.

Pochiern Sie Scheiben (entkernter) Kumquats (japanischer Orangen) in einem Zuckersirup (eventuell mit Weißwein hergestellt), bis sie schön weich und leicht transparent sind.

Fetten Sie eine geeignete Form mit einem geschmacksneutralen Öl ein, und bedekken Sie anschließend den Boden der Form (der später zur Oberseite wird) mit einer dünnen Schicht Weingelee, die Sie im Kühlschrank (oder schneller im Tiefkühlfach) fest werden lassen.

Betten Sie dann eine Lage Holunderblütensträußchen (die Stiele so kurz wie möglich abschneiden) darauf, wobei die Blütenköpfe nach unten zeigen müssen. Füllen Sie mit Weingelee auf, bis die Blüten bedeckt sind, und stellen Sie die Form erneut zum Festwerden des Gelees in den Kühlschrank. Als nächste Schicht ordnen Sie die Kumquat-Scheiben in einem schönen (Rand-)Muster an und gie-

ßen abermals mit Weingelee auf, das im Kühlschrank erst wieder fest werden muß. Legen Sie jetzt noch einmal Fruchtscheiben auf das Gelee und ein paar Holunderblütensträußchen in die Ecken (siehe Abbildung), bevor Sie die letzte Schicht Weingelee eingießen.

Wenn das Gelee durch und durch fest ist, stürzen Sie es auf eine hübsche Platte (die Form kurz in warmes Wasser halten, wenn es sich nicht sofort löst), und servieren mit Schlagsahne, gesüßt mit konzentriertem Holunderblütensirup und eventuell zusätzlich aromatisiert mit Holundergeist.

### Stachelbeermarmelade mit Holunderblüten

(Ohne Abbildung) Bereiten Sie nach Ihrem Lieblingsrezept Stachelbeermarmelade zu (am schonendsten ist die ›Fünfminutenmethode‹ mit flüssigem Geliermittel). Nehmen Sie den Topf vom Herd, und fügen Sie einen Schuß ›Hochprozentiges‹ hinzu. Schön ist natürlich Holundergeist, aber Branntwein, Cognac oder Whisky eignen sich ebenfalls ausgezeichnet. Und erschrecken Sie nicht, wenn es ziemlich stark schäumt!

schen bis ca. 10 cm unterhalb des Randes damit auf. Lassen Sie in jede Flasche ein paar Rosinen fallen.
Verschließen Sie die Flaschen mit einem Schraubdeckel, speziellen Plastik-Weinstopfen oder mit einem Korken, den Sie fixieren, indem Sie eine Schnur so wie den Drahtverschluß einer Champagnerflasche darumbinden: also rundum unter dem Wulst an der Flaschenmündung und über den Korken.
Stellen Sie die Flaschen nun 2 Wochen lang an einen warmen Ort und dann weitere 2 Wochen an einen kühlen Ort, damit sie reifen können. Servieren Sie diesen moussierenden und sehr erfrischenden Sommertrank gut gekühlt.

### Holunderblüten-Wein-Chaudeau

(Ohne Abbildung) Chaudeau ist eine gehaltvolle französische Weinschaumsauce für Desserts, ähnlich der Sabayon (Weincremesauce).
Lassen Sie 6 reife Holunderblütenschirme 6 Stunden lang in 600 ml Weißwein ziehen. Filtern Sie die Blüten dann aus.
Verquirlen Sie 4 Eigelb mit 6 Eßl. Zucker (ca. 80 g), bis eine Konsistenz erreicht ist, daß vom Schneebesen fließender Teig längere Zeit auf der in der Schüssel befindlichen Masse als Band deutlich sichtbar bleibt.
Erwärmen Sie den mit Holunder aromatisierten Wein, nehmen Sie den Topf vom Herd, gießen Sie nach und nach den Eigelbschaum hinzu, dabei ununterbrochen weiterschlagend. Erwärmen Sie die Flüssigkeit – ohne im Schlagen innezuhalten – im Wasserbad, bis die Mischung anfängt zu binden.
Heben Sie schließlich vorsichtig die zu sehr steifem Schnee geschlagenen 4 Eiweiß darunter, und servieren Sie sofort warm zu Holunderblüten-Beignets oder anderen Blüten-Beignets, zu frischen Früchten wie Erdbeeren – oder auch zu pochierten und anschließend gekühlten Stachelbeeren (siehe Seite 168).

### Holunderblüten-Pfannkuchen

(Ohne Abbildung) Bereiten Sie einen Pfannkuchenteig aus Milch und/oder Mineralwasser oder hellem Bier zu (siehe Grundrezepte, Seite 202), und geben Sie sehr kurz abgeschnittene Sträußchen Holunderblüten hinzu. Backen Sie die Pfannkuchen goldbraun, und servieren Sie getrennt dazu Holunderblütensirup und Zitronensaft.

Kurz bevor Sie die Marmelade in die Gläser füllen, rühren Sie sehr kurz abgeschnittene Holunderblüten darunter. Nehmen Sie einen großen Blütenschirm pro Marmeladenglas, wenn Sie *Sambucus nigra* verwenden (das ist dann wahrscheinlich eine der letzten Blüten), oder einen Teil der Riesenschirme, die *Sambucus canadensis* hervorbringt. Auf der gegenüberliegenden Seite sehen Sie eine Abbildung einer *Sambucus canadensis*-Blüte. Es ist eine noch junge Schirmrispe mit noch nicht ganz so rötlich getönten Stengeln – im Beerenstadium sind sie dann ziegelrot.

### Holunderblüten-›Šabeso‹

(Ohne Abbildung) ›Šabeso‹ ist die serbische Bezeichnung für eine Art fermentierter Limonade (man spricht das Wort ›Schabesso‹).
Lassen Sie zehn schöne, ›ausgewachsene‹ Holunderblütenschirme zusammen mit einer in Scheiben geschnittenen Zitrone und 1 kg Zucker 12 Stunden lang in 8 l Wasser ziehen. Rühren Sie unterdessen ein paarmal um, um das Aroma freizusetzen und den Zucker aufzulösen.
Gießen Sie die Flüssigkeit dann durch ein Nesseltuch, und füllen Sie sterilisierte Fla-

# Abschiedswort und Willkommensgruß

Abschied nehmen wir hier vom köstlichen Holunder, und willkommen heißen wir die Rosen mit ihrem Duft und ihrer Farbenpracht und ihren vielfältigen Erscheinungsformen.

Abschied und Begrüßung sind kühl in der Farbe und auch kühl auf der Zunge, jedoch wärmstens zu empfehlen, denn Sorbet von Holunderblütensirup ist ebenso aromatisch wie verzuckerte Rosen.

Ich habe hier ein paar meiner Lieblingsrosen ausgewählt: 'Paul's Lemon Pillar', deren Blüten von gigantischem Ausmaß sind, eine wunderschöne, fast zitronengelbe Färbung haben und herrlich duften.

Übrigens befinde ich mich mit dieser Vorliebe in guter Gesellschaft, denn auch Vita Sackville West schätzte diese Kreation des Rosenzüchters Paul, die 1915 entstand. Es ist eine ›kletternde‹ Hybriden-Teerose, deren Vorfahren 'Maréchal Niel' (eine goldfarbene, intensiv duftende viktorianische Schönheit von zweifelhafter Winterhärte) und 'Frau Karl Druschki' sind, eine tüchtige Dame von kräftigem Format und nicht zimperlich bei Frösten, die dafür aber nicht so freigebig mit ihrem Duft ist. Die Kreuzung von Paul vereint nun die besten Eigenschaften beider in sich.

Das Foto wurde vor dem Hintergrund ebenfalls rankender 'Albéric Barbier' aufgenommen – nicht nur, weil diese Kreation von Barbier (1900 entstanden) farblich so gut dazu paßt, sondern auch, um diese reichblühende und nach süßen Äpfeln duftende Rose vorzustellen, die selbst einen Mangel an Sonne gut verträgt.

### Sorbet aus Holunderblütensirup

Für dieses herrlich aromatische Sorbet lassen Sie 300 ml konzentrierten Holunderblütensirup (nach dem Rezept auf Seite 78/79) zusammen mit 50 ml Wasser und dem Saft von einer Zitrone in Ihrer Eismaschine zu Sorbet werden. Interessante Geschmacksvarianten erhält man, indem man einen Schuß ›Sambuca‹ oder ›Muscat de Beaumes de Venise‹ (siehe Seite 120) hinzugibt, die beide zur Verstärkung ihres Aromas Holunderblütenextrakte enthalten. Dekorieren Sie das Sorbet mit farblich dazu passenden verzuckerten Rosen – jede in Ihrem Garten wachsende duftende Art ist geeignet.

# Von Rosenduft zu Ambrosia

Man kann sich natürlich endlos lyrisch ergehen über die Freuden, die duftende Rosen dem Geist (über den Geruchssinn) und den Augen verschaffen.

Aber größer noch wird der Genuß, wenn auch andere Sinne daran teilhaben können und Schönheit und Duft der Rosen zu Ambrosia umgewandelt werden – Götterspeise, die die Geschmacksknospen verwöhnt und den Teller ziert. Seiten voller Rosen-Ambrosia werden Ihnen jetzt serviert, darunter auch buchstäblich und im übertragenen Sinne ›königliche‹ Genüsse.

### Salat von Zuckererbsen und Zucker-Rose

Mit großem Vergnügen beginne ich den Reigen der Rosenrezepte mit einem anmutigen Gemälde von Giovanna Garzoni (1600–1670). Es ist Teil einer ganzen Serie, die sich heute im Palazzo Pitti in Florenz befindet. Diese Bilder waren sicherlich ursprünglich nicht als Rezeptillustrationen gedacht, obwohl sich manche dafür eignen, wie diese Schale mit Zuckererbsen, Rosen und einer Ranke, die man als Jasminblüten ansehen könnte.
Das Gemälde inspirierte mich zu folgendem Rezept: Blanchieren oder dämpfen Sie Zuckererbsen (*Pisum sativum* convar. *axiphium* 'Sugar Snap') bißfest, und lassen Sie sie ein paar Stunden lang in Orangensaft marinieren, den Sie zuvor mit 1 Teel. geriebene Orangenschalen, einem Schuß Calvados, 1 Eßl. Lavendel-, Lindenblüten- oder Orangenblütenhonig und 1 Eßl. Zitronensaft vermischt haben.
Lassen Sie die Erbsen abtropfen, und bereiten Sie aus der Marinade ein Dressing zu, indem Sie (Traubenkern-)Öl, Salz, frisch gemahlenen grünen Pfeffer, feingewiegten Schnittlauch (Blütenköpfchen) und etwas Basilikum (Blüten) einrühren.
Schwenken Sie die Zuckererbsen in dem Dressing, und bestreuen Sie sie mit verzuckerten Rosenblättern und eventuell (falls zur Hand) mit ein paar verzuckerten Jasminblüten. Diese köstliche Kombination aus fruchtig aromatisierten, zart knakkigen Erbsen und süßen Rosenblättern eignet sich hervorragend als Vorspeise zu Ardennen- oder Parma-Schinken.

### Ananascreme mit Rosengarnierung

Schneiden Sie 250 g Ananas (aus der Dose) in sehr kleine Stücke. Erwärmen Sie 150 ml Ananassirup aus der Dose, und lösen Sie 12 zuvor eingeweichte und ausgedrückte Blätter Gelatine darin auf. Rühren Sie 2 Eßl. Rosenwasser und 50 ml Maraschino darunter. Fügen Sie die Ananasstückchen hinzu; schlagen Sie 500 ml Schlagsahne mit 100 g Zucker steif, und heben Sie die Sahne unter die Ananasstückchen. Füllen Sie die Creme in kleine

(zuvor mit geschmacksneutralem Öl eingefettete) Puddingförmchen, und lassen Sie sie im Kühlschrank fest werden.
Zum Servieren stürzen Sie die Puddings jeweils auf eine Scheibe Ananas und krönen sie mit einer verzuckerten Rose.

Anmerkung: Eine passende Tischdekoration fertigen Sie aus einer Ananas, in die Sie mit einer Ahle rund um das Grün Löcher stechen, worein Sie frische Rosen stecken. In der saftigen Frucht bleiben die Blüten einen halben Tag lang frisch.

### Rosenmarzipan auf deutsche Art

(Ohne Abbildung) Verkneten Sie 500 g gemahlene Mandeln mit 500 g gesiebtem Puderzucker, dem Saft von einer halben Zitrone, 5 Eßl. Rosenblattsirup (siehe Seite 88) und 1 Eiweiß. Formen Sie kleine Bällchen daraus, und lassen Sie sie im Backofen bei 50° C (und spaltbreit geöffneter Ofentür) trocknen.

### Rosenmarzipan auf türkische Art

(Ohne Abbildung) Lösen Sie bei niedriger Hitze 700 g Puderzucker in 150 ml Wasser auf. Rühren Sie 400 g gemahlene Mandeln hinein, und fügen Sie 150 ml Rosenblattsirup oder Rosenbranntwein (siehe Seite 88/89) hinzu. Lassen Sie die Masse unter Umrühren kurz aufkochen, so daß sich Blasen bilden, und streichen Sie sie dann auf einer dick mit Zucker bestreuten Platte aus. Sobald das Konfekt schnittfest ist, zerteilen Sie es in Dreiecke oder Quadrate, oder stechen Sie Kreise oder Blattformen aus. Bewahren Sie das Marzipan in gut verschlossenen Dosen zwischen fettabstoßendem Papier auf.

Anmerkung: In den meisten (Koch-)Büchern wird nachdrücklich betont, daß man den weißen Blütenblattansatz der Rosen entfernen muß, weil er bitter schmeckt. Auch Starköche tun dies. Jelena und ich halten es jedoch nicht für absolut notwendig, aber wenn Sie es tun wollen, dann ist es am einfachsten, gleich beim Ernten, wenn Sie eine Handvoll Blütenblätter gepflückt haben, die weißen Ansätze mit einer scharfen Schere herauszuschneiden.

### Rosenblatt-Eis

Kochen Sie einen Sirup aus 200 ml Wasser und 200 g Zucker. Vermischen Sie den Saft von 3 Zitronen mit 3 Eßl. Rosenblattsirup (mit den Blättern; siehe Seite 88).
Geben Sie die genannten Zutaten 10 Minuten in Ihre Eismaschine, und fügen Sie im Anschluß daran das halbsteif geschlagene Eiweiß von 2 Eiern hinzu, worauf Sie die Masse für weitere 10 Minuten der Eismaschine anvertrauen. Wenn Sie das Eis in einer Schale im Gefrierfach oder in der Tiefkühltruhe zubereiten wollen, müssen Sie das Eiweiß sehr steif schlagen, unter die halbgefrorene Eismasse heben und weiter einfrieren lassen (siehe Grundrezepte, Seite 202).
Dies ist ein sehr delikates Eis, mit dem Sie sicher immer wieder Ehre einlegen werden.
(Das Rezept für das Mango-Sorbet-Sahneeis finden Sie auf Seite 19.)

Anmerkung: Für alle vorangegangenen und nachfolgenden Rezepte können Sie die folgenden Rosenarten wählen: die der

*Moschata*-Gruppe, *Centifolia*- und *Gallica*-Rosen, Damaszenerrosen, die sogenannten Moosrosen, Remontant-Rosen und Bourbon-Rosen. Selbst die modernen Tee-Hybriden (unter denen es so viele herrlich duftende, aber in unseren Breitengraden nicht winterharte Rosen gibt) kommen in Betracht, allerdings nur die gut duftenden Sorten. Das gleiche gilt auch für die alten und botanischen Rosen: Sie müssen in jedem Fall gut duften, denn auch unter ihnen gibt es Sorten, die hinsichtlich ihres Dufts und folglich auch ihres Geschmacks nur wenig zu bieten haben. Bei Rosen kann man nämlich in der Tat sagen: Sie schmecken, wie sie riechen.

Sicher könnten Sie auch gekaufte Schnittrosen nehmen, sofern sie intensiv duften. Geschmacklich sind sie einwandfrei, aber leider allzu oft mit gesundheitsschädlichen Pflanzenschutzmitteln behandelt worden.

Luftig rosiges Rosenblatt- und Mango-Eis, das von kräftigerer Farbe und Konsistenz ist und sich herrlich mit verzuckerten Rosenblättern (oder anderen Blüten) kombinieren läßt, sehen Sie hier in bester ›rosiger‹ Gesellschaft: Zweihundert Rosen sammelte ich in meinem Garten, um die beiden Eissorten – Elixiere des Rosengenusses – auf einen duftenden Teppich zu betten.

# Rosen . . . ein königlicher Genuß

### Königliche Sandwiches

Die Sammlung alter und botanischer Rosen im Arboretum Kalmthout ist so berühmt, daß Königin Fabiola und König Baudouin sie sich einmal anschauen wollten. Natürlich dachte sich Jelena zu diesem besonderen Anlaß eine angemessene ›Erfrischung‹ aus und servierte indischen Tee, der mit duftenden Rosenblättern aromatisiert war. Dazu reichte sie dünne Schnittchen Honigbrot mit Rosenbutter. Das belgische Königspaar war sehr angetan von diesem königlichen Imbiß, und beide baten Jelena um das Rezept, das sie natürlich erhielten und ... weitergaben, denn als die niederländische Königin Beatrix Belgien ihren ersten Besuch abstattete, kam auch sie in den Genuß besagter ›Erfrischungen‹; und auch sie interessierte sich für das Rezept und erhielt es. Sie bewirtete später damit die dänische Königsfamilie. Natürlich verraten wir auch Ihnen hier dieses ›königliche‹ Rezept.

### Rosenbutter

Packen Sie ein Stück Butter rundherum mit einer dicken Schicht der aromatischsten Rosenblätter ein, die Sie finden können. Wickeln Sie die ›Packung‹ in Aluminiumfolie ein, und legen Sie sie 12 Stunden in den Kühlschrank. Dann entfernen Sie die ›gebrauchten‹ Blätter, und ersetzen Sie sie durch ein frisches Rosenblätterbett, auf dem Sie die Butter servieren können. Eine nach Apfel duftende Variante erhalten Sie, wenn Sie das Laub und die zartrosa Blütenblätter der Schottischen Zaunrose oder Apfelrose (*Rosa rubiginosa*) verwenden.

Sie können auch eine Rosenblütenbutterrolle daraus machen, wie auf der Seite 164 beschrieben ist: Nehmen Sie schön kontrastierende, rosa-, lila- oder purpurfarbene Blättchen dafür (schneiden Sie vorsichtshalber den weißen Blütenblattansatz ab, denn er kann etwas bitter schmecken), und rühren Sie diese zusammen mit etwas Rosenwasser oder Rosenblattsirup (soviel, wie die Butter aufnimmt) unter die Butter. Es wirkt optisch sehr reizvoll, diese Butter in Scheiben zu schneiden und sie auf Eis zu servieren.

### Honigbrot

(Ohne Abbildung) Dieses polnische Honigbrot kann mit Zimt, Nelken und/oder Kardamom parfümiert und mit gehackten oder gemahlenen Walnüssen, Cashewnüssen, Mandeln und/oder Bucheckern ›gefüllt‹ werden. Wählen Sie Ihre eigene Kombination, und variieren Sie sie; auf diese Weise können Sie immer wieder neue Geschmacksakzente setzen.

Verrühren Sie 2 Eidotter, 250 g Zucker, 250 g Buchweizen- oder Kastanienhonig, die geriebene Schale einer ganzen und den Saft von einer halben Zitrone, 200 ml dunkles Bier und 150 ml (Traubenkern-) Öl zusammen mit den Gewürzen und Nüssen Ihrer Wahl zu einem geschmeidigen Teig. Fügen Sie nach und nach 500 g Mehl (gesiebt mit 1 Päckchen = 15 g Backpulver) hinzu, und heben Sie am Ende das sehr steif geschlagene Eiweiß von 2 Eiern darunter.

Fetten Sie eine Brotform mit Butter ein, bestäuben Sie sie mit Mehl, und gießen Sie den Teig hinein (die Form nur zu zwei Dritteln füllen). Das Honigbrot ist nach 1½ Stunden in einem auf 170° C vorgeheizten Backofen gar. Als Garprobe stechen Sie mit einer Stricknadel bis in die Mitte des Brots: Es darf kein Teig an der Nadel klebenbleiben.

### Indischer Hochzeitstrank

In Ländern, in denen der Liebesakt an sich kein Tabu ist, die Eltern jedoch häufig darüber bestimmen, wann und zwischen wem eine Verbindung eingegangen werden soll, gibt es reizvolle Bräuche, diese Liebe aufblühen zu lassen, und dabei spielen Blumen oft eine wichtige Rolle. So trägt der Bräutigam seine Braut durch duftende Gärten (falls vorhanden natürlich), um ihren Geist zu zerstreuen und mit Süße zu erfüllen, oder er serviert ihr einen Trank, dem eine ähnliche Wirkung zugeschrieben wird: Er soll die Braut in einen träumerischen Gemütszustand versetzen und gleichzeitig ihren Leib willig und dem Verlangen des Bräutigams gewogen machen. Jelena kostete dieses Getränk, als sie auf einer moslemischen Hochzeit in Bombay zu Gast war, und man gab ihr sogar das Rezept, als sie darum bat.

Zermahlen oder zerstampfen Sie im Mörser 1 Eßl. Mohnsamen, 10 schwarze Pfefferkörner, die Samen von 1–2 Kardamomkapseln (ca. 1/2 Teel.) und 3–4 Eßl. Zukker. Pürieren Sie 12 abgezogene Mandeln mit 100 ml von 1,5 l Milch im Mixer. Geben Sie drei Handvoll frische Rosenblätter zusammen mit etwas zusätzlicher Milch zu dem Mandelpüree in den Mixer. (Außerhalb der Saison müssen Sie auf 3 Eßl. Rosenblattsirup oder auf eine Handvoll getrocknete Rosenblätter zurückgreifen; letztere müssen bereits zusammen mit den Gewürzen pulverisiert werden.) Anschließend geben Sie die Gewürze aus dem Mörser hinzu und gießen nach und nach die restliche Milch an.

### Kaiserinnenreis mit Rosenblättern und Kirschen

Die angegebenen Mengen sind für eine Puddingform mit 2 l Fassungsvermögen berechnet.

Lassen Sie 125 g Langkornreis zunächst in reichlich Wasser 3 Minuten vorkochen, spülen Sie ihn dann in einem Sieb mit kaltem Wasser ab, und lassen Sie ihn abtropfen. Erhitzen Sie 30 g Butter, 50 g Zucker und eine aufgeschnittene Vanilleschote in 250 ml Milch, und lassen Sie den Reis 30 Minuten auf schwacher Hitze darin quellen. Die Milch sollte dann absorbiert sein (wenn nicht, gießen Sie den Reis ab). Entfernen Sie die Vanilleschote.

Verquirlen Sie 6 Eigelb mit 150 g Zucker, bis die Masse eine Konsistenz erreicht, daß sie zähflüssig vom Schneebesen läuft und einige Zeit als deutlich sichtbares Band an der Oberfläche des restlichen Teigs erkennbar bleibt. Fügen Sie sodann unter ständigem Schlagen 350 ml erwärmte

Milch hinzu. Gießen Sie die Eiermilch in einen Topf mit schwerem Boden, und schlagen Sie bei niedriger Hitze oder im Wasserbad, bis die Creme eindickt (sie bleibt dann an einem Holzlöffel in einer dünnen Schicht haften). Nehmen Sie den Topf vom Herd, und lösen Sie sofort 8 zuvor eingeweichte und ausgedrückte Blätter Gelatine in der Creme auf.
Sobald die Creme etwas ausgekühlt ist, aromatisieren Sie mit 2 Eßl. Rosenblattsirup und/oder 2 Eßl. Rosenwasser, dem Saft und der geriebenen Schale von einer Zitrone sowie mit einem Schuß Wildrosengeist (›Eau-de-vie d'Églantine‹) oder Kirschgeist. Aus dem Sirup haben Sie zuvor (mit einer Pinzette) eine Anzahl Rosenblätter entfernt, mit denen Sie nun den Boden der (mit geschmacksneutralem Öl) gefetteten Form auslegen.
Rühren Sie den Reis mit der Eiercreme zusammen. Wenn die Masse fest zu werden beginnt, heben Sie vorsichtig 500 ml steifgeschlagene Schlagsahne darunter.
Füllen Sie eine Schicht Kaiserinnenreis in die Form – drücken Sie dann entsteinte Kirschen rundum in den Rand (Sie brauchen insgesamt ca. 40 Stück) –, füllen Sie eine weitere Reisschicht auf, und drücken Sie die restlichen Kirschen gegen die Wandung der Form, die Sie mit der verbleibenden Reismasse abdecken. Lassen Sie den Pudding im Kühlschrank vollständig fest werden, bevor Sie ihn auf eine elegante Platte stürzen und zum Servieren mit verzuckerten Rosen garnieren.

### Weingelee mit Rosensahne

(Abbildung Seite 88) Bringen Sie 100 ml Wasser mit 50 g Zucker und einer Prise Zimt zum Kochen. Dann den Topf vom Herd nehmen und sofort 12 zuvor eingeweichte und ausgedrückte Blätter Gelatine darin auflösen. Wenn die Flüssigkeit leicht abgekühlt ist, geben Sie 50 g Akazienhonig, 50 ml Calvados, ›Eau-de-vie d'Églantine‹ (Wildrosengeist) oder ›Eau-de-vie de Gratte-cul‹ (Hagenbuttengeist, von den Hagebutten der *Rosa canina*) und dann 400 ml Rotwein hinzu. Ölen Sie geeignete Portionsförmchen (ich verwende Baba-Förmchen – Napfkuchenförmchen) gut ein, bevor Sie sie mit dem Weingelee füllen. Im Kühlschrank fest werden lassen. Für die Sauce verrühren Sie 200 ml Crème fraîche (oder saure Sahne) mit 2 Eßl. Rosenblattsirup und eventuell mit einem Schuß ›Crème de Cassis‹ (Likör). Zum Schluß wird jeder Gelee-Pudding mit einer verzuckerten Rose gekrönt. Wegen ihrer schönen Farbe nehme ich gerne 'Lavender Lassie' – keine sehr alte (1959), aber eine sehr stark duftende Moschus-Hybride.

### Bulgarische Äpfel mit Rosenjoghurt

(Abbildung Seite 88) Schälen Sie 4 große Äpfel und entfernen Sie die Kerngehäuse, bevor Sie die Äpfel 15 Minuten in einem Sud aus 1 Teil Wasser auf 2 Teile Rotwein und 4 Eßl. Zucker garen lassen. (Wenn die Äpfel nicht vollständig mit Flüssigkeit bedeckt sind, nach der Hälfte der Kochzeit wenden.) Die Äpfel mit einem Schaumlöffel herausnehmen, abtropfen und abkühlen lassen. Reduzieren Sie den Sud bis auf 100 ml, nehmen Sie den Topf vom Herd, und rühren Sie 2 zuvor eingeweichte Blätter Gelatine sowie 1 Eßl. Hagebuttenmarmelade in den Sud ein.
Wenn die Flüssigkeit eben zu gelieren beginnt, gießen Sie sie in die Höhlungen der gekochten Äpfel, die Sie zuvor auf Dessertschalen verteilt haben. Lassen Sie die Früchte mit ihrer Füllung völlig erkalten.

# Von Rosensahne und Confit

Servieren Sie das Dessert mit bulgarischem Joghurt, der mit ein paar Löffeln Rosenblattsirup verrührt ist, und garnieren Sie mit einer verzuckerten Rose.

### Sommerbukett in Apfelsaft

Wer den sehr frühen Apfel 'Yellow Transparant' im Garten hat, weiß, wie viele Äpfel ein einziger Baum trägt und daß man sie unmöglich alle frisch verzehren kann, denn diese Äpfel, die sehr saftig und im reifen Zustand frisch-säuerlich schmekken, werden leider recht schnell mehlig. Deshalb ist ratsam, sie zu verarbeiten: beispielsweise zu Apfelsaft.

Für diesen herrlich erfrischenden Sommertrank nehmen Sie 1 l Saft von 'Yellow Transparant'-Äpfeln und 1 l Weißwein und schneiden 1 kg der gleichen Äpfel in kleine Stücke. Lassen Sie die Apfelstücke in dieser Flüssigkeit unter Zufügung von 200 ml Calvados und Zucker (nach Geschmack) ein paar Stunden lang ziehen.

Fügen Sie 1 Stunde vor dem Servieren ein paar Zweige mit Blüten und Blättern der *Rosa rubiginosa* hinzu (diese intensivieren das Apfelaroma noch) und 15 Minuten vor dem Servieren ein paar Kräuterblüten: Salbei (*Salvia officinalis*), einen oder zwei Lavendelkolben und erst im allerletzten Augenblick ein paar Borretschblüten (*Borago officinalis*; siehe Anmerkung Seite 67), da diese sich durch die Säure in der Bowle sehr schnell verfärben.

Diese Sommerbowle sollte so kühl wie möglich getrunken werden.

### Rosenblattsirup

Für das Marmeladenglas voll Rosenblattsirup, das Sie auf der gegenüberliegenden Seite abgebildet sehen, nahm ich Blütenblätter der Schottischen Zaunrose oder Apfelrose (*Rosa rubiginosa*), weil ich davon viel mehr im Garten habe als von den größeren duftenden Rosen, die ich lieber für andere Gerichte aufbewahre und an deren Anblick ich mich im Garten und in der Vase erfreuen möchte. Doch natürlich kann man Rosenblattsirup aus jeder gut duftenden Rose herstellen. Je dunkler rot die Blütenblätter sind, die Sie verwenden, um so mehr Farbe verleiht der Sirup den Gerichten, in denen er verarbeitet wird. (Die zart getönten Apfelrosenblätter geben jedoch viel mehr Farbe, als man erwarten würde.)

Für den Inhalt des Marmeladenglases pflückte ich 250 Rosenblüten mit insgesamt 1250 Blütenblättern (= 100 g). Kochen Sie die Blätter mit 150 ml Wasser, dem Saft von einer halben Zitrone, ein paar Stückchen Zitronenschale und 150 g Zucker kurz auf. Der Sirup wird warm in die Gläser gefüllt und dann gut verschlossen. Es empfiehlt sich, sie im Kühlschrank aufzubewahren – wird dieser zu voll, kann man die Gläser auch in der Tiefkühltruhe lagern, vorausgesetzt man hat sie nicht bis zum Rand gefüllt.

Um das Rosenaroma noch zu verstärken, können Sie dem Sirup, sobald er vom Herd genommen wird, einen Schuß Rosenwasser oder ein paar Tropfen (ziemlich teures) Rosenöl hinzufügen.

(Die folgenden Rosenprodukte sind nicht abgebildet.)

### Rosenwasser

Wenn Sie viele Rosen im Garten haben, bietet es sich in der Hauptsaison an, eigenes Rosenwasser herzustellen, auch wenn Rosenwasser (ebenso wie Orangenblütenwasser) im Handel erhältlich ist.

Geben Sie in einen Topf mit siedendem Wasser so viele duftende Rosenblätter, daß das Wasser sie gerade noch bedeckt, und lassen Sie sie zugedeckt bei niedriger Temperatur ziehen (das Wasser darf nicht kochen!).

Nehmen Sie den Topf vom Feuer, und lassen Sie die Blütenblätter 1 weitere Stunde ziehen. Anschließend gießen Sie die Flüssigkeit durch ein Sieb und pressen die Rosenblätter sorgfältig aus, damit kein Aroma verlorengeht.

Erwärmen Sie die Flüssigkeit erneut, geben Sie die gleiche Menge duftender Rosenblätter hinein, und verfahren Sie weiter wie beschrieben. Wiederholen Sie diesen Vorgang 2–3 Mal, um ein intensiv duftendes Rosenwasser zu erhalten (in viktorianischer Zeit war man erst nach sieben oder acht ›Aufgüssen‹ über Wasserbad mit dem Ergebnis zufrieden).

### Rosenlimonade

Kochen Sie 200 ml Wasser mit 200 g Zukker auf, und schütten Sie dann zwei Handvoll (etwa ein Halblitermaß voll) duftende Rosenblätter hinein. Nehmen Sie den Topf vom Herd, verschließen Sie ihn gut, und lassen Sie ihn abkühlen.

Fügen Sie dann den Saft von 6 Zitronen hinzu, und verdünnen Sie diese Limonade nach Geschmack mit Wasser.

Seihen Sie das Getränk vor dem Gebrauch ab, und servieren Sie es mit Eiswürfeln, in

die Sie Rosenblätter oder Rosenknospen eingefroren haben, oder stellen Sie eine Tasse Wasser mit einer schönen Rose darin in das Tiefkühlfach (Blüte mit dem Gesicht nach unten und ein Klebeband darüber, damit die Blüte unter Wasser bleibt), wenn Sie einen größeren Eiswürfel für eine Kanne mit einem weiten Hals erhalten wollen.

### Rosenbranntwein

Füllen Sie ein Einweckglas abwechselnd mit Schichten von Rosenblättern und Zukker (ungefähr 500 g Rosenblätter auf 500 g Zucker). Füllen Sie das Glas ganz auf, drücken Sie den Inhalt etwas an, schließen Sie mit einer Schicht Zucker ab, und lassen Sie alles gut verschlossen 3–4 Tage stehen. Gießen Sie dann 250 ml kochendes Wasser darüber und anschließend 500 ml Branntwein und 2 Eßl. Glycerin (Polyalkohol, der sich beim Gärungsprozeß zuckerhaltiger Lösungen bildet). Lassen Sie das Getränk 1 Woche lang ziehen, filtern Sie es, und füllen Sie es dann in (kleinere) Flaschen ab.
Mit diesem herrlichen Likör kann man Kuchen beträufeln, man kann ihn in Cremes oder in Obstsalat verwenden oder ihn einfach (eventuell mit etwas frischem Zitronensaft) nach dem Essen genießen.

### Apfelgelee mit Apfelrose

Sammeln Sie frühe grüne (Fall-)Äpfel, vierteln Sie sie, und lassen Sie sie (mit etwas Wasser) 2 Stunden langsam kochen. Lassen Sie das Kompott dann in einem zuvor angefeuchteten Passiertuch gut abtropfen. Fügen Sie pro 500 ml Saft, die Sie auf diese Weise erhalten haben, 500 g Zukker und eine gute Handvoll grüne Blätter und rosa Blütenblätter der Apfelrose (*Rosa rubiginosa*) hinzu. Erwärmen Sie die Flüssigkeit, bis sich der Zucker vollständig aufgelöst hat. Legen Sie in die sterilisierten Gläser ein paar frische Rosenblätter, gießen Sie etwas Gelee darauf, und verschließen Sie die Gläser sofort mit einem gut schließenden Deckel.

### Kalt zubereitetes Rosen-Confit auf türkische Art

Verkneten Sie 500 g Puderzucker mit 500 g Rosenblättern, bis der Zucker in die Blättchen eingedrungen ist. Füllen Sie damit Marmeladengläser randvoll, und stellen Sie sie offen an einen sonnigen Platz. Schrauben Sie abends die Deckel darauf, und entfernen Sie sie wieder von den Gläsern, sobald die Sonne zu scheinen beginnt. Wiederholen Sie dies so lange, bis die oberste Schicht kristallisiert. Schließen Sie die Gläser dann luftdicht ab. Dieses Confit ist sehr schmackhaft in Kuchen- und Pfannkuchenteig, in Obstsalaten oder in Tees und Tisanen.

### Kalt zubereitetes Rosen-Confit auf englische Art

Zerstampfen Sie in einem Mörser 500 g Rosenblätter. Wenn die Blätter gründlich zermust sind, nach und nach 500 g Zucker einarbeiten, bis er vollständig aufgenommen ist. Füllen Sie die Masse in Gläser, drücken Sie sie fest an, und ›versiegeln‹ Sie sie mit 1–2 Eßl. Branntwein. Bewahren Sie das Confit in der Tiefkühltruhe auf. Besonders köstlich schmeckt es in Tee.

### Fritierte Rosenblätter auf japanische Art

Erhitzen Sie geschmacksneutrales Öl (wie Traubenkernöl) auf 140–150° C, und fritieren Sie darin gut getrocknete Rosenblätter einer stark duftenden Sorte 1–2 Minuten. Aufgrund der niedrigen Temperatur bewahren die Rosenblätter recht gut ihre Form.

Schöpfen Sie die Rosenblätter aus dem Öl, lassen Sie sie auf Küchenpapier abtropfen, und bestreuen Sie sie gleich anschließend mit extrafeinem Kristallzucker. Trocknen Sie die Blätter dann im Backofen bei 50° C und spaltbreit geöffneter Ofentür. Dies ist eine ausgezeichnete Alternative zu den herkömmlichen verzuckerten Blüten.

Unten: In diesem Marmeladenglas mit Rosenblattsirup fanden 250 Blüten eine süße Bleibe
Links oben: Weingelee mit Rosensahne – ein rosiger Traum
Links Mitte: In Wein gekochte Äpfel mit viel rosigem Beiwerk
Links unten: Frühe frische Äpfel und nach Apfel duftende Apfelrose, vereint in einer sonnigen Sommerbowle

# Kamillenblüte als Kunstwerk

In früheren Zeiten wurden die Kinder in der Schule mit Hilfe solcher überlebensgroßer Modelle aus Holz, Gips und Pappmaché in die Wunder der Pflanzenwelt eingeführt.

Hier wird das bescheidene Kamillenblümchen zum ›Kunstwerk‹ erhoben – ein sehr begehrtes Sammlerobjekt, denn solche Modellblumen sind rar.

### Kamillenblütenwein mit Melone

Echte Kamille (*Matricaria recutita* oder heutzutage *Chamomilla recutita*) ist frisch von der Pflanze genossen kein überwältigender Leckerbissen – sie leistet als Tee zwar gute Dienste, wenn man einen gereizten Magen hat, ist aber kaum ein ›Genußmittel‹. Aus den getrockneten Blüten kann man ein Dampfbad bereiten, das bei Erkältungen lindernd wirkt, und ganz nebenbei bekommt man auch noch eine erstaunlich schöne Haut davon – so sagt man. Sich jedoch etwas wirklich Leckeres mit Kamillenblüten auszudenken, ist wahrlich keine leichte Aufgabe. Ein altes französisches Rezept bietet sich hier als Lösung an: Lassen Sie etwa 10 Kamillenblüten ca. 1 Stunde lang in Weißwein ziehen, und geben Sie dann Sommerfrüchte hinzu. Ich entschied mich für Scheiben grünfleischiger Melone, was hübsch aussieht und gut schmeckt.

JUNI

*Matricaria recutita · Chamomilla recutita*

JUNI

*Medicago sativa · Vicia hirsuta · Trifolium incarnatum*

# Bunte Kleeköpfchen

Die Familie der Schmetterlingsblütler (*Leguminosae* syn. *Papilionaceae*) bevölkert in diesen Monaten (und in vielen darauffolgenden) wieder Weiden und Felder, Wegränder und Gärten. Am verbreitetsten sind der Weißklee (*Trifolium repens*) – dessen Blüten meist gar nicht weiß, sondern zartrosa sind – und der Wiesenklee (*Trifolium pratense*), erkennbar an seinem grünen Blätterkragen unter den rosaroten Kleeköpfchen. Beide kommen in den Zuckersträußchen und den Fritiersträußchen auf Seite 64–67 zum Zuge. In Gärten findet *Trifolium repens* 'Pentaphyllum' viel Anklang, wo er sich mit seinen fünfblättrigen, braungefleckten Blättchen sehr rasch einen eigenen Weg bahnt. Er blüht ebenfalls kugelig und weiß und gedeiht gut in Töpfen, wo er sich leutselig über den Rand hängen läßt.

Außerdem gibt es noch den Inkarnat-Klee (*Trifolium incarnatum*) mit seinen großen frischgrünen Blättern und den auffallend roten, zylindrischen Blüten. Vielerorts ist er als der ›geschmackvollste‹ Klee geschätzt, weshalb wir ihm hier einen besonderen Platz eingeräumt haben.

### Inkarnat-Brot

Zu Ehren des Inkarnat-Klees haben wir sehr kleine Brote gebacken und in Scheiben geschnitten, die gerade groß genug sind für etwas Frischkäse (oder Butter) und eine einzige rote Kleeblüte.

### Risotto nero mit Luzerne

Dieser ›Risotto nero‹ – der beim besten Willen nicht schwarz zu nennen ist, sondern eher freundlich purpurrosa – ist überaus köstlich und auch außerhalb der italienischen Küche eine passende Beilage. Sein kräftiger, leicht säuerlicher Geschmack (er rührt von Wein und Balsamessig her) harmoniert zum Beispiel ausgezeichnet zu der pikanten Süße einer Spanferkelhaxe mit Nelken und Kleehonig – eine Spezialität aus Amerika. Weil aber eine Spanferkelhaxe für eine kleine Gesellschaft zu üppig ist, habe ich beim Risotto-Rezept die Mengen für acht Personen angegeben; wollen Sie diesen purpurnen Reis in kleinerem Kreis servieren, so verändern Sie die Mengenangaben entsprechend.

Schmoren Sie in ca. 100 g zerlassener Butter eine große feingewürfelte Zwiebel glasig, bevor Sie 600 g Arborio-Reis (oder einen anderen Rundkornreis) hinzufügen und unter ständigem Rühren ebenfalls glasig dünsten.

Erwärmen Sie 500 ml (Hühner-)Bouillon zusammen mit 1 l Rotwein, 2 Lorbeerblättern und etwas Rosmarin, und gießen Sie diese Flüssigkeit nach und nach an den Reis, bis er – unter ständigem Rühren – ausgequollen ist. Zuletzt rühren Sie noch einmal 100 g Butter darunter und dann (sehr wichtig) ca. 50 ml Balsamessig. Am besten versuchen Sie es zuerst mit der Menge eines Schnapsglases und fügen dann gegebenenfalls etwas mehr hinzu: Zuwenig ist schade, und zuviel verdirbt den Geschmack.

Streuen Sie kurz vor dem Servieren frische (auseinandergezupfte) Luzerneblüten darüber, oder legen Sie fritierte Luzerneblüten in einem Kranz rundherum.

### Salat mit Rauhhaariger Wicke

Rauhhaarige Wicke (*Vicia hirsuta*) ist ein (Un-)Kraut, das sich mit seinen Ranken munter seinen Weg durch alles hindurchbahnt. Es bildet grauweiße Mini-Blütentrauben in so überwältigenden und wohlschmeckenden Mengen, daß man sie am besten in Salaten verarbeitet.

### Spanferkelhaxe mit Kleehonig

Dieses Rezept geht zurück auf den berühmten amerikanischen ›Glazed ham‹, jedoch kommt in diesem Fall Klee hinzu.

Eine Spanferkelhaxe ist hierzulande bisweilen etwas schwierig zu bekommen, es kann sein, daß Sie eine größere Menge abnehmen müssen. Aber vielleicht versuchen Sie das Rezept auch mit Eisbein?

Legen Sie die Haxe wie gewachsen in den Deckel Ihres Bräters, mit der fetten Seite nach oben, und schieben Sie sie in den auf 160° C vorgeheizten Backofen. Die Garzeit ist selbstverständlich abhängig vom Gewicht der Haxe: Man rechnet 30 Minuten pro 500 g (bei größeren Exemplaren kann die Bratzeit also bis zu 2 Stunden betragen). Es ist unnötig, die Haxe während dieser Zeit mit Fett zu beschöpfen.

Wenn die Haxe gar ist (und etwas abgekühlt, so daß man sie zerlegen kann), schälen Sie von dem fleischigen Teil die Schwarte dünn ab (lassen Sie dabei am Knochen einen dekorativen Zackenrand stehen). Machen Sie dann mit einem scharfen langen Messer in die Fettschicht darunter kreuzweise Einschnitte – ohne jedoch das Fleisch dabei zu verletzen –, stecken Sie in jedes Schnittkreuz eine Nelke, und beträufeln Sie die Einschnitte mit etwas Whisky.

Nehmen Sie einen guten Kleehonig (falls dieser so fest ist, daß er sich nicht verstreichen läßt, erwärmen Sie ihn kurz), und bestreichen Sie damit die Oberfläche der Haxe. Anschließend schieben Sie sie wieder in den Ofen, dessen Temperatur Sie inzwischen auf 225° C erhöht haben, und lassen sie weitere 12 Minuten braten.

### Allseits beliebte Luzerne

Die Luzerne (*Medicago sativa*), auch Schneckenklee genannt, ist schon seit dem griechischen Altertum geschätzt. Dieser Schmetterlingsblütler wird häufig als Vieh-

futter angebaut (man kann ihn frisch oder als Heu verfüttern), kann mehrmals im Jahr gemäht werden und ist eine äußerst langlebige Pflanze. Sie kann bis zu 25 Jahre alt werden, und ihre Wurzeln reichen bis zu 2,5 m in die Tiefe. Deshalb wird sie auch in Entwicklungsländern zum Anbau empfohlen. Auch für den Fruchtwechsel eignet sich die Luzerne sehr gut, denn die Wurzeln reichern den Boden mit Stickstoff an. Der botanische Name *Medicago* geht auf den Ursprung der Luzerne im Land der Meder in Kleinasien zurück.
Vermutlich haben Sie schon unzählige Keimlinge der Luzerne zu sich genommen (möglicherweise ohne es zu wissen), denn die berühmten Alfalfa-Sprossen sind nichts anderes als 72 Stunden alte Luzernenkeimlinge. Ich persönlich bin der Meinung, daß die sanft purpurfarbene Blüte der Luzerne die schmackhafteste unter allen Schmetterlingsblütlern ist: Sie schmeckt frisch und hat einen Hauch von Süße – und eignet sich deshalb für herzhafte wie für süße Gerichte. Aus diesem Grund finden Sie sie auf einem Bett aus ›Risotto nero‹ thronend und als Krönung eines Pokals mit Blaubeer-Sorbet.

### Blaubeer-Sahne-Sorbet mit Luzerne

Auch hier wieder habe ich meiner Vorliebe für Sorbet, das kein Sorbet ist, nachgegeben, denn ich mische unter die Kombination von Zuckersirup und Fruchtmus gerne einen Schuß Schlagsahne und etwas Obstgeist oder Likör.
Mischen Sie in Ihrer Küchenmaschine Zuckersirup – gekocht aus 200 ml Wasser und 200 g Zucker – mit 500 g Blaubeeren. Fügen Sie den Saft von einer Zitrone, 50 ml Schlagsahne und 50 ml ›Eau-de-vie de Myrtilles‹ (Blaubeergeist) hinzu, und geben Sie alles für 20 Minuten in Ihre Eismaschine. Wenn Sie keinen Blaubeergeist finden, können Sie ersatzweise auch Cassis-Likör nehmen – er ist nur etwas süßer. Servieren Sie das Eis mit einem ›Hut‹ aus verzuckerter Luzerne.

### Blaue Blüte zu Käse

Winzig kleine himmelblaue Kleeblütenköpfchen bringt der Blaue Bockshornklee oder Schabziegerklee *(Trigonella caerulea)* hervor, und die ganze Pflanze duftet nach dem berühmten Schweizer Schabzieger Käse – oder besser gesagt, der Käse duftet und schmeckt nach diesen Kleeblüten, denn sie sind ein wichtiger Bestandteil desselben.
Das Aroma verbreitet sich erst richtig, wenn die Pflanze vertrocknet . . . Wie wäre es, ein Brot mit einfachem Holländer oder Frischkäse damit zu belegen?

### Valeriana-Tisane

Genaugenommen ist eine Tisane ein Kräuteraufguß für Kranke. Aber in Belgien bezeichnet man mit diesem Wort alle möglichen Getränke und Limonaden, die aus Kräutern und Blüten hergestellt werden.
Es gibt wohl kaum einen großen Kräutergarten, in dem nicht irgendwo Baldrian *(Valeriana officinalis)* zu finden ist, und sei es nur wegen des süßen Dufts der rosavioletten Blütenschirme dieser Pflanze.
Auch an den Ufern von Wassergräben entlang der Straße ist dieses Kraut zu finden. Geschützt sind diese Pflanzen nicht; man darf sie also ernten. Sie würden sonst doch nur abgemäht werden. Allerdings kann man nur hoffen, daß die angrenzenden Äcker nicht mit irgendeiner Art Gift gespritzt worden sind.
Die *Valeriana*-Tisane wird ebenso wie viele andere Tisanen zubereitet, das heißt, man läßt eine größere Menge duftender Blüten einen Tag lang mit ein paar Zitronenscheiben und Zucker nach Geschmack in einer (mit einem feuchten Tuch abgedeckten) Kanne oder in einem Einweckglas ziehen.
Der Geschmack, der sich dabei entwickelt, ist so süß wie der Duft der Baldrianblüten, sehr angenehm also. Wenn Sie dieses Getränk jedoch zu lange stehenlassen, riecht es wie ein Beruhigungsmittel!

### Rührhölzer

Es sieht sehr hübsch aus, wenn Sie für Tisanen einmal etwas anderes benutzen als einen Strohhalm oder einen Cocktail-Löffel. Hier ein paar Vorschläge: Abgebildet sehen Sie eine Zimtstange als Rührhölzchen; auf Seite 96 sind es Kandiszuckerstöckchen, die dem Getränk noch zusätzlich Süße verleihen. Man kann aber auch schöne gerade Stückchen Süßholz (Wurzelstückchen der *Glycyrrhiza glabra)* verwenden oder sogar schöne feste Vanillestangen (Schoten einer Orchidee mit Namen *Vanilla planifolia*).

Rechts oben: Blaubeer-Sorbet mit verzuckerten Luzerneblüten
Rechts unten: Süße *Valeriana*-Tisane auf einer silbrig-samtigen ›Tischdecke‹: mit der Rückseite nach oben liegende *Macleaya*-Blätter

# Passionspracht

Der ungestüme Expansionsdrang, den die Passionsblume (hier *Passiflora caerulea)* im Wintergarten oder nach so vielen milden Wintern im Freiland an den Tag legt, lädt förmlich dazu ein, von ihren Blüten reichlich Gebrauch zu machen.

Die Blüten bieten sich mit ihrer prachtvollen Farbzeichnung und faszinierenden Form geradezu an, in jedem ihrer Aspekte genossen zu werden, und im verzuckerten Zustand ergeben sie auch tatsächlich ein absolut traumhaftes Dessert. Wer eine solche Kletterpflanze im Garten hat, sollte nicht zögern, davon zu ernten, denn die Passionsblume bietet von Juni bis zu den ersten Nachtfrösten einen wahren Überfluß an Blüten, und nach warmen Sommern im September auch rosa-orange Früchte, die zwar nicht als eßbar bekannt sind, deren rötliches Fruchtfleisch rund um die Kerne jedoch bei reifen Exemplaren angenehm süß schmeckt.

Ich stelle Ihnen hier einen Vanillepudding vor, aromatisiert mit Fruchtkernen der Passionsfrucht *(Passiflora edulis).* Dies ist die verbreitetste Art, doch auch die rosablühende *Passiflora mollissima* trägt längliche eßbare Früchte (siehe Seite 126). *Passiflora ligularis* hat Früchte mit stark aromatischem weißem Fruchtfleisch, und *Passiflora incarnata* bildet nach einer lavendel-purpurnen Blüte zartgelbe Früchte.

### Passionsfrucht-Pudding

Bereiten Sie eine Crème anglaise aus 250 ml Milch zu (in der Sie eine Vanillestange haben ziehen lassen), die sehr langsam nach und nach zu 4 Eigelb gegossen wird, welche Sie mit 100 g Zucker zu einer schaumigen Konsistenz verquirlt haben. Lassen Sie die Creme auf sehr schwacher Hitze oder im Wasserbad unter ständigem Rühren binden, aber achten Sie unbedingt darauf, daß die Flüssigkeit nicht zu kochen anfängt.

Nehmen Sie die dickflüssige Creme vom Herd, und lösen Sie sofort 2 zuvor eingeweichte und gut ausgedrückte Blätter Gelatine darin auf. Anschließend abkühlen lassen.

Lösen Sie Fruchtfleisch und Kerne aus 500 g Passionsfrüchten. Erhitzen Sie den Saft von einer Zitrone, und lösen Sie darin 5 Blätter Gelatine auf. Rühren Sie das Fruchtfleisch ein, und schmecken Sie nach Belieben mit einem Schuß Passionsfrucht-Likör (Maracuja-Likör) oder auch mit ›Eau-de-vie d'Églantine‹ (Wildrosengeist) ab. Anschließend abkühlen lassen.

Fetten Sie eine Puddingform mit geschmacksneutralem Öl ein, betten Sie 3 verzuckerte Passionsblüten mit dem ›Gesicht‹ nach außen hinein, und gießen Sie mit einer dünnen Schicht Fruchtgelee auf. Anschließend fest werden lassen.

Ziehen Sie unter die Vanillecreme 250 ml geschlagene Sahne (gesüßt mit 50–100 g Zucker nach Geschmack), und füllen Sie die Form damit bis auf halbe Höhe. Sobald die Creme fest genug ist, streichen Sie das restliche (gewärmte) Fruchtgelee darüber. Nachdem auch diese Schicht etwas fest ist, können Sie die Form mit der verbliebenen Creme auffüllen und den Pudding im Kühlschrank völlig fest werden lassen. Zum Servieren stürzen Sie den Pudding auf eine Platte und garnieren mit verzukkerten Passionsblüten.

JUNI

*Melilotus officinalis · Myrrhis odorata (seminis)*

# Der Geschmack von Honig ...

### Honiggelb und honigsüss

Schon von weitem riecht man den herrlichen honigsüßen Duft des echten Steinklees *(Melilotus officinalis),* der seine leuchtendgelben Blütentrauben fast in Augenhöhe darbietet, denn dieser honigspendende und nach Honig duftende Klee ist von kräftigem Wuchs. Auch wenn mir gerade nicht der Sinn danach steht, eine Tisane zuzubereiten, kann ich oft nicht widerstehen, ein paar dieser Blüten zu pflücken, denn sie halten sich lange als Schnittblumen und verbreiten auch in der Vase ihren süßen Duft.

### Steinkleelimonade

Für diese Limonade oder Tisane brauchen Sie nichts weiter zu tun, als eine dicke Schicht Steinkleeblüten über Nacht in Wasser mit einer Portion Zucker (nach Geschmack) ziehen zu lassen. Ich habe in diesem Fall zugunsten des Honigaromas auf die Zitrone verzichtet.

Eine hübsche Zugabe sind ein paar Stückchen Kandiszucker, die sich in einem Getränk wie diesem natürlich nicht so schnell auflösen. Sie werden jedoch feststellen, daß Ihre Gäste am Ende alle fröhlich daran herumknabbern – fast niemand vermag Kandis zu widerstehen.

### Über Honig ...

Mit Honig kann man sehr viel mehr schöne und leckere Dinge zaubern, als ihn nur aufs Brot zu streichen. Man kann Fleisch damit aromatisieren und glasieren, wie Sie schon auf Seite 92/93 gesehen haben, und dabei können zahllose Geschmacksvarianten entstehen. Man kann ein Löffelchen Honig in die Vinaigrette geben, und wenn man eine besondere Honigsorte mit saurer Sahne oder Crème fraîche verrührt (wenn Sie auf die Linie achten, geht es auch mit Joghurt), kann man eine schlichte, aber aromatische Sauce für Desserts und Eis herstellen.

›Eucalipto‹, Honig von Eukalyptusblüten, ist sehr aromatisch und eignet sich ausgezeichnet für Fleischgerichte.

›Sulla‹, ein Kleehonig, hat eine schöne sanfte Farbe und einen sanften Geschmack, weshalb er sich für die Verarbeitung in Torten und Desserts empfiehlt.

›Limone‹ produzieren Bienen, deren Körbe zwischen Zitronenbäumen gestanden haben; dieser Honig schmeckt frisch und gleichzeitig aromatisch. Er eignet sich hervorragend für die Zubereitung von Honig-Eis, paßt aber ebensogut zu Käse.

›Castagno‹, der Honig der Eßkastanie *(Castanea sativa)*, hat eine dunkle Farbe und einen bitteren Beigeschmack. Man nimmt ihn deshalb für die Verarbeitung in Vinaigrettes und zu Fleisch, er läßt sich aber auch gut mit Käse und geschmacksintensiven Desserts kombinieren.

›Foresta‹ ist das Produkt von Bienen, die im Wald ausgesetzt wurden. Der Honig ist von kräftiger brauner Farbe und ebenso kräftig im Geschmack, weshalb er gut zu Wildgerichten paßt.

›Girasole‹ ist das italienische Wort für Sonnenblume *(Helianthus annuus)*, und Bienen, die sich an diesen Blüten gelabt haben, produzieren einen Honig, der eine dunkle sonnengelbe Farbe hat und sich aufgrund seines Geschmacks für Gebäck, Nachspeisen und Torten eignet.

### Blumenkohl, Sprossen und Samen

Das Gericht, das unten auf dieser Seite abgebildet ist, besteht aus den verschiedensten pflanzlichen Zutaten: grünem Romanesco-Blumenkohl, pfannengerührt mit etwas Sesamöl, und einem Sprossengemisch aus Kichererbsen *(Cicer arietinum)*, Adzukibohnen *(Phaseolus angularis),* Linsen *(Lens culinaris),* Mungobohnen *(Phaseolus mungo)* und Sojabohnen *(Glycine max).* Dies alles ist eine blüten- und sprossenreiche Begleitung für das angenehme Aroma der jungen Samen der Süßdolde (*Myrrhis odorata*). Wenn sie noch grün sind, kann man sie samt ihrer Umhüllung fein hacken; unterdessen entfalten sie bereits ihr Aroma, das nach einer Kombination aus Anis, Fenchelsamen und Kerbel duftet.

Versuchen Sie auch einmal folgendes Rezept: Braten Sie (mit Salz und grünem Pfeffer eingeriebene) Lammkeulen von allen Seiten in einer Mischung aus gleichen Teilen Butter und (Haselnuß-)Öl an, bis sie rundherum goldbraun sind, reduzieren Sie die Hitze, fügen Sie ein Stück Butter, die Schale von einer Orange (am besten mit einem Schalenreißer entfernt, siehe Abbildung) und 1–2 Eßl. feingehackte junge *Myrrhis odorata*-Samen hinzu. Lassen Sie das Fleisch darin garen, wobei Sie es immer wieder wenden und mit Fleischsaft übergießen. Nehmen Sie es aus dem Bräter und schmecken Sie die Sauce mit einem Schuß Weißwein und 1 Teel. Eukalyptus- oder Buchweizenhonig ab.

# Ein ›königliches‹ Dessert

Dieses beeindruckende Dessert-Service stammt aus einer italienischen Manufaktur, die 1735 vom Marchese Carlo Ginori gegründet wurde. Das Original wurde von Königin Marie Antoinette in Auftrag gegeben, und weil es von so erlesener Eleganz ist, stellt die Firma Ginori in Doccia es noch heute her (allerdings nicht mehr ganz so kunstvoll wie damals).

Ich entdeckte es bei May und Axel Vervoordt auf Schloß s'Gravenwezel, und man gab mir die Erlaubnis, es für dieses Buch zu verwenden. Deshalb habe ich mir ein wahrhaft ›königliches‹ Dessert ausgedacht, in dem alle Früchte und Blüten enthalten sind, mit denen dieses um 1780 entstandene weiße Porzellan bemalt ist. Die oberste Schicht besteht aus Zitronen-Bavaroise, die mittlere aus Brombeer-Gelatine und die unterste ist eine Erdbeer-Bavaroise.

Kochen Sie für die *Zitronen-Bavaroise* zunächst die ungeschälten Scheiben einer unbehandelten Zitrone in Zuckersirup, bis sie anfangen, glasig zu werden. Legen Sie sie anschließend in einem symmetrischen Muster auf dem Boden einer möglichst dünnwandigen, mit Traubenkernöl bepinselten Form von 2 l Fassungsvermögen aus.

Verquirlen Sie 6 Eigelb mit 225 g Zucker zu einer cremefarbenen Masse, die wie ein dickes Band vom Schneebesen läuft und auf dem Zucker-Eigelb-Gemisch in der Schüssel als Spur einige Zeit deutlich sichtbar bleibt. Erwärmen Sie 200 ml Zitronensaft, und lösen Sie darin, nachdem Sie den Topf vom Herd genommen haben, 12 eingeweichte und ausgedrückte Blätter Gelatine (= 20 g) auf.

Rühren Sie 250 ml Rheinwein oder Champagner und einen Schuß Orangenblütenwasser darunter, vermischen Sie es mit der Eigelbmasse, und lassen Sie die Creme andicken.

Schlagen Sie 6 Eiweiß sehr steif, und heben Sie den Eischnee vorsichtig darunter. Schöpfen Sie die Masse behutsam in die Form, so daß die Zitronenscheiben nicht verschoben werden. Lassen Sie im Kühlschrank alles völlig abkühlen und fest werden, bevor Sie die nächste Schicht auffüllen.

Pürieren Sie für die *Brombeer-Gelatine* so viele Brombeeren (mit Zucker nach Geschmack), daß Sie 500 ml Fruchtmus erhalten. (Halten Sie ca. 25 schöne Brombeeren zurück; diese werden später in die Ausbuchtungen der Form gedrückt.)

Erwärmen Sie 50 ml Wasser oder Zitronensaft, nehmen Sie den Topf vom Herd, und lösen Sie darin 12 eingeweichte und ausgedrückte Blätter Gelatine (= 20 g) auf. Fügen Sie 50 ml Cassis-Likör hinzu. Verrühren Sie dies sorgfältig mit dem frischen Brombeermus, lassen Sie es abkühlen und füllen Sie es in die Form, wenn es gerade zu gelieren beginnt. (Vergessen Sie jetzt die übrigbehaltenen Brombeeren nicht.) Stellen Sie die Form erneut in den Kühlschrank, damit die Gelatine völlig fest werden kann.

Für die *Erdbeer-Bavaroise* pürieren Sie 500 g Erdbeeren mit 125 g Zucker.

Im erwärmten Saft einer Zitrone lösen Sie 12 eingeweichte und ausgedrückte Blätter Gelatine auf und fügen einen Schuß ›Eau-de-vie de Fraise des bois‹ (Walderdbeergeist) hinzu. Verrühren Sie diese aromatisierte Gelatine sorgfältig mit dem Fruchtpüree. (Falls notwendig, können Sie dem Ganzen mit ein paar Tropfen Klatschmohnöl (siehe Seite 68/69) etwas mehr Farbe verleihen.)

Lassen Sie das Fruchtpüree abkühlen und halbsteif werden, und heben Sie dann 500 ml steifgeschlagene Sahne darunter. Füllen Sie nun diese dritte und letzte Schicht in die Form, und lassen Sie den ›königlichen‹ Pudding im Kühlschrank vollständig auskühlen und fest werden.

Der gestürzte Pudding wird vor dem Servieren mit verzuckerten Blüten garniert. Ich entschied mich hier für Stiefmütterchen und zartrosa Rosen, die den Namen 'Souvenir de la Malmaison' tragen – was Bezug nimmt auf eine weitere französische Hoheit.

In den Porzellankörbchen befindet sich noch mehr Französisches: 'Bigarreau Napoleon' – gelbe Kirschen mit einem Hauch von Rot; außerdem sehen Sie dort eine Köstlichkeit aus Deutschland, 'Hedelfinger' Kirschen, und natürlich die delikaten italienischen 'Galita'-Pflaumen, die rund und außen purpurschwarz mit überraschend rosafarbenem Fruchtfleisch sind.

Eine schöne und ebenfalls italienische Antwort auf die prachtvolle Präsentation des Desserts auf der nebenstehenden Seite ist das elegante Stilleben, das Giovanna Garzoni im 17. Jahrhundert schuf. Sie kombinierte Kirschen mit Nelken, und der Geschmack dieses Blütenblatts, der demjenigen der Gewürznelke ähnelt, paßt ausgezeichnet zu einem Kirschkompott oder einer Kirsch-Bavaroise. Wenn Sie dieses Gemälde (und die ganze Serie, zu der es gehört) im Original sehen wollen, sollten Sie in Ihrem Urlaub einmal den Palazzo Pitti in Florenz besuchen, denn dort sind diese Bilder ausgestellt.

# Tagtraum-Lilien

Taglilien (*Hemerocallis species* einschließlich der verschiedenen Zuchtformen) gehören zweifellos zu den köstlichsten eßbaren Gartenblumen. Beim ersten Biß schmecken sie frisch süßlich und entfalten dann einen überraschend pfeffrigen Nachgeschmack, weshalb sie sich für süße wie für herzhafte Gerichte eignen.

Sie sind von herrlich knackiger Konsistenz, ähnlich derjenigen des Eisbergsalats; und sie existieren in zahllosen Farbvarianten, darunter kräftige Farbtöne, wie hier bei der ›Purpurparade‹, aber auch sanfte Farben, wie Sie sie in der ›Pastellpalette‹ auf den folgenden Seiten bewundern können. Außerdem braucht auch der zartbesaitetste Blumenliebhaber nicht zu zögern, sie zu verspeisen: Jede dieser Blüten öffnet sich ja nur für einen einzigen Tag – am nächsten Tag sind schon wieder neue Taglilienblüten da.

### Sogar getrocknete Knospen

Taglilien zu essen ist ganz und gar nichts Neues – was auch für viele andere Blüten gilt. Getrocknete Taglilienknospen (zuerst gedämpft, dann getrocknet) werden im fernen Osten seit vielen Jahrhunderten bei der Zubereitung von Suppen verwendet. Aufgrund ihrer Konsistenz binden sie Flüssigkeit, wodurch die Suppe sämiger wird. Das Aroma getrockneter Taglilienknospen ist nicht so intensiv wie das der frischen Blüten – man kann die getrockneten Knospen also etwas großzügiger verwenden.
Als Jelena vor 20 Jahren mit Taglilien-Experimenten begann, kam in ihrem Haushalt eine Woche lang jeden Tag ein anderes Tagliliengericht auf den Tisch: einmal in Form einer Vorspeise oder eines Appetithäppchens zu einem Umtrunk, ein anderes Mal als Bestandteil eines Hauptgerichts oder einer Suppe, und natürlich kamen auch die leuchtend gefärbten Nachspeisen zu ihrem Recht. Die Verarbeitungsmöglichkeiten von Taglilien sind so vielfältig, daß sie mit den hier genannten Rezepten längst nicht erschöpft sind. Übertreiben Sie es aber nicht: Die Taglilie sollte etwas Besonderes bleiben, das sind wir nicht nur ihrem Geschmack, sondern auch ihrer Schönheit schuldig.

### Purpurparade

Dies ist ein spektakuläres Gericht, das sich als Ausklang eines sehr festlichen Essens eignet. Die Schönheit von Taglilien in Purpurtönen verbindet sich hier mit einem außergewöhnlich köstlichen Basilikum-Sahneeis, einem Coulis von Blaubeeren mit Cassis-Likör und einer Auswahl blauvioletter Früchte.

Zu dem Basilikum-Sahneeis inspirierte mich der berühmte Koch Georges Blanc, der in seinem Buch »Die Entdeckung einer neuen Kochkunst – Cuisine Naturelle« das Rezept für ein Basilikum-Eis veröffentlicht. Ich habe daraus eine sahnige Variante mit Blatt und Blüte des purpurblättrigen *Ocimum basilicum* 'Dark Opal' gemacht, was dem Eis einen leicht rosigen Hauch verleiht. Lassen Sie 250 ml Milch bei sehr niedriger Hitze mit der Hälfte einer der Länge nach aufgeschnittenen Vanilleschote und einem dicken Sträußchen purpurfarbener Basili-

kumblätter simmern. Nehmen Sie den Topf nach 5 Minuten vom Herd, und lassen Sie die Milch noch mindestens 30 Minuten mit dem Basilikum und der Vanille ziehen, bevor Sie die aromatischen Ingredienzen entfernen.
Verquirlen Sie unterdessen 4 Eigelb mit 200 g Zucker zu einer hellgelben, schaumigen Masse, die bandartig vom Schneebesen laufen und in der Schüssel eine Spur hinterlassen muß.
Schlagen Sie 250 ml Schlagsahne halbsteif, und vermischen Sie sie zusammen mit der Eigelbcreme mit der abgekühlten aromatisierten Milch.
Sie können jetzt eine Handvoll abgezupfter purpurner Basilikumblüten darunterrühren und mitgefrieren lassen oder die Basilikumblütensträußchen als Knabbergarnierung auf das Eis legen.
Geben Sie die Masse für 20 Minuten in die Eismaschine.
Für den Blaubeer-Coulis pürieren Sie in der Küchenmaschine frische Blaubeeren mit Zucker (nach Geschmack). Verdünnen Sie den Coulis mit Cassis-Likör und/oder roten); 'Angel Artistry' (große lila-purpurfarbene mit dunklerer Tönung zum Herzen hin); 'Pardon Me' (tiefes Purpurrot); 'Tang' (von eher rotvioletter Färbung) und 'Red Toy' (eine kleine Ausgabe von etwas hellerem Rotviolett). (In der Flasche stehen außerdem 'Red Cherry' auf langem Stengel und 'Little Grapette' mit kurzen Stielen.)
Jeder Gast findet also schließlich auf seinem Teller ein paar Taglilien mit Cassis-Sahne, ein Löffel zartest rosa gefärbtes Basilikum-Sahneeis, eine Kollektion blau-

Blaubeersaft (aus der Flasche). Viele berühmte Köche passieren einen Coulis zum Servieren, aber bei Blaubeeren halte ich dies für überflüssig: Die winzigen Stückchen Schale verstärken das Aroma noch.
Für die Obstbeilage wählen Sie in diesem Fall am besten purpurfarbene oder blauviolette Früchte. Ich selbst habe mich für Brombeeren, Blaubeeren, Feigen und schwarze Kirschen entschieden.
Für die Taglilien-Füllung schlagen Sie Schlagsahne mit Zucker nach Geschmack und einem kleinen Schuß Cassis-Likör steif (der für Farbe und Aroma sorgt), und spritzen sie unmittelbar vor dem Servieren in die Blütenherzen.
Für die hier abgebildete Taglilien-Parade stellte ich verschiedene purpurne Varietäten zusammen. Sie sehen auf der Obstschale mit Cassis-Sahne gefüllte Exemplare von: 'Little Fellow' (die kleinen purpurvioletter Beeren und Früchte sowie einen Schuß Blaubeer-Coulis.

### Pitahaya Shake

Da ich mich mit dem Thema der Purpurfarben weiter beschäftigte, kreierte ich nach meiner ersten Begegnung mit der überraschenden lila-purpurnen Farbe des Pitahaya-Fruchtfleischs (Kaktusfrüchte von *Hylocereus undatus*) einen Shake aus Pitahaya und dem soeben beschriebenen Basilikum-Sahneeis.
Das Pitahaya-Fruchtfleisch dient eigentlich hauptsächlich dazu, durch seine Farbe und seine dunklen Kerne dem Mixgetränk ein interessantes Aussehen zu verleihen, aber das tut nichts zur Sache, denn das Eis hat an sich schon genügend Aroma. Viel kleiner, aber viel aromatischer ist die Frucht des eng verwandten Kaktus *Lemaireocereus marginatus* (siehe Seite 61).

## Taglilien-Tagträumen kann man auch in der Sphäre der Pastellfarben nachhängen, wie diese zart getönte Palette beweist...

Es ist eigentlich nicht verwunderlich, daß in manchen Ländern (beispielsweise in den USA) sehr große *Hemerocallis*-Vereine mit vielen Züchtern existieren, die sich ausschließlich auf die Weiterentwicklung der Taglilienvarietäten konzentrieren. Glücklicherweise findet man eine befriedigende Anzahl dieser schönen ›Süßigkeiten‹ auch bei westeuropäischen Züchtern.

Die Blüten, die für dieses Foto Modell standen, haben alle eine Füllung aus Schlagsahne, vermischt mit Stückchen in Sirup eingelegten Ingwer: eine Kombination, die außergewöhnlich gut mit dem Blütengeschmack harmoniert, der süß und pfeffrig zugleich ist.
In der hintersten Reihe posieren zwei besonders große Exemplare: Sie sehen das warme Orange der 'Ruffled Apricot' und das cremige, zum Herzen hin leicht grünliche Weiß der 'Gentle Shepherd'.
In der mittleren Reihe sehen Sie: die fast grüngelbe 'Green Flutter'; 'Ethel Smith' in lachsrosa mit einem orangeroten Herzen; 'Heather Green' mit lachsfarbener Maserung auf orangerotem Grund.
In der vordersten Reihe stehen (von links nach rechts) die kleineren Blüten von 'Uri Winniford' in Creme mit purpurnem Herzen; 'Little Girl' in Lachs mit dunkler getönter Maserung rund um ihr Herz; 'French Doll' in vergleichbarer Farbe, aber mit einer kräftigeren Zeichnung rund um das Puppenherz; und 'June Bug', eine leuchtendgelbe Varietät mit purpurschwarzer Mitte.

### Hemerocallis herzhaft

Die besondere Kombination von Aromen, die die Taglilie in ihrem Blütenblatt vereinigt, stellt auch ihrer Verarbeitung zu herzhaften Häppchen nichts in den Weg. Die ganze Pastellpalette oder die komplette Purpurparade kann als Vorspeise oder als ›Cocktail-Häppchen‹ beispielsweise mit folgenden Füllungen serviert werden (das genannte Gemüse wird natürlich nur bißfest gedämpft, geschmort oder blanchiert):
- Garnelen, die mit etwas Mayonnaise angerichtet werden, damit eine homogene Masse entsteht
- Lachs-Mousse, zusätzlich aromatisiert mit etwas Dillblatt oder Dillblüte
- Krabben mit geriebenem frischem Ingwer in grüner Pfeffer-Mayonnaise
- grüne Spargelspitzen oder Stückchen von Wildspargel mit Estragon-Mayonnaise
- Schwarzwurzelstückchen mit Kerbel-Mayonnaise und gehackten Walnüssen
- junge Okra *(Abelmoschus esculentus)* in Koriander/Knoblauch-Mayonnaise

### Basmati mit Taglilienknospen und Spargelerbsen

Die so hübsch aussehenden geflügelten Hülsen, die ›Spargelerbsen‹ genannt werden und die botanisch *Tetragonolobus purpureus* heißen (eng verwandt mit Klee also), harmonieren im Geschmack sehr gut mit frisch geschmorten Taglilienknospen. Pflücken Sie nur sehr junge Hülsen, denn die älteren Exemplare können faserig sein. (Ersatzweise können Sie das folgende Rezept auch mit Zuckerschoten zubereiten.)
Der indische Reis mit Namen Basmati, der in den Hügeln am Fuße des Himalaja-Gebirges angebaut wird, hat ein schlankes, langes Korn und ist wegen seines speziellen Aromas für diese Art von Reisgerichten besonders zu empfehlen, aber man kann auch jede andere nicht klebende Sorte verwenden.
Schneiden Sie 1 große Zwiebel in Würfel und braten Sie sie in gut 100 ml Öl goldbraun (Sesamöl, Erdnußöl, Sonnenblumenkernöl oder eine Kombination der genannten eignet sich sehr gut), zusammen mit 1 großen, in Scheiben geschnittenen Shiitake-Pilz *(Lentinus edodes)*. Fügen Sie 200 g Basmati und eine gute Portion junge Koriandersamendolden hinzu, und rühren Sie gut durch. Gießen Sie 700 ml kochendes Wasser an, verschließen Sie den Topf mit dem Deckel, und lassen Sie das Ganze bei niedriger Hitze ca. 20 Minuten garen. Legen Sie während der letzten 5 Minuten Kochzeit 10 Taglilienknospen auf den Reis. Pfannenrühren Sie unterdessen 250 g Spargelerbsen in Sesamöl (bis sie bißfest sind), und fügen Sie Salz hinzu. Braten Sie in breite Streifen geschnittene Hühnerbrustfilets goldgelb, und würzen Sie sie mit Salz, Pfeffer und einer Prise gemahlenem Koriander.
Richten Sie den Reis, die Hühnerfiletstükke und die Spargelerbsen auf einer vorgewärmten Platte appetitlich an, und servieren Sie mit grünem Salat in einem Zitronen-Dressing.

### Pikante Blütenhäppchen

Beim Komponieren herzhafter Schnittchen und Sandwiches ist es nicht nur wichtig, daß sie gut schmecken, sie sollten auch ansprechend aussehen, wie die hier abgebildeten blütenreichen Leckerbissen (von links nach rechts):
- Melba-Toasts mit Gurkenscheiben, Lachskaviar und Dillblütendolden
- dünne Stangenbrotscheiben mit ›Kolen‹, einer köstlichen Wurstspezialität, auf die man in Ostkroatien mit Recht sehr stolz ist, garniert mit kleinen Blütensträußchen von ›Karate‹ (einer abessinischen Kohlsorte), die mit ihren weißen Blüten eine Ausnahmeerscheinung unter den *Brassica*-Gewächsen darstellt
- Roggenbrot-Sandwiches mit Emmentaler, abwechselnd garniert mit Schnittlauchblüten und Sellerieblütendolden
- Graubrot mit geräuchertem Lachs und Blüten der Kapuzinerkresse
- kleine viereckige Toasts mit Eiersalat und Korianderblütendolden
- ovale Toasts mit Frischkäse und frischen Taglilienknospen

### Kalte Tagliliensuppe

(Ohne Abbildung) Schneiden Sie 1 große Zwiebel in Würfel, und pfannenrühren Sie sie in Erdnuß- oder Sonnenblumenöl. Fügen Sie 8 Taglilienknospen hinzu, die Sie kurz mitschmoren, bis sie glänzen, und gießen Sie dann 1 l klare Rinder- oder Gemüsebouillon hinzu. Lassen Sie alles 5 Minuten auf schwacher Hitze kochen, so daß die Taglilienknospen gerade gar sind. Nachdem das Gericht abgekühlt ist, nehmen Sie die Taglilienknospen heraus. (Entfernen Sie gegebenenfalls auch eventuelle erstarrte Fettaugen mit einem Stück Küchenpapier.)
Servieren Sie diese kalte Suppe mit 1 Teel. (saurer) Sahne und pro Person 1 Eßl. feingeschnittenem Grün der Winterzwiebel *(Allium fistulosum)*.

### Warme Tagliliensuppe

(Ohne Abbildung) Verfahren Sie ebenso wie im obengenannten Rezept, aber nehmen Sie Geflügelbouillon, und berechnen Sie pro Person mindestens 3 der wohlschmeckenden Taglilienknospen.
Servieren Sie diese warme Suppe sofort, legen Sie auf jeden Teller 3 der kurz gekochten Taglilienknospen, und bestreuen Sie sie mit grünen Blättern und gelbweißen Blütenblättern von *Chrysanthemum coronarium*.

# Hosta-Köstlichkeiten

Jelena und Robert de Belder logierten während ihrer Besuche in Japan mehrere Male bei Freunden in einem Landhaus aus dem 16. Jahrhundert auf der Halbinsel Izu Hanto. Da die Gastgeberin sich ebenso wie Jelena sehr für die traditionelle japanische Küche interessierte und sogar im japanischen Fernsehen Kurse zu diesem Thema leitete, ist es kaum verwunderlich, daß sie sich sehr bemühte, traditionelle Gerichte auf den Tisch zu bringen, bei denen hauptsächlich 24 in Japan wild wachsende Pflanzen verarbeitet wurden. Eingelegte *Hosta*-Blütenknospen waren eines der vielen ›Tsukemono‹ (das japanische Wort für eingelegtes Gemüse), die zu Reis serviert wurden.

### Eingelegte Hosta-Knospen

Nach unserer Meinung (und wir probierten mehrere) sind alle *Hosta*-Spezies und ihre Zuchtformen zum Verzehr geeignet, aber weil die *Hostas* der *Fortunei*- und *Sieboldii*-Gruppe in Japan so weit verbreitet sind, empfiehlt man dort diese. Für die Verarbeitung zu Pickles, Fritiertem oder Gedämpftem eignen sich die tiefer lila getönten Arten besonders gut – sie verfärben sich auch oft zu einem fast reinen Blau, wenn sie erwärmt werden (siehe Reisgericht) – zum Verzuckern jedoch sind die hellen Blüten und die (duftenden!) weißen (von *Hosta plantaginea* var. *grandiflora* beispielsweise) schöner.

Zum Einlegen müssen Sie gut entwickelte Knospen sammeln, sie in Essigwasser spülen und 24 Stunden lang auf einem Trokkenregal (siehe Seite 68/69) oder in einem flachen Korb im Schatten trocknen lassen. (Die noch nicht so weit entwickelten Blütenspitzen eignen sich hervorragend zum Fritieren – dies als Hinweis für den Fall, daß Sie ganze Blütenstengel statt einzelner Blütenknospen ernten.)

Nehmen Sie einen Tontopf oder ein Glas, geben Sie eine Schicht getrocknete Knospen hinein, streuen Sie etwas Meersalz darauf, und wiederholen Sie diesen Vorgang, bis der Topf gefüllt ist. Beschweren Sie das Ganze mit einer Untertasse oder mit einem Glas. Geben Sie, falls nicht genügend Flüssigkeit austritt, etwas lauwarmes gesalzenes Wasser hinzu.

Verfahren Sie des weiteren so, wie bereits bei den Kirschblüten auf Seite 22/23 beschrieben wurde. (Die *Hosta*-Blüten kann man übrigens ebenso wie die Kirschblüten in Tee trinken.)

### Blanchiert oder gedämpft

Junge *Hosta*-Blüten eignen sich auch ausgezeichnet zum Dämpfen (3 Minuten) oder zum sehr kurzen Blanchieren. In letzterem Fall bleiben sie am schönsten, wenn Sie sie auf einem großen Schaumlöffel (oder in einem langstieligen Sieb) ein paar Sekunden lang in kochendes Salzwasser tauchen und dann sofort unter kaltem Wasser abspülen, damit die schöne Farbe erhalten bleibt.

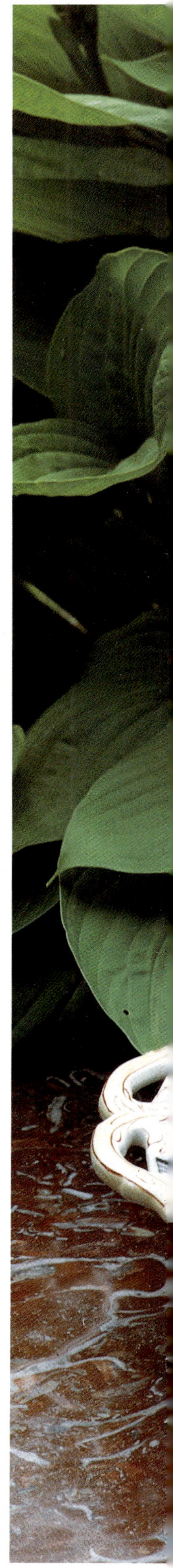

Links oben: Dunkel-, fast schwarzviolette Cassis-Gelatine bildet einen idealen Untergrund für verzuckerte *Hosta*-Blüten
Links unten: Japanischer Reis mit frischen und gedämpften *Hosta*-Blüten, die beim Erhitzen interessante Verfärbungen annehmen
Rechts: Je jünger die *Hosta*-Blütenknospenstengel sind, desto besser lassen sie sich fritieren

### Fritiert

Je jünger die *Hosta*-Blütenknospenstengel sind, desto besser schmecken die Blüten fritiert, denn hier ist es ähnlich wie bei ›unserem‹ Grünkohl: Stengel mit jungen Knospen sind zart (und im Fall der *Hosta* auch ein wenig schleimig: eine Konsistenz, an die wir Europäer uns erst gewöhnen müssen), doch wenn die Knospen sich schon etwas weiterentwickelt haben, werden die Stengel zäh und faserig; dann sollte man die jungen Blüten besser einzeln in Beignet-Teig tauchen und fritieren. (Rezepte für Beignet-Teig finden Sie unter den Grundrezepten auf Seite 202.)
Die *Hosta*-Blütenknospen-Beignets legte ich auf ›wilden Reis‹ – wobei ich es mir leicht machte und eine fertige Reismischung verwendete. (Selbst mischen ist für den wahren Liebhaber natürlich die bessere Lösung.)

### Cassis-Gelatine mit Hosta-Blüten

Kochen Sie die schwarzen Johannisbeeren (von *Ribes nigrum*) kurz, und passieren Sie sie dann durch ein (zuvor befeuchtetes) Tuch. Sie können die gekochten Früchte auch über Nacht in einem Tuch aufhängen und nur den so gewonnenen Saft verwenden, wenn Sie ein klares Gelee herstellen wollen. Wenn Sie die Beeren durch ein Passiersieb drehen, wird das fertige Produkt sozusagen ›naturtrüb‹.
Nehmen Sie pro Liter Flüssigkeit (oder Mus) 750 g Zucker, und lösen Sie in einer kleinen Menge des erhitzten Safts (pro Liter) 18 zuvor eingeweichte Blätter Gelatine (= 30 g) auf. Gießen Sie die Gelatine in eine schwach eingefettete Form, und lassen Sie den Inhalt im Kühlschrank vollständig erstarren.
Servieren Sie das Dessert mit Schlagsahne, frischen schwarzen Johannisbeeren (oder Blaubeeren, wenn Ihnen diese Früchte besser schmecken) und verzuckerten *Hosta*-Blüten.

Anmerkung: Das übriggebliebene Fruchtmus kann im Mixer mit Zucker vermischt (die Schalen sind sonst etwas zu grob und hart) und als eine Art Konfitüre im Kühlschrank aufbewahrt werden: eine interessante Beilage zu Quark, Hüttenkäse oder Joghurt.

# Kompliment für Koriander

*Coriandrum sativum* ist ein Kraut, von dem bis vor ein paar Jahren im Westen nur der sehr aromatische Samen verwendet wurde, dessen ebenso aromatische Blätter jedoch in vielen orientalischen und asiatischen Küchen unentbehrlich sind.

Langsam, aber sicher erobert dieses äußerst geschmackvolle Grün nun auch unsere Küchen, und wer einmal die Blütendolden mit den reizenden zartvioletten Blüten probiert hat, braucht keine ›Eingewöhnungszeit‹ mehr, denn sie haben, wie so viele andere Kräuterblüten, den Geschmack des Blattes, sind jedoch milder und etwas süßer. Als Anerkennung für ihre freundliche Überzeugungskraft räumen wir der Korianderblütendolde hier eine ganze Doppelseite ein.

Falls Sie Koriander selbst säen wollen, so tun Sie dies am besten mit Unterbrechungen, ungefähr viermal in einer Saison, denn wenn die Tage lang und warm sind, fängt die Pflanze schnell zu blühen an. Beginnen Sie im März (im Frühbeet) damit, und säen Sie ein letztes Mal im September aus.

### Eier-Gelatine mit Koriander in dreifacher Form

Sowohl die aromatischen Samen wie auch die grünen Blätter und die Blütendolden sind in dieser Zwischenmahlzeit oder Vorspeise verarbeitet. Als zusätzlicher fernöstlicher Geschmacks- und Farbkontrast sind leuchtend rosa gefärbte Scheiben der Lotoswurzel *(Nelumbo nucifera)* hinzugefügt – wie man sie in asiatischen Feinkostläden fertig zubereitet kaufen kann.

Kochen Sie 6 Eier hart; verrühren Sie unterdessen 200 ml Mayonnaise (selbstgemachte) mit 100 ml Crème fraîche oder steifgeschlagener Schlagsahne; lösen Sie 6 eingeweichte und ausgedrückte Blätter Gelatine im erwärmten Saft von einer Zitrone auf, und verrühren Sie alles miteinander. Schmecken Sie mit Salz, frisch gemahlenem Pfeffer, frisch zerstoßenem Koriandersamen (ca. ½ Teel.) und 1 Eßl. feingehackten Korianderblättern ab.

Hacken Sie drei Eier fein, und verrühren Sie sie mit der Mayonnaise-Mischung. Schneiden Sie die anderen Eier in schöne Spalten, und drücken Sie diese gegen die Seiten einer eingefetteten Puddingform, abwechselnd mit ein paar Korianderblättchen. Belegen Sie den Boden der Form mit Korianderblütendolden (Gesichter nach unten), und legen Sie eventuell in die Mitte eine Scheibe Lotoswurzel.

Füllen Sie die Form nun vorsichtig mit der Ei-Mayonnaise-Mischung, so daß die Dekoration möglichst nicht verschoben wird, und lassen Sie alles im Kühlschrank ganz fest werden.

Zum Servieren stürzen Sie diesen pikanten Pudding auf eine Platte und reichen getoastetes Brot dazu.

### Stockschwämmchen mit Knoblauch und Korianderblüten

Der freundliche kleine Pilz, der mit botanischem Namen *Kuehneromyces mutabilis* heißt, ist von Mai bis November – in Büscheln wachsend – an den Stümpfen von Laubbäumen zu finden. In Süddeutschland können Sie ihm zuweilen auf gutsortierten Wochenmärkten begegnen. Manche ver-

wenden nur die 3–6 cm breiten Hüte und werfen die dünnen Stiele weg, aber wirklich nötig ist das nicht.
Ich erhitze halb Butter, halb Öl in der Pfanne (falls vorhanden, ist ein Schuß Öl mit Pilzaroma natürlich köstlich). Dann dünste ich ein paar Scheibchen frischen Knoblauch darin, bevor ich die Pilze darin schwenke, bis sie ihr volles Aroma entfaltet haben. Schließlich füge ich einen Schuß Fond hinzu, rühre, bis die Flüssigkeit verdampft ist, schmecke mit Salz und Pfeffer ab und serviere die Pilze mit darübergestreuten frischen Korianderblüten auf getoastetem Brot: eine kleine Zwischenmahlzeit mit einem sehr aparten Geschmack.

### Dim sum mit Korianderblüten

Natürlich paßt Koriander hervorragend zu Dim sum (gedämpften gefüllten Teigtaschen). Ich bestreue ›Hsiao lon pau‹-Dim sum – mit einer Füllung aus Schweinefleisch, Zwiebeln, Ingwer, Pfeffer, Salz und Zucker – nach zehnminütigem Dämpfen mit frischen Korianderblüten. Das ist nicht nur schön anzusehen, sondern schmeckt auch sehr gut.
Diese und ähnliche Dim sum (wußten Sie übrigens, daß Dim sum ›das Herz berühren‹ bedeutet?) kann man zuweilen in asiatischen Feinkostläden als fertig zubereitete Tiefkühlkost kaufen; sie sind sehr empfehlenswert.
Falls Sie Dim sum selbst zubereiten wollen, finden Sie auf Seite 203 das Rezept.

### Ein kleines Plätzchen für die Kapern

Sehr viel Kalk und sehr viel Sonne braucht *Capparis spinosa* – viel mehr, als wir ihr in unseren Breitengraden bieten können –, aber wenn dieser Strauch solch ein felsiges, sonniges Plätzchen hat, ist er nicht unterzukriegen. Zwischen seinen niedrig über dem Boden kriechenden Zweigen, die mit kräftigen Stacheln bewehrt sind, sitzen überall dicke Blütenknospen, die sich zu ergreifend schönen Blüten öffnen: neblig weiß, mit einem vorspringenden Strauß violetter Staubblätter im Herzen.
Wenn man weiß, wie schön die Blüten sind, möchte man fast bedauern, daß es die erbsengroße Blütenknospe ist, die auf unseren Teller kommt, denn zu Tausenden werden diese Knospen geerntet, eingelegt und in Gläser mit der Aufschrift ›Kapern‹ abgefüllt.
Nach der schönen Blüte bildet *Capparis spinosa* auch noch Beeren, die etwas größer sind als die Knospen. Manchmal kann man auch die Kaperfrüchte in Gläsern kaufen.

# Goldgelbe Ringelblume im Kurs gestiegen

Das Gold von *Calendula officinalis,* die so bereitwillig und nahezu gratis unsere Gärten und Felder schmückt, ist in letzter Zeit zusehends im Kurs gestiegen.

Die Ringelblume wurde früher wegen ihrer Heilkraft angepflanzt. Später waren ihre getrockneten Blättchen als Safran-Ersatz geschätzt. Dann fiel sie in Ungnade, weil ihre grellen Farben zu viele Gärten zierten. Doch heute gewinnt die Blüte neue Popularität.

Wer einen intensiven Geschmack erwartet, wird von dem im Grunde etwas faden Aroma zunächst vielleicht enttäuscht sein, doch ihre auffällige Farbe verbunden mit ihrer knackig-frischen Konsistenz gleichen diesen Mangel aus.

Zusammen mit Schnittlauch in Suppen verarbeitet, sind Ringelblumen ein wahres Farbenfest, zusammen mit Dill machen sie sich sehr gut in Kartoffelpüree, und in der gleichen Kombination passen sie auch zu (selbstgemachtem) Sauerkraut.

### Ringelblumen-Schnittlauch-Bouillon

Sie brauchen: 1,5 l Bouillon, Blütenblättchen von 12 Ringelblumen, die entsprechende Menge Schnittlauch, in Stückchen von der Länge der goldgelben Blütenblättchen geschnitten, Zitronensaft und/oder Sojasauce.

Für diese farbenfrohe Suppe kann man alle Arten von Bouillon verwenden. Wenn Sie Gemüsebouillon oder eine klare Rinder- oder Kalbsbouillon (siehe Grundrezepte, Seite 203) nehmen, kann die Suppe sowohl kalt als auch warm serviert werden.

Streuen Sie kurz vor dem Servieren die grünen und goldenen Blättchen darauf, und geben Sie zur Intensivierung des Geschmacks noch etwas Zitronensaft und/oder Sojasauce hinzu.

### Variante mit Fisch

Auf der Grundlage von würzigem Fischfond schmeckt diese Suppe am besten heiß. Als ›Geschmacksverstärker‹ bieten sich jetzt asiatische Würzsaucen mit Fisch an. Eine ganz besondere Köstlichkeit können Sie Ihren Gästen servieren, wenn Sie 1 Teel. ›Neriuni‹ (Seeigel-Paste) in dem Fond auflösen.

### Kartoffelpüree mit Ringelblumen und Dill

Bereiten Sie ein Kartoffelpüree auf die übliche Weise mit Milch, Butter, Salz, Pfeffer, Muskatnuß (und einer Prise Zukker) zu, und rühren Sie kurz vor dem Servieren eine gute Portion orangefarbene Ringelblumen-Blütenblätter und kleine Dill-Schirmchen darunter (die große Dolde in einzelne Stengel zerteilen).

Dieses aromatische und farbenfrohe Püree schmeckt ausgezeichnet beispielsweise zu Mais, den man in etwas Butter und den gleichen kleinen Dill-Schirmchen schwenkt. Und was könnte hierzu besser passen als ein zartes Maishühnchen, das mit einem Zweiglein Dillgrün im Bauch und mit Salz und roten Pfefferkörnern eingerieben gebraten wird.

### Sauerkraut mit Ringelblumen und Dill

Wer gerne selbst Sauerkraut macht, sollte einmal folgende farblich und aromatisch ansprechende Variante ausprobieren.

Schneiden Sie 2 kg Weißkohl und 1 kg Wirsing in sehr schmale Streifen, und kneten Sie den Kohl dann mit 30 g Meersalz (10 g pro kg Kohl also) kräftig durch, bis sich Salzlake bildet. Lassen Sie den Kohl daraufhin 1 Stunde ruhen.

Füllen Sie dann eine Schicht Kohl in einen Tontopf, drücken Sie diese etwas an, und streuen Sie orangefarbene Ringelblumen-Blütenblätter und gelbgrüne Mini-Dillschirmchen (also wieder ohne die dickeren Stengel) darauf. Wenn Sie auf die üblichen schwarzen Pfefferkörner und Wacholderbeeren nicht verzichten wollen, können Sie ein paar davon dazugeben, aber sie sind im Geschmack natürlich kräftiger als Dill und Ringelblumen. Füllen Sie den Topf mit weiteren Schichten von Kohl und bunten Würzblättern auf, bis er randvoll ist.

Pressen Sie alles so kräftig wie möglich zusammen, so daß der Kohl von der austretenden Flüssigkeit bedeckt wird.

Decken Sie den Topf mit einem Tuch und mit einem passenden Brettchen ab, und beschweren Sie dieses mit einem Stein. Stellen Sie den Topf auf einen Untersetzer, denn im Verlauf des Gärungsprozesses kann Flüssigkeit überlaufen. Bereits nach 2 Monaten kann man von diesem Sauerkraut essen, beispielsweise als Salat in einer Zubereitung mit Apfelstückchen, Walnüssen, Sonnenblumenkernen und/oder Kürbiskernen und etwas (Kürbiskern-)Öl.

# Mit Zitrus-Charakter

Schon im 17. Jahrhundert veranschaulichte Bartolommeo Bimbi (1648–1725) auf überzeugende Weise, wie vielfältig und groß die Wonnen sind, die sich hinter dem kurzen Wörtchen Zitrus verbergen. Dabei beschränkte er sich sogar auf die gelben Zitronen und Limonen und ließ die orangefarbenen Apfelsinen und andere Zitrusarten außer Betracht. Trotzdem brachte er schon allein damit 34 Sorten und Varietäten auf seinem Gemälde zusammen …
Für Zitrus-Sammler wie mich ist dies ein absoluter Wunschtraum.

Eine überaus erfreuliche Eigenschaft aller Zitrusarten und -varietäten ist, daß sie ausnahmslos stark duftende Blüten hervorbringen: Sogar die Produkte der kompliziertesten Kreuzungen tun dies noch – was man beispielsweise von Rosen nicht unbedingt sagen kann. Der Geschmack der Zitrus-Blütenblätter ist, wenn man sie frisch von der Pflanze ißt, weniger überzeugend als ihr Duft. Doch dies wird sofort besser, wenn man sie mit lauwarmem Zuckersirup übergießt und 1 Stunde darin ziehen läßt. Beim Verzuckern – in diesem Fall eine wahre Geduldsarbeit – verschwindet der bittere Nachgeschmack nahezu völlig.
Das Beste an der Zitrusblüte (oder an der Orangenblüte, wie sie häufig genannt wird) ist also vor allem das herrliche Parfüm, das man in Sirup oder Alkohol, in Ölen und in Essig einfangen kann.
Man kann mit diesem aromatischen Zusatz aber auch Gerichte verfeinern, denen durch die Verwendung von Zitrusfruchtsaft oder Zitrusschale ohnehin schon ein Zitrusaroma verliehen wurde, denn auf diese Weise ist dann zusätzlich der Geruchssinn am Genuß beteiligt.

### Limetten-Sorbet mit Orangenblüten

Limetten, die leuchtendgrünen Früchte der *Citrus aurantifolia,* sind sehr aromatisch, haben aber auch ein sehr festes Fruchtfleisch, so daß man zum Aushöhlen der Früchte für dieses Dessert ein scharf gezähntes rundes Grapefruit-Messerchen benötigt.
Das herausgeschabte Fruchtfleisch entsaften Sie, indem Sie zuerst die Kerne entfernen (diese geben beim Zerstoßen einen bitteren Geschmack ab), es dann kurz in einem Mörser zerstampfen und anschließend durchsieben oder filtern. Verlängern Sie den aus dem Fruchtfleisch gewonnenen Saft mit frisch gepreßtem Saft von Limetten (und/oder Zitronen), bis Sie insgesamt 300 ml Saft erhalten, die Sie mit 50 ml Orangenblütenwasser und Zuckersirup (300 g Zucker mit 300 ml Wasser aufkochen) vermischen.
Sie können Ihr Sorbet nach Geschmack zusätzlich noch mit 50 ml ›Eau-de-vie de Citronelle‹ (aus *Cymbopogon nardus*) und/oder 50 ml Schlagsahne bereichern. Verarbeiten Sie alles zusammen in der Eismaschine zu Sorbet.
Spritzen Sie das Sorbet in die ausgehöhlten Früchte, legen Sie die Käppchen wieder darauf, und bewahren Sie die gefüllten Limetten bis zum Verzehr in Dosen in der Tiefkühltruhe auf.
Garnieren Sie sie unmittelbar vor dem Servieren mit duftenden Orangenblüten.

### Zitrus-Egg-nog

Schnell zubereitet, sehr erfrischend und überraschend aromatisch ist dieses Egg-nog mit drei Zitrusaromen.
Mixen Sie in der Küchenmaschine pro Person: 1–2 Teel. Orangenblütenhonig, 100 ml frisch gepreßten Orangensaft und 1 Ei. Gießen Sie dieses aromatische und schaumige Getränk sofort in weite Gläser, und lassen Sie ein paar Orangenblüten darauf schwimmen.
Mit 1 Teel. Orangenblütenwasser kann man das Aroma noch intensivieren. 1 Teel. Orangenblütenlikör (›Fiori d'Arancio‹ beispielsweise, der einen deutlich erkennbaren Honig- und Karamelzusatz hat) verleiht dem Getränk etwas ›Durchgeistigtes‹.

Links oben: Meine zu zylinderförmigem Wachstum angeleitete Zitrone (*Citrus limon*) bildet den Hintergrund für köstliches Limetten-Sorbet, das mit duftenden Orangenblüten dekoriert ist.
*Citrus bigaradia* 'Sinensis' ist eine sehr alte Sorte, von der es auch eine Form mit violetten Früchten (bei uns kaum erhältlich) mit dem Namen *Citrus bigaradia* 'Violacea' gibt.
Links unten: Erfrischend-aromatisches Egg-nog vor meinem Bäumchen mit Pomeranzen oder Bitterorangen *(Citrus aurantium* var. *myrtifolia)*
Gegenüberliegende Seite: Bartolommeo Bimbi (1648–1725) schuf dieses attraktive ›Schaubild‹ aus Zitronen, Limonen, Zedratzitronen und verwandten gelbfrüchtigen Zitrus-Sorten und -Varietäten. Das Bild trägt den Namen »Natura morta con cedri e limoni«. Es ist 175 × 232 cm groß und befindet sich ebenso wie andere Gemälde dieses Malers (auf denen Trauben, Feigen, Kirschen und Datteln dargestellt werden) in der Sammlung des Museums Palazzo Pitti in Florenz.

# Zitrus-Parade im Picknick-Korb

Ein Picknick-Korb voller interessanter Zitrus-Leckereien, darunter süße wie herzhafte und Getränke.

Für Süßmäuler gibt es Mandelkuchen mit Zitrusbeigabe oder ein knuspriges Croissant mit Orangenbutter. Das Bedürfnis nach etwas Herzhaftem befriedigen Limetten mit Lachskaviar und Selleriefüllung, und den Durst kann man mit verschiedenen Zitrusgetränken löschen.

### Orangenbutter

Diese Orangenbutter ist ein Spitzenreiter unter den Blütenbuttern in diesem Buch: Sie ist so aromatisch und so vielseitig, daß Sie sie wahrscheinlich immer wieder servieren werden – zu einem festlichen Frühstück, zu einem ›High Tea‹ oder einfach nur, um die Stimmung einer kleinen Gesellschaft zu heben. Sie verrühren 125 g zimmerwarme Butter mit 3 Eßl. Puderzucker, 3 Eßl. Orangenblütenhonig, 2 Teel. Orangensaft, 2 Teel. Orangenblütenwasser, 2 Teel. Zitronensaft und 1 Eßl. geriebene Orangenschalen.
Füllen Sie damit eine große ausgehöhlte Orangenhälfte, und streuen Sie 1 Eßl. Orangenschalenspäne (die Sie mit einem Schalenreißer abraspeln) darüber. Lassen Sie die Butter im Kühlschrank ganz kalt werden. Wollen Sie die Butter in kleinen Portionen für jeweils eine Person servieren, so können Sie auch eine halbe Mandarine damit füllen, die Sie auf Eierbechern neben jeden Teller stellen. Für ein kaltes Büffet ist es hübsch, eine Platte mit fertigen Gedekken aus einer mit Orangenbutter gefüllten Kumquat sowie je einer Scheibe Rosenbutter (siehe Seite 86), Kapuzinerkresse-Butter und ›Wimpern‹-Butter (siehe Seite 164) anzurichten.

### Mandelkuchen mit Zitrusbeigabe

Verquirlen Sie 7 Eigelb mit 200 g Kristallzucker, bis die Masse als hellgelbes, zähflüssiges Band vom Schneebesen läuft und einige Augenblicke als deutliche Spur auf der Oberfläche der Eiercreme in der Schüssel sichtbar bleibt. Fügen Sie dann 250 g gemahlene Mandeln hinzu, und heben Sie am Schluß die mit dem Saft von einer halben Zitrone sehr steif geschlagenen 7 Eiweiß darunter.
Gießen Sie den Teig in eine mit Butter eingefettete Springform, und backen Sie den Kuchen 50 Minuten lang in einem auf 150° C vorgeheizten Backofen. Um zu prüfen, ob der Kuchen gar ist, stechen Sie mit einer Stricknadel hinein (es darf nichts an der Stricknadel klebenbleiben). Stürzen Sie den Kuchen, und lassen Sie ihn völlig auskühlen (am besten schon am Vortag backen).
Für die Glasur verrühren Sie 250 g gesiebten Puderzucker mit je 1 Eßl. Orangen- und Zitronensaft sowie Orangenblütenwasser. Bestreichen Sie die Oberfläche des Kuchens damit, und verzieren Sie den Kuchen mit grünen Marzipanblättchen (die Sie entweder fertig kaufen oder selbst nach den Marzipanrezepten auf Seite 84 herstellen), kandierten Zitrusfrüchten und verzuckerten Zitrusblüten.

### Limetten mit Lachskaviar und Sellerieblüte

Bereiten Sie einen Fischfond nach dem Grundrezept auf Seite 203 zu, fügen Sie den Saft einer ausgehöhlten Limette hinzu (siehe Limetten-Sorbet-Rezept), und lösen Sie dann pro 100 ml Flüssigkeit 2 eingeweichte und gut ausgedrückte Blätter Gelatine darin auf. Lassen Sie die Flüssigkeit halbsteif werden (zu einer leicht gallertartigen Konsistenz), und geben Sie dann in jede der ausgehöhlten Limettenhälften 1 Teel. orangeroten Lachskaviar und ein paar Teilschirmchen der Sellerieblüte. Füllen Sie die Limettenhälften mit dem aromatischen Gelee auf.

### Zitrusgetränke

In dem Korb sehen Sie als Beispiele für mit Zitrus aromatisierte Getränke (es gibt noch viel mehr davon) eine Flasche ›Mandarine Napoleon‹, ein nicht zu süßer Likör mit einem herrlich erfrischenden Geschmack auf der Grundlage von Cognac, zwei französische Aperitifs auf Weinbasis: ›Vin de Citron‹ und ›Oranger‹, ebenfalls sehr erfrischend und mit nur 15 % Alkoholgehalt.
Auf der Terracotta-Säule daneben steht ein außergewöhnlicher italienischer Likör, dessen vollständiger Name ›Fiori d'arancio al miele‹ lautet und der außer Orangenblüten und Orangenblütenhonig Orangenschalen und Karamel enthält (40 % Alkohol).
Daneben sehen Sie einen noch im Entstehen begriffenen Orangenblütenlikör, in dem eine kleine Ernte Orangenblütenblätter in Branntwein mit einer Portion Zucker (nach Geschmack) zieht.
Orangenblütenwasser stellen Sie auf die gleiche Weise wie Rosenwasser (siehe Seite 88) oder wie einen *Odorata*-Aufguß (siehe Seite 192) her. Man kann es jedoch auch in Apotheken fertig kaufen.
Wollen Sie Orangenblütenöl und Orangenblütenessig herstellen, so verfahren Sie wie bei den Rezepten für Blütenöle und Blütenessige auf den Seiten 68/69.

# Liebliche Lindenblüten

In der Domäne Hemelrijk und im Arboretum Kalmthout gibt es eine *Tilia*-Kollektion, die von Juni, der Blütezeit der ›Holländischen Linde‹ *(Tilia × vulgaris* – syn. *Tilia × europaea* und *Tilia dasystyla),* bis in den August/September den lieblichen süßen Duft ihrer Blüten verströmt, wobei *Tilia henryana* aus China als letzte in diesem Reigen den köstlichsten Duft von allen produziert.

Wenn man einen kleineren Garten hat, der nur eine einzige Linde beherbergen kann, ist *Tilia × moltkei* eine gute Wahl, nicht weil sie klein bleibt, sondern weil sie bereits in ziemlich jungem Alter zu blühen beginnt, was bei anderen Lindenarten oftmals nicht der Fall ist. [Bevor Sie die Linde Ihrer Wahl kaufen, sollten Sie sich bei einer Umweltorganisation nach der Unbedenklichkeit hinsichtlich des Bienengiftes Mannose erkundigen. Anm. d. dt. Red.]

### Lindenblütensirup

Aus den äußerst stark duftenden Lindenblüten können Sie ebenso wie aus Holunderblüten einen konzentrierten und einen weniger stark konzentrierten Sirup zubereiten (siehe Rezepte Seite 78/79). Natürlich ist auch frisch zubereitete Limonade aus Blüten, die Sie über Nacht in Wasser mit einer in Scheiben geschnittenen Zitrone und einer Portion Zucker (nach Geschmack) ziehen lassen, äußerst köstlich.
Wie Sie auf der Abbildung sehen, sind außerdem Kombinationen mit anderen Blüten möglich: in diesem Fall ist es *Filipendula ulmaria.* Jelena mischt auch gern ganz unterschiedliche Aromen: Mit dem im Vordergrund stehenden Glas eines der Nadelbaumsirupe von Seite 40 wollen wir Sie auffordern, die Limonade zur Abwechslung auch einmal mit dieser Geschmacksrichtung zu bereichern.

### Lindenblüten-Charlotte

(Ohne Abbildung) Lösen Sie 5 Blätter Gelatine in 100 ml warmem Wasser und dem Saft von einer Zitrone auf. Rühren Sie anschließend 100 ml konzentrierten Lindenblütensirup ein, und warten Sie, bis die Flüssigkeit eben zu gelieren beginnt. Gießen Sie mit dem Gelee eine hauchdünn eingefettete Form aus (schwenken Sie sie ein paarmal hin und her, so daß eine Geleeschicht rundherum an der Wandung der Form haftenbleibt). Lassen Sie diesen Geleemantel im Kühlschrank fest werden.
Tauchen Sie Löffelbisquits sehr kurz in weniger stark konzentrierten Lindenblütensirup, und drücken Sie sie rundherum eng nebeneinander gegen die Wandung der Form in das Gelee.
Schälen Sie 1 große oder 2 kleine Ananas, und schneiden Sie sie in Scheiben. Legen Sie die schönsten Scheiben für die Garnierung beiseite. Zerteilen Sie das übrige Fruchtfleisch in kleine Stückchen.
Lösen Sie 10 eingeweichte und ausgedrückte Blätter Gelatine in 200 ml warmem Wasser auf, rühren Sie 100 ml konzentrierten Lindenblütensirup darunter, und passen Sie die kurze Phase ab, in der das Gelee fest wird, um die Ananasstückchen, eine Handvoll verzuckerter Lindenblüten und 3 mit etwas Zitronensaft steifgeschlagene Eiweiß unterzuheben. Gießen Sie die Masse in die Charlottenform und lassen Sie das Dessert im Kühlschrank völlig fest werden.
Zum Servieren stürzen Sie die Charlotte auf eine geeignete Platte, garnieren sie mit Ananasscheiben, in deren Löcher Sie verzuckerte Lindenblüten stecken, und reichen geschlagene Sahne dazu.

# Märchenhafte Magnolienblüten

Zahlreich sind die Genüsse, die uns *Magnolia* zu bieten hat, denn das Verzuckern von Magnolienblüten ist ein köstliches Geschmacks- und Duftabenteuer, wobei das Ergebnis immer wieder überrascht.

Bei den duftenden Arten kann man den Geschmack des verzuckerten Blütenblattes ungefähr voraussagen. So hat *Magnolia salicifolia* (siehe Seite 194) einen fruchtigen Zitronengeschmack, wie ihr Duft schon verrät. Bei *Magnolia hypoleuca* kann man ein fruchtiges Aroma erwarten, das entfernt an Ananas erinnert. *Magnolia × thompsoniana,* die frisch und verzuckert neben dem Schokoladen-Dessert liegt, hat einen zarten Orangengeschmack, und die stattliche Blüte, die *Magnolia macrophylla* zwischen ihren gigantischen Blättern darbietet, schmeckt leicht nach Ingwer, wie dies bei vielen nicht-duftenden blühenden Magnolienarten der Fall ist (siehe auch Seite 60: *Magnolia acuminata*).

Auf den anderen beiden Abbildungen sehen Sie unten die aufrechte milchweiße Blüte der leicht duftenden und süß-fruchtig schmeckenden *Magnolia heptapetala* (syn. *Magnolia denudata*), die 1789 in China entdeckt wurde (und ziemlich winterhart ist), sowie oben die innen perlrosa und außen dunkelrosa getönte Blüte der *Magnolia* 'Iolanthe'. Bei letzterer handelt es sich um eine Kultur-Hybride, deren einer Elternteil höchstwahrscheinlich die aus Indien stammende und deshalb nicht winterharte *Magnolia campbellii* ssp. *campbellii* ist. Außerdem vermutet man, daß eine Magnolie des wesentlich winterhärteren *Sprengeri*-Typs eingekreuzt wurde. Sicher ist nur, daß 'Iolanthe' vor ca. 20 Jahren in Neuseeland entstand.

### Verzuckern

Das Verzuckern ganzer Magnolienblüten oder – bei größeren Blüten – einzelner Blütenblätter ist völlig unproblematisch, abgesehen von einer einzigen Schwierigkeit: Diese außergewöhnlich leckere Süßigkeit, die uns so viele verschiedene Geschmacksvarianten bietet, nimmt beim Verzuckern oft eine unansehnliche Farbe an. Mir ist es gelungen (genau wie bei den Quittenblüten; siehe Seite 47), diese Verfärbung weitgehend zu verhindern, indem ich das Eiweiß zum Einpinseln der Blütenblätter mit 1 Messerspitze Zitronensäure verquirle. Dadurch bekommt der Geschmack zwar eine leicht säuerliche Note, was nicht unbedingt wünschenswert ist, doch dem Aussehen kommt dieses Verfahren sehr zugute. Vor allem die farbigen Sorten wie die grünblühende *Magnolia acuminata,* die reizvolle purpurne *Magnolia × soulangiana, Magnolia liliiflora* und ähnliche verfärben sich dann viel weniger stark. Leider gibt es gerade unter den farblich so attraktiven Arten nur wenige duftende Sorten, so daß man beim Verzuckern meist einen ingwerartigen Geschmack erwarten kann.

### Schokoladen-Dessert mit Magnolienblüten

Natürlich kann man verzuckerte Magnolienblüten mit allen möglichen Nachspeisen, Torten, Cremes und Puddings kombinieren. Jelena entschied sich für ein Schokoladen-Dessert, das den Ingwergeschmack von *Magnolia macrophylla* und das fruchtig-frische Orangenaroma von *Magnolia × thompsoniana* ausgezeichnet stützt.

Lösen Sie 250 g zerkleinerte Blockschokolade bei schwacher Hitze in 250 ml Milch auf. Verquirlen Sie 3 Eigelb mit 75 g Zukker, bis die Masse mit bandartiger Konsistenz vom Schneebesen fließt. Rühren Sie die Schokoladenmilch darunter, und lassen Sie die Creme unter ständigem Rühren auf schwacher Hitze oder im Wasserbad eindicken. (Die Creme darf keinesfalls zu heiß werden!) Sobald die Creme abgekühlt ist, heben Sie 3 sehr steif geschlagene Eiweiß darunter.

Füllen Sie den Schokoladen-Pudding in Gläser, und lassen Sie ihn im Kühlschrank gut abkühlen. Servieren Sie ihn mit geschlagener Sahne, und reichen Sie verzukkerte Magnolienblüten dazu.

Ganz links: Ein einfaches Schokoladen-Dessert in imposanter Gesellschaft von großblättrigen und großblütigen *Magnolia macrophylla* und *Magnolia thompsoniana*

Links oben: *Magnolia* 'Iolanthe' ist durch mehrfache Kreuzungen entstanden

Links unten: *Magnolia heptapetala* (syn. *Magnolia denudata*) hat sanft duftende und schöne aufrechte Blüten mit neun sich anmutig entfaltenden Blütenblättern

# Aromatische Ingwergewächse

Jelena gerät jedesmal ins Schwärmen, wenn von den aromatischen Blütensprossen des japanischen *Zingiber mioga* die Rede ist, der natürlich ein sehr naher Verwandter ›unseres‹ Ingwers *(Zingiber officinale)* ist.

Merkwürdigerweise sind die Wurzelstöcke von *Zingiber mioga* nicht eßbar; die Triebe mit ovalen, lanzettförmigen Blättern und die Blütenstengel mit cremefarbenen Blüten, die getrennt voneinander aus den Wurzelstöcken wachsen, sind jedoch eine absolute Delikatesse. Man kann sie auf viele verschiedene Arten zubereiten: Sauer eingelegt und mit den Blättern von Shiso (siehe auch Seite 177) gefärbt, sind sie eine aromatische Beilage zu rohem Fisch, und Jelena schwört darauf, daß es kaum etwas Köstlicheres gibt. Aber auch zu Tempura und ›Sukiyaki‹ gelten sie in Japan als unverzichtbar. Im April werden sie dort zum erstenmal von den Wurzelstöcken abgeschnitten. Sie werden dann in kleinen Töpfen eingelegt und mit Reismatten abgedeckt. Gezüchtet werden sie in Holzschuppen. Leider ist es mir trotz intensivster Bemühungen nicht gelungen, solch eine *Zingiber mioga*-Pflanze (ganz zu schweigen von einer Blüte) ausfindig zu machen, um Sie Ihnen auf einem Foto vorführen zu können. In dem großen Topf im Hintergrund wächst meine ›gewöhnliche‹ Ingwerpflanze *(Zingiber officinale)*, die ich hege und pflege in der Hoffnung, daß irgendwann zwischen dem aromatischen Grün Blütenstengel mit gelb-purpurnen Blüten entstehen werden. Streift man mit den Händen über die Blätter, so geben auch sie ein köstliches Ingweraroma ab. Der Topf steht im Sommer draußen und im Winter drinnen (am besten in einem Gewächshaus) und bildet immer mehr duftende Wurzelstöcke, die ich jedoch nicht abernte, denn sie sind heute überall erhältlich und werden manchmal sogar frisch angeboten, wie die Sprossen mit Wurzelstock, die Sie in dem Glaszylinder sehen. Es war übrigens eine ungeheure Überraschung, wieviel Aroma und Saft diese frischen Wurzelstöcke beim Raspeln abgeben – sogar auf dem Foto kann man dies erkennen. Wer selbst Ingwerpflanzen aufziehen will, kann solche frischen Sprossen einfach in einen Topf mit fruchtbarer Erde stecken. Kargen Boden und – merkwürdigerweise, denn es handelt sich ja schließlich um ein tropisches Gewächs – zuviel direktes Sonnenlicht schätzen sie nicht.

Sollten Sie eine *Zingiber mioga* bekommen können, dann pflegen Sie sie gut, aber seien Sie nicht zu ängstlich bei Frost, denn dieser japanische Ingwer ist wesentlich winterhärter als sein tropischer Verwandter.

Aus getrockneten Ingwerwurzeln können Sie übrigens auch einen aromatischen Saft gewinnen, der angenehmer zu verarbeiten ist als der aus frischem Ingwer, den man jedesmal erst raspeln muß. Weichen Sie die getrockneten Wurzeln 30 Minuten in warmem Wasser ein, schaben Sie dann mit einem Messer die Schale ab, und pürieren Sie den Ingwer (mit etwas kaltem Wasser) in der Küchenmaschine. Bewahren Sie diesen flüssigen Ingwer in einem geschlossenen Glas im Kühlschrank auf.

Groß war meine Freude, als ich eine blühende Galgant-Alpinie fand. Diese *Alpinia galanga*, ebenfalls ein Mitglied der Familie der Ingwergewächse, wird auch Thai-Ingwer oder Galangawurzel genannt, und die dicken Wurzelstöcke liefern das dunkelgelbe Galgant oder Laos der indonesischen Küche, das in Pulverform oder in Form getrockneter Scheibchen so viele exotische Gerichte würzt. Auf Java ißt man die cremefarbenen Blüten mit den purpurnen Flecken auch manchmal frisch oder sauer eingelegt. Sie haben ein köstliches Aroma, das eine süße und pfeffrige Komponente in sich vereint. Deshalb habe ich versucht, sie zusammen mit ein wenig frisch geraspelter Ingwerwurzel zu gebratenen Bananen zu geben, und das Ergebnis ist sehr zu empfehlen. (Die Apfelbananen habe ich dazugelegt, weil es so hübsch aussieht und um Ihnen zu zeigen, daß es sie auch hierzulande gibt.)

Andere aromatische Ingwergewächse sind: *Elettaria cardamomum*, die ursprünglich aus Indien stammt, wegen ihrer äußerst aromatischen Samen, dem Kardamom, aber auch auf Ceylon und in Mittelamerika kultiviert wird – und *Curcuma longa* (syn. *Curcuma domestica*), von der jenes gelbe Pulver stammt, das als Gelbwurz oder Kurkuma im Handel ist – ein unentbehrlicher Bestandteil jedes guten Curry. Wir sind davon überzeugt, daß die Blüten dieser Gewürzpflanzen aus der Familie der *Zingiberaceae* ebenfalls einen süß-pfeffrigen Geschmack haben müssen, doch wir hatten leider keine Gelegenheit, dies für Sie zu prüfen.

# Milchstern als Nutzpflanze

*Ornithogalum longibracteatum* (syn. *Ornithogalum caudatum*), der langdeckblättrige Milchstern, ist ein stattlicher südafrikanischer Verwandter der niedlichen Milchsterne, die unsere Wälder und Gärten mit ihren meist weiß-grünen, kurzstieligen Blüten so früh im Jahr aufheitern. Denken Sie nur an *Ornithogalum fimbriatum*, den Gefransten Milchstern, der schon im Februar blüht, an *Ornithogalum balansae* mit gedrungener Blütentraube und breiten, gekielten Blättern oder an den Nickenden Milchstern *(Ornithogalum nutans)* mit silbergrüner Zeichnung auf jedem Blütenblatt.
Sie alle sind liebreizende kleine Frühlingsboten aus der Familie der Liliengewächse *(Liliaceae)*, die man nicht sofort mit süßem Naschwerk assoziiert, sondern höchstens mit kleinen Biedermeiersträußchen, denn der Straußähnliche Milchstern *(Ornithogalum thyrsoides)* wird für diesen Zweck so oft verwendet, daß man seiner fast schon überdrüssig geworden ist.
Doch haben diese bescheidenen Blümchen schon vor langer Zeit die Aufmerksamkeit großer Meister auf sich gelenkt, denn schon um 1508 fertigte Leonardo da Vinci eine Federzeichnung vom Dolden-Milchstern *(Ornithogalum umbellatum)* an. Pierre Joseph Redouté (1759–1840) schuf außer den bekannten braven Rosen auch wunderschöne Porträts von 486 Liliengewächsen. Er begann mit diesem Meisterwerk 1802, unter anderem auf Betreiben der Kaiserin Josephine, die ihm den Auftrag erteilte, die Rosen in ihren Gärten bei Malmaison für die Ewigkeit festzuhalten. Redoutés Œuvre zeigt auch elf Milchsternarten, einschließlich des hier abgebildeten und so köstlichen langdeckblättrigen Milchsterns *(Ornithogalum longibracteatum)*, der weniger durch seine langen Deckblätter (mit langen Brakteen also, wie auch sein lateinischer Name sagt) als durch den Umfang der grünen Knolle auffällt, die halb aus dem Boden herausragt. Natürlich ist dieses Gewächs mit den elegant überhängenden, ziemlich breiten Blättern und den zarten Blüten auf schwankendem Stiel eine echte Orangeriepflanze. Man kann sie zwar im Sommer problemlos nach draußen stellen, doch im Winter verlangt sie einen absolut frostfreien Standort im Haus. Wenn man diesen Milchstern seinen Bedürfnissen entsprechend behandelt, wächst er jedoch gut und erfreut immer wieder mit Stengeln voller Blüten, die schon roh angenehm süß schmecken.

### Tropische Törtchen

Um diese exklusive Blütensüßigkeit gebührend zu ehren, kreierte ich Törtchen mit tropischem Charakter, wobei die Blütenspitzen auf ›kristallisiertem‹ Weingelee (siehe Grundrezepte, Seite 202) ruhen, in das Litchis und Longanen eingebettet sind. Eine orangefarbene Beere der *Physalis peruviana*, deren kleiner Lampion aufgefaltet ist, setzt einen fröhlichen Farbakzent. (Der Vollständigkeit halber: Litchis wachsen an Bäumen der *Litchi chinensis*, Longanen sind die Früchte von *Dimocarpus longan*, und die Frucht, die Kap-Stachelbeere, Goldbeere oder Ananaskirsche genannt wird, reift in den kleinen Lampions der *Physalis peruviana* heran, die ursprünglich natürlich aus Peru stammt, aber jetzt auch in Südafrika angebaut wird.)
Weiteres Material über eßbare Milchsternblüten außer den hier vorgestellten und den ›Kornähren‹ von Seite 52/53 haben wir nicht finden können, und wir haben auch keine anderen Arten ausprobiert.

# SOMMERSÜSSE

Inspiriert von den vielen süß duftenden Köstlichkeiten, die der Frühsommer uns bietet, entstand diese Sommerbowle, die in sich die Süße von Blüten mit der Frische von Früchten und der anregenden Wirkung von Alkohol vereint.

Stark duftende Geißblattblüten (hier *Lonicera japonica*) wurden kombiniert mit *Phlox*-Blüten, *Filipendula*-Rispen, duftenden Rosenblättern, Sträußchen Baldrian mit etwas *Salvia sclarea* und mit einer Mischung aus (selbstgemachtem) Apfel- oder Birnensaft und Weißwein übergossen. Man kann Saft und Wein im Verhältnis 1:1 mischen, man kann das Mischungsverhältnis zugunsten der einen oder der anderen Komponente verändern, oder man kann – wenn man (sehr) junge Gäste hat – auf den Wein völlig verzichten.
Geben Sie die Blumen ein paar Stunden vor dem Ausschenken in das Getränk, und servieren Sie es sehr kalt. (Ich benutze dafür eine Kanne mit einem eisgefüllten Einsatz, die ich außerdem noch in eine Schale voller Eiswürfel stelle. So bleibt die Sommerbowle auch bei tropischen Temperaturen angenehm kühl und erfrischend.

### FILIPENDULA ULMARIA

*Filipendula ulmaria,* das Echte Mädesüß, bevorzugt feuchte Standorte. Deshalb findet man die Pflanze oft an den Ufern von Bächen, Wassergräben und Seen, wo die cremefarbenen flauschigen Blütenstände ihren süßen Duft weit verströmen. Doch auch Wiesen und Weiden, sofern sie feucht genug sind, erfüllt die Pflanze mit ihrer Süße, die wir in Sommergetränken einfangen.

### EIN BLUMIGES ASPIRIN

Hinzu kommt, daß ihre duftgeschwängerte Blüte nicht nur lieblich und süß ist, sondern daß ihr Blütenblatt außerdem Salicylsäureverbindungen enthält, die bei verschiedenen Leiden lindernd wirken. (Salicylsäure ist auch der Wirkstoff des Aspirins.)
Ein Glas Tee aus diesen Blüten, eventuell in Kombination mit anderen wohltuenden Kräutern, täglich getrunken, kann einen Menschen bis ins hohe Alter gesund erhalten. Zumindest trinkt Jelenas Mutter diesen Tee nun schon seit 40 Jahren täglich. 94 Jahre alt ist diese Dame mittlerweile und so gesund und fit, wie man es in diesem hohen Alter nur sein kann. Und weil auch der Duft dieser Blüten ihr guttut, sorgt Jelena dafür, daß in ihren Zimmern jederzeit Mädesüß steht, in der Saison frisch, davor und danach in getrockneter Form in Schalen.

FILIPENDULA ULMARIA
Das Aspirin unter den Pflanzen, das sich sehr gut für Tisanen und Tees eignet, das Wein, der etwas zu alt geworden ist, neue Kraft verleiht, und das eine verjüngende Wirkung hat

### ÜBER (ZU) ALTEN WEIN ...

Die guten Eigenschaften der aromatischen *Filipendula*-Blüte wirken sich auch günstig auf Wein aus, der etwas (zu) alt ist: Legen Sie ein paar Blütenstände in eine Flasche oder Karaffe. Nach einiger Zeit hat der Wein wieder wesentlich mehr Kraft. (Wie lange die Blüten im Wein ziehen müssen, hängt von der Qualität des Weins ab.)

### ... UND ÜBER EINEN VERJÜNGENDEN APERITIF

Nehmen Sie eine Flasche Weißwein, gießen Sie diese in eine gut verschließbare Karaffe, geben Sie 5 (frische oder getrocknete) Blütenstände des Mädesüß hinzu, lassen Sie den Wein 8 Tage an einem kühlen Ort ziehen, filtern Sie die Flüssigkeit, fügen Sie Honig nach Geschmack hinzu, und servieren Sie das Getränk gekühlt als Aperitif. Diesen *Filipendula*-Wein sollte eigentlich jeder Mensch über 40 täglich zu sich nehmen, denn er hat eine ebenso positive Wirkung wie der bereits erwähnte *Filipendula*-Tee.

# Köstliches in Karaffen

## Schon seit Tausenden von Jahren ist die Schafgarbe *(Achillea millefolium)* bekannt, und man kann fast sagen, daß diese ›tausendblättrige‹ Blume im Laufe der Jahrhunderte auch auf tausenderlei Arten in der Heilkunde verwendet wurde.

### Heldenkraut

Das Kraut wird frisch und getrocknet verwendet, aber auch in pulverisierter Form. Ihm wurde nachgesagt, es wirke sich günstig bei Blutungen und Krämpfen und bei zahllosen anderen Beschwerden aus, doch vor allem kam es wegen seiner antiseptischen Wirkung zum Einsatz.

Ihrer heilenden Wirkung verdankt diese Pflanze auch ihren Artennamen, denn der griechische Held Achilles soll die Schafgarbe dazu benutzt haben, einen verwundeten König auf dem Schlachtfeld damit zu verbinden, nachdem der Kentaur Cheiron ihn über die heilende Eigenschaft der Pflanze aufgeklärt hatte.

Auch heute noch werden für (homöopathische) Heilmittel die ›tausendfach‹ eingeschnittenen Blättchen *(Herba millefolii)* geerntet, ebenso wie die Blütendolden, die dann *flos millefolii* heißen. Die Blüten werden mit der Hand kurz (nicht mehr als 1 cm Stengelansatz) abgeschnitten.

Und in dieser Form werden sie auch, jedoch frisch, für die *Achillea*-Limonade verwendet, ein erfrischendes Getränk aus Serbien. Auch die Verwendung des Blatts ist dort noch verbreiteter als bei uns: Man bereitet Tee daraus, und man setzt auch Wein ein paar Zweiglein davon zu, um ihn etwas aufzufrischen. Junge Schafgarbenblättchen werden in Salaten, etwas ältere in Gemüsesuppen verarbeitet. In Jelenas Elternhaus bereitete man aus dem feinen und aromatischen Grün ein spezielles Mastfutter für junge Truthähne: Das Grün wurde zusammen mit Zwiebeln fein gehackt und dann mit feingemahlenem Mais und abgetropftem Frischkäse vermischt – nicht schlecht, dieses Futter für Truthahn-Babys: Man könnte auch einfach Brötchen daraus backen.

### Achillea-Limonade

Dieser erfrischende Trank mit einem ganz leicht frisch-bitteren Geschmack ist nicht nur gesund und wohlschmeckend, sondern auch ein ausgezeichnetes Digestivum nach einer (etwas zu) schweren Mahlzeit. Das Getränk wird wie alle Blütenlimonaden zubereitet: Eine gute Handvoll *Achillea*-Blüten über Nacht in Wasser mit einer in Scheiben geschnittenen Zitrone und einer Portion Zucker (nach Geschmack) ziehen lassen.

Sie können das Getränk abseihen und in einer Karaffe servieren oder es durch ein Sieb direkt in die Gläser ausschenken.

Aus den Blütenköpfchen kann man außerdem einen leicht fermentierten ›Šabeso‹ zubereiten, so wie es bereits beim Holunder auf Seite 81 beschrieben wurde.

### Muskatellerwein

Einer meiner Lieblingsweine ist der bernsteinfarbene, herrlich aromatische und süße ›Muscat de Beaumes de Venise‹. Er wird von verschiedenen Winzern im französischen Ort Beaumes-de-Venise hergestellt. (Dieses Dorf liegt in der Nähe von Châteauneuf-du-Pape, einem Ort, der seinen Namen ebenfalls einem berühmten – roten – Wein gegeben hat.) Nun ist Muskatellerwein leider nicht gerade preiswert – man kann sogar sagen, daß ein echter ›Muscat de Beaumes de Venise‹ sehr teuer ist. Deshalb bat ich einen auf diesem Gebiet gut informierten Freund um Rat, und er konnte mir auch tatsächlich weiterhelfen.

Natürlich verwendet man in Beaumes-de-Venise einheimische Muskatellertrauben zur Herstellung dieses ›Muscat‹, doch das spezifische Aroma wird außerdem durch Muskateller-Salbei *(Salvia sclarea)* intensiviert und wurde früher überdies durch das Aroma des Holunders ergänzt (was heute verboten ist). Nun sind dies beides Pflanzen, die auch einem einfachen Gärtner in ausreichenden Mengen zur Verfügung stehen können. Die vollständige Rezeptur bleibt natürlich ein Geheimnis; es spielen dabei noch andere Komponenten als die erwähnten Aromaträger eine Rolle. Doch ist es nicht schwer, einem sehr einfachen Weißwein eine ›Muscat‹-Geschmacksnote zu verleihen, indem man ein paar Stunden lang einen größeren Blütenstengel Muskateller-Salbei darin ziehen läßt und den Wein dann (nach Geschmack) mit konzentriertem Holunderblütensirup (siehe Seite 78/ 79) süßt, denn wenn man das Endprodukt ausschließlich für den Eigengebrauch verwendet, kann einem niemand auf der Welt die Verwendung von Holunder verbieten. Dieser Vorgang ist in der Abbildung auf der gegenüberliegenden Seite dokumentiert: In der aromatischen Umrahmung vieler Blüten des Muskateller-Salbeis sehen Sie eine Originalflasche ›Muscat de Beaumes de Venise‹, außerdem ein Vorratsglas mit in der Entstehung begriffenem Muskatellerwein und im Vordergrund eine ausgefallene Flasche mit Holunderblütensirup.

Diese keusche Dame (beachten Sie das äußerst sittsame Dessous) ist ein Stück aus meiner Sammlung merkwürdiger Flaschen und hat von mir den Namen ›Upsidownia-Mädchen‹ bekommen. (Sie kennen vielleicht die hübsche botanische Karikatur einer Pflanze, die wie das bekannte Tränende Herz, *Dicentra spectabilis*, aussieht – bei näherer Betrachtung jedoch kein gebrochenes Herz als Blüte hat, sondern auf dem Kopf stehende Männchen – und den ›botanischen‹ Namen *Manypeoplia upsidownia* trägt.)

USCAT DE
MES DE VENISE
MUSCAT DE BEAUMES DE VENISE CONTRÔLÉE
IN DOUX NATUREL
750ml

# Mit Lavendel behutsam lavieren

Beim Kochen mit Lavendelblüten ist große Umsicht geboten, denn wenn Sie zu freigebig mit diesen äußerst aromatischen Blüten umgehen, dann entfalten sich auf den Tellern später Düfte, die eher an den Wäscheschrank oder an das Bad erinnern.

Wer es jedoch versteht, mit Lavendel behutsam umzugehen, dem gelingen Gerichte von ungeahnter Raffinesse, sowohl süße wie auch herzhafte. Die Lavendel-Rosen-Meringen der nebenstehenden Abbildung und das Lavendel-Eis auf der folgenden Seite sind nur zwei Beispiele von vielen.

Lavendel-Rosen-Meringen

Besonders elegant wirkt dieses Dessert, wenn Sie es in sechs feuerfesten Portionsschalen zubereiten, aber auch in einer großen Schale für sechs Personen ist es ein Geschmackserlebnis.

Das Dessert besteht aus zwei Schichten. Für den Boden geben Sie 3 Eier, 100 ml Rosenblätter in Sirup, 60 g Butter (zimmerwarm und in Flöckchen verteilt) sowie Schale und Fruchtfleisch von 2 Zitronen in den Mixer und verschlagen alle Zutaten, bis ein geschmeidiges Püree entstanden ist, in dem die Zitronenstückchen gerade noch erkennbar sind.

Kosten Sie, ob Ihnen das Püree süß genug ist (nach meinen Erfahrungen schmeckt selbstgemachter Rosenblattsirup hinsichtlich der Süße in jedem Haushalt anders), aber bedenken Sie, daß gerade der Kontrast zwischen dem frischen Geschmack der unteren Schicht und der süßen, mit Lavendel aromatisierten Meringen-Schicht die besondere Raffinesse dieses Rezepts ausmacht.

Verteilen Sie die Masse in die Schälchen, und stellen Sie sie 15 Minuten in den auf 200° C vorgeheizten Backofen.

Schlagen Sie unterdessen 3 Eiweiß mit 120 g gesiebtem Puderzucker so steif, daß Sie die Schüssel auf den Kopf stellen können, ohne daß der Eischnee herausgleitet.

Streichen Sie eine gute Portion des Eischnees auf jedes Schälchen mit dem vorgebackenen Rosen-Zitronen-Boden, reduzieren Sie die Ofentemperatur auf 150° C, und verteilen Sie 1 schwach gehäuften Teel. getrocknete Lavendelblüten über den Eischnee. Stellen Sie die Meringen 10 Minuten in den Backofen oder so lange, bis die Eischnee-Spitzen eine schöne goldbraune Farbe haben (und genießen Sie unterdessen den angenehmen Lavendelduft, der aus dem Ofen aufsteigt).

Am besten schmeckt dieses Dessert, wenn es sich einen Rest von Ofenwärme bewahrt hat.

### Lavendel-Eis

Von den zahlreichen Rezepten für Lavendel-Eis, die wir ausprobierten, luden die meisten herzlich dazu ein, das Ergebnis dem Badewasser zuzusetzen oder es als Seife zu benutzen. Doch schließlich kam das Lavendel-Eis des Drei-Sterne-Chefkochs Roger Vergé auf den Tisch: Es hatte einen sehr feinen Geschmack und war perfekt. Das Rezept stammt aus seinem empfehlenswerten Kochbuch »Les Fêtes de mon Moulin« (Feinschmecker-Menus aus Frankreich. ›Feste in meiner Mühle‹). Das Rezept lautet:

1 Teel. Lavendelblüten, 200 g Kristallzucker, 250 ml Milch, 8 Eigelb, 250 ml Schlagsahne.

Mixen Sie die Lavendelblüten und den Zucker in der Küchenmaschine (oder zerstoßen Sie die Blüten in einem Mörser, bis sie so fein wie möglich sind). Verrühren Sie diesen Lavendelzucker so lange mit der Milch, bis sich die Zuckerkristalle aufgelöst haben. Verquirlen Sie die Eigelb mit der Sahne, fügen Sie die süße Lavendelmilch hinzu, und gießen Sie die Mischung in die Eismaschine.

Auf der Abbildung rechts bildet ein großer Strauß *Lavandula stoechas* den Hintergrund für das Eis; wir haben diese Lavendelart wegen ihrer außergewöhnlichen Schönheit ausgewählt. Die getrockneten Blüten von *Lavandula angustifolia*, die für das Eis verwendet wurden, sehen Sie in der kleinen Kristallschale.

### Endlich gute ›Inseln‹

Wen im Laufe der Jahre allmählich die Verzweiflung gepackt hat angesichts der vielen mißlungenen Baiser-Inseln oder ›Îles flottantes‹, die auf den Tisch kamen, findet hier die Lösung für dieses Problem, das auch mir nur zu gut bekannt ist: Die ›Œufs à la neige‹ (wie sie auch genannt werden) oder ›Îles flottantes‹ sollten nicht in Milch, wie es in vielen Kochbüchern heißt, sondern in Wasser gegart werden (wie es sich für eine ordentliche Insel ja auch gehört). Das Wasser wird (nach Geschmack) mit Zucker gesüßt und mit einer aufgeschnittenen Vanilleschote aromatisiert.

### Feigen mit Lavendel-Inseln

(Abbildung auf Seite 125) Schlagen Sie 4 Eiweiß (oder mehr, wenn Sie viele Gäste haben, beziehungsweise weniger, wenn Sie nur zu zweit sind) mit 100 g feinem Kristallzucker und 1 Teel. Lavendelblüten zu Schnee. Lassen Sie einen Zuckersirup auf schwacher Hitze simmern und 15 Minuten eine aufgeschnittene Vanillestange darin ziehen, bevor Sie den aromatischen Eischnee eßlöffelweise hineingleiten lassen. Wenn der Eischnee schön ›wolkig‹ geworden ist, wenden Sie die Inseln mit dem Schaumlöffel und lassen auch die andere Seite garen. Danach brauchen Sie sich nur noch darüber zu freuen, daß es gelungen ist.

Die Lavendel-Inseln auf in Viertel zerteilten frischen Feigen anrichten und mit Schlagsahne servieren, die Sie mit etwas Blaubeer-Coulis (grob mit Zucker pürierte Blaubeeren, die mit Cassis-Likör verdünnt und aromatisiert worden sind) verrührt haben.

## Lavendelzucker

Lavendelzucker ist ein köstlicher Zusatz, den man für sehr viel mehr Leckereien verwenden kann, als auf diesen Seiten beschrieben sind. Mit dem aromatisierten Zucker braucht man nicht so vorsichtig umzugehen wie mit den getrockneten oder frischen Lavendelblüten. Außerdem ist es wirklich sehr einfach, Lavendelzucker herzustellen, und dazu ist er während der ›Ruhezeit‹ auch noch sehr hübsch anzusehen mit seinen abwechselnd blauen und weißen Schichten. (Lavendelzucker ist auch ein hübsches Geschenk für Freunde, die nur einen kleinen oder gar keinen Garten besitzen.)

Suchen Sie ein dekoratives Vorratsglas aus (oder ein einfaches Marmeladenglas oder auch ein Einweckglas), und füllen Sie es schichtweise mit weißem feinem Kristallzucker und tiefblauen Lavendelblüten. Verschließen Sie das Glas, und lassen Sie es 6 Wochen lang stehen. Geben Sie den Inhalt des Glases dann durch ein Sieb, das zwar für die Zuckerkristalle, nicht aber für die Lavendelblüten durchlässig ist.

Bewahren Sie diesen Zucker in gut verschlossenen Gläsern auf, bis Sie ihn in Tee, auf dünnen Pfannkuchen (Palatschinken), in Eis oder in süßen (aber auch herzhaften) Saucen verwenden, und experimentieren Sie mit dem gefährlich-köstlichen Aroma, das Lavendel nun einmal besitzt.

## ›Lavendel-Edik‹

Von diesem zweiten Essig von Marga Vugs, den man nicht Essig nennen darf, bin ich – falls dies überhaupt möglich ist – noch begeisterter als von dem ›Engelwurz-Edik‹, der auf Seite 70 vorgestellt wurde. Der ›Lavendel-Edik‹, dessen Säuregehalt unter 4 % liegt und der ein sehr zartes Lavendelaroma besitzt, lädt zu aromatischen Experimenten geradezu ein.

Zunächst einmal bietet es sich natürlich an, ihn in einer Vinaigrette zu verwenden, in der Essig (oder ›Edik‹) ein unverzichtbarer Bestandteil ist. Darin wirkt der zarte Lavendelhauch wahre Wunder, was auch für den heute so modischen ›Salade tiède‹ mit (warmen) Fischstückchen oder Geflügelstreifen gilt.

Im folgenden Rezept werden frische Pilze mit diesem ›Edik‹ gewürzt. Das köstliche Resultat sollte eigentlich Grund genug sein, sich mit dieser Lavendelvariation in Säure an weitere interessante Abenteuer heranzuwagen.

Die ›Ediks‹ von Marga Vugs werden aus Naturessig hergestellt, der mit Wein abgemildert wird. Außerdem läßt sie Kräuter (in diesem Fall blühende Lavendelzweige) darin ziehen – was Sie natürlich auch selbst ausprobieren können.

›Champignons bleus‹

Wer aufgrund des Namens, den dieses Gericht trägt, vermutet, daß die blaue Farbe von den Lavendelblüten herrührt, sollte sich einmal die drei frischen Pilze auf der Abbildung genauer anschauen: Der violette Schimmer ihrer Färbung hat diesen Rötelritterlingen (*Lepista*) den Namen ›Champignons bleus‹ eingetragen, und als solche werden sie gelegentlich auch im Feinkost-Handel angeboten.
Es gibt einen Violetten Rötelritterling (*Lepista nuda* syn. *Tricholoma nudum*, nur junge Fruchtkörper sind eßbar!) und einen (schwach lilafarbenen) Fleischbraunen Rötelritterling (*Lepista sordida* syn. *Tricholoma sordidum*). Ich muß hier dringend davor warnen, diese Pilze aus Experimentierfreude roh, zum Beispiel in Salaten, zu verarbeiten, denn in diesem Zustand sind sie giftig. Sie sollten blanchiert und mindestens 20 Minuten gegart werden.
Natürlich können Sie dieses Gericht auch mit einem ›einfacheren‹ Pilz zubereiten: Ein guter Champignon eignet sich ausgezeichnet, und wenn Sie den jetzt überall erhältlichen Shiitake (*Lentinus edodes*) verwenden, werden Sie etwas großzügiger mit den Aromen sein müssen, denn dieser Pilz hat einen kräftigen Eigengeschmack, doch auch er läßt sich auf die hier angegebene Weise zubereiten.
Die von mir verwendeten bläulichen Pilze (die Sie aber lieber kaufen, statt selbst sammeln sollten) haben ein herrlich aromatisches Fleisch, dessen Geschmack sich ausgezeichnet in das Gericht einfügt.

Mit Silberzwiebeln, ›Lavendel-Edik‹ und Holunderblütensirup

Schmoren Sie zuerst die geputzten Silberzwiebeln in halb Butter, halb (Haselnuß-) Öl, bis sie glasig sind, aber noch nicht (oder zumindest kaum) Farbe angenommen haben. Fügen Sie dann die blanchierten Pilze hinzu (kleine im ganzen, größere in Stücke geschnitten), und lassen Sie sie unter ständigem Wenden ca. 20 Minuten mitschmoren, bis sich das volle Pilzaroma entfaltet hat (die schöne blauviolette Tönung verschwindet dabei zum größten Teil).
Löschen Sie dann mit einem Schuß ›Lavendel-Edik‹ ab, und süßen Sie mit einem Schuß konzentriertem Holunderblütensirup.
Schmecken Sie ab, ob Sie noch Salz und/oder Pfeffer hinzufügen wollen, und lassen Sie alles kurz durchschmoren, bis die Flüssigkeit verdampft ist und Pilze und Zwiebeln nur noch von einer cremigen, dickflüssigen Sauce von sehr apartem Aroma überzogen sind.
Dieses Pilzgericht kann als aromatische Vorspeise oder als Lunch serviert werden, wozu eine Scheibe (getoastetes) (Holunderblüten-)Brot sehr gut paßt.

Lavendelhonig und Lavendellikör

Aus drei Ländern sammelte ich Lavendelhonig für Sie: Aus Frankreich, aus Italien (siehe auch Seite 97) und aus den Niederlanden (von einem biologisch-dynamischen Imkerei-Gartenbau-Betrieb, der den Lavendelhonig natürlich aus Frankreich bezieht – weil die Lavendelfelder in den Niederlanden nun einmal nicht gerade ›dicht gesät‹ sind –, und zwar von Imkern, die mit biologischen Methoden arbeiten).
Alle diese Honige haben ein sehr subtiles Lavendelaroma, das sehr gut in Plätzchen und anderem Backwerk zur Geltung kommt, aber auch in eleganten Dessert-Saucen keinesfalls fehl am Platz ist, wenn Löffelchen dieses Honigs mit saurer Sahne, Crème fraîche oder Joghurt verrührt werden.
Sie können natürlich Ihren eigenen Lavendelhonig herstellen und dabei auch die Intensität des Aromas beeinflussen, indem Sie Lavendelblüten in einem geschmacksneutralen (Wiesen-)Honig ziehen lassen. Dafür füllen Sie 1–1½ Teel. getrocknete Lavendelblüten in ein Nesseltuchsäckchen (oder in einen Teebeutel, den Sie anschließend wieder verschließen) und lassen es ein paar Wochen lang in dem Honig ziehen, damit die Blüten ihr Aroma abgeben können.
Auch Lavendellikör wird in Frankreich hergestellt: Sie sehen hier eine kleine Probeflasche ›Liqueur de Lavande‹, aber es gibt selbstverständlich auch größere Flaschen mit diesem aromatischen violetten Getränk.

Das Rezept für die Feigen mit Lavendel-Inseln finden Sie auf Seite 123.

# Sommerkantate im Viervierteltakt

Ein Jubelgesang auf den Sommer – eine komplette Kantate mit spritzigen Arien und korallenroten Chorälen – präsentiert in vier Karaffen, die mit ihrem Aussehen und ihrem Inhalt den rosig-süßen Sommergenuß maßgeblich bestimmen.

Von roten Nelken und grünen Limetten

Kochen Sie 1 l Wasser mit 100 g Zucker und 5 Gewürznelken auf. Fügen Sie die Blütenblätter von 10 großen duftenden roten Nelken hinzu, und lassen Sie sie 1 Minute mitkochen. Nehmen Sie den Topf vom Herd, und lassen Sie den Sud über Nacht zugedeckt ziehen. Filtern Sie die Flüssigkeit, fügen Sie den Saft von 4 Limetten hinzu, und servieren Sie das Getränk mit ein paar frischen Nelkenblättern. (Dieses und die übrigen Getränke von links nach rechts.)

Von Hibiskusblüte und Vanilleschote

Lassen Sie 1–1½ Eßl. *Hibiscus sabdariffa*-Blüten (siehe auch Seite 178/179) mit 1 aufgeschnittenen Vanilleschote und 100 g Zucker in 1 l kochendem Wasser ziehen. Lassen Sie den Sud über Nacht ruhen, filtern Sie die Flüssigkeit, und füllen Sie sie in eine Karaffe.

Von Rosenblättern und Roseneiswürfeln

Bereiten Sie frischen Rosenblattsirup zu, wie es auf Seit 88 beschrieben ist, oder nehmen Sie 1–2 Eßl. tiefgefrorenen konzentrierten Sirup und den Saft von 1–2 Zitronen pro Liter Wasser – je nachdem, welche Konzentration Sie bevorzugen. Legen Sie in jedes Glas einen Eiswürfel, in den Sie zuvor ein paar Rosenblätter oder duftende Rosenknospen eingefroren haben.

Von frischem Rhabarber, würziger Nelke und Kardamom

Schneiden Sie 250 g Rhabarber in kleine Stückchen, zerstoßen Sie im Mörser die Samen von 2–3 Kardamomkapseln und 5 Gewürznelken zusammen mit 50–75 g Zucker, rühren Sie diese Würzmischung unter den Rhabarber, gießen Sie 1 l kochendes Wasser darüber, und lassen Sie das Ganze 1–2 Tage lang ziehen.

Kleine Hommage an George Sand

Diese drei zierlich bemalten Teller gehören zu dem Service, auf dem George Sand ihren vielen prominenten und künstlerischen Gästen Leckerbissen servierte. Vielleicht scheint uns heute die Persönlichkeit dieser Frau fesselnder als ihre Schriften, und nicht wenige denken bei ihrem Namen zuerst an die stattliche Zahl ihrer berühmten Liebhaber (von denen Chopin wohl einer der beeindruckendsten war) und erst dann – wenn überhaupt – an die gleichfalls große Zahl ihrer Romane.
Fasziniert von ihrem zauberhaften Erdbeer-Service, habe ich mir ein ›Petit grand dessert‹ als kleine Hommage an George Sand (und an ihr Service) ausgedacht:
Eine Curuba (die Frucht von *Passiflora mollissima*) mit einer *Pelargonium*-Blüte als Knabbergarnierung; weiße Johannisbeeren mit würzig süßen Nelkenblättern; rote Walderdbeeren als Füllung einer weißen *Platycodon*-Blüte (siehe auch Seite 169) und Himbeer-Sorbet (siehe gegenüberliegende Seite), garniert mit weißen Walderdbeeren und Himbeeren.

# Flammenblumen

Wer die guten altmodischen (oder neuen, aber vor allem) duftenden Sorten von *Phlox paniculata* im Garten hat, wird zu seiner Freude entdecken, daß die Blüten, frisch von der Pflanze gegessen, von angenehm knackiger Konsistenz und süß-würzigem Geschmack sind.

So hat man Grund genug, diese delikaten Blüten häufig zu verwenden und die Flammenblumen (denn das ist der deutsche Name für *Phlox*) über (Obst-)Salate, Törtchen und Nachspeisen zu streuen, sie verzuckert auf Eis zu essen oder sie (kurz!) in Getränken ziehen zu lassen.

Merkwürdigerweise halten sie sich nicht einmal einen Tag lang in Branntwein; sie verlieren dann jegliche Struktur und werden zu einem transparenten Nichts – ganz im Gegensatz beispielsweise zu Nelkenblättern, die sich über Monate in alkoholischen Getränken halten (siehe Seite 137).

### Himbeer-Sorbet mit Flammenblumen

Pürieren Sie 500 g frische Himbeeren (oder nehmen Sie eine Konserve mit 400 g Himbeeren samt Saft). Fügen Sie Zuckersirup (gekocht aus 100 ml Wasser und 100 g Zucker) hinzu, außerdem den Saft von einer halben Zitrone und eventuell 50 ml ›Eau-de-vie de Framboise‹ und/ oder 50 ml Schlagsahne.

Geben Sie all dies zusammen für 20 Minuten in die Eismaschine.

Verzuckern Sie schöne Sträußchen *Phlox*-Blüten für die Garnierung.

Lassen Sie während der letzten Minuten frische *Phlox*-Blüten in der Eismasse mitdrehen.

Drücken Sie ein paar besonders schöne Blüten von innen gegen die Wandungen der Eisbecher, in denen Sie das Sorbet servieren wollen, füllen Sie sie mit dem Eis, und stellen Sie die Becher dann bis zum Verzehr in das Gefrierfach oder in die Tiefkühltruhe, damit die Gläser beim Servieren dekorativ beschlagen.

### Vier-Früchte-Salat mit Flammenblumen

Bereiten Sie einen Salat aus Sommerfrüchten (hier sind es Erdbeeren und Himbeeren sowie rote und schwarze Johannisbeeren, aber es darf natürlich auch eine andere Kombination sein), und streuen Sie vor dem Servieren frische Flammenblumen darüber. Süßen Sie den Salat mit einer Sauce, für die Sie (Orangenblüten-)Honig mit ein paar Löffeln Orangensaft verrühren. Eine winzige Prise frisch gemahlener grüner Pfeffer verleiht der Komposition besondere Raffinesse.

# Schlafmohn-Naschwerk

Hauchdünn sind die Blütenblätter von *Papaver somniferum*, und sie haben keinen sehr ausgeprägten Eigengeschmack (ähnlich den *Malva* also).

Und doch gibt es mehr als genug Gründe dafür, Schlafmohn-Blütenblätter in der Küche zu verwenden, und sei es nur wegen der prachtvollen Farben, in denen *Papaver somniferum* einfach oder gefüllt erblüht.
Und dann gibt es natürlich noch den Samen, jene unzähligen winzigen blauschwarzen Pünktchen, mit denen der Mohnkopf gefüllt ist. Und in Frankreich wird das grüne Blatt zwar als Gemüse gegessen, doch der »Larousse Gastronomique« warnt vor dem leicht berauschenden Effekt, den dieses Gemüsegericht haben kann. [Mit neuen bzw. verbesserten Analysemethoden läßt sich schon nach einer Einnahme von weniger als 0,5 g Mohnsamen Morphin im Urin nachweisen (Military Medicine, 153(9), 1988, S. 168 bis 170). Anm. d. dt. Red.]

### Verzuckern

Das Verzuckern einzelner Schlafmohn-Blütenblätter ist eine wahre Geduldsarbeit, die nur dann gut gelingt, wenn Sie zwei Blätter mit Eiweiß aufeinanderkleben und sie erst dann einpinseln und mit Zukker bestreuen.
Wesentlich leichter ist das Verzuckern gefüllter Blüten, da sie sich sehr gut als Ganzes kandieren lassen. Nur dürfen Sie dies nicht schon Tage vor dem beabsichtigten Gebrauch tun, denn ganz und gar trocken wird das blattreiche Blütenherz natürlich nicht.

### Mohn-Pudding

Bereiten Sie eine Crème anglaise: 500 ml Milch (zuvor eine Vanillestange darin ziehen lassen) nach und nach mit 8 Eigelb verquirlen, die Sie vorher mit 200 g Zucker schaumig geschlagen haben. Auf sehr niedriger Hitze oder im Wasserbad unter ständigem Rühren binden lassen. Die Creme darf dabei auf keinen Fall kochen.
Nehmen Sie den Topf vom Herd und lösen Sie 4 in kaltem Wasser eingeweichte und gut ausgedrückte Blätter Gelatine darin auf. Anschließend lassen Sie die Creme abkühlen.
In einem Mörser zerstoßen Sie 150 g Mohnsamen (Sie können ihn auch im Reformhaus mahlen lassen), die Sie darauf mit 3 Eßl. Buchweizenhonig leicht erwärmen, bis sich das Aroma entfaltet. Erhitzen Sie in einem Topf 500 ml Weißwein, nehmen Sie den Topf vom Herd, und lösen Sie 1½ eingeweichte Blätter Gelatine darin auf. Rühren Sie 3 Eßl. der Mohnsamen-Honig-Mischung darunter, und lassen Sie sie abkühlen.
Gießen Sie die Wein-Mohn-Mischung in eine eingefettete Form, so daß der Boden bedeckt ist. Verrühren Sie die restliche Mohnsamen-Honig-Mischung mit der Crème anglaise, und heben Sie dann 350 ml mit 50–75 g Zucker geschlagene Schlagsahne darunter (die Zuckermenge hängt von der Süße des Buchweizenhonigs ab). Füllen Sie die Form mit der Masse auf, und lassen Sie das Dessert im Kühlschrank fest werden. Stürzen Sie es zum Servieren auf eine Platte, und dekorieren Sie es mit verzuckerten Schlafmohnblüten. (Die übriggebliebenen 8 Eiweiß können Sie für andere Süßspeisen, etwa für Meringen, verwenden.

### Nudeln mit Mohnzucker

Dies ist ein Gericht, das in Bulgarien und Serbien (dort ›makos guba‹ genannt) oft gegessen wird – und das zu Recht, denn der würzig-süße Geschmack ist äußerst delikat.
Kochen Sie die Nudeln in Milch al dente, und lassen Sie sie dann gut abtropfen. (Die Milch kann später noch verwendet werden, beispielsweise in einer Suppe oder in Kartoffelpüree.)
Schwenken Sie die Nudeln in etwas Butter (pro Person ein nußgroßes Stück) und (ebenfalls pro Person) 1–1½ Eßl. Mohnzucker (zubereitet aus Mohnsamen und Zucker zu gleichen Teilen sowie 1 Prise Vanillezucker nach Geschmack, in einem Mörser zerstoßen). Verzieren Sie das Gericht mit ›doppelten‹ verzuckerten Schlafmohn-Blütenblättern.

### Mohnkuchen

Schlagen Sie 75 g weiche Butter mit 1 Ei und 200 g Zucker so schaumig wie möglich. Fügen Sie 250 ml Milch hinzu, 150 g gemahlenen Mohnsamen und 250 g Mehl, das Sie zusammen mit einem Päckchen Backpulver durchgesiebt haben.
Fetten Sie eine Kastenform mit Butter ein, drücken Sie rundherum Schlafmohn-Blütenblätter an die Innenseiten, und gießen

# Von zitronigem Grün und Sommer-Rot

Sie den Teig hinein. Die Form sollte nur zu drei Vierteln gefüllt sein. Bedecken Sie die Oberseite ebenfalls mit Blütenblättern, und stellen Sie den Kuchen sofort in den auf 150° C vorgeheizten Backofen. Die Backzeit beträgt ca. 1 Stunde. Prüfen Sie aber in jedem Fall, ob der Kuchen wirklich gar ist, indem Sie mit einer Stricknadel bis in die Mitte hineinstechen: Wenn nichts an der Nadel klebenbleibt, ist er fertig.
Dieser Kuchen schmeckt besonders gut mit Schlagsahne und mit verzuckerten Schlafmohn-Blütenblättern als Beigabe.

### Zitroniges Grün

Das beste zitronige Blattaroma hat zweifellos der Zitronenstrauch (*Aloysia triphylla*). Es ist so frisch und köstlich, daß man in Frankreich sogar einen ›Verveine Liqueur‹ daraus herstellt. Auf der Abbildung sehen Sie eine solche Flasche, halb verborgen zwischen dem aromatischen Laub, das dem Getränk sein Aroma verleiht.
In den Vordergrund haben wir eine Flasche plaziert, in der gerade selbstgemachter Zitronenstrauch-Likör entsteht: darin ziehen 60 Blättchen des Krautes in 500 ml Branntwein mit einer (kleinen) Portion Zucker (nach Geschmack).
Es ist gleichermaßen köstlich wie dekorativ – und außerdem ganz im Geiste dieses Buches –, wenn solch ein Likör auf einen Eiswürfel eingeschenkt wird, in den man ein zartlila Blütensträußchen eingefroren hat. Ich habe für diesen Zweck Eierbecher benutzt, weil die süß-zitronig duftenden Blütenspitzen für einen Eiswürfelbehälter etwas zu groß sind.
Kleiner Tip: Blüten haben leider die Eigenschaft, auf (noch nicht gefrorenem) Wasser zu schwimmen: Stecken Sie sie umgekehrt in die Eierbecher oder in andere kleine Behälter, und arretieren Sie den Stengel dort, wo Sie ihn haben wollen, mit einem Klebeband.

### Sommer-rote Frucht-Gelatine

Nehmen Sie eines der sommer-roten Getränke, die auf den vorangehenden Seiten beschrieben werden, und verwandeln Sie es in ein Dessert, indem Sie pro 500 ml Flüssigkeit 12 eingeweichte Blätter Gelatine (= 20 g) darin auflösen.
Lassen Sie es im Kühlschrank fest werden, und servieren Sie es mit sommerlichen Früchten. Hier sind es Himbeeren und rote und weiße (Wald-)Erdbeeren, umrahmt von Baisermasse (beispielsweise mit Mandelstiften oder Kokosflocken).

# Sellerie als Überraschung

Als absolute Überraschung erwies sich der Geschmack der Blüten des einfachen Schnittselleries (*Apium graveolens* var. *secalinum*). Ihr Geschmack ist milder als der der Blätter, herrlich frisch und mit einem reinen Sellerie-Aroma. Hinzu kommt, daß eine geschossene Pflanze eine mannshohe Fülle an Dolden hervorbringt und daß diese Blüten noch dazu sehr hübsch aussehen: Aus den ersten Blütendolden wachsen Stengel mit neuen Dolden, bis alles wie ein zartes Spitzenmuster wirkt. Außerdem halten sich die Blütenstengel 14 Tage lang als duftendes Beiwerk für Sträuße in der Vase.

### Von Sellerieblüte und (Zier-)Zwiebel

Bei diesem Gericht werden Sellerieblüten und die (Zier-)Zwiebel- oder Zierlauchart *Allium sphaerocephalon* auf einem Teller vereint.

Bereiten Sie ein Kartoffelpüree auf die übliche Weise mit Milch, einem Stück Butter, Pfeffer, Salz, Muskatnuß und (nach Geschmack) mit einer Prise Zucker zu, und mischen Sie dann kurz vor dem Servieren eine nicht zu sparsame Menge Sellerieblütendolden darunter. Das verleiht dem Püree ein herrliches Aroma und außerdem Farbe.

Wählen Sie für die Zubereitung der Zwiebelblüten einen Beignet-Teig aus (siehe Grundrezepte, Seite 202). Tauchen Sie die Blüten in den Teig, fritieren Sie sie goldbraun, und servieren Sie sie sofort.

Dies ist eine ausgezeichnete Beilage für gebratene Kalbsleberscheiben (die innen eine Spur Rosa zeigen).

### Gestürzter Kartoffelkranz

Dieses Rezept ist eine Hommage an die bescheidene Sellerieblüte, denn sie erhält hier sehr vornehme Gesellschaft von Gänseleber, Kartoffeln und Blätterteig.

Die Mengen für dieses Gericht hängen natürlich davon ab, wie groß der Kranz werden soll.

Für einen großen Kranz benötigen Sie: 500 g Kartoffeln, 250 g Gänseleber (oder Entenleber, die etwas preiswerter ist), eine gute Handvoll Sellerieblütendolden sowie Blätterteig zum Abdecken.

Kochen Sie zuerst die geschälten Kartoffeln halbgar (10 Minuten), am besten in Geflügelbouillon mit 1 Eßl. Gänseschmalz und 1 Bund frischer Kräuter, darunter natürlich auch Sellerie. Gießen Sie die Kartoffeln ab, und schneiden Sie sie in gleichmäßige Scheiben.

Schneiden Sie die Gänseleber in ähnlich dicke Scheiben.

Fetten Sie die Kranzform mit einer dünnen Schicht Gänseschmalz ein, und füllen Sie sie mit Kartoffel- und Gänseleberscheibchen (etwa 2 oder 3 Kartoffelscheiben, daneben 1 Sellerieblütendolde und schließlich 1 Scheibe Gänseleber).

Stellen Sie die Form 3–4 Minuten auf eine Elektroplatte oder auf eine Gasflamme, so daß die Unterseite des Kranzes, die nach dem Stürzen die Oberseite ist, goldbraun wird. Nehmen Sie die Form dann vom Herd, und bedecken Sie den Inhalt (ohne sich die Finger zu verbrennen!) vollständig mit Blätterteig.

Schieben Sie die Form 10 Minuten vor dem Servieren in den auf 230° C vorgeheizten Backofen. Nach 5 Minuten drücken Sie mit einem Holzlöffel den Blätterteig noch einmal an. Nach weiteren 5 Minuten (oder wenn der Blätterteig goldgelb und knusprig geworden ist) nehmen Sie die Form aus dem Ofen. Stürzen Sie den Kranz auf eine große runde Platte, und reichen Sie als Beilage einen frischen Eisbergsalat mit einer guten Vinaigrette (siehe Grundrezepte, Seite 201) dazu. Dies ist ein delikates Mittagessen, eignet sich aber auch als Vorspeise zu einem leichten Hauptgang.

### Selleriegeist

Der Selleriegeist (›Eau-de-vie de Céleri‹), der bei manchen herzhaften Sorbets und Saucen verwendet wird, wird nicht aus Schnittsellerie, sondern aus Knollensellerie (*Apium graveolens* var. *rapaceum*) gewonnen. Deshalb müßte er eigentlich ›Eau-de-vie de Célerie rave‹ heißen. Doch das tut dem Geschmack keinerlei Abbruch, denn dies ist ein köstlicher Zusatz zu den verschiedensten Speisen.

### Dolde ist nicht gleich Dolde

Sollten Sie sich, durch den Geschmackserfolg des Selleries ermutigt, voller Erwartung Ihren blühenden Petersilien- und Liebstöckelpflanzen zuwenden, so werden Sie mit Sicherheit enttäuscht werden, denn weder *Petroselinum* noch *Levisticum officinale* besitzen so angenehm schmeckende Blütendolden wie *Apium graveolens*. Petersilienblüten sehen zwar sehr hübsch aus und können feingehackt genauso wie das Petersiliengrün verwendet werden, doch die Dolden von Maggikraut bzw. Liebstöckel haben einen unangenehm scharfen Geschmack und sind von unschöner körniger Konsistenz.

# Majoran kommt gut an

Die Blütenfarbe des Majorans oder seines wildwachsenden Verwandten, der den italienischen Namen Origano trägt, kann sich sehen lassen: kräftig lila, viel auffälliger als das grüne Blatt, aber etwas milder im Geschmack, so daß man nicht so zaghaft mit diesen schön gefärbten Blüten umzugehen braucht. Majoran-Blütensträußchen kann man also in jedem Gericht verwenden, in dem man normalerweise das Kraut verarbeitet. Hier als Beispiel kleine Käse-Ravioli, geschwenkt in diesen lila Blütenköpfchen.

### Käse-Ravioli mit Majoran-Blütensträusschen

Diese Mini-Ravioli, die tiefgefroren verkauft werden, haben eine Füllung aus drei Käsesorten: Emmentaler, Saint-Marcellin und Parmesan. Außerdem enthält die Füllung Petersilie, Salz und diverse Gewürze. Natürlich sind Sie herzlich eingeladen, sie selbst zu machen. Wenn Sie sie fertig kaufen, müssen Sie sie nur ein paar Minuten in Wasser oder Bouillon kochen (der Ravioliteig ist dünn, und die Ravioli sind sehr klein), und nach dem Abtropfen schwenken Sie sie in etwas Butter oder in einem Schuß aromatischem Öl (frischem Olivenöl beispielsweise) und einer guten Portion Majoran-Blütensträußchen.

### Rote-Bete-Revue

Hier sehen Sie drei ganz besondere Kreationen mit roter Bete: eine Blüte, aus der rohen Knolle geschnitzt, einen Salat mit Basilikum-Mayonnaise und Rosetten aus rosafarbenem Püree.

Ehrlicherweise muß ich zugeben, daß weder Jelena de Belder noch ich uns an diese Schnitzarbeit gewagt haben. In asiatischen Ländern ist es üblich, zu Dekorationszwecken wunderschöne Formen aus allen möglichen Knollen und Früchten zu schnitzen. Bei einem Besuch in einem asiatischen Restaurant fand ich diese schöne Rote-Bete-Rose auf meinem Teller. Ich nahm sie für dieses Buch mit nach Hause, um zu illustrieren, was man alles aus roten Beten machen kann.

Aus gekochten roten Beten kann man mit einer guten Mayonnaise, in der großzügig Basilikumblüten verarbeitet sind, im Handumdrehen einen köstlichen Salat zubereiten. Ich wählte zu diesem Zweck zwei purpurfarbene Sorten (entsprechend der Farbe der gekochten roten Bete), und zwar *Ocimum basilicum* 'Dark Opal' mit purpurnen Blättern und das grünblättrige, aber zartviolett und purpurfarben blühende Indische Königskraut (siehe Seite 132). Das hübsche rosafarbene Püree bereiten Sie zu, indem Sie ganz normales Kartoffelpüree herstellen, jedoch einen Teil der Milch durch Rote-Bete-Saft (auf 500 g Püree ca. 100 ml Saft) ersetzen.

Unten: Mit Käse gefüllte Mini-Ravioli werden mit rotvioletten Majoran-Blütensträußchen farblich aufgefrischt

Ganz unten: Dreimal rote Bete: eine schön geschnitzte Rote-Bete-Blüte, Rote-Bete-Salat mit Basilikumblüten-Mayonnaise und Rosetten aus mit Rote-Bete-Saft gefärbtem Kartoffelpüree – so schön wie rosa Rosen

Gegenüberliegende Seite, oben: Sellerieblütendolden aromatisieren Kartoffelpüree und sind zusammen mit fritierten (Zier-)Zwiebelblüten eine ausgezeichnete Beilage zu Kalbsleber

Gegenüberliegende Seite, unten: In diesem Kranz sind Kartoffeln und Gänseleber eine vornehme Gesellschaft für Sellerieblüten

# Beseelendes Basilienkraut

Basilikum mit all seinen duftenden Formen – vom feinblättrigen *Ocimum basilicum* 'Green Globe' bis zum tiefpurpurnen *Ocimum basilicum* 'Dark Opal' und der subtilen Farbkombination des Indischen Königskrauts (*Ocimum basilicum* forma *violaceum*, syn. *Ocimum basilicum* 'Purpurascens'), nicht zu vergessen das nach Zitronen duftende *Ocimum basilicum* forma *citratum*, syn. *Ocimum basilicum* 'Citriodorum' – ist eines der aromatischsten Gewürzkräuter.
Ursprünglich wuchs dieses herrlich duftende Kraut in warmen Ländern wie Indien, Indonesien, Persien und Afrika, wo es sowohl für kulinarische wie auch für religiöse Zwecke kultiviert wurde. Aber auch in der Türkei und auf dem Balkan gibt es kein Haus, in dem nicht Basilikumpflanzen gezogen werden, sehr oft in Töpfen, in denen sie schön warm stehen und immer in Reichweite sind. Oft findet man in diesen Ländern auch einen frischen Basilikumstrauß auf dem Tisch, so daß jeder nach Belieben sein Essen damit aromatisieren kann.
Frankreich und Italien ehren das Basilikum ebenfalls in vielen Formen, beispielsweise in der berühmten und köstlichen italienischen Nudelsauce ›Pesto‹ (siehe Seite 147 und Seite 177).
Indonesien kennt eine Anzahl von Basilikumsorten, unter denen Selasih (das gewöhnliche *Ocimum basilicum*, das dort einen Meter hoch werden kann) und Kemangi (*Ocimum basilicum* forma *citratum*, syn. *Ocimum basilicum* 'Citriodorum') die verbreitetsten sind. Letzteres wird nicht so groß und blüht weiß; es wird in seiner Ursprungsregion hauptsächlich wegen seines herrlichen Aromas an Terrassenrändern angepflanzt. Auch die jungen kleinen Früchte, die nach der Blüte heranreifen, sind dort als Bestandteil eines aromatischen und erfrischenden Getränks sehr beliebt.

### Von Tomaten und Basilikum

Tomaten und Basilikum sind ein fast unzertrennliches Paar. Man denke nur an jene berühmte italienische Vorspeise, bei der Scheiben von Mozzarella abwechselnd mit Tomatenscheiben, vielen Basilikumblättern und einer würzigen Vinaigrette serviert werden.
Auch hier folgen drei Rezepte, in denen verschiedene Tomatensorten mit Basilikum kombiniert werden, jedoch diesmal mit den Blüten, die das gleiche Aroma wie das Blatt haben, nur etwas süßer sind, was schon ihr Duft verrät.

### Gefüllte Tomaten mit Fisch-Basilikum-Mayonnaise

Schneiden Sie von schönen großen Tomaten die Kappen ab, und löffeln Sie das Innere sorgfältig aus. Bereiten Sie eine aromatische Mayonnaise nach dem Grundrezept auf Seite 201 zu, und mischen Sie eine nicht zu kleine Menge Basilikumblüten darunter. (Dort, wo die Blüten schon ausgefallen sind, haben sich sehr junge kleine Früchte gebildet, die ebenfalls köstlich schmecken.) Sollten Sie nicht genügend Blüten zur Verfügung haben, dann können Sie natürlich für die Mayonnaise auch die Blättchen verwenden und die Blütensträußchen zum Garnieren zurückhalten.
Räuchern Sie 1 Lachsforelle nach dem Rezept auf Seite 20/21, und rühren Sie Stückchen dieses köstlichen Fischs vorsichtig unter die Basilikum-Mayonnaise. Füllen Sie die Tomaten damit, und garnieren Sie sie mit Blütensträußchen.
Sie können dieses Gericht auch mit anderen Fischsorten zubereiten, und der Fisch

muß auch nicht geräuchert sein, kurz gedämpft oder geschmort ist er ebenfalls geeignet, vorausgesetzt, das Fischfleisch ist nicht so weich, daß es auseinanderfällt.

### Baumtomaten-Sorbet

Früchte der Baumtomate (*Cyphomandra betacea*) haben einen sehr speziellen würzigen Geschmack, der sich hervorragend für herzhafte Gerichte eignet. Hier stellen wir Ihnen ein Sorbet vor, das man als Vorspeise oder bei einem großen Dinner auch als Erfrischung zwischen zwei Hauptgerichten reichen kann. Am besten bereiten Sie gleich eine größere Menge davon zu, denn eine Eismaschine funktioniert nun einmal nicht so gut bei kleinen Mengen. Das folgende Rezept ist für 16 Baumtomaten berechnet.
Schneiden Sie von den auf der Seite liegenden Baumtomaten waagerecht eine ›Kappe‹ ab, und schaben Sie sie mit einem scharfrandigen Löffel so sorgfältig wie möglich aus. Achten Sie jedoch darauf, daß die Wände nicht so dünn werden, daß man die Früchte nicht mehr füllen kann.
Kochen Sie einen Sirup aus 175 ml Wasser und 100 g Zucker, den Sie mit dem Tomatenfleisch vermischen und mit dem Saft von einer Zitrone, mit Salz, frisch gemahlenem grünem Pfeffer und den Blüten von 8 Basilikumstengeln würzen.
Lassen Sie das glatte, geschmeidige Tomatenpüree in Ihrer Eismaschine oder im Gefrierfach zu Sorbet gefrieren (siehe Grundrezepte, Seite 202), und geben Sie so viel davon in jede Baumtomate, daß es ein wenig über den Rand hinausquillt. Legen Sie die Käppchen darauf, und stellen Sie die Tomaten in einer Gefrierdose in den Tiefkühlschrank.

### ›Herzhaft‹ süss

Ausgangspunkt für diese herzförmige Torte waren die schönen fleischigen grünen Herzen der Buschtomate 'Cœur de Bœuf'. Um die Fruchtbildung anzuregen, können Sie unreife Früchte pflücken und an einem sonnigen Ort nachreifen lassen, bis sie ihre endgültige tiefrosarote Farbe bekommen haben. Sie können sie jedoch auch grün verarbeiten zu Tomatenmarmelade, Tomaten-Chutney oder in einer ihrer Form angepaßten süßen Torte. (Dies sollten Sie spätestens dann tun, wenn der erste Nachtfrost dem Herztomaten-Vergnügen ein Ende zu bereiten droht.)
Sie benötigen: 6 kleine oder 3 große tiefgekühlte Blätterteiglagen, 1 große Zwiebel, 1 große (frische) Knoblauchzehe, Butter zum Backen und zum Einfetten der Form, 1 großen Apfel, 3 große grüne Fleischtomaten, 100 g große gelbe kernlose Rosinen, Zucker und Zimt nach Geschmack, 3 Eier, 50 ml Mascarpone, 3 Blütenstengel des Indischen Königskrauts.
Vielleicht runzeln Sie bei dieser Zutatenliste die Stirn, doch lassen Sie sich von der etwas seltsam anmutenden Kombination nicht abschrecken, denn das Resultat ist eine herzhaft-süße Torte, die Sie sowohl zum Kaffee, zum Tee oder zu einer Tisane sowie auch zu einem Gläschen eines ›geistigen‹ Getränks servieren können.
Hacken Sie die Zwiebel fein, schneiden Sie den Knoblauch in hauchdünne Scheibchen, und lassen Sie beides in etwas Butter goldbraun schmoren. Fetten Sie eine (Herz-)Form mit Butter ein, und kleiden Sie sie mit dem Blätterteig aus. Schneiden Sie die Tomaten in dünne Scheiben und den Apfel in schmale Spalten. Ordnen Sie beides abwechselnd in der Form an. Verteilen Sie dazwischen die Rosinen, die geschmorten Zwiebeln und den geschmorten Knoblauch. Streuen Sie eine dünne Schicht extrafeinen Kristallzucker darüber, und bestäuben Sie alles mit Zimtpulver.
Verquirlen Sie die Eier, und rühren Sie die abgezupften Basilikumblüten zusammen mit dem Mascarpone darunter. Gießen Sie dieses Gemisch über die Torte.
Lassen Sie die Torte 15 Minuten in einem auf 225° C vorgeheizten Ofen backen, reduzieren Sie dann die Temperatur auf 150° C, und warten Sie, bis die Torte ganz gar und trocken ist. (An einer Stricknadel, die Sie in die Mitte stechen, darf nichts mehr klebenbleiben. Dies kann bis zu 45 Minuten Backzeit erfordern.)
Die Torte kann sowohl warm als auch kalt serviert werden.

Rechts: Die herzförmige Tomatensorte 'Cœur de Bœuf' inspirierte zu dieser herzhaft-süßen Torte
Gegenüberliegende Seite, oben: Tomaten mit einer Fisch-Mayonnaise-Füllung, umgeben von verschiedenen Basilikumsorten
Gegenüberliegende Seite, unten: Baumtomaten mit einer Sorbet-Füllung aus ihrem eigenen Fruchtfleisch sind eine sehr außergewöhnliche Vorspeise oder ein interessanter Zwischengang

# Mini-Blüte auf Maxi-Dolde

Natürlich weiß jeder, wie die Dillblüte (*Anethum graveolens*) aussieht – sogar nicht im Kochen bewanderte Blumenfreunde kennen sie, denn die wohlriechende Dillblüte ist inzwischen zu einer geschätzten Schnittblume avanciert.

Nun sind die einzelnen Blüten des Dills zwar winzig, doch das wird durch den Umfang der gesamten Dolde wieder wettgemacht. Außerdem sind sie überaus aromatisch.

Dill ist in jeder Hinsicht ein köstliches Kraut, denn praktisch alle seine Teile lassen sich verwenden: Blatt und Blütendolden sind frisch ein unentbehrlicher Bestandteil von Saucen (siehe beispielsweise Seite 21) sowie von Kartoffel- und Gemüsepüree. Und die Stengel kann man als Grillunterlage für Fisch und Fleisch benutzen.

Dillblütensträußchen, eventuell auch mit den jungen Samenschirmen vermischt, kann man auf die gleiche Weise als Bett für Fisch verwenden, wie es auf Seite 170 mit dem Fenchel geschieht.

Mit reifen Dillsamen würzt man Sauerkraut, und außerdem kann man damit, ebenso wie mit Fenchelsamen, alle möglichen anderen Kohlsorten aromatisieren.

Aber Dill ist natürlich das Gewürz schlechthin, wenn es um das saure oder süß-saure Einlegen von Salat- und Einlegegurken, von Zwiebelchen und Champignons geht. Normalerweise verwendet man für solche Zwecke Dolden mit unreifen Samen, die bei uns jedoch Gesellschaft von zahlreichen Dolden voller Mini-Blüten erhalten.

### Süss-sauer eingelegter Kürbis

Jahr für Jahr lege ich Würfel und Streifen von reifen Kürbissen süß-sauer ein, was köstlich schmeckt, auf einem Foto jedoch nicht sonderlich aufregend wirkt.

Als ich dann irgendwann auch noch auf Kisten voller äußerst junger gelber und grüner Mini-Patissons stieß und außerdem auf Zucchini in Miniformat, war es um mich geschehen, und ich gab viel Geld für eine (zu) kleine (aber feine) Menge süß-sauer Eingelegtes aus.

Die sehr jungen Früchte haben nämlich noch zu wenig Substanz, um sie in einem Zuckersirup einkochen zu können – mit anderen Worten: sie schrumpfen. Sollten Sie also meinem Beispiel folgen wollen, so seien Sie hiermit vorgewarnt.

Süß-saures aus ›normalen‹ Kürbissen und Stückchen reiferer Patissons und Zucchini bereiten Sie zu, indem Sie die Gemüsestükke 8–10 Minuten in einem Sirup aus 1 kg Zucker pro Liter (Einmach-)Essig kochen. Ich verwende zu diesem Zweck häufig englischen Maltvinegar (Malzessig), was sehr

lecker ist. In diesem süß-sauren Sirup kochen außerdem mit: Lorbeerblätter, Gewürznelken, Muskatblüten, Pfefferkörner, Wacholderbeeren, Koriander, (getrocknete) rote spanische Pepperoni (oder Scheibchen 'Madame Jeanette', siehe Seite 160), Fenchelsamen, Dillsamen, Ingwerwurzel, griechischer Bockshornkleesamen und Kardamom. Sie können entweder alle aufgeführten Gewürze verwenden oder eine beliebige Kombination daraus zusammenstellen, wobei die Menge natürlich auf die verwendete Menge Sirup abgestimmt sein sollte.

Wenn alle Kürbisstückchen die angegebene Zeitspanne in dem kochenden Sirup verbracht haben (Sie kochen portionsweise und schöpfen die Portionen jeweils mit dem Schaumlöffel aus dem Sirup), lassen Sie den Sirup am Schluß noch 15 Minuten einkochen.

Unterdessen füllen Sie den Kürbis zusammen mit Dillblütendolden, mit denen Sie nicht geizen sollten, in Gläser, die Sie mit dem leicht abgekühlten Sirup aufgießen. Verschließen Sie die Gläser, und lassen Sie sie mindestens 3 Wochen ruhen.

# Reseda, ein rechtes Bonbon

In einer der vielen Schriften, die wir – im Winter – auf der Suche nach eßbaren Blüten durchgearbeitet haben, wurde auch *Reseda* erwähnt . . .

Als sich dann endlich die ersten Resedablüten zeigten und wir sie voller Erwartung roh probierten, mußten wir feststellen, daß sie kaum genießbar waren. Das war natürlich eine herbe Enttäuschung. Doch weil sie ja offenbar einmal irgend jemandem geschmeckt haben, versuchten wir es mit anderen Zubereitungsarten, schließlich auch mit dem Verzuckern. Und tatsächlich, das war es! Plötzlich hatte sich diese geschmacklose Blüte in einen Leckerbissen mit einem echten Saure-Drops-Geschmack verwandelt.

BIRNEN-CRÈME-CARAMEL MIT RESEDA

Für unser aromatisches Dessert benötigen Sie: 500 g schöne reife Birnen (ich nehme 'Packhams Triumph', aber andere saftige Sorten mit gutem Aroma eignen sich ebenfalls), 250 ml Milch, eine halbe Vanillestange, 4 Eigelb, 100 g Zucker, 2 Blätter Gelatine, einen Schuß ›Eau-de-vie de Poire Williams‹, 250 ml Schlagsahne, 100 g Zucker für die Schlagsahne und 100 g Zucker für den Karamel.

Lassen Sie die aufgeschnittene halbe Vanilleschote in der Milch ziehen. Schlagen Sie unterdessen die Eigelb mit 100 g Zucker schaumig. Fügen Sie erst dann etwas warme Milch hinzu, verrühren Sie alles gut, und gießen Sie es ganz langsam zu der auf sehr schwacher Hitze oder im Wasserbad stehenden warmen Milch, wobei Sie ununterbrochen mit dem Schneebesen schlagen, bis die Crème anglaise von einer Konsistenz ist, daß sie einen Holzlöffel in dünner Schicht überzieht. Nehmen Sie den Topf vom Herd, und fügen Sie sofort die beiden zuvor eingeweichten Blätter Gelatine hinzu. Lassen Sie die Creme abkühlen, und entfernen Sie dann die Vanilleschote.

Füllen Sie in der Zwischenzeit eine große oder mehrere kleine Förmchen mit einer Schicht Karamel (zuerst mit geschmacksneutralem Öl einfetten – zum Beispiel mit Traubenkernöl – und dann den flüssigen Karamel hineingießen und über die ganze Oberfläche der Form bzw. der Förmchen laufen lassen). Erst wenn die Creme völlig ausgekühlt ist, schälen Sie die Birnen und pürieren Sie sie im Mixer. Verrühren Sie das Birnenpüree sofort mit der Creme. (Dies muß wirklich sofort geschehen, weil das Fruchtfleisch sehr schnell braun wird.) Fügen Sie den Schuß Birnengeist hinzu, und heben Sie schließlich die gesüßte, geschlagene Sahne darunter. Gießen Sie die Masse in die mit Karamel ausgekleidete Form oder in die entsprechenden Förmchen, und lassen Sie anschließend die Creme im Kühlschrank durch und durch kalt werden.

Halten Sie die Form oder die Förmchen kurz vor dem Servieren ein paar Sekunden lang in eine Schüssel mit warmem Wasser, und stürzen Sie sie dann. Garnieren Sie die Creme mit verzuckerten Resedablüten.

Und noch ein Vorschlag für die Tischdekoration: Bohren Sie Löcher in übriggebliebene Birnen, und stecken Sie Blütenzweige von *Reseda odorata* hinein – sie geben sich ein paar Stunden lang vollauf mit dem Birnensaft zufrieden und tragen mit ihrem Duft ihren Teil zu den Tafelfreuden bei.

# Blumen für die Braut ...

Natürlich gibt es bei jeder Hochzeit Blumen für die Braut – in ihrem Brautstrauß, auf dem Brauttisch, als Ansteckblume und manchmal sogar auf der Kutsche oder auf dem Auto. Doch nun sollen sie auch noch auf der Hochzeitstorte und in Hochzeitsgetränken einen Platz erhalten, um zu den Gaumenfreuden ihren Teil beizutragen.

In der Eingangshalle des Schlosses zu 's Gravenwezel in Belgien wurde diese hochzeitliche Szene fotografiert – eine elegante Umgebung für die Hochzeitstorte und das Bukett aus eßbaren Blumen.
Der Konditor Dellafaille aus Schoten kreierte auch diese schöne Etagentorte für uns. Sie können sie mit Hilfe der Gartentorten-Rezepte (siehe Seite 44/45) oder mit einem der anderen Backrezepte, die in diesem Buch beschrieben werden, ›aufbauen‹ (da käme zum Beispiel der Mandelkuchen von Seite 112 in Frage oder die köstliche ›Misérable‹ von Seite 188). Backen Sie drei oder vier (oder auch mehr oder weniger) Torten von unterschiedlichem Durchmesser, setzen Sie sie stufenweise aufeinander, und überziehen Sie sie dann mit einer Marzipanschicht in cremigem Gelb, damit die verzuckerten weißen Blüten (die niemals rein weiß bleiben) gut zur Geltung kommen. Wir wählten für diese Torte die verzuckerten Blüten des weißen *Phlox*, Garten-Levkojen (*Matthiola incana*), verschiedene Rosen, *Begonia semperflorens*, die schönen Blüten von *Yucca filamentosa*, eine einzige Magnolienblüte und als grüne Farbakzente *Reseda odorata* und ein Majoransträußchen mit hellgrünem Blatt und hellen violettrosa Blüten (*Origanum vulgare* 'Tumblas').
In dem Strauß finden Sie weißen *Phlox*, Rosen und *Yucca filamentosa* (Palmlilie), die durch duftiges Wiesen-Labkraut (*Galium mollugo*), Zweige von *Sium sisarum* (siehe Seite 163) und Schafgarbe (*Achillea millefolium*, siehe Seite 120) aufgelockert werden.
Auch in anderen Jahreszeiten gibt es weiße Eßblumen für Hochzeiten (oder Brautschmuck) im Überfluß.

Die Frühlingsbraut hat die Wahl zwischen: dem Cremeweiß/Grün der Japanischen Pestwurz (*Petasites japonicus*; siehe Anmerkung Seite 8), Tulpen, Bärlauch (*Allium ursinum*) und *Allium cowanii*; zwischen verschiedenen *Prunus*-Arten, Waldmeister (*Galium odoratum*), Rispen von *Staphylea colchica* und Trauben der *Robinia pseudacacia*, aber auch Magnolienblüten, Weißdorn und Traubenkirschen sowie den langen Blütentrauben von *Wisteria floribunda* 'Longissima Alba' (oder einer anderen weißen Glyzinie).

Auf dem (zu dieser Jahreszeit bereits etwas wärmeren) Wasser schwimmt die nach Vanille duftende Blüte von *Aponogeton distachyos*. Unter den Kräutern blühen in dieser Zeit zwieblige *Alliaria* und kerbelsüße *Myrrhis odorata*; vielleicht hat sich irgendwo sogar schon eine weiße (!) Löwenzahnblüte geöffnet (*Taraxacum officinale* 'Album'); *Lonicera japonica* verströmt jetzt ihre betörenden Wohlgerüche, und auch die Nachtviole (*Hesperis matronalis* 'Alba') erfreut uns in einer lauen Abendbrise mit ihrem Duft.

Für die Frühsommerbraut gibt es außer den hier abgebildeten Blumen *Allium tuberosum*, den Chinesischen Schnittlauch, der duftend blüht, und *Allium fistulosum* mit dicken Blütenköpfchen voller Zwiebelaroma; Magnolien blühen jetzt sehr zahlreich und natürlich stehen Scharen von Rosen zur Verfügung. Kamille, Schafgarbe und Weißklee blühen auf den Wiesen, Mädesüß (*Filipendula ulmaria*) an den Ufern, und im Kräutergarten haben Sellerie, Basilikum und die nach Anis duftende *Pimpinella anisum* ihre Blüten geöffnet. Taglilien (*Hemerocallis*) entfalten ihre Pracht auf den Rabatten, zusammen mit *Phlox* und Nelken (*Dianthus*); und schließlich blühen in Töpfen ebenfalls erntebereit Zitrusblüten und *Ornithogalum caudatum*.

Zu den Leckerbissen für die Spätsommerbraut zählen viele der bereits aufgeführten Blumen, die zu diesem Zeitpunkt immer noch blühen, doch kommen noch unendlich viele Malvenarten hinzu und auch die einzig duftend blühende *Hosta plantaginea* var. *grandiflora*. In Töpfen entfalten jetzt die stark duftenden *Polianthes tuberosa* ihre Pracht, die auch unverzuckert köstlich sind (was kaum verwunderlich ist, denn sie gehören ebenso wie die *Yucca filamentosa* zur Agavenfamilie bzw. zu den *Agavaceae*). Sehr reizvoll sind auch die weißblühenden Ballonblumen-Varietäten (*Platycodon*), bei denen noch hinzu kommt, daß die verzuckerten Wurzeln dieser Pflanze nicht nur als besondere Delikatesse gelten, sondern darüber hinaus in dem – wenn auch fragwürdigen – Ruf stehen, ein starkes Aphrodisiakum zu sein. Und natürlich gibt es zu dieser Zeit auch das ›große‹ Weiß des Blumenkohls, der eigentlich Kohlblume genannt werden müßte.

Daß auch die Winterbraut nicht auf (Eß-) Blumen zu verzichten braucht, beweist die folgende Auflistung, denn zu dieser Jahreszeit blühen prachtvolle Kamelien, wobei die nach Wald duftende *Camellia sasanqua* alle anderen übertrifft. Auch der so herrlich duftende *Jasminum sambac* steht in voller Blüte, ebenso die der Kälte trotzende *Lonicera fragrantissima*; aber auch *Magnolia salicifolia* und *Magnolia stellata* entfalten ihre ganze Blütenpracht, und das winzige weiße Märzveilchen, *Viola odorata* 'Alba', ist ebenfalls recht unempfindlich gegen kältere Temperaturen.

### Wiesen-Labkraut-Limonade

*Galium mollugo* entfaltet sein duftiges Weiß überall an Feldrändern und auf Wiesen in den verschiedensten Ländern – nicht nur in Europa, sondern auch in Kleinasien, Indien und Pakistan. Wiesen-Labkraut lautet der deutsche Name dieses duftenden Gewächses, und es eignet sich nicht nur für (Braut-)Sträuße, sondern auch für (Braut-)Limonade, die natürlich hergestellt wird, indem man eine gute Portion der duftenden Blüten über Nacht mit einer in Scheiben geschnittenen Zitrone und einer Portion Zucker (nach Geschmack) in Wasser ziehen läßt.

### Robinien- und Nelkenlikör

Sowohl die Blütenblätter von (weißen) Nelken (*Dianthus*) wie auch ganze Blütentrauben der Scheinakazie oder Robinie (*Robinia pseudacacia*) halten sich außergewöhnlich lange in Branntwein oder in einem anderen alkoholischen Getränk, auch hier wieder mit einer Portion Zucker. Es ist daher sehr dekorativ, den Brauttisch mit solchen Getränken, in denen die Blüten noch schwimmen, zu schmücken – oder sie als Geschenk mitzubringen.

Wollen Sie etwas noch Exklusiveres, so können Sie auch einen passenden Schnaps mit diesen Blüten veredeln: Es gibt einen ›Eau-de-vie de Fleur d'acacia‹, was die Entscheidung in diesem Fall einfach macht. Bei Nelkenblütenblättern, die ein intensives Gewürznelkenaroma haben, halte ich Weißdorngeist für passend (›Eau-de-vie d'Aubépine‹), aber auch Himbeer- (framboise sauvage) oder Walderdbeergeist (fraise de bois) scheinen mir geeignet.

### Brauttränen mit Gänseblümchen

Dies ist ein schönes Geschenk für die Mutter der Braut oder des Bräutigams: Kaufen Sie eine Flasche ›Brauttränen‹ (dies ist der altmodische niederländische Name für ›Danziger Goldwasser‹), und geben Sie eine Handvoll freundlicher Gänseblümchen (*Bellis perennis*) hinein.

Sie sinken zuerst auf den Boden der Flasche, doch nach einer Woche schweben sie genauso schneeflockengleich durch das süße Getränk wie das Blattgold.

Sie müssen allerdings unbedingt dazusagen, daß man die Brauttränen nicht allzulange aufbewahren sollte, denn Gänseblümchen halten sich im Gegensatz zu den anderen beiden genannten Blüten nicht unbegrenzt in Alkohol … doch das wird wohl kein großes Problem darstellen.

# Artischocken, ein Kunstwerk der Natur

Artischocken und Blumenkohl hat wahrscheinlich jeder irgendwann schon einmal gegessen, ohne sich bewußt zu sein, daß es sich dabei um Blüten handelt.

Denn wenn man jemanden, der denkt, es sei ›zu schade‹, Blüten zu essen, daran erinnert, daß er ja auch ohne zu zögern Artischocken und Blumenkohl zum Verzehr in kochendes Wasser wirft oder daß auch die Blütenknospen von *Capparis spinosa* (Kapern also) bedenkenlos auf den Hors-d'œuvre-Tellerchen landen, wird man oft mit großen Augen angeschaut. Dann sieht man förmlich sein Gegenüber denken: »Der Blumenkohl auch?« Ja, auch der Blumenkohl ist eine Blütenknospe, sogar eine ziemlich ausgereifte.
Schon im 15. Jahrhundert wurde über die Artischocke als Eßblume geschrieben – vor diesem Zeitpunkt waren es die Blattnerven, die in Gerichten verarbeitet wurden – etwas, das wir heute noch mit dem Nerv der Karde, auch Kardone, Cardio oder Spanische Artischocke genannt (*Cynara cardunculus*), tun. Es wird auch behauptet, daß die Artischocke (*Cynara scolymus* also) nichts anderes sei als eine größer blühende Form der Karde.
Wie dem auch sei, sowohl die Artischocke wie auch die Karde sind solch außergewöhnlich schöne Gemüsepflanzen, daß man sich in kälteren Regionen nicht scheut, sie im Winter sorgsam mit Schutzmatten zu umhegen, um diese ausgesprochen schönen Knospen und die tief geschlitzten, silbrig graugrünen Blätter aus dem eigenen Garten ernten zu können.
Dieser Meinung war auch Caterina de' Medici, die als Bestandteil ihrer Aussteuer (im Jahre 1535) Artischockenpflanzen aus Florenz nach Frankreich mitnahm – allerdings benötigten die Pflanzen dort keinen aufwendigen Schutz, um gut zu gedeihen, so gut, daß man bis heute in der Bretagne und in der Provence große Artischockenfelder bewundern kann.
Obwohl die Blütenknospe der Artischocke schon an sich von ansehnlichem Format ist, können auch bei ihr Größe und Schönheit noch gesteigert werden, wie die fußballgroßen Exemplare zeigen, die Marcel und Menno Wolterinck auf den Tisch bringen – wohlgemerkt, auf den Tisch bringen, nicht aus der Erde zaubern! Denn wenn man diesen Giganten in ihr Blumenherz schaut, wird man Steckschaum finden. Die auf dem Tisch dekorierten Artischocken-Giganten bestehen aus Artischocken-Blütenblättern, die in großer Anzahl in eine Schaumstoffkugel gesteckt wurden, und sind flankiert von frischen Knospen und Exemplaren, deren violettes Blütenherz schon weit geöffnet ist. Gesellschaft erhielten sie von zwei Gerichten, in denen diese delikate Knospe die Hauptrolle spielt.

### Artischockenblüte mit Mousse-Herz

Kochen Sie 4 Artischocken in 30 Minuten gar, am besten in einer Court bouillon (im folgenden beschrieben), denn dann werden sie besonders aromatisch. Lassen Sie sie abtropfen und abkühlen, und ordnen Sie dann die herausgezupften Blättchen auf jedem Teller zu einem schönen kreisförmigen Blütenmuster an.
Entfernen Sie das ›Heu‹ (die unzähligen nicht aufgeblühten violetten Röhrenblüten dieses Korbblütlers) von den Blütenböden, schneiden Sie die Böden in Stücke, und verrühren Sie sie mit 75 g Frischkäse, einem Schuß Sherry, einem Schuß Schlagsahne, 1 Eßl. feingeschnittenem Schnittlauch, 1 Eßl. gehackte Petersilie sowie Salz und Pfeffer nach Geschmack.
Stechen oder schneiden Sie Kreise aus 4 Scheiben Weißbrot aus, die Sie rösten und mit Artischocken-Mousse bestreichen. Streuen Sie etwas geriebenen milden Käse darüber, und schieben Sie die Schnittchen in den Grill, bis die Mousse warm und der Käse goldbraun geworden ist. Legen Sie diese ›Herzen‹ in die Blütenkränze aus Artischockenblättern, und servieren Sie sie mit einer guten Vinaigrette (siehe Grundrezepte, Seite 201).

### Artischocke mit Flan-Füllung

Eine Variante zu dem obengenannten Rezept sind Artischocken mit Flan-Herzen. Sie kochen die Artischocken nicht zu gar (20 Minuten), schneiden dann die Spitzen der Blätter ab, entfernen das ›Heu‹, kleiden das Loch mit Scheiben Schinkenspeck aus, so daß die Eiermischung nicht auslaufen kann, und gießen dann die Flan-Füllung in die Blütenherzen.
Die Flan-Füllung besteht aus mit Schlagsahne verquirlten Eiern, gewürzt mit frischen Gartenkräutern, Salz und Pfeffer, und eventuell mit etwas geriebenem Käse oder zerbröckeltem Feta.
Sie gießen diese Füllung in die Blütenknospen, pinseln die Blattränder mit (Trüffel-)Öl ein und überbacken sie dann 15 Minuten in einem auf 150° C vorgeheizten Backofen.

### Artischocken in Court bouillon kochen

Artischocken werden besonders aromatisch, wenn sie nicht in Wasser mit Salz und Zitronensaft, sondern in einer würzigen Court bouillon gekocht werden. Für solch eine Court bouillon lassen Sie 1 l Wasser mit 100 ml gutem Olivenöl, dem Saft von 2 Zitronen, einem Bouquet garni aus Petersilie, Thymian, Lorbeer, Sellerie und/oder anderen frischen Kräutern kochen. Außerdem werden noch Koriandersamen und 2 in Stücke geschnittene (grüne) Paprika mitgekocht. Nach 20 Minuten entfernen Sie die Würzmittel und lassen dann die Artischocken in der aromatischen Flüssigkeit garen. Statt Olivenöl in der Court bouillon zu verwenden, können Sie die Artischocken auch (von oben nach unten) mit einer dünnen Scheibe ›grünen‹ Speck umwickeln, die Sie mit Küchengarn befestigen.

# Von eleganter Artischocke und rustikaler Bohne

Das elegante Aroma der Artischocke harmoniert erstaunlich gut mit dem rustikalen Geschmack dicker Bohnen, wobei man die Artischockenknospe in sehr junger und frischer Form, die dicken Bohnen (*Vicia faba*) dagegen sowohl in einem äußerst zarten wie auch in einem reiferen Stadium verwenden kann.

### Artischocke mit Dicke-Bohnen-Püree

Wenn die dicken Bohnen so dick werden, daß das Bohnenhäutchen nach dem Kochen ein leicht lederartiges Aussehen annimmt und von zäher Konsistenz ist, kann man sie durch zweifaches Auspalen einer phantastischen Verjüngungskur unterziehen.
Zuerst werden die dicken Bohnen wie gewohnt aus ihren flaumigen Hülsen gepalt und dann 20 Minuten lang in gesalzenem und mit frischem Bohnenkraut aromatisiertem Wasser gekocht bzw. darüber gedämpft. Gießen Sie sie anschließend ab (fangen Sie jedoch das Koch- bzw. Dämpfwasser auf), und lassen Sie sie ein wenig abkühlen, so daß Sie sie anfassen können. Kerben Sie mit einem scharfen Messer die zähe Haut ein, und drücken Sie sie dann mit zwei Fingern auf einer Seite zusammen, so daß die leuchtendgrüne Bohne durch den Spalt aus ihrem Häutchen gleitet.
Pürieren Sie anschließend die Bohnen im Mixer oder in der Küchenmaschine mit Salz und Pfeffer nach Geschmack und zusätzlich vielleicht mit Schnittlauch und/oder mit frischem Bohnenkraut. Fügen Sie nach und nach etwas von der Garflüssigkeit hinzu, damit das Püree geschmeidiger wird, und aromatisieren Sie es mit ein paar Tropfen Balsamessig und eventuell etwas (Nuß-)Öl oder Butterflöckchen. Für ein cremiges Püree rühren Sie einen Schuß Schlagsahne ein.
Wollen Sie das Bohnenpüree als Dip für (in Court bouillon) gekochte Artischocken servieren, so darf es etwas dünnflüssiger sein. Falls Sie das Püree jedoch als Füllung für die Artischocke verwenden wollen, wie es schon bei der Flan-Füllung beschrieben wurde, dann sollte es nicht zu dünnflüssig sein. Man kann auf die Auskleidung mit dem in dünne Scheiben geschnittenen Schinkenspeck eventuell verzichten – obgleich dies eine köstliche Kombination ist. Natürlich kann das festere Dicke-Bohnen-Püree auch als (zusätzliche) Gemüsebeilage zu Fleischgerichten gereicht werden: Rechnen Sie in diesem Fall 200 g (in der Hülse gewogene) Bohnen pro Person.
Das Püree läßt sich mit Fleisch- oder Geflügelbouillon und etwas mehr Schlagsahne auch zu einer Suppe ›verdünnen‹, die dann mit einem Schuß weißem Wermut oder ›Bouillon blanc‹ (siehe Seite 173) abgeschmeckt und mit Bohnenkraut sowie mit ausgebratenen Speckwürfeln (nach Belieben) garniert wird.

### Artischockenherz mit Dicke-Bohnen-Püree in Blätterteig

Nehmen Sie (Tiefkühl-)Blätterteig, legen Sie auf jede Teiglage ein Artischockenherz bzw. einen Artischockenboden – notfalls können Sie auf Konserven zurückgreifen –, und verteilen Sie darauf etwas von dem Dicke-Bohnen-Püree.
Falten Sie den Blätterteig zu einem kleinen Paket zusammen, pinseln Sie es mit Eigelb ein, und backen Sie die Blätterteigtaschen 15 Minuten (oder bis der Blätterteig goldgelb und schön luftig ist) in einem auf 225° C vorgeheizten Backofen.
Sie können dieses Rezept variieren, indem Sie zwischen den Artischockenboden und das Dicke-Bohnen-Püree eine Scheibe Mozzarella, ein paar augebackene Scheiben mageren (durchwachsenen) Speck oder rohen Schinken legen.

### Artischockenpüree mit dicken Bohnen

Kochen Sie die Artischocken 30 Minuten lang in Court bouillon, nehmen Sie sie aus der Kochflüssigkeit, und lassen Sie sie (mit der Oberseite nach unten) gut abtropfen. Ziehen Sie die Blättchen ab, und kratzen Sie mit einem Löffel das Artischockenfleisch heraus. Entfernen Sie das ›Heu‹, und hacken Sie die Artischockenböden nicht allzu fein.

Pürieren Sie das aus den Blütenblättern gekratzte Artischockenfleisch mit Eigelb (1 Eigelb pro Artischocke). Lassen Sie nun pro Artischocke 150 ml (moussierenden) Weißwein oder auch (preiswerten) Champagner bis auf die Hälfte einkochen.
Blanchieren oder dämpfen Sie sehr junge dicke Bohnen 4 Minuten lang in oder über gesalzenem und mit Bohnenkraut aromatisiertem Wasser. (Rechnen Sie 50 g in der Hülse abgewogene Bohnen pro Person –

bzw. 100 g pro verwendeter Artischocke, denn damit können Sie für zwei Personen Blätterteigtaschen oder auch Blätterteigtörtchen füllen.)

Geben Sie die Ei-Artischocken-Mischung dann in eine Schüssel über Wasserbad, und fügen Sie nach und nach unter ständigem Schlagen mit dem Schneebesen den abgekühlten eingekochten Weißwein hinzu. Schlagen Sie, bis die Sauce zu binden beginnt. Rühren Sie dann die in Stückchen geschnittenen Artischockenböden darunter, und schmecken Sie mit Salz und/oder

Pfeffer ab. Fügen Sie eventuell einen Tropfen Walnußöl, etwas Butter oder ein paar Tropfen Zitronensaft zum Auffrischen des Geschmacks hinzu.

Für Blätterteigtaschen streichen Sie eine Schicht Artischockenpüree auf eine Blätterteiglage und geben einige dicke Bohnen darauf. Weiter verfahren Sie wie beim vorangehenden Rezept. Falls Sie zu den Taschen eine Sauce reichen wollen, können Sie aus einem Teil des Artischockenpürees eine Weinschaumsauce zubereiten. Dazu müssen Sie eine kleine Menge des Pürees mit einem zusätzlichen Ei, etwas Schlagsahne und (eingekochtem) Wein oder Champagner im Wasserbad schaumig schlagen. Sie dürfen diese an ›Sauce sabayon‹ erinnernde Sauce jedoch erst im letzten Augenblick zubereiten, denn sie kann nicht warmgehalten oder aufgewärmt werden.

### Kroketten aus Artischocken und dicken Bohnen

Wenn Sie Kroketten aus Dicke-Bohnen-Püree und Artischocken herstellen wollen, brauchen Sie ein festes Püree von großen, geschälten dicken Bohnen, eventuell angereichert mit Eigelb und feingeschnittenen Stückchen Artischockenboden.

Für Kroketten aus Artischockenpüree und dicken Bohnen reichern Sie das Artischokkenpüree mit noch mehr Eigelb als zuvor an und fügen nur so viel eingekochten Wein hinzu, daß ein steifes Püree entsteht, unter das Sie sehr junge gedämpfte dicke Bohnen rühren.

Lassen Sie in beiden Fällen die Masse (im Kühlschrank) zunächst abkühlen und fest werden, und formen erst dann die Kroketten. Wälzen Sie die Röllchen zuerst in Paniermehl, das Sie mit einer Messerspitze Senfpulver und/oder etwas Parmesan (15 g auf 60 g Paniermehl) und einer kleinen Prise frisch gemahlenem grünem Pfeffer gewürzt haben. Wälzen Sie sie anschließend in einem mit ein paar Tropfen (Nuß-)Öl verquirlten Ei und dann abermals in Paniermehl.

Lassen Sie die Kroketten 4 Minuten in der Friteuse (in geschmacksneutralem Öl) von allen Seiten goldbraun braten.

Wollen Sie eine Sauce dazu reichen, so verrühren Sie zum Beispiel (selbstgemachte) Mayonnaise und (bulgarischen) Joghurt zu gleichen Teilen und würzen mit 1 gepreßten Knoblauchzehe (oder mehr) und mit gehacktem Bohnenkraut bzw. mit Bohnenkrautblüten.

### Quiche mit Artischocken und dicken Bohnen

Aus den beiden beschriebenen Kombinationen kann man auch herzhafte Quiches herstellen.

Kleiden Sie die Quiche-Form mit Blätterteig aus. Legen Sie darauf zuvor ausgebakkene Scheiben durchwachsenen Speck (nach Belieben). Streichen Sie darüber eine nicht zu sparsame Schicht Dicke-Bohnen-Püree aus, verteilen Sie gewürfelte Artischockenböden darauf, und gießen Sie dann die Quiche-Masse darüber.

Sie besteht aus mit Schlagsahne (oder Mascarpone und Schlagsahne) verquirltem Ei, in diesem Fall gewürzt mit Salz, Pfeffer und Bohnenkraut.

Wenn Sie das Artischockenpüree als unterste Schicht nehmen und darauf junge dicke Bohnen geben wollen, so verwenden Sie eine Springform und verquirlen Sie die Quiche-Masse mit einem Schuß eingekochtem Wein und feingeschnittenem Schnittlauch.

Eine gehaltvollere Variante dieses Rezepts sieht eine Lage Mozzarellascheiben unter dem Artischockenpüree vor.

Heizen Sie den Backofen auf 200° C vor. Die flachere Quiche benötigt 20–30 Minuten Backzeit. Eine Torte in einer höheren Springform braucht etwas länger: Reduzieren Sie in diesem Fall nach 20 Minuten die Ofentemperatur auf 150° C, und lassen Sie die Torte weitere 20–40 Minuten garen. Machen Sie in beiden Fällen die Garprobe: Wenn Sie eine Stricknadel in den Teig stechen und wieder herausziehen, darf nichts daran klebenbleiben.

# Über Ruchgras und Krautgewächs

Wohlriechendes Ruchgras ist der deutsche Name für *Anthoxanthum odoratum*, das einen herrlich intensiven Kumarinduft verbreitet.

SCHINKEN IN RUCHGRAS

Weil Jelena so vernarrt in dieses Gras ist, daß sie sofort alle Taschen damit vollstopft, sobald es seine duftenden grünen Blütenköpfchen in Feld und Wiese in die Höhe reckt, erfand sie eine Variante zu jenem berühmten Rezept von Paul Bocuse, der Schinken in ›gewöhnlichem‹ Heu pochiert.

Wenn Sie einen Räucherschrank besitzen, können Sie sich selbst an das Pökeln und Räuchern von Schinken heranwagen, doch dies erfordert eine Menge Zeit und Erfahrung. Glücklicherweise kann man geräucherte Schinken in allen Größen kaufen.

Wählen Sie eine nur mäßig gesalzene Sorte, und entsalzen Sie auch diese am besten ein wenig, indem Sie den Schinken über Nacht in kaltes Wasser legen.

Wickeln Sie den Schinken in eine dicke Lage frisches oder getrocknetes Ruchgras ein, und legen Sie ihn dann in einen Bräter. Fügen Sie (wenn es sich um einen mittelgroßen Schinken handelt) 1 Thymianzweig, ein paar Lorbeerblätter, 6 Gewürznelken und 10 Wacholderbeeren hinzu. Gießen Sie dann so viel kaltes Wasser an, daß der Schinken völlig bedeckt ist.

Lassen Sie den Schinken pochieren, indem Sie das Wasser zum Kochen bringen und dann eine konstante Temperatur von 80–90° C beibehalten. Rechnen Sie pro Kilogramm Fleisch 30 Minuten Pochierzeit. Schneiden Sie die Schwarte vor dem Servieren mit einem scharfen Messer ab, und bringen Sie den Schinken auf einem schönen Ruchgrasbett auf den Tisch. Man kann den so zubereiteten Schinken warm oder kalt servieren.

Wir haben ihm als Beilagen Rote-Bete-Salat mit Meerrettichsauce und einen Bohnensalat mit drei verschiedenen Bohnensorten zugesellt. Für den Bohnensalat kochen und dämpfen Sie die Bohnen bißfest – das heißt gerade noch knackig –, vermischen sie mit einer Vinaigrette und bestreuen sie mit Ysopblüten, gebratenem durchwachsenem Speck und Sonnenblumenkernen.

Auf der Abbildung sehen Sie ganz junge dicke Bohnen (siehe folgendes Rezept), flankiert von violetten Buschbohnen (*Phaseolus vulgaris* 'Purple Queen', deren ›königliches‹ Purpur sich beim Erhitzen leider zu gewöhnlichem Grün verfärbt) und einfache grüne Bohnen.

DICKE BOHNEN
MIT KLEINEN KRÄUTERBLÜTEN

Dicke Bohnen (*Vicia faba*) garantieren uns in allen Stadien ihrer Entwicklung wahre Gaumenfreuden. Wenn die jungen dicken Bohnen nämlich auf die Länge eines kleinen Fingers herangewachsen sind, gelten sie, in den Hülsen kurz geschmort oder gedämpft, zu Recht als Delikatesse.

Die für diesen Zweck verwendeten Hülsenfrüchte können aus einer zweiten (späten) Ernte stammen, man kann aber auch ganz früh in der Saison die ersten ›Minis‹ ernten und die spätere Nachblüte zu ausgewachsenen dicken Bohnen heranreifen lassen.

Ich habe die bißfest gedämpften Böhnchen hier in etwas Butter und einer großzügig bemessenen Portion zartlila Blüten des Bohnenkrauts geschwenkt. (Einjährige *Satureja hortensis*, das Sommer-Bohnenkraut, blüht als erstes, erst später im Jahr bringt dann die ausdauernde *Satureja montana* ihre Blüten hervor, so daß Sie auch Tiefkühlbohnen entsprechend würzen können.)

Anmerkung: Um zu zeigen, wie jung die Bohnen für dieses Rezept sein müssen, habe ich den Rand der Schüssel (siehe die Abbildung links oben) mit einer ›erwachsenen‹ Bohnenhülse neben einer jungen dekoriert.

# Anis-Schirmchen und Zwiebelchen

Anis-Schirmchen

*Pimpinella anisum*, ein einjähriges Kraut, das hauptsächlich wegen seiner Anissamen gezogen wird, bildet anmutige Blütendolden mit ganz leicht rosa getönten weißen Blüten, die ihrerseits Anisaroma besitzen, jedoch in sehr milder Form, so daß man großzügig damit umgehen kann. Für das folgende Rezept verrührte ich eine zerteilte Dolde mit Pernod-Sahne, die köstlich zu Gambas schmeckt, die mit einem Hauch von dem gleichen Aroma gewürzt sind.

Gambas mit Pernod-Sahne und Anisblüten

Kochen Sie die Gambas (Hummerkrabben, Jumbo-Shrimps oder Große Garnelen, ganz wie Sie wollen) in Wasser, dem Sie außer Salz und Pfeffer auch 1 Eßl. Anissamen hinzufügen, ca. 10 Minuten (rechnen Sie 4–5 Gambas pro Person).
Vermischen Sie unterdessen einen oder mehrere Becher Crème fraîche (50 ml pro Person sollten Sie schon einkalkulieren) mit einem guten Schuß Pernod, etwas geriebenem Ingwer (siehe Seite 116) und einer nicht zu kleinen Portion zerteilter *Pimpinella*-Blütendolden.
Servieren Sie die warmen Gambas mit dem köstlich aromatischen kalten Sahne-Dip als Vorspeise oder Zwischengericht oder einfach als ›Trinkhilfe‹.

Zwiebelchen spezial

*Tulbaghien* stammen aus dem südlichen und tropischen Afrika und ihr Name geht zurück auf Rijk Tulbagh, einen Niederländer, der im 18. Jahrhundert Gouverneur des Kaps der Guten Hoffnung war. Auf der Abbildung sehen Sie einen großen Topf mit *Tulbaghia violacea* 'Pallida', die eine reizend zarte Blütenfarbe hat. (Wenn 'Pallida' hinter dem Namen fehlt, ist die Blütenfarbe kräftig lila, doch die Blüten schmecken dann ebensogut.)
Hoffentlich findet *Tulbaghia* schnell das Interesse einer breiteren Öffentlichkeit, dann ist diese ebenso hübsche wie delikate Pflanze vielleicht in Zukunft leichter im Handel erhältlich.
Ihr Herkunftsland verrät schon, daß man sie als Topfpflanze halten muß, aber das ist kein Problem, denn sie läßt sich im Topf leicht von einem Ort zum anderen tragen – ein Vorteil beispielsweise gegenüber ihrem engen Verwandten *Agapanthus*, den trotzdem jeder tapfer hin- und herträgt.
*Tulbaghia* bietet ihre rosigen Leckerbissen recht lange an, denn von Juli bis tief in den September sprießen frische Blütenstengel zwischen dem grasfeinen Grün hervor.
Es gibt auch Varietäten mit andersfarbigen und sogar mit duftenden Blüten (*Tulbaghia pulchella*), doch diese Pflanzen habe ich nirgends gefunden und konnte sie deshalb auch nicht probieren.
Da der ebenfalls duftend blühende Chinesische Schnittlauch *Allium tuberosum* jedoch die delikatesten Zwiebelblüten besitzt, die man sich nur vorstellen kann, würde ich mich sehr freuen, *Tulbaghia pulchella* einmal kennenzulernen.

Lachs-Tatar mit Tulbaghia-Schirmchen und Prunkbohnenblüten

Tatar von rohem Fisch, vor allem von Lachs, schmeckt ausgezeichnet, wenn man es einfach mit etwas Salz und Pfeffer zubereitet.
Auch mit einer Mayonnaise oder Crème fraîche, die mit einem Schuß eines alkoholischen Getränks (Pernod oder ›Eau-de-vie de Céleri‹ sind beide köstlich) und Gewürzen verrührt wurde, wird es gern gegessen, aber zu einem echten Festschmaus entwickelt sich dieses Tatar durch die Beigabe von würzigen und frischen Blüten.
Gewöhnlich binde ich die einzelnen Tatarportionen aus feingehacktem (natürlich zuvor entgrätetem) rohem Lachs (Sie brauchen 100–150 g pro Person) mit einem Lauchband (ein langes Blatt des Porrees, kurz blanchiert) zusammen, lege ein Schirmchen hellrosa *Tulbaghia*-Blüten darauf und – wenn ich sie bekommen kann – wähle als Begleitung bißfest blanchierte Zuckerschoten und die saftig knakkigen orangefarbenen Blüten der Prunk- oder Feuerbohne (*Phaseolus coccineus*).
So früh in der Saison kann diese schnellwüchsige Bohne ohne weiteres ein paar Blütenzweige entbehren, denn dadurch wird sie nur dazu angeregt, neue Blüten (und später Bohnen) zu entwickeln.
Später im Jahr kann man diesen orangefarbenen Festschmaus wiederholen, wenn abzusehen ist, daß die Nachblüte ohnehin nicht mehr zu Bohnen heranreift.

# Blaue Herzchen, blaue Törtchen

Mitten im Juli, wenn die Sonne warm und der Himmel blau ist, öffnen sich auch die meisten eßbaren blauen Blumen – Anlaß genug für ein Mitsommerfest mit tagblauen Blüten und nachtblauen Beeren.

Rein blau sind die Blüten des Borretsch (*Borago officinalis*), und sie haben ein leichtes Gurkenaroma. (Siehe Anmerkung Seite 67). Die Blüten der Wegwarte (*Cichorium intybus*) leuchten an den Wegrändern so blau wie der Sommerhimmel selbst. Sie haben keinen sehr intensiven Geschmack, aber ihre Farbe und Struktur (nun ja . . . wie Seidenpapier) machen einiges wieder wett.

Fast rein blau sind auch die Blütenköpfchen des Zierlauchs, der *Allium caeruleum* heißt und der hier nicht wegen seiner hübschen Blütenfarbe, sondern wegen seines kräftigen Zwiebelaromas mit von der Partie ist.

*Hosta*-Blüten sind natürlich nicht wirklich blau, aber freundlich blaßviolett, wenn man sie frisch verwendet wie auf den mit Käse gefüllten ›Apéricœurs‹ (siehe weiter unten). Beim Verzuckern verfärben sie sich manchmal infolge der leichten Wärme zu einem stärkeren Blau.

Die ziemlich spät und sehr großblumig blühende *Salvia officinalis* 'Berggarten' hat schöne helle blauviolette Blüten und einen sehr feinen Salbeigeschmack.

Bei den verschiedenen Sorten von Stiefmütterchen und Veilchen (die alle eßbar sind, aber nur schwach im Aroma) gibt es ebenfalls eine große Palette von Violett- und Blautönen.

### Blaue Herzchen

›Apéricœurs‹ heißen die niedlichen kleinen Blätterteigherzchen, die man fertig kaufen kann. Sie wurden alle mit einer Käsefüllung versehen und mit blauen Blüten verziert – jeder Teller mit einer anderen Füllung und einer anderen Blüte.

Auf dem ersten Teller sehen Sie eine Mischung aus Mascarpone und Gorgonzola – eine italienische Kombination, gekrönt von dem reinen Blau der Borretschblüte. (Siehe Anmerkung Seite 67.)

Dahinter finden Blütenköpfchen von *Allium caeruleum* eine Stütze in jeweils drei kleinen ›Säulen‹ aus griechischem Feta.

Die Herzchen auf dem dritten Teller sind gefüllt mit einer Paste aus halb Munster (einem pikanten Weichkäse aus dem Elsaß) und halb Butter, unter die Fenchelsamen gerührt wurde – diese Füllung ist kräftig genug, um den Mangel an Aroma der Wegwartenblüten auszugleichen, die sich deshalb damit begnügen können, blau und schön zu sein.

Für die Herzchen auf dem vierten Teller wurde dänischer Danablu mit etwas Crème fraîche zu einer cremigen Konsistenz verrührt, und eine stattliche *Hosta*-Blüte sorgt für die Farbe.

Auf dem fünften Teller liegt eine herzhafte Kombination aus Ziegenkäse und zartgetönten Salbeiblüten (von *Salvia officinalis* 'Berggarten').

Auf dem letzten Teller krönen verschieden getönte Stiefmütterchen eine Mischung aus Camembert und Crème fraîche.

### Blaue Törtchen

Auch bei der Zubereitung solcher blumig verzierten nachtblauen Törtchen bieten fertig gekaufte ›Tartelettes feuilletées‹ oder auch Blätterteigtörtchen eine praktische Lösung, doch wer sie lieber selbst backen möchte (mit getrockneten Hülsenfrüchten zum Blindbacken), dem steht dies natürlich frei.

Die nachtblaue Füllung besteht aus frischen großen Kulturblaubeeren (*Vaccinium corymbosum*), die mit einem aromatischen Weißweingelee – gesüßt mit einem Schuß Cassis-Likör – übergossen werden.

Als festliche und zugleich schmackhafte Blütengarnierungen kommen natürlich alle möglichen verzuckerten und nicht verzuckerten Blüten in Betracht.

Auf dem Foto sind dies von unten nach oben:

- eine tiefrosa Fondant-Rose (fertig gekauft)
- eine frisch verzuckerte Passionsblüte (*Passiflora caerulea*)
- frischer *Phlox* in zwei Rosatönen (*Phlox paniculata* 'Bright Eyes'), denn *Phlox*-Blüten schmecken auch unverzuckert gut
- eine verzuckerte Blütenspitze des Muskateller-Salbeis (*Salvia sclarea*), der es mit seinem ausgeprägten Geschmack bestens mit der Blaubeer-Cassis-Kombination aufnehmen kann
- verzuckerte Blüten der Wegwarte, in der auf diese Weise Süße und Blau vereinigt sind
- frische dunkelrosarote Nelken mit weißen Rändern (*Dianthus* 'Telstar'), deren Gewürznelkenaroma hervorragend zu den Blaubeeren paßt
- *Hosta*-Blüten, deren blaue Farbe durch Verzuckern intensiver geworden ist
- und zuletzt wieder eine Nelke, diesmal zartrosa und leicht gefüllt (vielleicht eine *Dianthus* × *alwoodii*)

# Rhapsody in Blue

## In dem Wintergarten, den Roger Souvereyns im Scholteshof zu Stevoort in Belgien baute und den Walda Pairon als ›Giardini Scholteshof‹ einrichtete, wurde diese blaue Rhapsodie auf dem tiefen Grün einer ›Tischdecke‹ aus Efeublättern komponiert.

Frischkäse, der blau von Blüten ist und im purpurnen Blatt von Rotkohl kühlgehalten wird; Pasta mit einer Sauce, in der Basilikumblüten die Hauptrolle spielen; aromatische Lindenblütenlimonade (Rezept siehe Seite 114) und ein luftig-leichtes Zitrus-Dessert; das sind die poetischen Elemente, aus denen diese Rhapsodie komponiert wurde.

### ›Blauer‹ Käse

Dieser ›blaue‹ Käse hat seine Farbe nicht von Schimmelpilzen, sondern von Kräuterblüten. Es ist eine gute Alternative, wenn man Edelpilzkäse nicht mag.

Stellen Sie selbst Joghurt her oder kaufen Sie ihn fertig, und zwar eine Vollmilchsorte: je dicker, desto besser. Erwärmen Sie ihn im Ofen oder auf sehr niedriger Hitze, und hängen Sie ihn dann über Nacht in ein Käsetuch, damit er abtropfen kann. Wenn Ihnen diese Eigenproduktion von Frischkäse zu aufwendig ist, können Sie auch auf Hüttenkäse ausweichen.

Verrühren Sie mit diesem Käse blaue Kräuterblüten der Saison. Etwas früher im Jahr können dies Rosmarinblüten sein, in anderen Jahreszeiten die Blüten von Bohnenkraut (*Satureja hortensis* oder der ausdauernden Pflanze *Satureja montana*), von Ysop, Salbei und Borretsch. Letztere kann man auch ausschließlich als hübsche Dekoration von außen in den Käse drükken, da sie sich sehr rasch verfärben. (Siehe Anmerkung Seite 67).

In Serbien brachte man früher den selbstgemachten Frischkäse (und auch die Butter) in Kohlblätter eingeschlagen ins Haus, die noch feucht vom Morgentau waren, da dies den Käse kühl und frisch hielt. Jelena nahm Blätter des Rotkohls, der seinen Teil zu der Rhapsodie in Blau beiträgt, und legte außerdem noch ein paar Blüten der Wegwarte als Garnierung dazu.

Für kleine ›Appetithäppchen‹ zu einem Gläschen Schnaps oder zu Cocktails kann man zerbröckelten (Ziegen-)Käse, Frischkäse und (gesalzene) Butter im Verhältnis 2:2:1 mischen. Formen Sie aus dieser Masse kleine Kugeln, die Sie in blauen Kräuterblüten wälzen und bis zum Verzehr im Kühlschrank aufbewahren.

### Kalte Pasta mit Pesto-Variante

Kochen Sie (am besten frische) Tagliatelle in Wasser mit einem Schuß (Oliven-)Öl und weniger Salz als gewöhnlich al dente. Schrecken Sie die Nudeln mit viel kaltem Wasser ab, und lassen Sie sie abtropfen. Vermischen Sie die Pasta, solange sie noch lauwarm ist, mit 1–1½ Eßl. Kapern und etwas geraspeltem frischem Ingwer.

Für die Pesto-Variante zerstoßen Sie 150 g Pinienkerne im Mörser, zusammen mit 1 Eßl. Kapern, frisch gemahlenem schwarzem Pfeffer und ca. 150 g frischem Basilikum (Blatt und eventuell Blüten). Verdünnen Sie die Sauce dann mit ca. 200 ml Olivenöl, das Sie wie bei der Zubereitung von Mayonnaise nach und nach unterrühren.

Ist es ein sehr heißer Sommertag, so können Sie die Pasta mit fein zerstoßenen Eiswürfeln noch erfrischender machen. Servieren Sie sie mit Pesto und dekorieren Sie großzügig mit Blütenzweigen von weißem und/oder purpurnem Basilikum.

Als Beilage können Sie einen Sommergemüsesalat dazu reichen. Versuchen Sie mal eine Variante in Form einer bunten Sülze: Schichten Sie das blanchierte Gemüse in flache Schalen, übergießen Sie es mit (Wein-)Gelee, und lassen Sie es im Kühlschrank fest werden.

### Zitrus-Dessert

Die oberste Schicht dieses reizvollen Desserts besteht aus einer Zitronen-Gelatine, darunter folgt eine Zitronen-Mousse, und außerdem kommen kandierte Stückchen Zitrone und Orange sowie zwei verschiedene Zitrus-Saucen hinzu.

Lassen Sie zuerst dünne Scheiben Zitrone und Orange in 500 ml Zuckersirup sanft kochen, bis sie glasig werden. Nehmen Sie sie dann aus dem Sirup, lassen Sie sie abtropfen, und bewahren Sie den Sirup auf.

Bereiten Sie die Zitronen-Gelatine zu, indem Sie den Saft von 2 Zitronen mit 100 ml des Sirups vermischen. Erwärmen Sie diese Mischung, nehmen Sie den Topf vom Feuer, und lösen Sie 4 zuvor eingeweichte und ausgedrückte Blätter Gelatine darin auf.

Gießen Sie mit der Zitronen-Gelatine die Böden eingefetteter Portionsförmchen aus, oder gießen Sie sie in Mini-Baba-Förmchen, die Sie später stürzen, um die Gelee-Ringe auf die Zitronen-Mousse zu legen.

Für die Zitronen-Mousse benötigen Sie eine weitere Portion Zitronen-Gelatine, zubereitet aus 200 ml Sirup, dem Saft von 4 Zitronen und 8 eingeweichten Blättern Gelatine.

Warten Sie, bis die Masse halbsteif ist. Unterdessen schlagen Sie 6 Eiweiß mit dem Saft von einer Zitrone sehr steif.

Die halbsteif gewordene Zitronen-Gelatine schlagen Sie kurz mit dem Schneebesen auf und heben dann das Eiweiß darunter. Verteilen Sie die Masse in die Förmchen, und lassen Sie die Desserts im Kühlschrank abkühlen und völlig fest werden.

In der Zwischenzeit kochen Sie den Rest des Sirups etwas ein und aromatisieren ihn nach Geschmack mit einem Schuß Zitruslikör (›Mandarine Napoleon‹ beispielsweise oder ›Eau-de-vie de Citronelle‹). Diese Sauce lassen Sie ebenfalls abkühlen.

Die zweite Sauce bereiten Sie zu, indem Sie etwas Joghurt mit Zitronen- oder Orangenblütenhonig, einem Schuß Orangenblütenwasser und etwas Orangensaft glattrühren.

Die gestürzten Desserts garnieren Sie mit kandierten Zitronen- und Orangenspalten, mit einem Sträußchen Zitrusblüten (eventuell vor dem Servieren mit lauwarmem Zuckersirup übergießen und einige Minuten darin ziehen lassen) und den beiden Saucen, die Sie entweder getrennt reichen oder in den Dessertschalen zusammenfließen lassen.

Wer schon Kürbisgewächse gezogen hat, wird wissen, daß diese Pflanzen prachtvolle weibliche Blüten haben, aus denen die Früchte entstehen, die sich schon früh unterhalb der Blütenblätter auszubilden beginnen. Aber auch die männlichen Blüten, die nur auf schlanken Stengeln sitzen, sind ein Genuß, und man bekommt ihn sozusagen ›obendrein‹.
In weniger wohlhabenden Ländern erntet man ausschließlich die männlichen Blüten zur Verwendung in Gerichten, doch wir in unserer Wohlstandsgesellschaft sind auf die ausgereiften Früchte nicht angewiesen und leisten uns den Luxus der ›Baby-Zucchini‹, auf denen noch die frische Blüte sitzt. Courgette-fleur heißen sie in Frankreich – Zucchini mit Blüte also, denn Zucchiniblüten sind die bekanntesten unter den eßbaren Blüten von Kürbisgewächsen und deshalb auch im Feinkosthandel erhältlich. Aus eigener Erfahrung weiß ich jedoch, daß auch die Blüten anderer Kürbisarten nicht nur hübsch aussehen.

Anmerkung: Weibliche Zucchiniblüten habe ich – außer in den Rezeptüberschriften – mit dem in Klammern gesetzten Zusatz ›(mit Frucht)‹ gekennzeichnet. Dort, wo dieser Zusatz fehlt, sind männliche Blüten gemeint.

### Rotbarsch mit Zucchinischeiben und Zucchiniblüten

Für dieses ›blühende‹ Fischrezept benötigen Sie: 1 Rotbarsch, 4 nicht allzu große Zucchini, 100 ml Weißwein, 250 ml Crème fraîche (wenn Sie sie bekommen können, am besten französische), 150 g Butter, 4 Knoblauchzehen, 1 Zitrone, 2 Eßl. Thymianblüten, Salz und Pfeffer.
Bitten Sie ihren Fischhändler, den Rotbarsch auszunehmen.
Waschen und trocknen Sie den Fisch, und reiben Sie ihn auf beiden Seiten mit Salz und Pfeffer ein.
Schneiden Sie aus den gleichmäßig dicken Mittelstücken der Zucchini ca. 50 nicht zu dicke Scheiben, und hacken Sie die übriggebliebenen Enden fein.
Schmoren Sie diese Zucchinistückchen in 50 g der Butter, bis die austretende Flüssigkeit ganz verdampft ist. Salzen und pfeffern Sie das Gemüse, rühren Sie die Thymianblüten darunter, und füllen Sie einen Teil davon in die Bauchhöhle des Fisches. Den Rest bewahren Sie für die Sauce auf.
Schneiden Sie die Zitrone und die Knoblauchzehen in Scheiben (letztere nicht zu dünn), und legen Sie damit eine Auflaufform aus. Verteilen Sie darauf den Rest der Butter in Flöckchen, und betten Sie den Rotbarsch darauf. Hüllen Sie den Fisch nun in einen Zucchinimantel, indem Sie ihn dachziegelartig mit den Zucchinischeiben belegen. Decken Sie das Ganze mit gebutterter Alufolie ab, und lassen Sie es in dem auf 200° C vorgeheizten Backofen garen.
Nehmen Sie den Fisch schließlich vorsichtig heraus, und stellen Sie ihn warm. Entfernen Sie die Zitronenscheiben, und verrühren Sie den Sud mit den Knoblauchscheiben und dem Rest der Thymian-Zucchini-Füllung. Gießen Sie diesen Sud in einen Topf mit schwerem Boden, fügen Sie den Weißwein hinzu, und lassen Sie die Sauce einkochen. Schließlich rühren Sie die Crème fraîche ein und müssen nun die Sauce nur noch einmal erhitzen.
Ein Kartoffelpüree mit Ringelblumen und Dill (siehe Seite 108) schmeckt sehr gut zu diesem Gericht, dem Sie eine zusätzliche Zucchini-Note verleihen können, indem Sie pro Person eine (oder mehrere) Zucchiniblüte (mit Frucht) als Beilage servieren.
Zucchiniblüten (mit Frucht) sind besonders schmackhaft, wenn man sie mit gerösteten Mandelstiften füllt und kurz dämpft oder in ganz wenig Bouillon mit etwas Butter und einer Prise Thymianblüten gart.

### Beignets von Tonggwa- und Tseetgwa-Blüten

Bei einem Züchter exotischer Gemüsesorten durfte ich diese winzigen Blüten-Früchte von *Benincasa hispida*, Wachskürbis oder Chinesische Wintermelone genannt, ernten. Sie werden hier unter Glas gezogen, doch in wärmeren Regionen gedeihen sie auch überall im Freiland. Und wer die Samen im Handel findet, sollte dieses Gemüse, das in Indien, China, Japan, Malaysia und Australien sehr beliebt ist, im Frühbeet oder im Kalthaus selbst anzubauen versuchen.
Es gibt zwei Sorten von Früchten: Die runden werden Tonggwa bzw. Wachskürbis genannt (weil die ausgereiften Exemplare mit einer schönen weißen Wachsschicht überzogen sind, die sie lange haltbar macht). Die anderen, länglichen Früchte heißen Tseetgwa. Sie haben eine

Links: Rotbarsch in einem grünen Zucchinimantel mit Mandel-Zucchiniblüten (mit Frucht)
Rechts: Fritierte Tonggwa- und Tseetgwa-Blüten sind eine außergewöhnliche Delikatesse

Oben: Vor einem Ausblick auf das Arboretum Kalmthout ein Stilleben mit *Cucurbitaceae;* in der Hauptrolle Zucchiniblüten in der Auflaufform und antike Kalebassen (aus Flaschenkürbis) als Dekoration (das Broccoli-Gratin finden Sie auf Seite 175)
Rechts: Mit Möhren-Julienne gefüllte Zucchiniblüten (mit Frucht) sind eine gute Beilage zu Flußkrebsen; mit Hühnerfleisch und Pinienkernen sind sie ein Gericht für sich
Gegenüberliegende Seite, oben: Fritierte Zucchiniblüten lassen sich sehr vielseitig kombinieren, auch mit Garnelen-Dimsum, die ›Har kau‹ heißen
Gegenüberliegende Seite, unten: Gelbe Paprikasuppe mit einer ›sahnigen‹ Zucchiniblüte ist ein malerischer Anblick

haarige Schale, weshalb man sie in England Hairy gourd nennt.

Tonggwa und Tseetgwa schmecken in diesem jungen Stadium besonders gut in würzigem Beignet-Teig (siehe Grundrezepte, Seite 202) fritiert.

Eine Sauce aus saurer Sahne, vermischt mit einer guten Portion kleingeschnittenem Schnittlauch, einem Schuß ›Eau-de-vie de Céleri‹ (bzw. ›Bouillon blanc‹ oder weißem Wermut, je nach Geschmack), Salz, Pfeffer und eventuell einem Tropfen Sojasauce ist eine passende Beilage dazu. (Natürlich können Sie solche Beignets ebensogut mit den leichter erhältlichen Zucchiniblüten (mit Frucht) zubereiten.)

### Flusskrebse mit gefüllten Zucchiniblüten

Kurz geschmorte Flußkrebse sind an sich schon eine Delikatesse, aber zusammen mit Zucchiniblüten (mit Frucht), die mit Möhren-Julienne gefüllt sind, stellen sie eine äußerst delikate Vorspeise dar.

Setzen Sie in einem großen Topf Wasser und Wein zu gleichen Teilen mit 15 g Salz auf, und kochen Sie darin ein paar Stücke Möhren und Zwiebeln, ein paar gehackte Schalotten und einige Kräuter (Sie können ein traditionelles Bouquet garni wählen, das aus Petersilie, Thymian und Lorbeer besteht, aber Sie können dies natürlich unendlich variieren; Sellerie schmeckt sehr gut dazu, doch auch Kerbel oder Estragon eignen sich ausgezeichnet). Reduzieren Sie die Hitze, und lassen Sie die Krebse 8–10 Minuten in dem Sud ziehen. (Wollen Sie die Flußkrebse lauwarm oder kalt essen, so lassen Sie sie in der Kochflüssigkeit abkühlen.)

Für die Füllung der Zucchiniblüten (mit Frucht) schneiden Sie große Möhren in sehr dünne Streifen, die Sie kurz dämpfen (nach 2 Minuten sind sie weich genug). Zerlassen Sie dann ein Stück Butter in einem Wok (wenn Sie keinen besitzen, geht es auch in einer weiten Pfanne), und pfannenrühren Sie die Möhren-Julienne unter ständigem Wenden weitere 2 Minuten. Würzen Sie mit Salz, Pfeffer und frischen Thymianblüten und/oder zerteilten Sellerieblüten.

Füllen Sie die Zucchiniblüten (mit Frucht) mit diesen aromatischen Möhren-Julienne, und lassen Sie sie kurz vor dem Servieren 3 Minuten lang in einer nur den Topfboden bedeckenden würzigen Bouillon mit etwas Butter und/oder einem Schuß Kürbiskernöl garen.

Heben Sie das Gemüse mit einem breiten Schaumlöffel aus der restlichen Flüssigkeit, oder, besser noch, lassen Sie diese Flüssigkeit, falls Sie nicht zuviel genommen haben, ganz verdampfen. Servieren Sie sofort zu den Flußkrebsen oder zu einem Fischgericht.

### Zucchiniblüten mit Huhn, Möhren-Julienne und Pinienkernen

Dies ist eine Variante der im vorangehenden Rezept beschriebenen Zucchiniblüten (mit Frucht), die man als eigenständiges

Gericht servieren kann. Bereiten Sie die Möhren-Julienne nach dem obigen Rezept zu. Rösten Sie Pinienkerne kurz in Butter oder (Traubenkern-)Öl, und grillen Sie in Streifen geschnittene Hühnerbrustfilets so, daß sie gerade noch rosa sind. Wenn Sie dem Gericht eine etwas elegantere Note verleihen möchten, können Sie auch andere Geflügelarten verwenden.

Schneiden Sie das Hühnerfleisch in dünne Streifen, und füllen Sie die Blüten mit jeweils drei Streifen Hühnerfleisch, etwas Möhren-Julienne und Pinienkernen.

Garen Sie die gefüllten Zucchiniblüten (mit Frucht) anschließend wie oben beschrieben in Bouillon.

### Fritierte Zucchiniblüte mit Garnelen-Dim-sum

Wie viele weitgeöffnete Blütenkelche lassen sich die Blüten der Zucchini (oder Pattison oder Tonggwa) ausgezeichnet in einem herzhaften Beignet-Teig (beispielsweise mit Sesam) fritieren.

Aber einen ganz außergewöhnlichen Leckerbissen erhalten Sie, wenn Sie diese so schön im Teigmantel aufgeblühten Blumen mit Dim sum kombinieren.

Ich wählte dafür Dim sum mit einer Füllung aus Garnelen, Bambussprossen und hauchdünn geschnittenem fettem Speck, eine Delikatesse mit Namen ›Har kau‹. Es gibt sie fertig zubereitet als Tiefkühlkost; sie sind dann nach 10minütigem Dämpfen tafelfertig.

Wenn Sie sie selbst zubereiten wollen, so finden Sie auf Seite 203 das Grundrezept für Dim sum.

### Gelbe Paprikasuppe mit Sahne-Zucchiniblüte

Waschen und putzen Sie 5 gelbe Paprika, schneiden Sie sie in Stücke, und lassen Sie sie in einer tiefen Pfanne in ca. 100 g Butter, Salz und Pfeffer bei sehr niedriger Hitze 30 Minuten schmoren, bevor Sie sie – leicht abgekühlt – im Mixer pürieren.

Erwärmen Sie das Püree anschließend mit 1–1,5 l aromatischer Fleisch- oder Geflügelbouillon (siehe Grundrezepte, Seite 203) und aromatisieren Sie es mit einem guten Schuß Weißwein oder einem Spritzer weißen Wermut und Schlagsahne nach Geschmack.

Servieren Sie diese Suppe in Tellern, und geben Sie als Einlage jeweils eine Zucchiniblüte in die Mitte, in die Sie etwas saure Sahne gespritzt haben. Die Blüte darf roh sein, sie ›schmilzt‹ in der warmen Suppe.

### Auflauf mit Zucchiniblüten

Dünsten Sie 2 gehackte Zwiebeln in Butter und/oder Öl, bis sie leicht gebräunt sind, fügen Sie 750 g Hackfleisch vom Lamm hinzu (wenn Sie Lammfleisch nicht mögen, können Sie auch Gehacktes von anderem Fleisch nehmen), und pfannenrühren Sie es, bis es körnig-locker und relativ trocken ist. Würzen Sie mit Salz, Pfeffer und 6 in einzelne Stengel zerteilten Blütendolden des Korianders.

Füllen Sie mit diesem Hackfleisch 30 Zucchiniblüten. (Sollten Sie etwas übrigbehalten, so verrühren Sie es mit der Eiermilch.)

Pinseln Sie eine Auflaufform mit Kürbiskernöl aus, und belegen Sie den Boden mit 4–6 Weißbrotscheiben ohne Kruste. Verquirlen Sie 2 Eier mit 150 ml Milch, und würzen Sie mit Salz, Pfeffer und den Blüten von Thymian, Majoran und Basilikum. (Wenn Sie keine Blüten zur Verfügung haben, kann es natürlich auch das Grün sein.)

Diese Eiermilch gießen Sie über die Brotscheiben. Darauf ordnen Sie die gefüllten Blüten abwechselnd mit den Scheiben von 2 Zucchini in Reihen an, gießen 150 ml saure Sahne darüber und lassen den Auflauf 15–20 Minuten in einem auf 200° C vorgeheizten Backofen überbacken. Achten Sie darauf, daß die Blüten sich nicht zu stark verfärben: Sollte es dennoch geschehen, müssen Sie sie sofort mit Alufolie abdecken.

### Andere Verwendungsmöglichkeiten

Natürlich können Sie die männlichen Zucchiniblüten auch in anderen Gerichten verwenden; beispielsweise in Pfannkuchen, wie es bereits im Abschnitt über Salbei auf Seite 76 beschrieben wurde. Wenn Sie mögen, können Sie das Rezept für die Pfannkuchen variieren, indem Sie halb Kichererbsenmehl, halb Weizenmehl verwenden und die Pfannkuchen in halb Butter, halb Kürbiskernöl braten. Schließlich können Sie sie als herzhaftes Gericht mit Sojasauce und mit Zitronensaft servieren.

Zucchiniblüten sind auch auf einer herzhaften Torte äußerst attraktiv, wie beispielsweise auf der Artischocken-Quiche von Seite 141 oder auf einer traditionellen Quiche lorraine.

Mit Zucchiniblüten können Sie außerdem eine Variante der Dolmas zubereiten, wie man die mit Reis gefüllten Weinblätterpäckchen in der Türkei nennt.

# Erlesene Minz-Genüsse

*Mentha*-Arten sind in jeder Hinsicht überwältigende Gewächse: Sie zeichnen sich durch starken Wuchs und heftigen Expansionsdrang aus, durch immer wieder anderen Duft der Blätter wie auch der Blüten sowie durch ihre Vielfalt an Erscheinungsformen.

In zehn alten Fläschchen, die in (Glas-) Reliefschrift die passende Aufschrift ›Alcool de Menthe‹ tragen, paradieren hier von links nach rechts:

*Mentha × piperita* var. *citrata,* die vielgeliebte Lavendelminze (in den USA Zitronenminze genannt), die sehr früh im Jahr mit fast purpurblättrigen Trieben und violett schimmernden Blattunterseiten äußerst üppig zu sprießen beginnt. Wenn sie älter wird, schwinden die intensiven Farbschattierungen ein wenig, doch das herrliche Aroma bleibt. Deshalb eignen sich Blätter und Blüten dieser Pflanze so gut für die Verarbeitung in Süßspeisen, beispielsweise in Obstsalat, gleichgültig ob frisch oder verzuckert.

*Mentha × piperita* var. *citrata* 'Lime' ist ein entzückender Seitensprung der vorangegangenen Minze mit einem ausgeprägten Zitronenaroma. Wenn Sie sie bei Ihrem Gärtner bestellen wollen, dann geben Sie den genauen botanischen Namen an, denn sonst bekommen Sie mit Sicherheit die falsche Minze.

*Mentha arvensis* var. *javanica* ist eine Akkerminze aus den Tropen, die es gelegentlich auch bei uns zu kaufen gibt und die mit ihren sehr flauschigen Blütenköpfchen und ihrem feinen Aroma äußerst willkommen ist (in strengen Wintern muß man sie allerdings ins Haus holen).

*Mentha pulegium,* der bekannten Poleiminze, wird nachgesagt, ihr Duft vertreibe Flöhe (Floh heißt auf Latein ›pulex‹), weshalb sie früher in Matratzenfüllungen eingearbeitet wurde. Mit ihren runden weichen Blättchen und ihren dichten lila Blütenbüscheln ist sie jedoch auch auf dem Teller sehr willkommen. [Ein paar Blättchen Poleiminze in Nahrungsmitteln sind sicher unbedenklich; wir weisen aber darauf hin, daß es nach unkontrollierter Einnahme des ätherischen Öls von *Mentha pulegium* aufgrund des darin enthaltenen Pulegons zu schweren Vergiftungen, auch mit tödlichem Ausgang, gekommen ist. Anm. d. dt. Red.]

*Mentha × gentilis* 'Variegata', bekannt als Edelminze, verbreitet mit ihren gelbpanaschierten Blättchen und anmutigen Blüten ein angenehmes Ingweraroma. (Die Zweige in der Flasche sind etwas mager ausgefallen, weil ich sie in einem zu kleinen Topf wachsen und zur Blüte kommen ließ. Inzwischen habe ich sie umgetopft, als wohlverdiente Belohnung für das beständige alljährliche Wiederaufsprießen ungeachtet meiner so schlechten Pflege.) Die Edelminze eignet sich übrigens aufgrund ihres besonderen Dufts und ihres Geschmacks auch sehr gut zur Verwendung in Süßspeisen wie beispielsweise in der Birnentorte auf Seite 155. (Ich habe sie auch unter dem Namen Apfelsinenminze gefunden – vielleicht ist man bei dieser Bezeichnung von der Farbe der Blättchen und nicht von ihrem Duft ausgegangen?)

*Mentha raripila* 'Rubra' ist mit ihren von Kopf bis Fuß purpurroten Stengeln, ihren robusten unbehaarten Blättern (*raripila* heißt ›mit wenig Härchen‹), mit schön verzweigten ährenförmigen Blüten und einem kräftigen Minzaroma eine sehr stattliche Erscheinung.

*Mentha velutina* 'Crispa' (?), eine wollige Minze mit stark gekräuseltem Blatt, die ich als namenlose Schöne geschenkt bekam und für die mir dieser Name zutreffend erscheint – doch meine Hand möchte ich dafür nicht ins Feuer legen!

*Mentha rotundifolia* 'Variegata', die weißbunte Rundblättrige Minze, ist aromatisch und attraktiv, doch in der Küche sicher nicht unersetzlich.

*Mentha longifolia*, die Roßminze, duftet und schmeckt weniger ausgeprägt nach Minze, dennoch sind aus ihr bildschöne Kulturvarietäten wie *Mentha longifolia* 'Buddleja' hervorgegangen.

*Mentha × piperita*, die Pfefferminze, ist das ideale ›naturidentische‹ Pfefferminzbonbon (als verzuckerte Blütenähre) und auch mit einem Schokoladenüberzug sehr angenehm.

Meine Empfehlung an alle nicht fotografierten Minzen wie *Mentha suaveolens*, die muntere wollige Rundblättrige Minze, *Mentha × piperita* 'Black Variety' mit schwarzbraunen Stengeln, *Mentha × piperita* 'Chocolate' mit Schokoladenfärbung und vielleicht auch Schokoladenduft (?), *Mentha × piperita* var. *citrata* 'Todd', die vielseitige Lavendelminze, *Mentha aquatica*, die üppig wuchernde und duftende Wasserminze, oder *Mentha spicata* (syn. *Mentha viridis*), die nicht wegzudenkende Grüne Minze der englischen Mint-Sauce.

### Schokoladen-Minz-Eis

Mahlen Sie 2 Eßl. Pfefferminzblätter (von *Mentha × piperita* also) zusammen mit 25 g Zucker im Mörser, und lassen Sie diese Mischung in 100 ml heißer Milch ziehen und anschließend abkühlen.

Schmelzen Sie 100 g bittere Schokolade (Kuvertüre) im Wasserbad, und verquirlen Sie sie mit 4 Eigelb, bis eine schaumige Masse entsteht, die leicht gebunden ist; lassen Sie auch diese abkühlen.

Rühren Sie die aromatisierte Milch zusammen mit 50–100 ml Schokolade-Minz-Likör unter die Schokoladenmasse, schlagen Sie 250 ml Schlagsahne steif, und ziehen Sie diese vorsichtig unter, zusammen mit ca. 25 g geraspelter Kuvertüre (für dunkelbraune ›Sprenkel‹ im fertigen Eis). Gießen Sie die Masse in die Eismaschine, die Sie zunächst 10 Minuten laufen lassen.

Schlagen Sie unterdessen 4 Eiweiß mit 50 g Zucker halbsteif (wenn Sie jedoch das Gefrierfach für die Eisbereitung benutzen, muß das Eiweiß so steif wie möglich sein, siehe Grundrezepte, Seite 202), stellen Sie die Maschine kurz aus, und geben Sie das Eiweiß hinzu. Lassen Sie alles zusammen weitere 10–15 Minuten in der Eismaschine drehen. (Die benötigte Gefrierzeit verlängert sich eventuell durch den Alkoholzusatz und durch das nur halbsteif geschlagene Eiweiß.)

Servieren Sie dieses äußerst delikate Eis mit Pfefferminz-Blütenähren, die Sie kurz in geschmolzene Kuvertüre getaucht und auf Pergamentpapier getrocknet haben.

Unten: *Mentha raripila* 'Rubra' mit ihren schönen rotbraunen Stengeln noch einmal in Nahaufnahme

Links unten: Schokolade und Pfefferminze sind eine beliebte Kombination, die man in den verschiedensten Produkten antrifft; hier sind sie in selbstgemachtem Eis und in handelsüblichen Likören vereint

### Lammkeule mit Vielerlei-Minzen-Sauce

Ein traditionsreiches englisches Gericht ist Lammkeule mit Minzsauce. Weil ein Gericht wie dieses über die Jahrhunderte hinweg seinen Wert bewiesen hat, haben wir uns lediglich ein besonders ›minziges‹ Rezept für die Sauce ausgedacht. Dafür brauchen Sie nur von allen Minzsorten, die Sie finden können (einschließlich der Lavendelminze und der Edelminze), Blättchen und Blüten zu pflücken und diese in einer Mühle oder in einem Mixer zu zerkleinern.

Dann nehmen Sie pro 3–4 Eßl. Minze 1 Eßl. kochendes Wasser und rühren alles rasch durch, um die Aromen optimal freizusetzen. Rühren Sie anschließend 1 Eßl. Holunderblütensirup (oder Zucker) ein, und lassen Sie die Sauce 1 Stunde ruhen. Kurz vor dem Servieren mischen Sie dann 3 Eßl. Balsamessig (oder Weinessig) darunter und fertig ist die minzigste Minzsauce.

Die mit Meersalz und frisch gemahlenem grünem Pfeffer eingeriebene Lammkeule wird zwar im Backofen zubereitet, doch zuvor bei großer Hitze in einem Bräter von allen Seiten scharf angebraten. Erst im Anschluß daran geben Sie das Fleisch mit der sehr heißen Butter (100 g pro 500 g Fleisch) in den auf 225° C vorgeheizten Backofen. Während der Garzeit reduzieren Sie die Temperatur auf 180° C. Man rechnet für die Lammkeule eine Garzeit von 30 Minuten pro 500 g Fleisch und begießt das Fleisch alle 10 Minuten.

Für besonders festliche Diners lasse ich die Lammkeule vom Metzger entbeinen, weil sie sich so am Tisch einfacher tranchieren läßt.

Ganz zarte Maiskölbchen, geschwenkt in Butter und vielen feinen zerzupften Minzblüten, sind eine passende Beilage.

### Zweifarbiges Minz-Dessert

Für dieses spektakuläre Dessert bereiten Sie zwei verschiedene Minz-Puddings getrennt zu, denn die erste Schicht muß erst völlig fest sein, bevor Sie die zweite auftragen können. Die obere (und deshalb diejenige, die zuerst in die Form gegossen wird) besteht aus einer Minz-Bavaroise, die untere aus einem Weingelee mit ›Crème de Menthe‹, in das als zusätzliche Farbtupfer und ergänzende Geschmackskomponente kleine gelbe Cocktail-Äpfel eingegossen sind (sie sind im Spirituosenhandel als Konserve erhältlich). Es sind Früchte von *Malus baccata*, dem Beerenapfel, bzw. von *Malus* × *zumi (Malus baccata* var. *mandshurica* × *Malus sieboldii)*, die zwar keinen sehr ausgeprägten Eigengeschmack haben, sich aber gerade deshalb besser in den Likörgeschmack einfügen und außerdem von angenehm knackiger Konsistenz sind.

Für die Minz-Bavaroise lassen Sie 2 Eßl. feingemahlene Minzblätter (eine Kombination verschiedener Sorten ist interessant, aber *Mentha spicata* syn. *Mentha viridis* allein ist ebenso köstlich) in 200 ml warmer Milch ziehen.

Nehmen Sie die Milch vom Herd, und lösen Sie in der noch warmen Minzmilch sofort 6 in kaltem Wasser eingeweichte und gut ausgedrückte Blätter Gelatine auf. Schlagen Sie 3 Eigelb mit 100 g Puderzucker schaumig, und fügen Sie vorsichtig die etwas abgekühlte Minzmilch hinzu. Lassen Sie die Mischung abkühlen, bis sie fest zu werden beginnt.

Schlagen Sie unterdessen 250 ml Schlagsahne mit einem Schuß ›Crème de Menthe‹ sehr steif, und ziehen Sie diese hellgrüne Sahne unter die Eigelb-Milch-Mischung.

Fetten Sie eine Puddingform von 1 l Fassungsvermögen mit einem geschmacksneutralen Öl (Traubenkernöl eignet sich gut) ein, und füllen Sie die Creme hinein. Stellen Sie die Form in den Kühlschrank, bis die Creme vollkommen geliert ist. (Wenn Sie sehr in Eile sind, können Sie die Form auch 30 Minuten in die Tiefkühltruhe stellen.) Bereiten Sie in der Zwischenzeit das grüne Minz-Weingelee zu.

Mischen Sie 500 ml Weißwein und 150 ml grünen ›Crème de Menthe‹-Likör. Erwärmen Sie eine kleine Menge davon, und lösen Sie 14 in kaltem Wasser eingeweichte und gut ausgedrückte Blätter Gelatine darin auf. Rühren Sie diese Gelatinemischung sehr sorgfältig in den Minzwein und warten Sie, bis das Gelee anfängt, fest zu werden.

Nehmen Sie nun die mit der Bavaroise gefüllte Form, ordnen Sie in regelmäßigen Abständen Cocktailäpfel (natürlich ohne den Stiel) am Rand entlang an, und gießen Sie das Minz-Weingelee darauf (beginnen Sie damit in der Mitte, weil sich sonst die Äpfel verschieben könnten).

Sie werden etwas Gelee übrigbehalten: Gießen Sie es in eine oder mehrere kleine

(eingefettete) Savarin-Förmchen, und verwenden Sie die grünen Ringe als zusätzliche Dekoration.
Wenn der Pudding beim Stürzen nicht von selbst aus der Form gleiten will, tauchen Sie die Puddingform kurz in warmes Wasser. Verfahren Sie auf die gleiche Weise mit den Savarin-Förmchen. Garnieren Sie den Pudding mit verzuckerten Blütenständen der Minze, mit den restlichen Cocktail-Äpfeln aus der Dose und mit den transparenten grünen Ringen.

Anmerkung: Ich besitze Puddingformen aus Kunststoff, die an beiden Seiten einen Deckel haben: einen großen an der Oberseite, der den Pudding vor unerwünschten Gerüchen im Kühlschrank schützt, und einen kleinen an der Unterseite, die beim Stürzen zur Oberseite wird. Dieser kleine Deckel hat eine wichtige Funktion: Wenn man den Pudding umgedreht auf die gewünschte Unterlage gesetzt hat und er nicht von selbst aus der Form gleitet, braucht man nur diesen ›Notausgang‹ zu öffnen (dadurch verschwindet das Vakuum zwischen Pudding und Form), und der Pudding gleitet unversehrt und bildschön aus seiner ›Schale‹. Die Herstellerfirma hat ein Patent auf diese ausgezeichnete Idee angemeldet, und da ich solche Puddingformen mit dieser kleinen, aber entscheidenden Neuerung bisher noch von keiner anderen Marke im Handel gesehen habe, werden Sie sich wohl bis zur nächsten ›Verkaufsparty‹ gedulden müssen.

### Birnentorte ›Yselle‹

Meine Freundin Yselle van Orshoven kreierte diese Birnentorte, und sie ist so köstlich und so leicht zuzubereiten, daß ich sie ihr zu Ehren Birnentorte ›Yselle‹ nennen möchte.
Sie können sie in jeder gewünschten Größe und Form backen. Ich habe hier eine große hohe Springform verwendet, aber ebensogut kann man eine flachere Obstkuchenform nehmen.
Fetten Sie die Form mit Butter ein, und kleiden Sie sie anschließend mit Blätterteig (fertig aus der Tiefkühltruhe) aus. Legen Sie dann halbierte oder geviertelte saftige, aber nicht zu reife Birnen (geschält und vom Kerngehäuse befreit) in einem schönen Muster auf dem Blätterteig aus (mit der gewölbten Seite nach oben).
Verquirlen Sie dann Eier mit Schlagsahne und Mascarpone, Zucker nach Geschmack, gemahlenem Kardamom und/oder geriebenem (frischem) Ingwer und 1 Eßl. gemahlenen Minzblüten. Rechnen Sie pro 250 ml Schlagsahne-Mascarpone-Mischung 3 Eier. Ich habe für eine Springform von 26 cm Durchmesser 6 Eier, 200 ml Schlagsahne und 300 ml Mascarpone gebraucht. Meine Torte benötigte eine Backzeit von zuerst 20 Minuten bei 200° C und anschließend 50 Minuten bei 150° C. Wenn Sie eine flachere Torte backen, reichen 20–30 Minuten Gesamtzeit wahrscheinlich aus. Überprüfen Sie dies, indem Sie mit einer Stricknadel in den Teig stechen: Sie muß trocken und sauber herauskommen.

Links oben: Mit einem Pudding, der aus zwei (oder mehr) unterschiedlichen Schichten besteht, kann man äußerst dekorative Desserts zaubern. Hier zwei verschiedenfarbige Minz-Puddings in schönem Kontrast
Links unten: Birnentorte ›Yselle‹ in einer Komposition mit Edelminze in einem (zu) kleinen Topf, Poleiminze in voller Pracht und einer antiken Teigrolle, die man mit Eis füllte, um damit Blätterteig hauchdünn auszurollen. (Als Extra zwei weitere Birnenprodukte: ›Alt-holländische Baby-Birnen in Zimtlikör‹ – wieder ein Beweis dafür, daß sich der Geschmack von Birnen mit zahllosen Aromen kombinieren läßt – und eine portugiesische Variante der ›Poire Williams‹, sehr herzig mit zwei etwas wüst aussehenden Birnen in der Flasche und auf den klangvollen Namen ›Aguardente de peras‹ lautend.)
Gegenüberliegende Seite: Lammkeule mit Vielerlei-Minzen-Sauce und in Minzblüten geschwenkte Mini-Maiskölbchen: ein kleiner Verwandlungstrick mit der Tradition

# Die Blüten des Spätsommers

Die Blumen, die uns der Spätsommer schenkt, sind nicht nur Nachzügler des Hochsommers – weit gefehlt. Besonders große und hohe einjährige Pflanzen brauchen schon eine gewisse Zeit, um aus ihrem Samen ganz emporzuwachsen und zur Blüte zu kommen.

Sonnenblumen (*Helianthus annuus*) sind ein gutes Beispiel dafür, und auch die höheren ein- und mehrjährigen Malvengewächse wie *Malva moschata*, *Malva sylvestris* var. *mauritiana* mit ihren so leuchtend purpurfarbenen Blüten; außerdem *Lavatera thuringiaca* und die häufig zweijährige Stockrose oder Stockmalve (*Alcea rosea*); der perlmuttfarbene Eibisch (*Althaea officinalis*) und die *Sidalcea* natürlich sowie *Lavatera cachemiriana*, die fast schon Strauchproportionen hat.

Viel Zeit nehmen sich auch die Königskerzen (*Verbascum*), die Salaten, Tee und Alkohol ihre gelbe Farbe verleihen.

Auch der Fenchel braucht geraume Zeit, bis er blüht, ebenso wie die Zuckerwurzel (*Sium sisarum*), die ihre spitzenzarten Blütendolden in Augenhöhe öffnet.

Die kräftigen Stengel mit cremefarbenen kugeligen Glocken der *Yucca filamentosa* sind (meistens) im August auf dem Höhepunkt ihrer Schönheit angelangt, und auch die Nachtkerzen (*Oenothera*) erblühen jetzt in voller Pracht – in leuchtendem und weichem Butterblumengelb.

Wer nicht früh mit der Aussaat begonnen hat, erlebt die Hauptblüte von *Tropaeolum* erst jetzt, und was kann man nicht alles mit Kapuzinerkresse anfangen, der pikantesten unter den eßbaren Blüten.

Die allergrößte Eßblüte ist zweifellos der Blumenkohl, der eigentlich eine noch im Knospenstadium befindliche Kohlblüte ist, und jetzt reifen auch die ›späten‹ Sorten in schönen Farben (wie 'Purple Cape') oder anmutigen Formen (wie 'Romanesco' mit seinen winzigen ›Minaretten‹).

Jetzt beginnt auch die farblich sehr abwechslungsreiche Blütenpracht der Chrysanthemen, die vor allem in der japanischen Küche eine so wichtige Rolle spielen. Und auf der Schwelle zum Winter öffnen dann plötzlich die Shiso-Pflanzen (*Perilla nankinensis*) ihre Blüten in (rosafarbenen) Rispen (bei der 'Atropurpurea'-Form), während in den wärmeren Ländern *Hibiscus sabdariffa* sein Bestes tut, Kelchblätter für köstliche Getränke zu treiben.

### Spätsommerlicher Trompetenschall

Mit Trompetenschall leitet *Campsis radicans* die spätsommerliche Eßblumen-Saison ein: Bildschön sind sie, die roten, gelben und orangefarbenen Blüten der Trompetenblume, die an Haus, Tor oder Pergola emporranken, und dazu sind sie auch noch äußerst schmackhaft: süß mit einem würzigen Nachgeschmack, weshalb sie sich für herzhafte Gerichte eignen, aber auch (und vor allem) für süße. Damit hat sie sich einen Ehrenplatz auf dieser Seite verdient, die den Auftakt zu den vielfältigen Spätsommergenüssen bildet, die wir Ihnen nun servieren möchten.

Hier verhelfen die bunten Trompetchen Eis zu einer spätsommerlichen Note; aber auch in Reisgerichten setzen sie pikante Akzente.

# Eine Krone für Kapuzinerkresse

Wenn ich für die Blüten, die den Teller zieren und dem Gaumen schmeicheln, eine Rangliste aufstellen sollte, dann gebührte *Tropaeolum majus*, der Großen Kapuzinerkresse, ohne Zweifel die Krone.

Dieses herrlich aromatische Gewächs, dessen frische schirmförmige Blätter ebenso eßbar sind wie die elegant gespornten und schön gefärbten Blüten, sollte in keinem Küchengarten und auf keinem ›Küchenbalkon‹ fehlen. Niemand braucht auf den *Tropaeolum*-Genuß zu verzichten, denn heute sind die Samen und/oder Pflanzen dieser schnellwüchsigen Einjährigen überall erhältlich. Oft genügt ein einmaliger Kauf, denn auf jedem nur halbwegs günstigen Platz sät sich die Pflanze meist selbst spontan für kommende Gaumen- und Augenfreuden aus.
Es gibt rankende Sorten, die sich über den Boden kriechend ihren Weg suchen, die aber auch in Ampeln und an Mauern sehr gut gedeihen. Ich versuchte es mit einem sogenannten Erdbeertopf, und das Ergebnis war sehenswert! Regelrechte Kaskaden in bunten Farben quollen aus dem Topf heraus. Auch die Sorten, die nicht ranken, aber büschelweise aromatische und bunte Blüten aus ihren Samen hervorzaubern (so wie die tiefrosarote 'Cherry Rose Whirleybird' auf den nächsten Seiten), eignen sich zur Bepflanzung solcher (oder anderer) Töpfe.
Wer viele (außergewöhnliche) Farben zugleich anpflanzt, kann bei der spontanen Aussaat mit Kreuzungen rechnen, denn Bienen bleiben zwar den Pflanzen, die sie anfliegen, treu, kümmern sich jedoch wenig um Blütenfarben und summen fröhlich mit Blütenstaub an den Beinchen von 'Alaska' (mit weiß panaschierten Blättern und orange-roten Blüten) zu 'Primrose Jewel' (mit üppiger primelgelber Blüte) und dann weiter zu anderen Raritäten. Doch das hat auch seine guten Seiten, denn wer weiß, ob nicht gerade bei Ihnen eine besonders schöne neue Farbe entstehen wird.

## Tropaeolum herzhaft – in Salat

Natürlich eignet sich der pikante Geschmack der *Tropaeolum*-Blüten hervorragend für herzhafte Salatzubereitungen. (Neulinge, die noch nicht viel Erfahrung mit dem Geschmack von Blüten gemacht haben, möchte ich darauf hinweisen, daß die hellen Blüten einen weniger intensiven Geschmack haben als die dunklen.)
Rechts auf dem Tisch sehen Sie einen Salat mit vielen Mungbohnensprossen (von *Phaseolus aureus*), mit Gurkenkringeln (dünne, in Längsrichtung geschnittene Scheiben, eventuell von einer ungeschälten Gurke, so daß die ›Locken‹ eine schöne grüne Kante haben), mit bißfest blanchierten kleinen grünen Broccoli-Röschen und natürlich oben auf dem Salat mit *Tropaeolum*-Blüten.
Sie sind mit einem milden Blauschimmelkäse gefüllt, der mit Fromage blanc (Quark also) und Crème fraîche verrührt wurde (siehe auch »Über Sahne und Frischkäse«, Seite 200).
Dazu schmeckt eine warme Vinaigrette mit Walnußöl, kurz gerösteten Pinienkernen und ausgelassenen Speckwürfeln besonders gut (siehe Grundrezepte, Seite 201).
Reichen Sie dazu ein frisches, knuspriges Baguette oder kleine Vollkornbrötchen, und servieren Sie diesen Salat als Vorspeise oder leichte Zwischenmahlzeit.

## Tropaeolum süss – zu Tagliatelle

Wer daran zweifelt, ob süß zubereitete Tagliatelle schmecken, braucht dieses Dessert nur ein einziges Mal zu probieren, und er wird vollkommen überzeugt sein.
Machen Sie frische Tagliatelle in drei Farben selbst, oder kaufen Sie sie fertig: ›normale‹ gelbe, mit Spinat gefärbte grüne und orangefarbene, die ihre Farbe dem Möhrensaft verdanken.
Kochen Sie die Nudeln in Milch mit einer Prise Safran al dente, schrecken Sie sie mit reichlich kaltem Wasser gut ab, und servieren Sie sie mit folgender Sauce:
Erwärmen Sie konzentrierten Holunderblütensirup (siehe Seite 78/79) mit einer guten Portion hauchdünner Zitronenschale, und lassen Sie dies sanft kochen, bis die Schalen anfangen, glasig zu werden.
Das Gericht kann man sowohl warm als auch kalt servieren, natürlich mit vielen würzigen frischen Kapuzinerkresseblüten garniert. Der Gegensatz zwischen den frischen Blütenblättern und den weichen süßen Tagliatelle fällt dabei angenehm auf.
Wenn Sie gefüllte *Tropaeolum*-Blüten haben (oder viele junge Blüten, die sich noch nicht gänzlich geöffnet haben, denn mit älteren Blüten gelingt dies nicht mehr), können Sie auch verzuckerte Blüten (Eiweiß-Zucker-Methode) dazugeben, die besonders der kalten Nachspeise einen zusätzlichen Akzent verleihen: Der würzige Blütengeschmack in der knusprigen Zuckerhülle ist sehr pikant.

### Tropaeolum-Momordica-Salat

Hellgelbe ›Juwelen‹ (*Tropaeolum majus* 'Primrose Jewel') und grüne Bittergurken oder Balsambirnen (*Momordica charantia*) werden in diesem Salat kombiniert mit Streifen von dunkelgelber Paprika und orangegelben Ringen der Pepperoni 'Madame Jeanette'. (Aber seien Sie auf der Hut, dieses unschuldig wirkende *Capsicum annuum* 'Madame Jeanette' ist sehr scharf und hat ein ausgeprägtes Piment-Temperament.)

Die deutsche Bezeichnung Bittergurke bezieht sich auf den Geschmack des Fruchtfleisches, der zwar recht bitter, aber dennoch nicht unangenehm ist (erwarten Sie keine Ähnlichkeit mit unserer gewöhnlichen Gurke). Die allzu bitteren Teile entfernen Sie vor dem Verzehr, indem Sie die Früchte der Länge nach halbieren und das heller getönte Fruchtfleisch mit den Kernen in der Mitte mit einem scharfkantigen Löffel herausschaben. Dann stechen Sie ein paar Löcher in die Gurke, schneiden sie in ca. 5 mm dicke Scheiben, bestreuen sie mit Salz und lassen sie 30 Minuten in einem Sieb abtropfen. Anschließend spülen Sie sie gut ab.

Danach ordnen Sie die Gurkenscheibchen zusammen mit gelben Paprikastreifen, schönen sanftgelben Kapuzinerkresseblüten und, falls Sie den scharfen Geschmack mögen, außerdem mit hauchdünnen Ringen 'Madame Jeanette' dekorativ in einer Schale an.

Übergießen Sie den Salat mit Balsamessig, in dem Sie zuvor Salz, Zucker und frisch gemahlenen grünen Pfeffer verrührt haben. Sie können die Bittergurken und die Paprika aber auch 1 Stunde in dieser Marinade ziehen lassen und die *Tropaeolum*-Blüten später darauf verteilen. Dieser Salat ist eine köstliche Beilage zu Reisgerichten. (Achten Sie auf das prachtvolle Farbenspiel, wenn die Bittergurke ihre Früchte geöffnet hat, um den Samen zu verbreiten. Versuchen Sie es einmal mit der Aufzucht im Wintergarten oder im (kalten) Gewächshaus; *Momordica charantia* läßt sich auf die gleiche Weise ziehen wie Gurken und Melonen, denn auch sie gehört zu den *Cucurbitaceae*.)

### Verzuckerte Blütenschnittchen

Mit diesem Rezept können Sie altbackenes Brot auf sinnvolle Weise weiterverarbeiten. Wenn es dann auch noch übriggebliebenes Blütenbrot ist (wie beispielsweise das Holunderbrot auf Seite 80), wird dieses Gericht zu einem wahren Blütenfest.

Entfernen Sie die Rinde von den Brotscheiben, bestreichen Sie die Scheiben großzügig mit Butter, und drücken Sie aromatische Blüten und/oder Blätter – zum Beispiel von Minze – in die Butter. Eine Frühlingsvariante dieses Rezepts könnte vielleicht schmackhafte Rosmarinblüten oder würzige Salbeiblüten enthalten. Rosenblättchen ergeben einen Sommer-Festschmaus, und mit *Viola odorata* könnten Sie eine aromatische Wintervariante zubereiten.

Über die mit Butter bestrichenen und mit Blüten belegten Schnittchen streuen Sie nun mit einem feinen Sieb eine nicht zu dünne Schicht Puderzucker, so daß alles weiß wird.

Erhitzen Sie in einer Pfanne ein großes Stück Butter, legen Sie die Schnittchen (mit der gezuckerten Seite nach oben) hinein, verschließen Sie die Pfanne mit einem Deckel, und lassen den Belag 10 Minuten lang bei niedriger Hitze ›schmelzen‹. Sie werden feststellen, daß der Pu-

derzucker eine schöne Fondantschicht gebildet hat.
Servieren Sie die Blütenschnittchen warm oder kalt, und legen Sie als blumige Beilage frische *Tropaeolum*-Blüten dazu. Ich wählte hier die ›süße‹ Farbe von 'Cherry Rose Whirleybird'.
Früher im Jahr kann man auch frische Taglilienblüten dazulegen, und mitten im Winter können Sie die Schnittchen mit duftenden *Prunus mume*-Blüten bestreuen.

### Blütenreiche Wurstplatte

Diese mit Kordel zusammengebundene Wurst wird in den Niederlanden als ›Flämische Cervelatwurst‹ verkauft, und ich habe sie gewählt, weil die Scheiben, die man davon schneidet, eine schöne Blütenform haben. Ansonsten ist für diese schnell zubereitete Vorspeise aber auch jede andere Cervelat- oder Salamisorte geeignet.
Sie richten einfach auf jedem Teller eine oder mehrere Scheiben Wurst an, fügen eine oder mehrere *Tropaeolum*-Blüten hinzu, die Sie zuvor mit Kapern gefüllt haben, und legen – falls Sie sie bekommen konnten – eingelegte Kaperfrüchte dazu. Zu diesem herzhaften Gericht erschien mir *Tropaeolum* 'Mahogany Jewel' mit ihrem tiefen warmen Farbton sehr passend.

### Paprika-Kapuzinerkresse-Fest

Paprika gibt es heute in fast ebenso vielen Farbschattierungen wie die Blüten der verschiedenen Kapuzinerkressesorten, warum also nicht beide in einem farbenfrohen Fest feiern? Schlanke Paprika gibt es in ›Aubergine‹ und ›Weiß‹ (eigentlich handelt es sich um ein cremiges Gelb), die ›bauchigen‹ Sorten natürlich in Rot und Grün, aber auch in einem schönen warmen Gelb und sogar in leuchtendem Orange. Und zu jeder dieser Farben läßt sich eine passende *Tropaeolum*-Blüte finden.
Rohe Paprika schmecken sehr gut mit einer Käsefüllung, und da bietet sich eine reiche Auswahl:
– Hüttenkäse, angerührt mit feingeschnittenem Schnittlauch und vielleicht Selleriesalz und Sellerieblüten und/oder Dillsamen und Dillblüten
– Blauschimmelkäse, angerührt mit saurer Sahne (oder Crème fraîche) und zerpflückten Lauchblüten
– Röschen von bißfest blanchiertem Broccoli mit kleingewürfeltem Camembert, gebunden mit Crème fraîche und einem Schuß Pernod
– sehr fein geschnittener Lachs in saurer Sahne mit geriebenem Meerrettich
– abgetropfte geriebene Gurke mit Hüttenkäse, Dillblüten und Petersilie
– Hüttenkäse mit gehackten Walnüssen und geriebener Orangenschale, angereichert mit (geschlagener) Schlagsahne und einem Schuß ›Apricot Brandy‹
– Stückchen abgezogene Tomate mit feingewürfeltem Brie oder Feta, verrührt mit Crème fraîche und Basilikumblüten
– gehackte hartgekochte Eier mit Frischkäse, Crème fraîche, Salz, Pfeffer und Senf verrührt
Reichen Sie zu den gefüllten und mit Blüten geschmückten Paprika knuspriges Baguette, und servieren Sie dieses Gericht als erfrischenden Mittagsimbiß.

### Weitere Tropaeolum-Arten

Neben der bekannten *Tropaeolum majus* gibt es noch andere *Tropaeolum*-Arten mit ebenfalls eßbaren Blüten. Da ist zunächst selbstverständlich *Tropaeolum minus*, die schon im Jahre 1726 in englischen Gemüsegärten gesichtet wurde. Daß die peruanische *Tropaeolum tuberosum* eßbare Knollen im Boden ausbildet, ist möglicherweise ebenfalls bekannt, auch wenn wir in unseren Breiten gar nicht auf den Gedanken kommen, sie zu konsumieren, wenn wir solch eine rankende Schönheit erst einmal im Garten oder im Kübel aufgezogen haben. In Brasilien und Chile wird auch *Tropaeolum pentaphyllum* sehr häufig angepflanzt, denn diese Art hat nicht nur eßbare Blätter und Blüten, sondern auch ihre fast schwarzen saftigen Beeren gelten als Delikatesse. Ebenfalls aus Chile stammt *Tropaeolum sessilifolium*, deren unter der Erde wachsende Knollen so gut schmecken, daß man sie sogar roh geraspelt in Salaten essen kann.

Links: Ein kunterbuntes (Käse-)Fest mit Paprika und Blüten der Kapuzinerkresse
Gegenüberliegende Seite:
Links oben: Süße Blütenschnittchen, hier mit Lavendelminze und rosaroten *Tropaeolum majus* 'Cherry Rose Whirleybird'
Links unten: Blütenförmige Wurstscheiben mit Blütenbeilage: das tiefe Rot von *Tropaeolum majus* 'Mahogany Jewel', gefüllt mit Kapern und Kaperfrüchten
Rechts: Ein Salat mit *Tropaeolum* und pikantem Gemüse aus den Tropen

# Stattlicher Kelch und zierliches Schirmchen

Manchmal hat man eine gute Idee, die dann sehr viel schwieriger in die Tat umzusetzen ist, als man es sich vorgestellt hatte.

So hatten wir uns in den Kopf gesetzt, die großen Blütenstengel von *Yucca filamentosa* auf dem Steintisch, der auf der Terrasse des Schlosses zu 's Gravenwezel steht, kunstvoll zu drapieren, um sie so in ihrer ganzen Pracht zur Geltung zu bringen, und zwar am 2. August, denn zu diesem Zeitpunkt steht die *Yucca* gewöhnlich in voller Blüte.
Außerdem waren May und Axel Vervoordt, die Besitzer des Schlosses, in den Wochen davor in Urlaub. Vielleicht haben Sie die Hitzewelle im Juli 1990 noch nicht vergessen und können sich folglich auch vorstellen, wie schnell die stattlichen *Yucca*-Blütenkerzen sich entwickelten …
Zehn Tage vor dem Fototermin mußten die Blumen deshalb geschnitten und in einem Kühlraum aufbewahrt werden. Schließlich mußten sie ausgerechnet am wärmsten Tag des Jahres in Kühlboxen zum Ort des Geschehens transportiert werden. Aber immerhin haben wir es geschafft: Sie liegen in all ihrer Pracht auf dem Tisch!

### Indianerspeise im Vorgarten

Zahlreiche Vorgärten ziert ein stolzer *Yucca filamentosa*-Busch. Doch nur wenige wissen, daß dort unbeachtet eine bei den Indianern ehemals sehr beliebte Speise blüht.
Die *Yucca* stammt ursprünglich aus dem Südwesten Nordamerikas, wo die Indianer schon vor Jahrhunderten entdeckten, daß die Blüten sowohl roh als auch gekocht sehr schmackhaft sind und daß auch die Früchte (die bei uns selten oder nie reifen) angenehm munden.
Wir haben uns über diese ›Renaissance‹ sehr gefreut und die Blüten, die von herrlich frischem Geschmack und angenehm knackiger Konsistenz sind, in Salaten verarbeitet (hier mit Eichblattsalat und Avocadoscheibchen in einer eleganten Vinaigrette), sie verzuckert auf Torten gelegt (siehe die Hochzeitstorte auf Seite 136) und sie auch kurz geschmort unter Reis gemischt, so wie wir es auf Seite 104/105 auch schon mit den *Hosta*-Blüten gemacht haben.
Die schönen kräftigen Kelche bieten sich natürlich geradezu an, sie mit etwas Herzhaftem zu füllen und sie als dekorative Vorspeise oder als kleine Zwischenmahlzeit zu servieren.

### Zuckerwurzel im Gemüsegarten

Eine viel weniger ›vornehme‹ Verwendung findet die Zuckerwurzel oder Süßwurzel (*Sium sisarum*), obwohl sie schon so bemerkenswert lange als eßbares Gemüse bekannt ist, denn bereits in Schriften aus dem 16. Jahrhundert wird die Zuckerwurzel als eine der delikatesten und süßesten unter allen Eßwurzeln gerühmt, weshalb sie in jener Zeit fast in jedem Gemüsegarten anzutreffen war.
Wir entdeckten, daß auch die Blütendolden ein angenehm würziges Aroma haben und sich deshalb gut für die Zubereitung einer würzigen Tisane (wie auf den Seiten 164/165 beschrieben) eignen, daß sie aber auch eine ausgezeichnete Zutat zu Pasta-Gerichten oder zu Reis sind.

### Bestellen Sie den richtigen Samen

Nur ein Punkt muß in diesem Zusammenhang mit äußerstem Nachdruck betont werden: Den Samen sollte man unbedingt bei einer zuverlässigen Firma bestellen, denn dieser Pflanzenfamilie gehören auch sehr giftige Arten an!

### Blumenravioli mit Zuckerwurzel-Schirmchen

Umgeben von einem Kranz Zuckerwurzeln (die kleinfingerdicken essen, die dünneren wieder für die nächste Ernte in die Erde stecken, so heißt es in einer alten Schrift) sehen Sie hier eine Schüssel mit Blumenravioli – der Hersteller hat sie zu Recht ›Fioretti‹ genannt – mit einer Füllung aus Geflügelfleisch. Natürlich können Sie solche Ravioli mit Hilfe einer entsprechenden Ausstechform auch selbst herstellen. Die Anleitung finden Sie bei den Grundrezepten, Seite 203.
Schwenken Sie sie in fein zerteilten Blütendolden von *Sium sisarum* und einem Öl mit einem nicht zu ausgeprägten Eigengeschmack (Traubenkernöl beispielsweise), so daß das feine Aroma der Blüten nicht überdeckt wird.

# Kostbare Karaffen, kühle Sommergetränke

Vor dem Hintergrund des Schlosses zu 's Gravenwezel und der dazugehörigen Orangerie stehen sechs kühle Sommergetränke in kostbaren alten venezianischen Karaffen, natürlich aus der Sammlung von May und Axel Vervoordt, die hier wohnen und arbeiten.

Die zarten Farben, die die jeweiligen Blüten an die Getränke abgegeben haben, tun dem eleganten Linienspiel vollendeter Glasbläserkunst aus dem 18. Jahrhundert keinen Abbruch. Hinter jeder Karaffe steht in einem silbernen Becher ein Strauß der aromaspendenden Pflanze.

Die Zutaten für die Limonaden sind Wermut (*Artemisia absinthium*) und Pimpernell (*Sanguisorba minor*), Zitronenmelisse (*Melissa officinalis*) und die zierliche *Calamintha nepeta* ssp. *nepeta*, eine Bergminzenart, deren winzige Blüten erstaunlicherweise die Zusatzbezeichnung 'Grandiflora' erhalten haben. Der Gemeine Andorn (*Marrubium vulgare*) sorgt für die grüne Farbe im Glas; von den *Monarda*-Blüten stammt natürlich der rosafarbene Saft, und der würzige Fenchel (*Foeniculum vulgare*) färbt das Getränk hellgelb.

Aus allen genannten und auch anderen Spätsommerblüten kann man Limonaden zubereiten, indem man eine gute Handvoll Blüten über Nacht in Wasser mit einer in Scheiben geschnittenen Zitrone und einer Portion Zucker (nach Geschmack) ziehen läßt. Die Blüten müssen vor dem Servieren ausgefiltert werden, und das Getränk wird auf Eiswürfel ausgeschenkt. Nach dem Rezept auf Seite 81 können Sie jedoch aus allen diesen Blüten auch den leicht fermentierten ›Šabeso‹ zubereiten.

## Rosige Blütenbutterrollen

Wollen Sie zu der Auswahl an kühlen Sommergetränken (oder zu ›geistigeren Wässerchen‹ in den Karaffen) passende Sandwiches servieren, dann eignet sich dafür natürlich Blütenbutter ausgesprochen gut, die für Augen und Gaumen gleichermaßen zum Genuß wird.

Ich habe hier der dekorativen Wirkung wegen nur Rottöne ausgewählt, aber auch Butter in Blautönen (im Frühling mit Rosmarin, später mit Borretsch – siehe Anmerkung Seite 67 – oder Stiefmütterchen, und im April mit *Trachystemon*) sieht sehr hübsch aus. Von weißen und gelben Blüten sollte man keine zu starke optische Wirkung erwarten, da sie sich naturgemäß nicht so deutlich abheben.

Pro Butterrolle rechne ich 250 g Butter und eine gute Handvoll Blüten. Rühren Sie die zimmerwarme Butter glatt, und mischen Sie dann die Blüten darunter. Anschließend rollen Sie die blumige Butter in einer Alufolie in Form und lassen sie im Kühlschrank wieder fest werden.

Sie sehen von oben nach unten:

– Basilikumblüten-Butter, hergestellt aus abgezupften Blütenspitzen von *Ocimum basilicum* 'Dark Opal' – natürlich hervorragend geeignet für herzhafte Sandwiches oder zu Fleisch, zu Pasta, aber auch sehr wirkungsvoll zu mit Früchten belegten Schnittchen.

– Inkarnat-Klee-Butter von *Trifolium incarnatum* – schön anzusehen mit dem Grün und Rot der zerkleinerten Blütenköpfchen und neutral im Geschmack.

– Kapuzinerkresse-Butter, für die natürlich (hier aprikosenfarbene) Blüten von *Tropaeolum majus* verarbeitet wurden; man kann sie ebensogut mit herzhaften wie mit süßen Zutaten kombinieren.

– ›Wimpern-Butter‹ (links) entsteht, wenn man die fiedrigen Blütenblättchen von *Dianthus* 'Red Feather' untermischt (die mich bei der Zubereitung dieser Butter so stark an die übertrieben großen Wimpern mancher Puppen erinnerten).

Von dieser *Dianthus* gibt es auch noch eine weiße Form (siehe Abbildung), die natürlich den Namen 'White Feather' trägt: Aufgrund ihrer Farbe eignet sie sich nicht für Blütenbutter, doch in Salaten und auf farbigen Nachspeisen sieht sie sehr apart aus. (›Wimpern-Butter‹ kann man aufgrund ihres Gewürznelkenaromas sowohl mit süßen als auch mit herzhaften Speisen verarbeiten.)

Die Rote-Zwiebel-Butter (rechts) hat selbstverständlich nichts mit Blüten zu tun, sie ist aber so dekorativ und schmackhaft – und zu anderen Jahreszeiten mit den in verschiedenen Rottönen blühenden *Allium*-Arten (siehe Seite 48–51) so gut zu kombinieren –, daß ich mich entschloß, eine Rolle davon dazuzulegen. Unnötig zu sagen, daß zwieblige Butter am besten zu herzhaften Speisen paßt.

# Champagner für das Malvenfest

Mit Champagner-Sorbet wird das Malvenfest mit all seinen lieblichen Farben und zarten Blütenblättern ›bis zur Neige‹ genossen und gefeiert. Deshalb zieren die eindrucksvollen Malvenblüten auch das Champagner-Sorbet in ›Ad fundum‹-Champagnergläsern: Gläser ohne Fuß, so daß man gezwungen ist, sie gleich bis auf den Grund zu leeren, denn absetzen kann man sie nicht.

Zugegeben, unter den vielen freundlichen Malvengewächsen findet sich nicht ein einziges, das seinen Blütenblättern einen außergewöhnlich guten oder ausgeprägten Geschmack mitgibt (*Hibiscus syriacus* mit seinen leicht süßlichen Blütenblättern ist eine Ausnahme), doch sind sie alle eßbar, von angenehmer Konsistenz und haben so bezaubernde Farben, daß sie in Salaten, auf Nachspeisen und auf Eis eine gerngesehene Beigabe sind.
Das Verzuckern der zarten Blättchen ist von Anfang an zum Scheitern verurteilt, doch man kann die Blüte mit der Gummi-arabicum-Methode in einen glitzernden Zuckermantel hüllen, ohne sie trocknen zu lassen.
In dem Überblick über die Spätsommerblumen auf Seite 157 finden Sie eine Auswahl von einjährigen Malvengewächsen, hier sehen Sie zwei- und mehrjährige Arten.
Stockrosen (*Alcea rosea*) gibt es in unzähligen Farbschattierungen, von Weiß und Zartgelb bis hin zu Ocker, von zarten Perlmutttönen bis hin zu kräftigem Rosa und sogar Schwarzpurpur (diese Sorte heißt *Alcea rosea* 'Nigra' und wird auch in der Heilkunde verwendet).
Ich selbst habe nur die Exemplare mit einfacher Blüte, doch wer Arten mit doppelter oder mit gefüllter Blüte (mit einem Pomponherz) hat, wird feststellen können, daß diese sich ausnahmsweise zum Verzuckern eignen.
Und sollten Sie gegen Ende der Saison, wenn Nachtfrost droht, noch viele Seitenzweige mit Knospen haben, dann ernten Sie sie lieber ab, zumal sie kurz blanchiert und eingelegt in eine gute Vinaigrette äußerst delikat sind.

Außer den zweijährigen Stockrosen gibt es auch noch zwei dauerhafte Arten, die schön verzweigt wachsen, nicht so stark aufgebunden werden müssen und in einem sanften Gelb blühen: *Alcea rugosa* ist robust und kräftig, *Alcea ficifolia* ist von vergleichbarem Wuchs, hat jedoch eingeschnittene Blätter, die denen der Feige ähneln.
*Lavatera olbia* 'Rosea' ist die bekannte hoch und etwas zerzaust wachsende Strauchpappelart; *Lavatera cachemiriana* wird ebenfalls bis zu 1,5 m hoch, ist aber wesentlich kräftiger und blüht in seidig glänzendem Rosaviolett. Außergewöhnlich ist die neue *Lavatera*-Kulturvarietät mit Namen 'Barnsley': Sie blüht zart perlrosa mit einem Herz in kontrastierendem Purpurrosa.
Auch *Sidalcea* hat man in vielen schönen Farben gezüchtet, von denen wohl die Perlmuttfarbe von 'Elsie Heugh' eine der bekanntesten ist. Aber wissen Sie auch, daß es die weißblühende *Sidalcea candida* oder die tiefpurpurrosa Sorte *Sidalcea oregana* 'Präriefeuer' gibt? Sie alle sind auf dem Teller willkommen.

### Sternensalat

Wer solch einen Salat auf den Tisch stellt, dem werden zweifellos alle Gäste einen Stern verleihen. Deshalb mischte ich außer Malvenblüten, Mungbohnensprossen und dem Lollo-Bionda-Salat (dem sanftgrünen Brüderchen von Lollo Rossa) auch die tiefpurpurroten Blätter des Radicchio (*Cichorium intybus* var. *foliosum* 'Rossa di Verona') hinein sowie die gelben Sternscheiben der Karambole (*Averrhoa carambola*, die manchmal auch sehr passend Sternfrucht genannt wird).

### Champagner-Sorbet

Ein Champagner-Sorbet zuzubereiten ist wirklich kinderleicht: Sie kochen einfach pro halbe Flasche Champagner die gleiche Menge Zuckersirup (500 ml Wasser mit 250–300 g Zucker), lassen diesen abkühlen und gießen den Champagner hinzu. Geschmacksverstärker in Form von Zitronensaft (etwas mehr Zucker nehmen) oder Orangensaft oder eine Kombination aus beiden (nehmen Sie dann pro Liter Flüssigkeit den Saft von 2 Apfelsinen und 1 Zitrone) sind dabei unentbehrlich.

### Kir-Varianten

Eine Variante des Champagner-Sorbets ist das elegante Kir-Sorbet. Sie können es mit Cassis-Likör zubereiten, aber auch mit ›Apricot Brandy‹ schmeckt es sehr gut. Wenn man einen kräftigen Schuß konzentrierten Holunderblütensirup (siehe Seite 78/79) oder Balsampappelaufguß (Seite 197) verwendet, entstehen köstliche, aber weniger stark alkoholische Varianten. (Wußten Sie übrigens, daß wir diesen äußerst beliebten Aperitif dem Kanonikus Félix Kir zu verdanken haben, dem Anführer der Widerstandsbewegung in Dijon und ehemaligen Bürgermeister dieser Stadt?)

## Marsh Mallow . . .

Der Echte Eibisch (*Althaea officinalis*) hat sich in meinem Herzen, aber auch in diesem Buch, ein eigenes Plätzchen im Rahmen der Abhandlung über Malvengewächse erobert.

Seine Blüte ist von überaus zarter Schönheit: Die Blütenblätter sind perlmuttfarben mit einer sehr feinen lila Äderung, die eine Entsprechung in der lila ›Puderquaste‹ im Zentrum der Blüte findet. Seit Jahrhunderten spielt der Eibisch auch eine Rolle in der Heilkunde. Und in der Küche ist er ebenfalls bekannt: Die jungen Blätter finden Verwendung in Salaten, die älteren in Suppen (ebenso wie die Blütenblätter). Doch was noch wichtiger ist, die Extrakte der Wurzeln lieferten ursprünglich das Aroma für jene Süßigkeit von schaumig-schwammiger Konsistenz, die Marsh Mallow genannt wird (dies ist der englische Name der Pflanze, zu deutsch Sumpfmalve, da sie wild auch oft auf feuchtem und sogar salzigem Boden gedeiht).

## Marsh-Mallow-Törtchen

Dem Eibisch zu Ehren erfand ich diese Marsh-Mallow-Törtchen, wobei der herbe Geschmack der Stachelbeerfüllung ausgezeichnet zu der süßen Marsh-Mallow-Kruste paßt. Pochieren Sie 500 g Stachelbeeren in etwas Weißwein mit Zucker und Zimt nach Geschmack, bis die Beeren fast weich sind. Pürieren Sie sie dann, und binden Sie sie mit 9 Blättern Gelatine pro 500 ml Fruchtkompott.

Lassen Sie die Masse etwas abkühlen, und füllen Sie dann Blätterteigtörtchen damit, die Sie zum vollständigen Erkalten wieder in den Kühlschrank stellen.

Kurz vor dem Servieren belegen Sie sie mit einer Schicht Mini-Marsh-Mallows und stellen sie in den heißen Grill, bis die Marsh-Mallows an der Oberfläche eine goldbraune Färbung angenommen haben. Sie werden feststellen, daß sie dabei anschwellen und eine leicht knusprige Haut bekommen.

Servieren Sie die Törtchen sofort, so daß die Marsh Mallows noch warm auf den Tisch kommen, und bestreuen Sie sie eventuell mit ein paar frischen Blütenblättern des Eibischs.

# Herzliche Grüße aus Tunesien

## Duftgeranien

Nachdem wir lange vergeblich nach Hinweisen auf die Eßbarkeit von *Pelargonium*-Blüten gesucht hatten, kamen wir schließlich zu dem Schluß, daß die Blüten der duftenden Arten, deren aromatische grüne Blätter in Torten und Gelees verarbeitet werden, ebenfalls eßbar sein müßten.
Eine schriftliche Bestätigung hierfür fanden wir nicht, doch als wir sie verzuckerten, behielten sie überraschend gut ihre Form und schmeckten sehr angenehm, nicht übertrieben aromatisch, aber eben doch gut. Und dann brachte mir eine Freundin ein Geschenk aus Tunesien mit: eine Flasche ›Eau de fleurs de Géranium‹, deren Etikett eindeutig ganz gewöhnliche violettblühende Geranien zeigte. Und außerdem erzählte sie noch, daß dort sehr viele Nachspeisen mit diesem Blütenwässerchen aromatisiert werden. Also erfand ich eine ›Nachspeise (mit herzlichen Grüßen) aus Tunesien‹.

Anmerkung: *Pelargonium,* die Pelargonie oder Geranie, darf nicht mit dem Storchschnabel verwechselt werden, der den botanischen Namen *Geranium* trägt.

## Nachspeise aus Tunesien

Der Geschmack des ›Eau de fleurs de Géranium‹ ist typisch orientalisch süß: Stellen Sie sich eine Kreuzung zwischen ›Turkish delight‹ und Orangenblütenwasser vor, und Sie haben den Geschmack so in etwa. Betrachten Sie auch die bunte Flasche (auf der Abbildung), dann werden Sie verstehen, was ich meine.
In Tunesien reichert man vorwiegend eine Art Puddingsahne oder Crème anglaise damit an, doch ich habe mir eine Nachspeise mit Reis dazu ausgedacht.
Kochen Sie 125 g Reis ca. 1 Stunde auf sehr niedriger Hitze in 500 ml Milch mit 1 (aufgeschnittenen) Vanillestange, würzen Sie mit 50 g Zucker und 1 Prise Salz. Anschließend lassen Sie den Reis vollkommen abkühlen.
Pochieren Sie unterdessen 250 g Stachelbeeren sehr vorsichtig in 250 ml Weißwein, in dem Sie zuvor 125 g Zucker, 1 mehrfach zerbrochene Zimtstange und die abgeriebene Schale einer Zitrone kurz haben ziehen lassen.
Die aromatische Flüssigkeit darf nicht kochen, damit die Stachelbeeren nicht aufplatzen. Nehmen Sie sie schließlich mit einem Schaumlöffel heraus.
Kurz vor dem Servieren rühren Sie 250 ml geschlagene Schlagsahne und einen Schuß ›Eau de fleurs de Géranium‹ unter den abgekühlten Reis (wenn Sie dieses spezielle Blütenwasser nicht bekommen können, dann ist Orangenblütenwasser oder Rosenwasser ein ausgezeichneter Ersatz).
Füllen Sie etwas von dem Reis in jeden Eisbecher, geben Sie dann eine Schicht abgetropfte Stachelbeeren darauf, die Sie mit einer zweiten Schicht Reis bedecken. Krönen Sie das Dessert mit ein paar verzuckerten Blüten von Duftgeranien.
Diese Kombination aus orientalischer Süße und säuerlichen Stachelbeeren ist wirklich köstlich.

Die beliebtesten Duftgeranien sind:
– *Pelargonium graveolens,* die als ›Rosengeranie‹ bekannt ist
– *Pelargonium tomentosum,* die Parfümgeranie (ihre samtweichen Blätter hat Gertrude Jekyll als ›Elfendeckchen‹ bezeichnet)
– *Pelargonium odoratissimum,* ein süßer Leckerbissen mit kleinem, sehr aromatischem Blatt und winzigen weißen Blüten
– *Pelargonium vitifolium* mit weinrebenartigen Blättern, die einen Balsamduft verströmen, und mit ziemlich großen Blüten
Außerdem gibt es zahllose Zuchtformen, darunter:
– ›Prince of Orange‹, deren Blatt nach Orangen duftet
– ›Rober Lemon Rose‹, natürlich mit nach Zitrone duftenden Blättern
– ›Lilian Pottinger‹, eine fröhlich herabhängende Schönheit mit nach Ananas duftendem Grün und weißen Blüten
– ›Peach Cream‹, deren Blätter nach Pfirsich duften und ›Schlagsahneflecken‹ haben
– ›White Nutmeg‹ mit nach Muskatnuß duftenden Blättern und weißen Blüten …
Kurz und gut: Es sind viel zu viele, um sie hier auch nur annähernd alle nennen zu können.

# Apropos Blau …

Blaue Blumen sind im allgemeinen nicht duftend, aber so wunderschön, daß man sie alle probieren möchte. So wurde in einer ausländischen Publikation ein Muschelgericht mit Kornblumen beschrieben, das auf dem Foto wirklich herrlich aussah. Und man stirbt auch sicherlich nicht daran, wenn man Kornblumen *(Centauria cyanus)* ißt, aber außer der Farbe hat das Kornblumenblau dem Gericht nichts als höchstens den Geschmack von Seidenpapier zu bieten. Deshalb war unsere Freude groß, als die Großblütige Ballonblume *(Platycodon grandiflorus)* ihre ersten ›Ballons‹ öffnete und sich nicht nur die Konsistenz der Blütenblätter als angenehm knackig, sondern ihr Geschmack sich auch noch als leicht süßlich erwies – je näher man dem Blumenherz kommt, um so süßer werden sie.

Bei der Urform dieser Pflanze sind die Blüten von dem Blau, wie es auf der Abbildung zu sehen ist, aber es gibt auch Sorten in Weiß ('Album' und 'Fuji White' beispielsweise) und einem sehr attraktiven Perlmutt mit dem passenden Namen 'Perlmutterschale'.

### Ballonblume mit Feigenfüllung

Zu Ehren der schönen Ballonblume *(Platycodon)* kreierte ich eine köstliche Feigenfüllung in Form eines Feigen-Sorbets in der Feigenfrucht und servierte dieses Dessert mit einer Ballonblüte als Manschette unter und als Hütchen auf der Feige.

Für das Feigen-Sorbet schaben Sie mit einem gebogenen (Grapefruit-)Messerchen oder einem scharfkantigen Löffel das Fruchtfleisch der Feigen aus den Früchten (›Kappen‹ intakt lassen) und pürieren es kurz im Mixer.

Kochen Sie dann pro 500 g Feigenpüree einen Sirup aus 200 ml Wasser und 200 g Zucker, und fügen Sie den Saft von einer Zitrone, 50 ml Schlagsahne und/oder 50 ml ›Boukha Soleil‹, Feigenlikör aus Tunesien (oder ein anderes Getränk, etwa Lavendellikör), hinzu. Verarbeiten Sie dies alles in Ihrer Eismaschine zu Sorbet.

Füllen Sie das Sorbet in einen Spritzbeutel, und spritzen Sie es so in die Früchte, daß es ein wenig über den Rand quillt. Anschließend setzen Sie die Kappen darauf und bewahren die Sorbet-Feigen bis zum Verzehr in einer Dose in der Tiefkühltruhe auf.

*Platycodon*-Blüten sind sowohl frisch von der Pflanze gegessen wie auch verzuckert sehr lecker. Beim Verzuckern behalten sie außergewöhnlich gut ihre Form.

### Blauregen im Salat

Wir haben lange gezögert, den Blauregen bzw. die Glyzinie (*Wisteria sinensis* und *Wisteria floribunda*) in diesem Buch aufzuführen – zu lange eigentlich, denn als wir uns dann doch dazu entschlossen hatten, mußte das Foto von der Nachblüte im August gemacht werden. Andererseits wurde dadurch eine Salat-Kombination mit dem dunklen Purpur von *Malva silvestris* var. *mauritiana* möglich. Unsere Unentschlossenheit war nicht auf den Geschmack der *Wisteria*-Blüte zurückzuführen, denn sie schmeckt ausgezeichnet – wie eine sehr süße Zuckerschote. Die Samen sind das Problem: Sie sind leicht giftig, und von ihrem Verzehr ist unbedingt abzuraten. Die Samen von Goldregen *(Laburnum)* sind sogar ausgesprochen giftig, und wer nicht oder nicht sehr gut informiert ist, kann diese beiden Arten von ›Regen‹ vielleicht verwechseln! Wer sich jedoch strikt an die Blüten von *Wisteria* hält, geht keinerlei Risiko ein und kann dieses Blau bedenkenlos genießen.

### Blaue Blume für den Wintergarten

In einem meiner Bücher über eßbare indonesische Pflanzen fand ich Kembang teleng, die mit botanischem Namen *Clitoria ternatea* heißt und zu den *Leguminosae* gehört. Bei uns wird sie Schmetterlingserbse genannt. Mit ihren sehr anmutigen blauen Schmetterlingsblüten ist sie eine Besonderheit unter den Kletterpflanzen. Sie wächst unter anderem auf Java wild, wird aber auch angebaut, weil man mit ihren süßen Blüten dort Kuchen und anderes Backwerk färbt und aromatisiert. In Malaysia kocht man die Blüte aus dem gleichen Grund in Reis mit.

Seit 1739 baut man Schmetterlingserbsen auch in Westeuropa an (allerdings meist unter Glas). Das gleiche gilt für die ebenfalls wärmeliebende Helmbohne *Dolichos lablab,* die vor den eßbaren Bohnen sehr gut schmeckende süße lila oder weiße Blütentrauben bildet.

### Blaue Blume für Maismehl

Wollen Sie noch ein anderes Blau in Ihren gebackenen oder gekochten Gerichten verwenden, so besorgen Sie sich Saatgut von blauem Mais, der den Namen *Zea mays* 'Hopi bleu' trägt: Sie können Gerichte mit den blauen Körnern färben oder blaues Maismehl daraus mahlen. In England gibt es bereits ›Blue-corn-flour‹ abgepackt zu kaufen.

# Ein festliches gelbes Blütenmenü

Mit den Blüten, die in diesem Menü verarbeitet sind, den zarten grüngelben Fencheldolden und den wie Butterblumen glänzenden Nachtkerzenblüten (*Oenothera*-Arten), kann man auch den Tisch festlich schmükken – vorausgesetzt, daß die Nachtkerzen dies mitmachen.

Wenn es sich um ein Mittagessen handelt, ist dies problemlos, denn dann sind die Nachtblüher (hier großblumige *Oenothera erythrosepala*) gerade noch offen, und auch die Tagblüher (hier *Oenothera cheiranthifolia*) schicken sich eben an, ihre Blüten zu öffnen.

Wollen Sie sie jedoch als Abendessen servieren, dann stellen Sie sich auf eine späte Mahlzeit ein, denn die Nachtblüher zeigen ihre Blüten erst bei Einbruch der Abenddämmerung. Doch Sie sollten sich die Blüten auch einmal anschauen, ohne ans Essen zu denken: Sie öffnen sich innerhalb von nur einer Minute in einer fließenden Bewegung, sozusagen zusehends – ein Anblick, bei dem man ins Staunen kommt. Wenn Sie sie gegen Ende der Mittagszeit für einen Strauß oder ein Gericht pflükken, öffnen sie sich auch in der Vase, und jeder kann sich an dem Anblick erfreuen – auch in den darauffolgenden Tagen, wenn sich immer wieder neue Blüten öffnen.

### Fisch auf Fenchel

Für dieses Gericht wählte ich zwei kleine Zander, die gut auf dem eleganten Fisch-Service aus ›Melba Ware‹ zur Geltung kommen, das im 19. Jahrhundert in Stoke-on-Trent angefertigt wurde.

Zander sind Süßwasserfische, die sich, wenn man sie auf die beschriebene Weise zubereitet, sehr leicht von den Gräten lösen lassen. Pflücken Sie einen großen Strauß blühenden Fenchel (er darf auch schon junge Samen enthalten). Heizen Sie den Backofen auf 240° C vor, und reiben Sie die Fische innen und außen mit Meersalz und frisch gemahlenem grünem Pfeffer ein. Legen Sie den Fenchelstrauß in eine genügend große Auflaufform, deponieren Sie darauf die Fische, und gießen Sie gerade so viel Wasser hinzu, daß die Fische auf ihrem Fenchelbett nicht naß werden.

Beträufeln Sie die Fische mit etwas aromatischem Öl (ich bevorzuge für dieses Rezept ein Öl mit Trüffelaroma, aber es gibt auch viele andere geeignete Sorten), und schieben Sie die Form für 20 Minuten in den Backofen (auf der mittleren Schiene). Das verdampfende Wasser hält den Fisch zart; gießen Sie gegebenenfalls etwas nach. Die Fenchelblüten braten mit und geben ein herrliches Aroma ab. Außerdem garantiert das Fenchelbett, daß Sie die Fische mühelos aus der Form heben und auf die Platte legen können. Garnieren Sie die Fische vor dem Servieren noch mit ein paar frischen Blütendolden.

### Erbsenpüree mit Bohnenkraut

Lassen Sie den Inhalt eines Pakets tiefgefrorener extrafeiner Erbsen ganz kurz kochen. Schmoren Sie unterdessen eine feingeschnittene Zwiebel in etwas Butter goldgelb, und rühren Sie dann 125 ml Crème fraîche darunter (auf ganz schwacher Hitze und gut rühren).

Pürieren Sie dies dann zusammen mit den abgetropften Erbsen sowie mit Salz, Pfeffer

und einer Portion feingehacktem Bohnenkraut (in diesem Fall darf es auch das Blatt sein) in Ihrem Mixer zu einem glatten Püree. Erwärmen Sie das Püree auf sehr schwacher Hitze oder im Wasserbad, und rühren Sie eventuell kurz vor dem Servieren noch ein paar Butterflöckchen darunter.

Bestreuen Sie dieses schöne hellgrüne Püree mit so vielen kleinen rosavioletten Bohnenkrautblüten, wie Sie an Ihren Pflanzen nur finden können. Die mühsame Ernte wird sich lohnen.

GURKENSALAT MIT NACHTKERZENBLÜTEN

Schneiden Sie eine geschälte Gurke in ca. 2 cm dicke Scheiben und entfernen Sie die Kerne mit einem Apfelausstecher.

Dämpfen Sie die Gurkenstücke 10 Minuten über kochendem Wasser, und servieren Sie den Salat mit einem Joghurt-Dressing oder mit Mayonnaise (siehe Grundrezepte, Seite 201), die Sie mit feingeschnittenem Schnittlauch und mit Dillblüten verrührt haben. Streuen Sie erst kurz vor dem Servieren ein paar leuchtendgelbe Blütenblätter der Nachtkerze darüber.

SEPTEMBER

*Helianthus annuus · Verbascum*

# Sonniges Aphrodisiakum . . .

Schon im 17. Jahrhundert aß man Sonnenblumenkerne, und die Blütenknospen, kurz bevor die sonnig gelben Blättchen sich aus ihrem grünen Versteck entfalteten gepflückt, galten damals als ein ausgezeichnetes Aphrodisiakum.

John Gerard (1545–1612) schrieb deshalb schon 1597 in »The Herball or Generall Historie of Plantes« (Nachdruck 1633): »Wir haben durch Versuche herausgefunden, daß die Knospen, bevor sie sich öffnen, gekocht und mit Butter, Essig und Pfeffer gegessen, so wie man es mit Artischocken zu tun pflegt, ein äußerst angenehmes Mahl ergeben, das die Artischocke hinsichtlich der Stärkung der Fleischeslust bei weitem übertrifft.«

Deshalb sehen Sie sie in einem Dämpfkorb, 5 Minuten über kochendem Wasser gedämpft (in dieser Zeit werden sie eben weich, behalten aber noch ihre frische Farbe). Falls Sie es selbst ausprobieren wollen, empfehle ich eine gute und leicht süße Vinaigrette dazu, denn in diesem Stadium haben die Knospen einen etwas bitteren Geschmack – dann wird der Genuß ›bitter-süß‹, ganz wie die Liebe selbst . . .

Wenn wir jedoch ehrlich (und pragmatisch) sein wollen, müssen wir zugeben, daß die ganz jungen runden ›Achselknospen‹ (vor allem die sich reichverzweigenden vielblütigen Sorten bilden Dutzende davon aus) eigentlich besser – und ganz und gar nicht bitter – schmecken. Und man kann sie reichlich ernten, wenn Nachtfröste den Sonnenblumenfreuden ohnehin den Garaus zu machen drohen.

Sie können die kleinen Knospen kurz schmoren oder pfannenrühren und sie mit Senf oder einer Vinaigrette und Toastbrot reichen. Auch als Zusatz zu Reisgerichten sind sie sehr zu empfehlen. Unter einer Sauce béchamel mit Käse, im Ofen überbacken, geben sie eine köstliche Herbstvorspeise ab, die jeden Gast in Staunen versetzen wird.

Eine äußerst ›sonnenblumige‹ Kombination entsteht, wenn Sie quer halbierte Patisson-Kürbisse bißfest dämpfen, mit einer dünnen Schicht gerösteter Sonnenblumenkerne bestreuen, darauf gedämpfte oder kurz geschmorte Sonnenblumenknospen legen und sie mit etwas (Kräuter-)Butter (oder kalt mit einer Koriander-Mayonnaise) servieren.

### Verbascum-Arten

Die schönen Königskerzen, die sich mit ihren stattlichen Blütenstengeln in sonnigem Gelb dem Herbsthimmel entgegenstrecken, liefern Blüten, die keinen sehr starken Eigengeschmack besitzen, dafür aber viel Farbe – vergleichbar mit der festlichen Familie der Malvengewächse (auch wenn *Verbascum* zu den *Scrophulariaceae* gehört).

So spät im Jahr ist es gut, ein wenig Sonne einzufangen und sie für dunkle, kalte Wintertage aufzubewahren. Weil man an einer so reichlich geschmückten Königskerze eine, zwei, ja sogar 20 Blüten ohne weiteres missen kann, kann man bedenkenlos Sonnengelb ernten und es in Zucker haltbar machen, um aromatischen Wintertees oder Wintertisanen einen goldenen Glanz zu geben.

Daß sie auch getrocknet gut haltbar sind, zeigt das größere der beiden Vorratsgläser, in dem das Goldgelb der *Verbascum*-Blüten Gesellschaft von dunkelvioletten getrockneten *Malva silvestris* var. *mauritiana* erhielt. (Für beide Zwecke können Sie natürlich auch Blüten verwenden, die schon abgefallen sind: In der Königskerzen-Hochsaison sind das oft Dutzende am Tag.)

### ›Bouillon blanc‹

Unter dem Namen ›Bouillon blanc‹ bietet ein elsässischer Hersteller einen pikanten ›Eau-de-vie‹ an, der köstlich in herzhaften Gerichten wie Tomaten-Sorbet und ähnlichem schmeckt, genau wie ›Eau-de-vie de Céleri‹ (siehe Seite 16 und 130). Dieses starke Wässerchen heißt ›Eau-de-vie de Molène‹, und das ist der französische Name für Königskerze bzw. *Verbascum*.

# Blumenkohl gleich Kohlblume

## Wie oft haben Sie schon beim Gemüsehändler gesagt: »Und dann bekomme ich noch einen Blumenkohl.«

Ist Ihnen in dem Moment bewußt gewesen, daß der Blumenkohl tatsächlich die Blüte des Kohls ist, und zwar eine sehr große Blüte, die sich schon in einem sehr weit fortgeschrittenen Knospenstadium befindet?

Natürlich brachte *Brassica oleracea* convar. *botrytis* var. *botrytis* (denn das ist der vollständige botanische Name des Blumenkohls) ursprünglich keine derart gigantischen Knospen für uns hervor: Züchter und Händler haben ihren Teil dazu beigetragen.
Wer selbst Blumenkohl aufzieht oder zumindest den Versuch unternimmt, weiß, daß diese Pflanzen ›schießen‹, wenn man zu lange mit dem Ernten wartet. Doch das ist für uns jetzt kein Problem mehr, denn auch diese gelben *Brassica*-Blümchen finden Verwendung in Salaten.

### Knospen in allerlei Farben

Außer dem uns so vertrauten weißen Blumenkohl gibt es heute diese Knospen in den verschiedensten Farben und Geschmacksnuancen.
Zuerst war es der 'Romanesco', der mit seiner grünen Minaretten-Knospe auf dem Blumenkohlmarkt willkommen geheißen wurde. Schon bald folgte 'Alvarda', ebenfalls grün, jedoch von ›altmodischer‹ runder Form. Rund ist auch die Form von 'Purple Cape', doch wie der Name schon sagt ist die Außenseite dieser Knospe von einer sehr schönen purpurnen Färbung, die auch nicht grün wird, wenn man sie kocht, wie dies beispielsweise bei den purpurfarbenen Bohnen ('Purple Queen') der Fall ist.
Natürlich kennen wir alle schon seit Jahren das dunkle Grün des Broccoli (*Brassica oleracea* convar. *botrytis* var. *italica*), aber nur wenige wissen, daß es auch ihn in verschiedenen Farben gibt: 'Christmas Purple Sprouting' und 'Early Purple Sprouting' bilden ihre purpurfarbenen Knospen zu unterschiedlichen Zeiten aus; 'Floccoli' (eigentlich eine Kreuzung zwischen grünem Broccoli und weißem Blumenkohl) schenkt uns gelbgrüne ›Köhlchen‹, und 'Nine Star Perennial' leuchtet in weißen Sternchen aus dem vorjährigen und ziemlich winterharten Grün heraus.

### Mini ist Mode

Auf den Abbildungen finden Sie Mini-Blumenköhlchen in Weiß und Mini-Köhlchen in sanftem Grün und Purpur, deren Blumenform durch Umschlagen der äußeren Blätter entstanden ist: Ein paar Beispiele für die Minis, die gegenwärtig so gefragt sind. Daß Mini hoch in Mode ist, beweist ein reizendes Päckchen mit Samen, das eine Freundin mir aus Frankreich mitbrachte. Es trägt die Aufschrift »Les mini légumes« und Abbildungen von zwölf Gemüsesorten in Kleinformat, mit genauen Angaben, bei Erreichen welcher Größe man sie ernten soll. Da gibt es rote Kirschtomaten (2 cm), Rotköhlchen (6 cm), Baby-Zucchiniblüten (mit Frucht; 12 cm), grüne Patissons (5 cm), Auberginen (10 cm), dünne lange Möhren (10 cm), Mairübchen (5 cm), grüne Bohnen (8 cm), Broccoli (6 cm), Gürkchen (12 cm), gelbe birnenförmige Tomaten (2 cm) und natürlich die weißen Mini-Blumenköhlchen (8 cm). In der nächsten Saison werde ich sicherlich solch einen Zwergen-Gemüsegarten anlegen.

### Blumenkohl mit Kokos-Erdnuss-Sauce

Doch jetzt wieder zurück zum Blumenkohl in Normalgröße, denn auf diesen Kistchen mit Mini-Köhlchen sehen Sie einen Blumenkohl mit einer Kokos-Erdnuß-Sauce.
Sautieren Sie zunächst eine feingeschnittene Zwiebel mit 1 Teel. mildem Curry glasig. Löschen Sie mit Milch ab, fügen Sie Fleischfond hinzu, und lassen Sie die Sauce simmern, bis die Zwiebelstückchen so weich sind, daß sie sich leicht pürieren lassen. Erwärmen Sie die Sauce nach dem Pürieren erneut, fügen Sie ein halbes Päckchen ›Creamed coconut‹ (= 100 g, erhältlich in asiatischen Feinkostläden) hinzu, lassen Sie alles warm werden und binden, und schmecken Sie gegebenenfalls mit Salz und Pfeffer ab. Sollte die Sauce zu sämig geraten sein, kann man sie problemlos mit etwas Milch und/oder Fleischfond (siehe Grundrezepte, Seite 203) verdünnen. Gießen Sie die Sauce über den bißfest gekochten Blumenkohl, und bestreuen Sie ihn mit gerösteten feingehackten Erdnüssen.

### Broccoli-Soufflé

Bereiten Sie aus 50 g Butter und 50 g Mehl eine helle Mehlschwitze zu, in die Sie unter ständigem Schlagen mit dem Schneebesen 500 ml Flüssigkeit einrühren (nach Geschmack Milch oder Milch und Bouillon zu gleichen Teilen).

Nehmen Sie dann den Topf vom Herd, und fügen Sie nacheinander 7 Eigelb hinzu (dabei unablässig weiterschlagen). Stellen Sie den Topf wieder auf den Herd, und schlagen Sie weiter, bis die Sauce gut gebunden ist (sie darf keinesfalls kochen). Nehmen Sie den Topf erneut vom Herd, und rühren Sie 150–200 g frisch geriebenen Parmesan in die Sauce. Hacken Sie 250 g gerade bißfest gekochten Broccoli sehr fein, und pürieren Sie das Gemüse. Mischen Sie es ebenfalls unter die Sauce und schmecken Sie mit Salz, Pfeffer und frisch geriebener Muskatnuß ab.

Fetten Sie eine große oder mehrere kleine Soufflé-Formen mit Butter ein; schlagen Sie die 7 Eiweiß zu sehr steifem Schnee, den Sie unter die inzwischen abgekühlte Gemüsecreme heben. Füllen Sie die Formen zu nicht mehr als drei Viertel, und setzen Sie das bzw. die Soufflés auf der unteren Schiene in einen auf 165° C vorgeheizten Backofen. Kleine Soufflés benötigen 30 Minuten, ein großes 55 Minuten Backzeit.

Wird das große Soufflé während des Backens zu braun, so müssen Sie die Ofentemperatur auf 150° C reduzieren. Öffnen Sie die Ofentür jedoch unter keinen Umständen, bevor das Gericht ganz gar ist. Servieren Sie es sofort, wenn es aus dem Ofen kommt. Reichen Sie frischen Salat und vielleicht eine Zwiebelsauce oder eine Sauce mit Garnelen dazu.

### Broccoli-Gratin

(Abbildung auf Seite 150) Bereiten Sie eine helle Mehlschwitze mit 50 g Butter, 50 g Mehl und 500 ml Milch wie im vorangehenden Rezept, doch verwenden Sie in diesem Fall statt des Parmesans geriebenen milden Gruyère.

Kochen Sie 1 kg nicht zu große Broccoli 3 Minuten in Salzwasser, lassen Sie sie abtropfen, und rollen Sie jeden in eine Schinkenscheibe ein (insgesamt ca. 300 g). Stellen Sie die Broccoli-Sträußchen in ihrer rosa Hülle aufrecht nebeneinander in eine mit Butter eingefettete Auflaufform. Gießen Sie die Käsesauce darüber, und lassen Sie das Gratin in einem auf 250° C vorgeheizten Backofen überbacken.

# Chrysanthemen in Suppen und Salaten

In Japan kennt man viele blumige Küchenköstlichkeiten, die mit *Chrysanthemum* zubereitet werden. Blütenblättchen der großen Garten-Hybriden (die gefüllten Blüten mit den leicht gebogenen Blütenblättern) streut man über Suppen und Salate – der bittere Beigeschmack wird kaum als störend empfunden.
Dieses Bittere verschwindet fast völlig, wenn die Blättchen nur eine einzige Sekunde in sehr warmem gesalzenem Wasser gelegen haben; sie geben die Bitterstoffe dann an die Flüssigkeit ab. Auf diese Weise vorbehandelte Blättchen entfalten einen angenehmen, sogar leicht süßen Geschmack und sehen auch sehr schön aus, wenn man sie unter Salate mischt. Werden sie (japanischem) Salat beigegeben, so heißt dieser ›Ohitashi‹, Suppen mit Blütenblättern von Chrysanthemen werden ›Osumashi‹ genannt.
Wenngleich die Verwendung von *Chrysanthemum*-Blüten immer mit Japan in Verbindung gebracht wird, wurde diese Blume dort erst im 8. Jahrhundert eingeführt, wohingegen die Pflanze schon um 550 v. Chr. in chinesischen Schriften des Konfuzius erwähnt wird. Erst im 17. Jahrhundert konnte die Chrysantheme in Westeuropa Fuß fassen. In Deutschland avancierte sie in den 60er Jahren unseres Jahrhunderts zu einer der beliebtesten Schnittblumen.

### Gefüllte Eier mit Chrysanthemenblüte

Kochen Sie Eier hart, halbieren Sie sie, und bereiten Sie aus dem Eigelb, feingeschnittenen Anchovis, glattgerührter Butter, Salz, Pfeffer, Senf und Blütenblättern der Chrysantheme (die Sie in warmem Wasser vorbehandelt haben) eine dicke Paste zu. Füllen Sie die Eiweißhälften damit, und servieren Sie die Eier mit Feldsalat, eventuell mit frischen Blütenblättern und mit einer Sauce aus geräuchertem Kabeljaurogen, Zitronensaft und Crème fraîche.

### Fischfond mit Chrysanthemenblüte

Bereiten Sie einen Fischfond nach dem Grundrezept auf Seite 203 zu, und würzen Sie mit Lorbeer, Zwiebeln, Knoblauch, Sellerie und Dill. Seien Sie sparsam mit dem Salz, denn in jede Suppenschale kommt 1 Teel. Sojasauce.
Gießen Sie die heiße Fischbrühe darüber, und streuen Sie feingeschnittenen Schnittlauch hinein. Sehr schön ist natürlich auch Chinesischer Schnittlauch *(Allium tuberosum)*, falls Sie ihn zur Verfügung haben. In Japan stellt man neben jeden Teller außerdem eine Chrysantheme, so daß sich jeder nach Belieben bedienen kann.

### Salat-Chrysantheme oder Shungiku

Die einjährige *Chrysanthemum coronarium* erfreut uns besonders lange mit ihren Blüten, und ihre Blätter sind in vielen Ländern ›gesellschaftsfähig‹. Wir nennen Sie Salat-Chrysantheme, in Japan sagt man Shungiku, in China Tong ho, und die Vietnamesen kennen sie als Cai cuc.
Vor allem in Vietnam wird das junge Grün in großen Mengen sowohl in Rohkostsalaten als auch in gedünsteten Gerichten verwendet. Auch hierzulande kann man die Pflanze mehrmals im Jahr aussäen und ihres Grüns wegen ernten, wenn sie eine Höhe von ca. 20 cm erreicht hat. Doch für dieses Buch lassen wir sie natürlich weiterwachsen, um die margeritenähnlichen Blüten in Suppen und Salaten zu verwenden.
Auf der Abbildung sehen Sie das sehr kurz gekochte Shungiku-Grün zusammen mit frischen Blütenblättchen in einer klaren Bouillon (je nach Geschmack auf Fisch-, Fleisch- oder Geflügelbasis).

# Perilla ... Pfeiler fernöstlicher Küche

Als Shiso erobert *Perilla nankinensis* gegenwärtig unaufhaltsam den kulinarischen Markt und wird sogar in Mini-Format (mit zwei Blättchen) wie Gartenkresse in Schalen angeboten (siehe Seite 33). Diese Keimlinge finden nun als ›neue‹ und interessante Ingredienz ihren Weg in die unterschiedlichsten Gerichte.

Zugegeben, noch bis vor ungefähr fünf Jahren hatte höchstens einmal ein vereinzelter Gartennarr von krausblättriger purpurner *Perilla nankinensis* 'Atropurpurea Laciniata' gehört – strafend auf viktorianische Zeiten zurückblickend, in denen die Pflanzen für das im Nachhinein so verunglimpfte ›Carpet bedding‹ [carpet bed = Teppichbeet (Anm. d. Übers.)] verwendet wurde – und sie erfreut willkommen geheißen als äußerst brauchbaren Blattkontrast, sowohl hinsichtlich der Form als auch der Farbe.

Doch plötzlich tauchte *Perilla* auf den Lebensmittelmärkten auf – dank der großen Gruppen von Vietnamesen, die in Westeuropa eine neue Heimat fanden. Die Pflanze, die anfangs noch mit ihrem vietnamesischen Namen Tia to bezeichnet wurde, stellte uns hierzulande zunächst vor manches kulinarische Rätsel: So wurden denn Tisanen daraus ›gebraut‹ und Salate damit angereichert.

## Verwandte von Basilikum

Wer jedoch weiß, daß *Perilla nankinensis* eng mit Basilikum *(Ocimum basilicum)* verwandt ist, ja früher sogar *Ocimum frutescens* (die glattblättrige Form) oder *Ocimum crispum* (die krausblättrige Form) genannt wurde, wird verstehen, warum dieses wasserliebende Kraut, das bei uns nur im Wintergarten oder im frostfreien Gewächshaus sein volles Aroma entfaltet, in seinen Ursprungsländern so überaus beliebt ist.

In Japan, China, Korea, Nordindien und Vietnam, wo *Perilla* heimisch ist, wird die Pflanze sehr vielseitig eingesetzt, ebenso wie hoffentlich bald auch hierzulande. Denn inzwischen ist *Perilla* als Topfpflanze sehr erfolgreich: Ihre aromatischen Blätter wachsen zu voller Größe heran, und an der Schwelle zum Winter verwöhnt sie uns noch mit ihren äußerst aromatischen Blüten. Und genau darum geht es uns hier natürlich.

Die Blütenähren sind am schmackhaftesten, wenn unten am Stengel bereits junge Samenkapseln heranwachsen, die dem Ganzen eine angenehm knackige Konsistenz verleihen. Der Geschmack von Shiso ist etwas säuerlicher als der von Basilikum, und er hat auch mehr fernöstliche Würze.

## Shiso-Tempura

In Japan werden die ganzen Blütenähren von Shiso (neben dem jungen Blatt) häufig als Tempura zubereitet (sehr lecker auch in Kombination mit Blütensprossen der bei uns kaum erhältlichen *Zingiber mioga* – siehe Seite 116). Tauchen Sie die Blütenähren in Tempura-Teig (siehe Grundrezepte, Seite 202), und fritieren Sie sie in (Sesam-)Öl.

Dazu wird eine Sauce aus 2 Eßl. Tamari, 2 Eßl. Essig und 1–2 Teel. Zucker gereicht, in die man die Tempura tunkt.

## Purpurne Pesto-Variante

Ein sehr ausgefallenes Pasta-Gericht erhalten Sie, wenn Sie in italienischer Pesto-Sauce das Basilikum durch purpurne Shiso-Blätter ersetzen (und im Mörser mit Knoblauch, Pinienkernen, Parmesan und Olivenöl zerkleinern und vermischen). Wenn Sie dazu als Beilage fritierte Blütenähren von Shiso reichen, wird dieses Gericht zu einem exotischen *Perilla*-Festmahl.

## Shiso-Dolmas

Braten Sie 7 feingehackte Zwiebeln in 225 ml Olivenöl goldgelb. Fügen Sie 150 g (gewaschenen) Reis und 2 Eßl. Pinienkerne hinzu. Verschließen Sie den Topf mit einem Deckel, und lassen Sie den Reis 20–25 Minuten auf schwacher Hitze leicht schmoren. Rühren Sie alle 2 Minuten um.

Geben Sie 100 ml Wasser hinzu, eine große, in Stücke geschnittene Tomate (oder 1 Eßl. Tomatenpüree), 50 g Korinthen, 2 Eßl. feingehackte Minze, 2 Eßl. feingehackten Dill, ½ Teel. schwarzen Pfeffer, 1 Teel. gemahlenes Piment, 1 Teel. Zimtpulver, 1 Teel. Zucker und 1 Teel. Salz.

Verrühren Sie alles gut miteinander, verschließen Sie den Topf, und lassen Sie den Reis noch einmal 15–20 Minuten leicht schmoren – oder länger, wenn er noch nicht weich genug ist.

Falls Sie Weinblätter zum Einwickeln nehmen wollen, müssen Sie sie vor Gebrauch 5 Minuten in siedendes Wasser legen – Shiso-Blätter dagegen nur 30 Sekunden. Entfernen Sie die Stengel von den Blättern, und legen Sie sie in eine tiefe Pfanne, am besten eine mit einer Anti-Haft-Beschichtung. Eingelegte Shiso-Blätter müssen zunächst, ebenso wie eingelegte Weinblätter, gewässert werden.

Geben Sie auf jedes Blatt 1 Eßl. der Reisfüllung und falten Sie die Blätter zu länglichen Päckchen zusammen, die Sie dicht nebeneinander in die Pfanne legen.

Gießen Sie dann 150 ml Wasser mit dem Saft von einer halben Zitrone darüber, beschweren Sie das Ganze mit einem genau in die Pfanne passenden Brett, und lassen Sie die gefüllten Blätter 1 Stunde bei niedriger Hitze simmern.

Gießen Sie überschüssige Flüssigkeit ab, und servieren Sie die Dolmas mit frischen oder fritierten Blütenähren von Shiso.

# Eine süße Blumenlast

Jedem wird klar sein, daß dieses allerliebste Eselchen mit der süßen Blumenlast von *Hibiscus sabdariffa* nicht aus meinem Stall stammt. Seine Heimat ist vielmehr Ägypten, eines der vielen (wärmeren) Länder, in denen dieses Mitglied der *Malvaceae*-Familie wächst und gedeiht.

Samen dieses Rosellahanfs oder dieser Roselle sind glücklicherweise auch bei uns im Handel, doch wenn man erfährt, daß dieses Foto erst im November entstanden ist und daß *Hibiscus sabdariffa* selbst in der Karibik erst um diese Zeit geerntet werden kann, dann weiß man auch, daß diese Pflanzen in unseren Breiten nur im Gewächshaus oder Wintergarten gedeihen können.

*Hibiscus sabdariffa* ist eine einjährige Pflanze, die bis zu eineinhalb Meter hoch wird. Aus den Fasern der Stengel läßt sich ein juteähnliches Gewebe herstellen.

Uns geht es jedoch in erster Linie um die faszinierende Blüte, denn die Roselle wirft zwar ihre verblühten Blütenblätter ab, läßt anschließend jedoch die Kelchblätter anschwellen, die die Blüte schützend umgeben.

Sie werden fleischig und saftig und umhüllen die Samenkapsel, die aus dem weiblichen Teil der Blüte entsteht. Es sind die dicken, angeschwollenen Kelchblatt-›Blüten‹, die man als eine Art Frucht erntet und die frisch zu allen möglichen Getränken und Süßspeisen verarbeitet werden.

Besonders beliebt ist ein Getränk, das aus reifen Blütenfrüchten und diversen Gewürzen zubereitet wird, die man ein paar Tage lang in Wasser ziehen läßt. Das Ergebnis ist ein tiefrotes aromatisches Getränk von würzig-scharfem Geschmack.

Auf manchen Karibik-Inseln läßt man Blüten von *Hibiscus sabdariffa* auch leicht fermentieren und gibt anschließend Rum hinzu. Auf diese Weise entsteht ein ›sehr potenter‹ Likör, wie man so sagt, der natürlich einen ansehnlichen Alkoholgehalt aufzuweisen hat.

Auch die reifen Samen der Roselle finden ihren Weg in Marmeladen und Gelees, denen sie einen moosbeerenartigen Geschmack verleihen.

Wir müssen uns mit den getrockneten ›Blüten‹ von *Hibiscus sabdariffa* begnügen, die Sie in dem zylinderförmigen Vorratsglas auf der Abbildung hier und in dem Rezept auf Seite 126 finden.

## Getrockneter Kräuterblumenstrauss

Auf Seite 68/69 habe ich Ihnen die verschiedensten getrockneten Blüten in Gläsern und Fläschchen vorgestellt. Hier nun möchte ich Ihnen einen Vorschlag für einen Kräuterblumen-Trockenstrauß machen, bei dem die Kräuter straußweise getrocknet werden.

In dem abgebildeten Bukett finden Sie *Pimpinella anisum, Hyssopus* (die rosafarbene Sorte), verschiedene Minzen, echten Majoran *(Origanum majorana)* und *Coriandrum sativum* – alle in voller Blüte und gut und schnell getrocknet, denn die Blütenfarben haben sich kaum verändert.

Ein solcher Trockenstrauß eignet sich gut zum Würzen winterlicher Gerichte, ist bildhübsch als (Küchen-)Dekoration und ein sinnvolles Geschenk für Freunde, die gern kochen, aber keinen so großen Garten haben.

# DIE BLÜTEN DES WINTERS

Zugegeben, mitten im Winter blühende Pflanzen sind in unseren Breiten schon ziemlich rar. Doch mit Hilfe von Orangerie und Wintergarten sowie mit Unterstützung getrockneter tropischer Produkte haben wir doch noch rund 15 überraschend wohlschmeckende Blüten für winterliche Genüsse gefunden, die man in dieser Jahreszeit sicherlich besonders zu schätzen weiß.

Von links nach rechts:
*Salvia rutilans* öffnet erst im Oktober/November ihre feuerroten, honiggefüllten Blüten mit dem leicht an Ananas erinnernden Aroma.
*Crocus sativus* enthüllt im Oktober/November seine violetten Blüten mit jeweils drei Stempeln, die uns als Safran bekannt sind.
*Syzygium aromaticum* aus den Tropen gibt ihren Blütenknospen ein so starkes Aroma mit, daß sie getrocknet in der ganzen Welt als Gewürznelken verwendet werden.
*Jasminum sambac* ist nicht nur wintergrün, sondern produziert auch im Wintergarten das ganze Jahr über sehr intensiv duftende Blüten, aus denen man Tisanen und andere Getränke zubereiten kann.
*Camellia sasanqua*, die den frischen Duft und den Geschmack des feuchten Waldes hat, fängt schon im November zu blühen an, *Camellia japonica* und auch ihre Kreuzungskinder wie etwa *Camellia × williamsii*, die Sie hier abgebildet sehen, folgen ihr in der Zeit zwischen Januar und April.
*Salix aegyptiaca* zaubert im Februar süße silberne Kätzchen in der Kälte hervor.
*Lonicera fragrantissima* erblüht in einer wahren Duftexplosion plötzlich in der Februarsonne.
*Rhododendron mucronulatum* wird in Korea im Februar/März von jedermann besungen und auf Gerstenmalz serviert und verzehrt.
*Prunus mume*, Japanische Aprikose, zeigt sich im Februar/März mit duftenden Blüten in zahllosen Farbtönen.
*Viola odorata*, das Märzveilchen, ist die duftendste von allen in diesem Buch erwähnten *Violas*.
*Trachystemon orientalis* bringt schon im Februar/März die süßesten, an Borretsch erinnernden Blüten hervor, die man sich nur vorstellen kann – eine ausgezeichnete Anschaffung für eine schattige Ecke im Garten.
*Stachyurus praecox* ist im Februar/März ein delikater Leckerbissen.
*Magnolia salicifolia* öffnet spätestens im März ihre nach Zitrone duftenden Blüten – *Magnolia stellata* blüht manchmal sogar noch etwas früher, hat jedoch weniger Geschmack.
*Populus balsamifera* var. *balsamifera*, die Echte Balsampappel, beherbergt in ihren duftenden klebrigen Knospen sowohl Blatt als auch Blüte; deshalb wurde sie in dieses Buch ›eingeschmuggelt‹, denn aus ihren Knospen lassen sich äußerst aromatische Aufgüsse zubereiten.

# Späte Salbeiblüte mit Ananas-Aroma

Schon seit geraumer Zeit bin ich fasziniert von *Salvia rutilans*, die mit ihren nach Ananas duftenden grünen Blättern viele köstliche Geschmacksabenteuer ermöglicht.

Doch während man dem Laub das Ananas-Aroma am erfolgreichsten mit Milch für eine feine Crème anglaise oder mit Wein bzw. Sirup für eine Weincreme entlocken kann, schmecken die völlig geruchlosen Lippenblüten am besten roh, wenn sie sich eben geöffnet haben: herrlich süß und mit einer Erinnerung an Ananas. Ältere Blüten sind nur durch ihre Farbe interessant.

Mit ihrer späten Blüte und aufgrund ihrer Herkunft aus wärmeren Gefilden erfordert *Salvia rutilans* eine spezielle Behandlung. Sie sollten Sie als Topfpflanze ziehen und im Sommer an einen Platz stellen, an dem Sie oft vorbeikommen, damit Sie sich jedesmal im Vorbeigehen, wenn Sie mit der Hand darüberstreichen, an dem besonderen Ananasduft der Blätter erfreuen können. Ab Oktober empfiehlt es sich, aufmerksam die Wetterberichte zu verfolgen, denn wenn auch nur ein einziger leichter Nachtfrost droht, müssen Sie die Pflanze, die nun verheißungsvoll nach unten gerichtete Blütenknospen trägt, sofort in den Wintergarten oder in das kalte (aber frostfreie) Gewächshaus bringen.

Dort können Sie dann gespannt auf den Augenblick warten, in dem sich die kräftigen roten Blütenähren aufrichten, um in dieser blütenarmen Zeit festlichen Nachspeisen Farbe zu verleihen.

Obwohl die süßen *Rutilans*-Blüten selbst dem ausgeprägten Geschmack eines Soufflé glacé mit Birnenkompott standhalten, wie es im folgenden beschrieben wird, sollten Sie unbedingt auch einmal die Kombination von *Rutilans*-Blättern und (Wein-)Creme oder einer anderen Süßspeise von vergleichbar sanftem Charakter ausprobieren. Die kräftige Süße mit dem Hauch von Ananasgeschmack, den eine reiche Garnitur frischer Blüten beisteuert, kommen dann besonders gut zur Geltung. Auch winterliche Salate aus Chicoree und/oder Avocado können von der Süße der *Rutilans*-Blüten profitieren.

### Soufflé glacé mit Birnen und Rutilans-Blüten

Schlagen Sie 4 Eigelb mit 50 g feinem Kristallzucker zu einer hellgelben Masse, in der sich der Zucker vollständig aufgelöst haben muß.

Die 4 Eiweiß schlagen Sie mit 50 g Puderzucker zu sehr steifem Schnee, dann stellen Sie die Schüssel auf einen Topf mit kochendem Wasser, und schlagen weitere 5 Minuten, so daß die Masse locker gebunden wird; lassen Sie sie anschließend abkühlen.

Fetten Sie eine Form mit einem guten milden Öl ein, und stellen Sie sie anschließend umgekehrt auf Küchenpapier, damit alles überschüssige Öl ablaufen kann.

Schlagen Sie 350 ml Schlagsahne steif.

Pürieren Sie im Mixer 650 g geschälte und entkernte Birnen ('Conférence', 'Doyenné de Comice' und 'Packhams Triumph' haben jetzt Saison). Verrühren Sie 50 ml Birnengeist mit dem Püree. (Bereiten Sie dieses Birnenmus erst im letzten Augenblick zu, denn es verfärbt sich sehr rasch.)

Heben Sie zuerst das Birnenmus unter den festen Eischnee (am besten mit einem Teigschaber), rühren Sie dann die Eigelbcreme ein, und ziehen Sie am Schluß die steifgeschlagene Sahne darunter. Gießen Sie die Masse in die vorbereitete Form, und lassen Sie sie mindestens 12 Stunden in der Tiefkühltruhe zu Eis werden.

Stürzen Sie das Soufflé glacé, und servieren Sie es mit einer Garnierung aus in Wein-Zucker-Sirup (angereichert mit den grünen Blättern von *Salvia rutilans*) glasierten Birnenspalten, ein paar frischen *Rutilans*-Blättchen (des Dufts wegen) und reichlich roten *Rutilans*-Blüten.

### Blaue Variante für ein (geschütztes) Plätzchen im Garten

Wer keine Lust hat, Pflanzen aufzuziehen, die nicht winterhart sind, kann auch eine blaue Variante des obenstehenden Rezepts mit den absolut himmelblauen Blüten von *Salvia uliginosa* zubereiten. Dieser Salbei, der bis zu 180 cm hoch wird, kann im Freiland (bei strengem Frost allerdings mit einer Schutzabdeckung) gezogen werden, und er blüht von Ende Juli bis Ende Oktober. Die blauen Blüten haben einen sehr angenehmen Geschmack, doch fehlt ihnen die süße Nektarfüllung von *Salvia rutilans*, und auf den hinreißenden Ananas-Beigeschmack der Blätter müssen Sie ebenfalls verzichten.

# Pflanzliches Gold

Mit Gold wird es aufgewogen, und golden färbt es die Speisen – jenes wundersame Gewürz mit Namen Safran, das aus dem im Herbst blühenden *Crocus sativus* gewonnen wird.

Der stolze Preis von Safran erscheint nicht mehr so verwunderlich, wenn man weiß, daß aus der ganzen im Oktober/November blühenden Blume von *Crocus sativus* nur die dunkelorangefarbenen Narbenäste, die den Griffel begleiten, geerntet werden – denn nur dieser kleine Teil der Pflanze enthält das berühmte und hochgeschätzte Aroma. Wie man herausgefunden hat, daß gerade dieses winzige Teilchen des Herbstkrokus solch ein herrliches Gewürz ist, bleibt ungeklärt, denn diese Entdeckung liegt schon einige Zeit zurück: Bereits um 1500 v. Chr. wird Safran erstmals in altägyptischen Schriften erwähnt.

Vermutlich gibt es in der Geschichte des Safrans auch eine Reihe von Todesfällen oder zumindest von schweren Vergiftungen, denn die zur gleichen Zeit blühende Herbstzeitlose *(Colchicum autumnale)* beispielsweise ist in allen ihren Bestandteilen äußerst giftig! (Als Erkennungsmerkmal für Sie: *Crocus sativus* blüht zwischen den bekannten, Grashalmen ähnelnden Krokusblättern, während *Colchicum* ein ›Nacktblüher‹ ist, der erst im folgenden Frühjahr kräftige Büschel mit großen Blättern ausbildet.)

Leider gelingt es in unseren Breiten nur selten, *Crocus sativus* zum Blühen zu bringen, denn dies tun sie erst nach einem langen, schönen, warmen Sommer. Züchter behandeln sie in speziellen Wärmekammern wochenlang mit Wärme, doch selbst dann ist der Erfolg noch nicht gewährleistet.

Wenn man weiß, daß rund 200 000 Narbenfädchen auf ein Pfund Safran gehen, bekommt man eine Vorstellung von dem immensen Ernteaufwand, der dafür erforderlich ist. Glücklicherweise sind die Fädchen so aromatisch, daß man nur winzige Portionen davon braucht.

Halten Sie sich beim Kauf von Safran an die getrockneten Fädchen; lassen Sie sich nicht dazu verleiten, die pulverisierte Form zu wählen, denn diese ist zuweilen mit Gelbwurz vermischt (*Curcuma longa* –

Kurkuma also – ein Gewürz, gegen das an sich nichts einzuwenden ist, das nur einen anderen Geschmack hat) oder mit Blütenblättern von *Arnika montana*, von Ringelblumen *(Calendula)* und/oder *Carthamus tinctorius*. (Die Blütenblättchen von *Carthamus*, der Färberdistel, haben in getrocknetem Zustand genau die gleiche Farbe wie Safran, worauf auch der volkstümliche Name Saflor hinweist, der auf *Safron flores* zurückgeht.)

### Wittling in Safran-Sahne

Legen Sie 8 Wittlingfilets in eine dick mit Butter eingefettete feuerfeste Form, streuen Sie Salz und Pfeffer darüber, und verteilen Sie halbe Zitronenscheiben zwischen die Filets. Lassen Sie eine Prise Safran 15 Minuten in 1 Eßl. warmem Wasser ziehen, und gießen Sie diese Flüssigkeit mit den Safranfäden an 250 ml Schlagsahne. (Sie können den Safran auch ganz im Ofen trocknen und dann zwischen den Fingern über der Sahne zerreiben.)

Gießen Sie die Safran-Sahne über den Fisch, und lassen Sie das Gericht 15–20 Minuten in dem auf 200° C vorgeheizten Backofen garen.

Servieren Sie den Fisch mit reichlich feingehackter glatter Petersilie (sie ist aromatischer als die dekorativ gekrauste), mit Dill und/oder griechischem Bockshornklee (das indische Meti, das in der Landesküche – zu Recht – so häufig zum Einsatz kommt).

### Huhn in Safran-Marinade

Weichen Sie eine Prise Safran in 1 Eßl. warmem Wasser ein (oder zerreiben Sie getrocknete Safranfädchen), und verrühren Sie dies dann mit Traubenkern- oder Sonnenblumenkernöl. Fügen Sie frisch gemahlenen schwarzen Pfeffer und Koriandersamen hinzu und, falls Sie dies mögen, feingehacktes Korianderblatt oder ansonsten Petersilie. Marinieren Sie darin über Nacht die Hühnerbrustfilets.

Legen Sie die Filets in eine feuerfeste Form, bestreuen Sie sie mit Salz, decken Sie die Form mit gebutterter Alufolie ab, und lassen Sie das Gericht 20 Minuten in dem auf 175° C vorgeheizten Backofen garen.

Diese Filets schmecken köstlich zu Safran-Reis und einem frischen Salat. Abgebildet sind die Brustfilets auf Blättern des Radicchio (*Cichorium intybus* var. *foliosum* 'Rossa di Verona') und dekoriert mit einer Haube aus weißem Zierkohl, der auch ausgezeichnet in Salaten schmeckt.

### Würzige Safran-Suppe

Nehmen Sie 1 l gute Geflügel- oder Kalbsbouillon (am besten natürlich selbstgemachte).

Formen Sie walnußgroße Bällchen aus 250 g Hackfleisch vom Kalb, vermengt mit 1 feingeschnittenen Zwiebel (glasig gedünstet in etwas Butter), 1 Ei, 1 Teel. gemahlenen Koriandersamen, Salz und Pfeffer. Wälzen Sie sie in Mehl, und lassen Sie die Bällchen sanft in der Bouillon garen.

Legieren Sie die Suppe mit 30 g Pfeilwurzelmehl oder Speisestärke, verrührt mit etwas kaltem Wasser.

Zerstoßen Sie im Mörser: 2 Eßl. abgezogene Mandeln, 2 Eßl. kurz geröstete und von ihren Häutchen befreite Haselnüsse, 2 Eßl. frische (oder tiefgefrorene) Korianderblättchen (bzw. Petersilie oder Bockshornklee), ½ Teel. Zimtpulver, 1 Teel. Safran, eingeweicht in 100 ml warmem Wasser, und 2 Knoblauchzehen. Verarbeiten Sie die Zutaten zu einer geschmeidigen Paste. Geben Sie davon in die Suppenterrine oder in jede Suppentasse, und gießen Sie die heiße Suppe darüber. Reichen Sie frisches Baguette oder Knoblauchbrot dazu, und servieren Sie diese extravagante Suppe als Vorspeise oder leichte Mahlzeit.

### Safran-Brötchen

Fetten Sie ein Muffin-Blech (eine Backform mit halbkugelförmigen Vertiefungen) oder Aluminiumförmchen mit Butter bzw. geschmacksneutralem Öl ein.

Sieben Sie 250 g Weizenmehl, ½ Päckchen Backpulver (= 7,5 g) und 1 Prise Salz zusammen in eine Schüssel, und verkneten Sie dies mit 125 g weicher Butter und mit 200 g Zucker. Fügen Sie nach und nach 3 Eier hinzu und anschließend portionsweise 150 ml Milch, die Sie zuvor mit 1 Teel. Safran (eingeweicht in 1 Eßl. warmem Wasser) verrührt haben.

Gießen Sie den Teig in die Form bzw. in die Förmchen, und backen Sie die Brötchen in einem auf 175° C vorgeheizten Backofen in ca. 25 Minuten goldbraun. Überprüfen Sie mit einer Stricknadel oder mit einem Zahnstocher, ob sie gar sind. Lösen Sie die Brötchen aus den Formen, bestreuen Sie sie mit Puderzucker, und servieren Sie sie am besten mit Devonshire Cream (siehe »Über Sahne und Frischkäse«, Seite 200). In der Türkei wird ein vergleichbares Sahneprodukt hergestellt, das Kajmak heißt, und auch in Serbien kennt man eine solche Sahne (oft aus Schafsmilch hergestellt), die dort ebenfalls den Namen Kajmak trägt, aber meist gesalzen und fermentiert wird.

### Indisches Goldwasser

Für dieses Getränk gibt es in Indien und auch in islamischen Ländern eine Reihe unterschiedlicher Rezepte, fast ebenso viele wie Anlässe, es zu trinken. Jelena lernte es bei einem Buru-Hochzeitsfest kennen. Die Grundlage bildet eine Limonade, aromatisiert mit Rosenwasser oder Orangenblütenwasser, dem zusätzlich ein Schuß Safranwasser (gewonnen aus Safranfäden, die man in warmem Wasser ziehen läßt) hinzugefügt wird. Wieviel Zucker zum Süßen der Limonade verwendet wird, bleibt dem Geschmack der Gastgeberin überlassen.

Das Aroma dieses Getränks ist höchst außergewöhnlich und die Farbe so bezaubernd, daß jeder, der davon trinkt, sogleich in eine gehobene Stimmung versetzt wird.

# Kleine Knospe mit großer Wirkung

Im Dezember, wenn Blüten draußen wirklich rar werden, kann man sich immer noch an die getrockneten Blütenknospen von *Syzygium aromaticum* halten, eine Pflanze, die unter dem Namen Gewürznelke bekannt ist.

Wohl die wenigsten wissen, daß die ›Näglein‹ des Kinderschlafliedes vor dem Aufblühen geerntete Blüten sind. An dem hier abgebildeten Zweig des Gewürznelkenbaums, der von den Molukken und Philippinen stammt, sind die jungen Knospen zwischen den voll aufgeblühten ›Puderquasten‹-Blüten deutlich sichtbar.
Nach alter Sitte werden Pomander im Dezember hergestellt und verschenkt – deshalb habe ich mir eine dekorative Version ausgedacht, die man zusätzlich auch noch in Likör einlegen kann, und Jelena bereitete festliche Putenrouladen zu, bei denen die exotische Knospe mit ihrem Aroma bestens zur Geltung kommt.

### Zitruslikӧre mit Nelkengewürz

Fangen Sie schon im September mit der Zubereitung dieser aromatischen Zitrusliköre an, wenn Sie sie zum Weihnachtsfest trinken wollen, denn erst nach ungefähr drei Monaten hat sich ihr Geschmack voll entfaltet.
Man kann natürlich auch andere Zitrusarten verwenden als die von mir gewählten Navelorangen (*Citrus sinensis* 'Grand Navel Washington') und Kumquats *(Fortunella margarita)*, die trotz ihres nicht an Zitrus erinnernden botanischen Namens zu den Zitrusfrüchten zählen und deshalb ebenso wie die Pomelo, die Zitrone, die Limette und die Mandarine zur Familie der Rautengewächse *(Rutaceae)* gehören. Für die Kombination mit Gewürznelken eignen sich die Sorten mit süßem Fruchtfleisch am besten. Dies sind die bereits erwähnten Orangen und Kumquats, die Mandarinen *(Citrus reticulata)*, die Malaquinas (eine Kreuzung zwischen Mandarine und Orange) und die bittere, in Japan so beliebte Daidai oder Pomeranze (*Citrus aurantium* ssp. *amara*).
Die aus diesen Arten hergestellten Liköre sind alle sehr lecker, haben jedoch unterschiedliche Aromen, deren Grad an Süße und Milde Sie durch Hinzufügen unterschiedlicher Zuckermengen beeinflussen können.
Schneiden Sie zuerst mit einem Kanneliermesser ein schönes Linienmuster in die Schale der Orangen. Akzentuieren Sie ein paar dieser Kanneluren, indem Sie Gewürznelken hineinstecken. (Auf keinen Fall alle Kanneluren mit Nelken versehen, sonst wird der Nelkengeschmack zu intensiv.) Gießen Sie ein paar Liter Branntwein (oder ein anderes stark alkoholisches Getränk Ihrer Wahl) in ein Vorratsglas mit einer weiten Öffnung, und legen Sie die aromatischen Orangen hinein. (Es empfiehlt sich, die Öffnung des Glases abzumessen, bevor Sie die Zitrusfrüchte kaufen, denn die verzierte Frucht sollte problemlos durch die Öffnung passen.) Fügen Sie Zucker nach Geschmack hinzu, und lassen Sie das Getränk bis zum Gebrauch ziehen.
Für den Kumquatlikör stecken Sie die Nelken in Kränzchen oder geraden Linien in die Früchte (ich habe 20 Stück auf 2 l Branntwein genommen) und legen sie in das Glas. Auch in diesem Fall können Sie Zucker nach Geschmack hinzufügen.

### ›Bestickte‹ Pomander

Ein echter altmodischer Pomander ist über und über mit Nelken vollgesteckt. Es muß aber jeweils ein Zwischenraum vom Durchmesser einer Nelkenknospe frei bleiben, denn die Frucht schrumpft beim Trocknen sehr stark und hält sich dann noch jahrelang, was auf die desinfizierende und fungizide Wirkung der Gewürznelken zurückzuführen ist. (Früher wurden Gewürznelken nicht ohne Grund als Mittel gegen Zahnschmerzen empfohlen, denn sie wirken überdies auch leicht betäubend und bringen Blutungen zum Stillstand.)
Zur Abwechslung ist es auch sehr hübsch, Zitrusfrüchte in einem schönen Muster mit Nelken zu ›besticken‹. So halten sie sich zwar nicht jahrelang, aber immerhin viele Wochen. Neben den Zitruslikören liegen ›bestickte‹ Apfelsinen und Kumquats, und auf der anderen Abbildung sehen Sie Zitronen *(Citrus limon)* und Limetten *(Citrus aurantifolia)* sowie eine dicke ›bestickte‹ Pomelo *(Citrus grandis)*. Bei der Anfertigung des ›Stickmusters‹ müssen Sie zuerst mit dem Kanneliermesser Längs- und Querlinien, aber auch Kreuze und Kreise in die Schalen kerben und diese mit einer braunen ›Stickerei‹ aus Nelken versehen. So erhalten Sie einen gut duftenden Win-

terschmuck, und wenn er dann ab Mitte Januar vielleicht etwas unansehnlich wird, gibt es bereits wieder importierte Frühlings- und Sommerblumen.

### Starke Schalen

Die dünn abgehobelten (unbehandelten) Schalen können Sie verzuckern oder auch ›vergeistigen‹, indem Sie sie einfach mit etwas Zucker in so viel Branntwein einlegen, daß sie gerade mit Flüssigkeit bedeckt sind. So erhalten Sie ausgezeichnete Aromastoffe für Torten und Desserts.

### Weihnachtlicher Ginster

Die unten abgebildeten Weihnachtsbäumchen und -kränze werden hauptsächlich in Frankreich und Spanien aus Ginsterzweigen *(Genista)* hergestellt. Sie bleiben sehr lange schön und können sogar im folgenden Jahr wiederverwendet werden.

### Würzige Putenrouladen ...

Für diese Roulade nehmen Sie ein großes Stück Putenbrust und schneiden es – als wollten Sie es in drei waagerechte Scheiben teilen – von rechts der Länge nach ein, aber nicht ganz durch(!); führen Sie den zweiten Schnitt von links, und setzen Sie deutlich unterhalb des Schnitts von rechts an. Breiten Sie dieses ›Zweifach-Schmetterlingsschnitzel‹ auseinander, und klopfen Sie es vorsichtig flach, bis das Fleisch überall gleich dick ist.

### ... mit Haselnüssen und Zitrone

Mahlen Sie in einem Mörser Salz, schwarzen Pfeffer, Koriandersamen, Nelken, gerösteten Bockshornkleesamen und gelben Senfsamen. Bestreuen Sie das Fleisch mit dieser Würzmischung.

Bereiten Sie eine Füllung aus feingewürfelten geschälten Zitronenscheiben (2–3 Scheiben), 150 g gehackten oder gemahlenen Haselnüssen, ½ Eßl. Korianderblättern (im Sommer frisch, im Winter aus der Tiefkühltruhe) und 100 g Butter zu. (Diese Mengen waren für die abgebildete Roulade ausreichend.)

Verrühren Sie die Zutaten zu einer weichen Paste, die Sie auf dem gewürzten Fleisch verstreichen.

Rollen Sie das Fleisch anschließend zu einer Roulade auf, die Sie mit Küchengarn binden, und garnieren Sie sie mit dünnen Zitronenscheiben, festgesteckt mit Nelken.

### ... mit Walnüssen und Südfrüchte-Chutney

Bereiten Sie das Putenfleisch auf die gleiche Weise wie im obigen Rezept vor, doch nehmen Sie als Füllung 150 g gemahlene Walnüsse, frischen oder tiefgefrorenen Estragon und 100 g Chutney aus Orangen, Aprikosen oder Mango (entweder gekauft oder selbst zubereitet). Streichen Sie die Füllung auf dem Fleisch aus, rollen Sie es auf, und binden Sie die Roulade mit Küchengarn zusammen. Als Garnitur stecken Sie diesmal Orangenscheiben mit Nelken fest.

Braten Sie die Roulade(n) im Backofen. Nehmen Sie 25 g Butter auf 100 g Fleisch, und heizen Sie den Ofen auf 240° C vor. Während des Bratens müssen Sie die Temperatur auf 180° C reduzieren. Rechnen Sie mit einer Garzeit von 15–20 Minuten pro Pfund Fleisch, und beträufeln Sie das Fleisch alle 8 Minuten.

### Gebratene Zwiebelringe in Kichererbsenteig

Bereiten Sie einen dickflüssigen Teig aus Kichererbsenmehl zu (siehe Grundrezepte, Seite 202), und fritieren Sie die darin eingehüllten Zwiebelringe in aromatischem Öl goldgelb.

# Kletterjasmin, ein Wintergartentraum

Wer in wärmeren Regionen zu Hause ist oder sich viel dort aufhält, bekommt wahrscheinlich leuchtende Augen, wenn von Jasmin die Rede ist.

In China und Korea wird man sogar schon auf dem Flughafen mit Tee empfangen, in dem die duftenden kleinen Blüten schwimmen. *Jasminum sambac* wird in China Sieu-hing-hwa genannt, in Indonesien Melati und bei uns Arabischer Jasmin, ebenso wie in England, wo er den Namen Arabian jasmine trägt.

Doch ich persönlich nenne ihn meist Kletterjasmin, um die Verwechslung mit dem anderen Gewächs zu verhindern, das bei uns unter dem Namen Jasmin bekannt ist und das mit botanischem Namen *Philadelphus* heißt. Dieses Gehölz blüht ebenfalls oft herrlich duftend, doch sind seine Blüten eindeutig nicht genießbar.

*Jasminum sambac* ist unter den kletternden Jasminen ein echter Außenseiter, und zwar nicht wegen seines atemberaubenden Duftes, sondern wegen der ziemlich großen ungefiederten Blätter, die er auch im Winter nicht abwirft, denn diese tropische Kletterpflanze, die aus Indien und Ceylon stammt, ist immergrün. (Vielleicht werden Sie Schwierigkeiten haben, diese Pflanze zu bekommen, aber geben Sie es trotzdem nicht auf, sie zu suchen.)

Wenn Sie für diesen Jasmin einen Platz an einem sehr hellen Fenster oder im frostfreien Wintergarten haben, dann können Sie sich das ganze Jahr über nicht nur an seinen frischen Blättern, sondern auch an den äußerst wohlriechenden Blüten erfreuen. Im Zimmer oder im Wintergarten braucht *Jasminum sambac* nicht übermäßig viel Wasser, dafür aber ausreichend Nahrung, und die Pflanze gedeiht besser, wenn Sie ab und zu etwas ›Bewegung‹ in die Erde bringen, indem Sie diese mit einer Gabel vorsichtig auflockern.

Es gibt auch Varietäten mit mehr oder weniger gefüllten Blüten, und zwar: 'Grand Duke' (oder 'Grand Duke of Tuscany') und 'Maid of Orleans'. Entdeckt wurde der Arabische Jasmin 1665 in Indien, und auch die Formen mit den Doppelblüten sind schon seit 1785 bekannt.

### Weitere duftende Kletterpflanzen

*Jasminum officinale* ist eine jener Schlingpflanzen, die bei uns meist um eine ringförmige Drahtschlinge gewunden als Zimmerpflanze angeboten werden. Befreit man ihn von seinem Rahmen und gibt ihm einen (ausreichend warmen) Platz, dann kann es passieren, daß das Dach des Wintergartens, der Orangerie oder des Gewächshauses in kurzer Zeit hinter den duftenden weißen Blüten und farnartig gefiederten Blättern der Pflanze nicht mehr zu sehen ist.

*Jasminum polyanthum* ist bei uns fast winterhart und wächst bei mir prächtig zwischen weißen Rosen ('Rambling Rector' in diesem Fall), weißer japanischer Glyzinie (*Wisteria floribunda* 'Longissima Alba'), Efeu mit krausen Blättern (*Hedera helix* 'Parsley Crested'), *Lonicera henryi* (die ich nicht wegen des Duftes, sondern wegen ihrer immergrünen Blätter gepflanzt habe) und *Clematis macropetala* 'White Moth'.

*Jasminum odoratissimum*, ursprünglich auf Madagaskar und den Kanarischen Inseln beheimatet, wird auch in Frankreich für die Parfümherstellung angebaut. Sein hinreißender Duft läßt sich nicht mittels Destillation oder Extraktion in Alkohol gewinnen, denn der Jasmin gibt sein ätherisches Öl (ebenso wie die Tuberose übrigens) nur über Fette ab, und dazu muß man die duftenden Blätter in Tücher mit Ochsenfett oder Butter einrollen. (In der Heilkunde verwendet man bei Nervenschmerzen ein sehr stark duftendes Öl, das durch Mazeration von *Jasminum*-Blüten gewonnen wird, die zuvor mindestens sechs Wochen lang in Olivenöl liegen müssen.)

# Kamelien-Kaleidoskop

Um sich an Kamelien zu erfreuen, braucht man eigentlich keinen ›Schönbildschauer‹ (das ist die wörtliche Übersetzung des griechischen Worts Kaleidoskop) – die vielen Facetten von Schönheit, Blütezeit, Blütenform, Geschmack und manchmal auch Duft machen *Camellia* an sich schon zu einem Kaleidoskop außergewöhnlicher Sinnesgenüsse.

Auf ihren vielen botanischen Reisen nach Fernost machte Jelena vielfältige Bekanntschaft mit *Camellia*, zwar weniger in China und Korea, dafür aber um so häufiger in Japan, wo die Pflanze Tsubaki genannt wird und in hohem Ansehen steht. Ihren Höhepunkt erreichte diese Wertschätzung im 17. Jahrhundert, und aus der Zeit stammen auch die kostbaren Bücher mit Gemälden berühmter kaiserlicher *Camellia*-Kollektionen.

In Japan spielt die Kamelie bei vielen Zeremonien eine Rolle – bei Verlobungsfeiern beispielsweise dient die weiße Blüte als Symbol für Schönheit und ein langes Leben. Und so wie bei uns Silber- und Goldhochzeiten gefeiert werden, kennt man in Japan das ›Kamelienfest‹ anläßlich eines 90. Geburtstags.

Natürlich ist die wichtige *Camellia sinensis* (früher *Thea sinensis*) dabei mit im Spiel, die in fast allen gemäßigten Zonen der Welt angepflanzt wird und deren junge Blätter gepflückt und getrocknet (oder geräuchert) werden, um Tee daraus zu bereiten.

Außerdem gibt es die hinreißende *Camellia sasanqua*, die von den japanischen Ryukyu-Inseln stammt und zu den wenigen *Camellia*-Arten mit duftenden Blüten zählt – meist in schlichtem Weiß, das zu einem ganz zarten Rosa tendieren kann, oder als Zuchtform mit dicht gefüllten Blüten. Mit dieser duftenden *Camellia sasanqua* (deren Blüten sich ausgezeichnet verzuckern lassen und aus denen man aromatischen Tee zubereiten kann) hat man interessante Kreuzungen gezüchtet, die etwas widerstandsfähiger gegen Kälte sind als die sehr empfindliche *Sasanqua*.

Auf der Abbildung sehen Sie übrigens auch ein Kreuzungskind mit halbgefüllten Blüten in einem zarten Lachsrosa, das den Namen *Camellia* × *williamsii* 'Elisabeth Rothschild' trägt. *Camellia* × *williamsii* ist durch eine japanisch-chinesische Kreuzung entstanden: zwischen *Camellia japonica* und der aus Westchina und Yünnan stammenden *Camellia saluensis*, die 1930 von J. C. Williams bei Caerhays Castle in Cornwall gezüchtet wurde. Jelena hatte übrigens einmal eine höchst außergewöhnliche Begegnung mit der duftenden *Camellia sasanqua*, denn als sie mit einer Forschergruppe auf der Suche nach den ältesten Exemplaren von *Cryptomeria japonica* auf der Insel Jaku Shima in Japan war, stieg den Expeditionsteilnehmern plötzlich ein delikater, aber äußerst intensiver Duft ›in die Nase‹: Hunderte von weißen Blütenblättern segelten auf einer leichten Brise durch die Luft, alle von dieser duftenden *Camellia*-Art.

Außerdem besuchte Jelena in Kyoto den Kamelientempel Tsubaki Dera, wo die Kamelie zum Gegenstand der Verehrung wird und demzufolge mehr oder weniger kunstvolle Votivgaben mit Kamelienmotiven angeboten werden.

### Blüten-Beignets

Eine dritte außergewöhnliche Kamelienerfahrung kann jeder mit Jelena teilen: den Genuß von fritierten *Camellia*-Blüten, die in Japan zu besonderen Anlässen serviert werden. Sie sind eine wahre Augenweide. In Teig gehüllt scheinen sie fast noch köstlicher zu erblühen als in der Natur.

In Japan tunkt man sie natürlich in Sojasauce und bevorzugt einen ›herzhaften‹ Teig, der (genau wie der Teig für die *Acer palmatum*-Blätter, die im Herbst gegessen werden) mit Sesam vermischt wird. Hierzulande wird man die fritierten *Camellia*-Blüten wahrscheinlich auch in einem süßen Beignet-Teig und mit Puderzucker bestreut zu schätzen wissen.

### Blüten-Gläser

Wer es zu schade findet, zu viele Blüten der eigenen so sorgsam gehegten *Camellia* für den Verzehr zu pflücken, kann sich auch damit begnügen, nur eine einzige Blüte pro Person zu opfern und diese in Gläser zu legen, aus denen (Weiß-)Wein oder Sherry getrunken wird: So schaut man bei jedem Schluck der Blüte ›tief ins Auge‹ und kann ihre Schönheit buchstäblich ›trinken‹.

# Süße Kätzchen in der Kälte

Sehr früh im Jahr, meist schon im Februar, setzt *Salix aegyptiaca* ihre ersten silbrig-samtigen Kätzchen der Wintersonne aus: eine Weide, die bei uns bis jetzt noch nicht sehr bekannt ist.

Doch das wird sich hoffentlich nach der Lektüre dieses Buches ändern, denn diese frühe Blüte, die sich durch den Blütenstaub ganz allmählich von Silbergrau nach Gelb verfärbt, ist nicht nur ein willkommenes Tischlein-deck-dich für fröstelnde Hummelköniginnen, Bienen und anderes kleines geflügeltes Volk, das noch taumelig vom Winterschlaf zu fliegen beginnt, sondern die Kätzchen verströmen außerdem einen zauberhaften süßen Duft und sind zudem (nach dem Verzuckern) ebenso angenehm im Geschmack wie in der Konsistenz.

Ungeachtet des auf Ägypten hindeutenden Beinamens stammt *Salix aegyptiaca* aus Armenien und aus dem Iran. Sie ist absolut winterhart (auch wenn die frühen Kätzchen manchmal durch strenge Fröste Schaden nehmen können) und mit ihren vier Metern Höhe auch keine von den allzu üppig wuchernden Weiden.

### Verzuckerte Kätzchen

Kochen Sie einen Sirup aus 150 g Zucker und 150 ml Wasser. Er muß zwischen den Fingern Fäden ziehen. Lassen Sie dann die silbergrauen Kätzchen 1–2 Minuten lang darin kochen, nehmen Sie sie mit einem Schaumlöffel heraus, und breiten Sie sie auf einem mit Mandelöl eingepinselten Teller aus.

Lassen Sie sie etwas abkühlen, und wälzen Sie sie, solange sie noch lauwarm sind, in extrafeinem Kristallzucker.

Sie können die Kätzchen einfach als Süßigkeit zum Naschen anbieten, aber sie sind auch eine hübsche Dekoration für eine Wintertorte.

### ›Misérable‹ mit Winterblüten

Aus irgendeinem mysteriösen Grund wurde diese wundervolle Torte auf den trübseligen Namen ›Misérable‹ getauft.

Mahlen Sie 120 g abgezogene Mandeln mit 90 g Zucker, 1 Ei und der abgeriebenen Schale von einer Zitrone zu einer festen Paste. Fügen Sie nach und nach unter ständigem Rühren 5 Eigelb hinzu. Zerlassen Sie 60 g Butter, und gießen Sie sie unter Rühren hinzu. Schlagen Sie 5 Eiweiß mit 50 g Zucker und dem Saft von einer Zitrone sehr steif. Heben Sie den Eischnee unter den Teig und anschließend noch 90 g gesiebtes Mehl. Gießen Sie den Teig in zwei mit Butter eingefettete Springformen (oder in eine große rechteckige Form, wobei Sie den Tortenboden später in der Mitte durchschneiden), und backen Sie die Teigschichten 35–40 Minuten in dem auf 200° C vorgeheizten Backofen. (Gegebenenfalls müssen Sie die Temperatur während der Backzeit auf 175° C reduzieren.)

Für die Füllung lassen Sie am Vorabend eine Vanillestange (natürlich aufgeschnitten) 15 Minuten in 150 ml simmerndem Wasser ziehen.

Schlagen Sie 4 Eigelb mit 100 g Zucker zu einer schaumigen hellgelben Masse, die wie ein Band vom Schneebesen laufen und auf der Oberfläche der Eiercreme in der Schüssel einige Augenblicke eine deutlich sichtbare Spur hinterlassen muß. Gießen Sie dann das leicht abgekühlte Vanillewasser hinzu, und schlagen Sie die Flüssigkeit gut durch. Erwärmen Sie sie unter ständigem Schlagen bei niedriger Hitze oder im Wasserbad, bis sie bindet. Sie darf jedoch auf keinen Fall kochen.

Lassen Sie die Creme bis zum nächsten Tag abkühlen.

Schlagen Sie 200 g Butter cremig, rühren Sie die Vanillecreme darunter, streichen Sie eine dicke Schicht auf einen der Mandelteigböden, legen Sie den zweiten Teigboden darauf, und bestreichen Sie die Oberseite und die Seitenflächen mit einer dünnen Cremeschicht.

Drücken Sie mit einem Teigschaber hellbraun geröstete Mandelblättchen an die Seitenfläche der Torte, und bestreuen Sie die Oberseite mit Puderzucker.

Dekorieren Sie die Torte mit verzuckerten Gänseblümchen (*Bellis perennis*), die auf diese Weise nach Marzipan schmecken (wenn es nicht allzu kalt ist, sind sie so früh im Jahr hier und da schon anzutreffen), außerdem mit verzuckerten Kätzchen und beispielsweise mit (den ersten) verzuckerten *Stachyurus*.

### Lorbeer-Weide . . . auch sehr hübsch

Von stattlicherem Format als *Salix aegyptiaca* ist die Lorbeer-Weide (*Salix pentandra*, früher zutreffender *Salix laurifolia* genannt), die bis zu zehn Meter hoch werden kann. Es ist sehr praktisch, wenn man auch sie im ›Küchengarten‹ in Reichweite stehen hat.

Das Blatt ähnelt mit seiner elliptisch-ovalen Form nicht nur äußerlich dem des Lorbeers (*Laurus nobilis*), auch der Geschmack ist ähnlich: Es würzt Sommersuppen, Sommersaucen und Sommerbraten. Denn leider ist die Lorbeer-Weide zwar in unseren Breitengraden winterhart, jedoch nicht immergrün wie der echte Lorbeer.

Anmerkung: Sie brauchen sich übrigens nicht von der natürlichen Größe einer ausgewachsenen Weide abschrecken zu lassen, denn sie alle lassen sich ausgezeichnet beschneiden und/oder stutzen: Den Umfang können Sie also selbst (mit der Baumschere) bestimmen. Das abgeschnittene Holz entwickelt sehr schnell Wurzeln, so daß Sie Ihren Freundeskreis mit Ablegern versorgen können.

# Duftende Blütenfülle am Geißblatt

*Lonicera fragrantissima* – das duftendste Geißblatt, wie der Name verspricht. Ob das stimmt, wage ich zu bezweifeln bei all den herrlich duftenden sommerlichen Sträuchern und Kletterpflanzen, die der Gattung *Lonicera* angehören. Doch da sie erst im Winter zur Blüte kommt, ist sie mit ihrer Blütenfülle an den Enden der schlanken Zweige zweifellos ein absolutes Fest aus Duft und Farbe.

Es hängt vom Winterwetter ab, wann sich die Knospen öffnen – in England oft von Dezember bis in den März hinein, bei uns meist erst ab Februar. Niemand, der auch nur ein kleines Stückchen Garten sein eigen nennt, sollte sich den Genuß versagen, den dieser Winterblüher bereitet.

Der Strauch wird nicht viel höher als zwei Meter, kann viel Schatten vertragen, fühlt sich jedoch am wohlsten unter Gehölzen, die im Winter ihr Laub abwerfen, so daß die Wintersonne die zartgrünen jungen Blätter und die cremefarbenen Blüten, die im Knospenstadium rosa schimmern, erreichen kann.

Übrigens kommt der intensive Duft dieses Winterblühers in der Wärme des Hauses viel besser zur Geltung, wie dies bei so vielen duftenden, im Winter blühenden Pflanzen der Fall ist. (Denken Sie nur an *Viburnum farreri, Abeliophyllum distichum* mit den perlmuttrosa Glöckchen aus mahagonifarbenen Knospen, an die *Mahonia*-Arten, an *Sarcococca* und an den hinreißenden Seidelbast, um nur einige von ihnen zu nennen.) Und daher sollten Sie Zweige von *Lonicera fragrantissima* für das Haus pflücken, nicht nur, um den Tisch damit zu schmücken, sondern auch, um Nachspeisen und Torten mit den verzuckerten duftenden Blüten zu garnieren. (Wenn Sie zufällig die sehr nah verwandte *Lonicera standishii* oder *Lonicera × purpusii* in Ihrem Garten haben, so können Sie auch diese verwenden.)

ZITRONENSCHAUM

Für diesen hauchzarten Zitronenschaum schlagen Sie 6 Eigelb mit 200 g Zucker zu einer hellgelben Masse, die wie ein Band vom Schneebesen läuft und auf der Oberfläche der Eiercreme in der Schüssel einige Augenblicke eine deutlich sichtbare Spur hinterläßt. Erhitzen Sie 200 ml Zitronensaft, und schlagen Sie ihn mit dem Schneebesen unter die Eiercreme. Erhitzen Sie die Masse auf sehr niedriger Temperatur oder im Wasserbad, und schlagen Sie so lange mit dem Schneebesen weiter, bis die Mischung bindet. Lassen Sie die Masse etwas abkühlen, und fügen Sie 6 eingeweichte und ausgedrückte Blätter Gelatine hinzu, die Sie vorher in 75 ml warmem Wasser aufgelöst haben. Verquirlen Sie die Gelatine sorgfältig und lassen Sie die Masse wieder abkühlen, bis sie anfängt, steif zu werden.

Ziehen Sie dann 6 zu sehr steifem Schnee geschlagene Eiweiß darunter, und verteilen Sie dieses luftig-leichte Dessert in Schalen, die Sie mit verzuckerten Blüten von *Lonicera fragrantissima* oder im Sommer mit den Blüten einer anderen Geißblattart garnieren. Der Vollständigkeit halber habe ich auch noch eine duftende Zitronenblüte aus dem Wintergarten hinzugelegt.

# Chindale auf Gerstensirup

Viele der botanischen Exkursionen, die Jelena und Robert de Belder in ihrem Leben unternahmen, fielen natürlich in kältere Jahreszeiten, denn in dieser Zeit lassen sich die gefundenen Pflanzen am besten ausgraben.

Hierzulande ist *Rhododendron decorum*, dessen zartgrüne Triebe mit einer blauen Wachsschicht überzogen sind, leider nicht zuverlässig winterhart. In England dagegen übersteht er meist den Winter im Freien und fängt schon im März zu blühen an – bei uns wird dies, an einem geschützten Plätzchen, wo die Mittagssonne nicht direkt einstrahlt, kaum jemals vor April der Fall sein. Die kleinere der beiden Abbildungen zeigt *Rhododendron mucronulatum* 'Apple Blossom', der zarter rosa (und üppiger!) blüht als die ursprüngliche Form.

Oft lernten die de Belders auf ihren Reisen Pflanzen kennen, die zu (für uns) ungewöhnlichen Zeiten blühen (wie *Camellia sasanqua*, die den Duft eines feuchten Waldes hat), doch nur selten erlebten sie die Kraft kommender Frühlingsfreuden so stark wie in Korea, wo die Winter lang sind, und wo vor allem im Norden eiskalte Winde aus Sibirien über die Hügel fegen. Überall auf diesen Hügeln und in den Tälern zeigt sich dann plötzlich (oft schon im Februar, manchmal erst im März) *Rhododendron mucronulatum* in einem lieblichen rosavioletten Frühlingskleid – ein Meer von Farbe, das den Betrachter in Entzücken versetzt. Nicht nur der staunende Reisende erlebt dies so, auch die Koreaner selbst sind jedes Jahr so erfreut über diesen Frühlingsboten, daß Chindale auf die verschiedenste Weise besungen wird – sogar in Soldatenliedern.

Chindale ist der koreanische Name für *Rhododendron mucronulatum:* ein Name wie ein klingelndes Glöckchen, der auch gut zur Form der rosavioletten Blüten paßt, die anmutig und lieblich und außerdem auch noch leicht glockenförmig sind. Dieses melodiöse Wort Chindale ist zur Zeit der Blüte auf jedermanns Lippen, doch Jelena war nicht darauf gefaßt, Chindale-Blüten auch in Körben auf den Märkten von Seoul anzutreffen, denn die Blüten duften nicht, und *Rhododendron* wird fast in der gesamten Literatur als giftig angeführt (denken Sie nur an die alte Geschichte über jene Soldaten Alexanders des Großen, die auf ihrer Reise durch den Kaukasus nach dem Verzehr von Honig aus *Rhododendron ponticum* starben). Wenn man außerdem weiß, daß infolge dieser Geschichte Honig, der durch das Weiden von Bienen auf *Rhododendron* entstanden ist, bis auf den heutigen Tag immer wieder als ungenießbar eingestuft wird, kann man die Überraschung Jelenas

und Roberts nur zu gut verstehen, als sie ausgerechnet diese Blüten auf dem Lebensmittelmarkt entdeckten. Da die Gastgeber der beiden eine ausgezeichnete koreanische Köchin hatten, wurde noch an dem Abend, an dem sie ihr Erstaunen geäußert hatten, ein traditionelles Dessert serviert, mit dem man in Korea den Beginn des Fühlings feiert: Chindale-Blüten, die auf einem klaren und leicht gebundenen Gerstenmalzsirup schwimmen.

Auf ihre Bitte erhielt Jelena das ziemlich arbeitsintensive Rezept. Das Pflücken der Rhododendronblüten ist natürlich im Handumdrehen geschehen, aber die Zubereitung des Sirups erfordert ganze sechs Tage. Wenn Sie es trotzdem versuchen wollen, dann lassen Sie Gerstenkörner keimen und kochen Sie sie in Wasser auf. Sieben Sie die Keime am nächsten Tag aus, fügen Sie neue Keime hinzu, lassen Sie diese wieder kochen, und wiederholen Sie dies sechs Tage hintereinander. Der so entstehende Sirup ist nicht sehr süß, hat aber eine hohe Malzkonzentration, ist kalorienreich und enthält viel Vitamin B.

Mit darin schwimmenden Chindale-Blüten ist der Sirup ein zweifaches Frühlingssymbol: Die rosafarbene Blüte ist ein Ge-

schenk der Natur, die keimende Gerste ein Zeichen neuen Lebens auf dem (Akker-)Land ... Ein schönes und faszinierendes Zusammenspiel.

Übrigens wird Gerste in Korea noch auf viele andere Arten als wichtige Vitamin-B-Quelle zubereitet. Gerstenwasser (aus gerösteten Gerstenkörnern) gilt als guter und gesunder Durstlöscher, und mindestens einmal pro Woche kocht man Gerste in Reis mit, um so den Nährstoffgehalt zu erhöhen.

Anmerkung: *Rhododendron mucronulatum* mit seiner rosavioletten Blüte darf nicht verwechselt werden mit dem bei uns möglicherweise leichter erhältlichen *Rhododendron mucronatum*, der im Mai weiß und duftend (!) blüht, jedoch weniger zu empfehlen ist.

Als wir keine Möglichkeit mehr hatten, Fotos zu machen, entdeckte Jelena in ihren Büchern außerdem noch, daß die zierlichen glockenförmigen Blüten von *Rhododendron decorum*, die weißlich mit einem blaßrosa Überzug blühen und einen herrlichen Duft verbreiten, in Yünnan in Südostchina und in Szechuan geschmort oder gedämpft verzehrt werden.

# Ume oder Mai auf Marzipan

*Prunus mume* – Mai in China und Ume in Japan – wird bei uns oft Japanische Aprikose genannt, und sie ist auch sehr eng verwandt mit der gewöhnlichen Aprikose (*Prunus armeniaca*). Die Wildform von *Prunus mume* blüht weiß, genau wie die Aprikose, doch die Blüte verströmt einen herrlichen Duft, und die späteren orangefarbenen Früchte sind wesentlich aromatischer als die Aprikosen von *Prunus armeniaca*.

Aprikosen blühen bei uns meist im April, und während der ganzen Zeit habe ich Sorge, daß Nachtfröste die Fruchtbildung verhindern können. Bei *Prunus mume*, die bereits im März ihre Blüten öffnet, ist das Risiko noch um einiges größer. Außerdem brauchen die kleinen Früchte einen langen warmen Sommer, um völlig ausreifen zu können.

Jelena hat im Arboretum eigentlich erst ein einziges Mal eine wirklich reiche Ernte erlebt, und diese verarbeitete sie dann auch gleich zu Pickles, so wie man es in China macht, mit Salz und Zucker (in Japan nimmt man nur Salz, und zwar sehr viel davon, oft mit ein paar Shiso-Blättern zur Unterstützung der Farbe und als Konservierungsmittel). Aus dieser Ernte entstand auch ein *Mume*-Fruchtlikör, der so gut schmeckte, daß der letzte Rest teelöffelweise verteilt wurde.

*Prunus mume* wuchs ursprünglich im Norden von China und im Süden von Korea. Im Fernen Osten wird der Baum schon seit 1500 Jahren gezüchtet; nach Japan gelangte er mit dem Buddhismus. Er ist eine der beliebtesten Gartenpflanzen, Symbol des buddhistischen Neujahrs, und außerdem ein sehr geschätztes Geschenk – oft auch als Bonsai gezogen. In China wird das *Mume*-Motiv der rosaroten oder weißen runden Blüten auf Stoffe gedruckt, auf Lackarbeiten gemalt und auf viele andere Weise verewigt. In den kaiserlichen Gärten zu Peking in China und zu Kyoto in Japan findet man diese Japanische Aprikose in kunstvollen Baumgärten, und im

›Royal Garden‹ in Seoul steht ein fast bis auf Bodenniveau abgesägter Baumstumpf mit einem kleinen Trieb, der noch lebt. Daneben prangt ein Schild: »Diese *Prunus mume*, die 460 Jahre alt ist, wurde zum Nationaldenkmal erklärt.«

Im Fernen Osten kennt man ca. 300 Varietäten, wir hingegen müssen uns mit einer wesentlich kleineren Anzahl begnügen. In kräftigem Rosarot blüht *Prunus mume* 'Beni-shi-dori', die Jelena für das Marzipan verwendete. Daneben gibt es verschiedene Sorten mit einfachen und gefüllten Blüten in Weiß und in zarten Rosatönen, unter ihnen 'Alboplena', die ihre halbgefüllten weißen Blüten oft schon im Januar/Februar öffnet.

Sehr schön und auch für die Aufzucht im Kübel gut geeignet ist *Prunus mume* 'Pendula', eine Trauerform, deren hängende Zweige über und über mit duftenden zartrosa Blüten besetzt sind (einfache und manchmal auch halbgefüllte), und zwar schon im Februar/März.

Vor Jelenas Haus steht ein inzwischen stattliches Exemplar zu jedem Frühlingsanfang in Blüte. Ich erhielt von ihr ein junges Bäumchen, um die Aufzucht im Kübel auszuprobieren, und dieses trägt schon nach dem ersten Jahr Unmengen von Knospen.

### Marzipan mit Mume-Blütenblatt

Die Blütenblätter von *Prunus mume* besitzen ein Bittermandelaroma und lassen sich deshalb ausgezeichnet in süßen Mandelspeisen verwenden – als passende Garnierung oder statt des flüssigen Aromastoffs, den man üblicherweise zusetzt.

Mahlen Sie für das Marzipan 250 g Mandeln mit 250 g Zucker und 1½ Eiweiß. Lassen Sie die Masse in feuchtem Pergamentpapier ruhen, und formen Sie dann Bällchen daraus.

Verzieren Sie diese mit Blättchen von *Mume*-Blüten, die Sie in verquirltem Eiweiß wälzen und dann auf die Bällchen ›kleben‹.

# *Kleine ›erste Violine‹*

Die kleine *Viola odorata*, das Märzveilchen, spielt meiner Ansicht nach in ihrer formen- und varietätenreichen Familie (und in meiner Küche) absolut die erste Violine.

Denn *Viola odorata* ist, wie ihr botanischer Name schon andeutet, nahezu die einzige wirklich duftende Art in dieser Familie und deshalb auch die einzige, die Gerichten mehr als nur einen reizvollen optischen Akzent verleiht.
Hinzu kommt, daß dieser freundliche Winzling spätestens im März zur Verfügung steht, oft auch schon im Februar, wenn die Ernte eßbarer Blüten noch spärlich ist und man deshalb genügend Zeit hat, diese Miniblümchen in großer Zahl zu pflücken und in aromatische purpurfarbene Köstlichkeiten zu verzaubern, an denen man sich dann lange erfreuen kann.
Weil die Blüten von *Viola odorata* so klein sind, benötigt man für die Rezepte oft Hunderte von ihnen – doch das sollte Sie nicht abschrecken, denn schon eine kleine Pflanze trägt sicherlich jedesmal mindestens fünf schöne offene Blütchen, und aus einem kleinen Beet von 40 Pflanzen kann man gut und gerne 200 Stück auf einmal ernten.
Und wer diesen Märzblüher erst im Garten hat, weiß, daß er sich im Schatten schnell ausbreitet und ganze Duftteppiche unter Sträucher und Bäume legen kann. (In Frankreich werden sie ›bundweise‹ auf der Straße verkauft – nur kann man sich dann nicht sicher sein, ob sie wirklich ungespritzt sind, weshalb man sie in diesem Fall besser als passenden Tischschmuck verwenden sollte.)

### Odorata-Aufguss

Pflücken Sie 200 duftende Veilchen, knipsen Sie die Stengel ab, und legen Sie sie in einen Glas- oder Tontopf mit Deckel.
Bringen Sie 250 ml destilliertes Wasser (oder Mineralwasser ohne Kohlensäure) in einem (emaillierten) Topf zum Kochen, und gießen Sie es über die Blüten.
Schließen Sie den Topf, und lassen Sie die Blüten 24 Stunden lang ziehen. (Quellwasser, destilliertes Wasser oder Mineralwasser ohne Kohlensäure ist in diesem Fall wichtig, weil Leitungswasser Zusätze enthalten kann, die Verfärbungen verursachen.)
Schwenken Sie den Topf während dieser 24 Stunden gelegentlich, oder schütteln Sie ihn vorsichtig.
Filtern Sie den Aufguß durch ein zuvor angefeuchtetes Leinen- oder Nesseltuch. Lassen Sie die Blüten gut abtropfen, aber drücken Sie sie nicht aus, denn dann wird der Aufguß trübe.

### Odorata-Sirup

Fügen Sie den 250 ml Aufguß, die Sie nach dem vorangehenden Rezept hergestellt haben, 450 g Zucker und nach Geschmack ein paar Teel. Zitronensaft hinzu (wodurch die purpurne Farbe in Magentarot verwandelt wird).
Bringen Sie die Flüssigkeit in einem Emailletopf zum Kochen, und lassen Sie sie unter ständigem Rühren 10 Minuten kochen. Falls sich Schaum bildet, schöpfen Sie ihn ab.
Gießen Sie den Sirup in sterilisierte Gläser und Flaschen, und bewahren Sie diese am besten im Kühlschrank auf. Sie können den Sirup auch einfrieren, dürfen die Behälter jedoch nicht randvoll füllen, weil sich die Flüssigkeit beim Gefrieren ausdehnt.

### Odorata-Eis

Mit diesem Sirup können Sie Veilchen-Eis herstellen, und zwar auf die gleiche Weise, wie es bei den Rosenrezepten auf Seite 85 beschrieben wurde. Wenn Sie nur wenig oder gar keinen Zitronensaft hinzufügen, bekommt dieses Eis eine ausgesprochen schöne Farbe – sehen Sie sich einmal die Liköre auf Seite 199 an.

### Odorata-Gelee

Für das *Viola odorata*-Gelee benötigen Sie 750 ml Aufguß (das heißt, Sie müssen 600 Blüten pflücken . . . , doch die Arbeit lohnt sich, denn Sie erhalten vier Marmeladengläser duftender Köstlichkeit für Nachspeisen und Torten, für Sahne und Quark- oder Frischkäsegerichte).
Erhitzen Sie diese duftende purpurne Flüssigkeit, fügen Sie 850 g Zucker hinzu, und bringen Sie dies erneut zum Kochen (gut umrühren, damit sich der Zucker völlig auflöst). Lassen Sie die Flüssigkeit 1 Minute lang sprudelnd kochen, nehmen Sie den Topf dann vom Herd, und rühren Sie 50 g Gelierpulver oder eine entsprechende Menge eines flüssigen Geliermittels ein.
Schöpfen Sie den eventuell entstandenen Schaum ab, und gießen Sie das Gelee in sterilisierte Gläser.
Anmerkung: Das Pektin im Geliermittel bewirkt eine Verfärbung zum Rot hin. Wenn Sie also Zitronensaft hinzufügen wollen, müssen Sie dies mit einem blauen Lebensmittelfarbstoff ausgleichen. Wenn Sie prinzipiell gegen Speisefarben sind (es gibt wirklich zugelassene Pulver und Tropfen im Handel), dann nehmen Sie einen guten Schuß ›Parfait amour‹: Das ist ein Likör, der *Viola odorata* enthält.

### Verzuckerte Veilchen

Weil die Blüten von *Viola odorata* so winzig klein sind, scheint das Verzuckern die reinste Sisyphusarbeit zu sein; aber wer genügend Zeit und Geduld hat und sich außerdem mit einem sehr feinen Pinselchen an die Arbeit macht, darf ein äußerst befriedigendes Ergebnis erwarten.

# Große Schatten-Freuden

Zweifellos viel weniger bekannt als *Viola odorata* ist *Trachystemon orientalis*, die ganz gewiß ein besseres Schicksal verdient hat, als die ›zweite Geige‹ zu spielen, und die sicher bald die Küche erobert haben wird mit ihrer frühen und wohlschmekkenden Blüte.

BIRNE MIT CASSIS-EIS UND TRACHYSTEMON-BLÜTE

Sie können *Trachystemon*-Blüten sowohl frisch als auch verzuckert mit nahezu allen Süßspeisen, von Törtchen bis zum Eis, kombinieren, die in diesem Buch aufgeführt werden. Aber wir haben noch einen zusätzlichen Vorschlag:

Halbieren Sie schöne Birnen, legen Sie eine Kugel Cassis-Eis hinein, und garnieren Sie sie mit (verzuckerten) Blüten.

An Birnensorten empfehlen sich unter anderen 'Passe Crassane', ursprünglich eine späte französische Birne, die heute meist aus Südtirol importiert wird und den dem Italienischen angepaßten Namen 'Passa Crassana' trägt. (Schauen Sie sich diese Birnen einmal genauer an: Die Stielenden sind mit schönem rotem Lack versiegelt, um das Austrocknen zu verhindern.) Eine andere gute Birne ist die 'Packhams Triumph', die von November bis August im Handel ist.

Das Cassis-Eis können Sie in dieser Jahreszeit mit selbstgemachtem Saft aus Ihrer Tiefkühltruhe (siehe Seite 105) oder mit gekauftem Saft zubereiten.

Vermischen Sie 500 ml Cassis-Saft mit dem Saft von einer Zitrone und einem Sirup aus 200 ml Wasser und 200 g Zucker. Füllen Sie dies in die Eismaschine, und fügen Sie nach 10–15 Minuten 2 halbsteif geschlagene Eiweiß hinzu.

Beträufeln Sie die halbierten und von ihren Kerngehäusen befreiten Birnen mit Zitronensaft, damit sie sich nicht verfärben, legen Sie eine Kugel Eis darauf, und garnieren Sie mit (verzuckerten) Blüten.

An ihren Blüten (und auch an den großen dekorativen Blättern, die sich erst nach der Blüte entwickeln) kann man deutlich erkennen, daß diese Pflanze eng mit dem Borretsch verwandt ist – beide gehören zur Familie der *Boraginaceae* (aus diesem Grund gelten auch die gleichen Vorbehalte, siehe Anmerkung Seite 67) –, doch die Blüten von *Trachystemon* schmecken sehr viel besser als die blauen Borretschblüten. Jede Blüte enthält Nektartröpfchen, die man aufsaugen kann, und das Blütenblatt, so frisch von der Pflanze gegessen, schmeckt ebenfalls ausgezeichnet: knackig und süß mit einem deutlichen (Hasel-) Nußgeschmack.

Die fotografierte Pflanze hat Jelena höchstpersönlich aus dem Kaukasus mitgebracht, wo an Nordhängen ganze Felder dieses Leckerbissens wachsen. Mit ihrem geschulten Gärtnerinnenblick suchte sie sich zum Mitnehmen natürlich Exemplare mit besonders großen Blüten aus: viel bessere, als sie zuvor schon in Großbritannien gekauft hatte. Dankenswerterweise hat sie ihre Ausbeute mit belgischen und niederländischen Züchtern geteilt, so daß wir uns nun alle an diesem Fund erfreuen können.

*Trachystemon orientalis* liebt (zum Glück) einen schattigen Standort und breitet sich mittels unterirdischer Wurzelstöcke ziemlich rasch aus. Die großen Blätter, die sich nach der Blüte entwickeln, machen sie auch zu einem ausgezeichneten Bodendecker, der weniger erwünschten Gewächsen schnell den Garaus macht.

Ein erfreulicher Umstand ist außerdem, daß Kaninchen sie nicht mögen, wohingegen sie genau wie *Petasites japonicus* (siehe Seite 8) eine ausgezeichnete Nahrungsquelle für hungrige Bienen und andere Hautflügler bieten.

# Magnolien-Duo in winterlicher Pracht

Wenn Sie immer noch darüber staunen, daß manche Magnolien Gefallen daran finden, ihre silbrig-samtigen Knospen in der Winterkälte anschwellen zu lassen, werden Sie schon bald eine weitere Überraschung erleben, nämlich dann, wenn die Blüten sich öffnen ... Denn sie sind nicht nur schön, sondern schmecken auch ausgezeichnet, wenn man sie in Zucker hüllt. *Magnolia salicifolia* mit ihrem schlanken weidenartigen Blatt (Weide = salix, erinnern Sie sich noch?) ist in jeder Hinsicht die Aufregendste.

Ihre Blätter besitzen ein Anisaroma, das sich durch leichtes Reiben entfaltet; ihr Holz und ihre Rinde riechen nach Zitrone, und die großen lilienweißen Blüten mit grünem und cremegelbem Herzen haben nicht nur einen fruchtigen Duft, sondern schmecken nach dem Verzuckern auch so: nach Zitrone mit einem Hauch von Ananas.

*Magnolia salicifolia* blüht spätestens im April, oft jedoch schon im März, und ihre duftende Blütenpracht hebt sich sehr schön vor dem dann noch kahlen Holz ab. Nun sind Magnolien für kleine Gärten nicht unbedingt empfehlenswert, aber *Magnolia salicifolia* ist von relativ konischer Wuchsform, so daß man sie mit schattenliebenden anderen Leckerbissen unterpflanzen kann: *Viola odorata* beispielsweise und *Trachystemon orientalis* (siehe Anmerkung zu Borago, Seite 67), damit es im Winter reichlich zu ernten gibt. Für Leckereien in den Sommermonaten kann man *Hosta*-Arten und auch Minzarten (*Mentha*) hinzunehmen, denn sie können ebenfalls recht gut auf volles Sonnenlicht verzichten.

Noch früher öffnet *Magnolia stellata*, die Sternmagnolie, ihre Blüten: manchmal schon im Februar und spätestens im März. Dies ist wahrscheinlich der Grund dafür, daß man sie in vielen Vor- und Hintergärten sieht, wo sie ihre weißen Blüten an kompakten Sträuchern entwickelt, die meist ebenso breit wie hoch sind. Und diese Form behält *Magnolia stellata* bis ins hohe Alter bei, wenn sie 3 m hoch und ebenso breit geworden ist. Sie läßt sich dazu recht viel Zeit, denn sie ist keine schnellwüchsige Pflanze, und kann auch einen Formschnitt vertragen, damit der Strauch unten nicht verkahlt.

Jelena de Belder entdeckte außerdem schon 1976, als sie mit dem Botaniker Professor Inami zu einem Gebirgsfluß bei Nagoja reiste, wo Kleinwälder von *Magnolia stellata* wild wachsen, daß ein Tee aus diesen Blüten nicht nur gut schmeckt, sondern auch bei Grippe heilsam wirkt – eigentlich nicht verwunderlich bei einer Pflanze, die der Kälte so zu trotzen versteht.

### Verzuckern

Um Magnolienblüten für Torten und Nachspeisen zu verzuckern, muß man manchmal eine Prise Zitronensäure zu Hilfe nehmen, wie ich dies auch für Quittenblüten empfehle (siehe Seite 47). Manche Arten verfärben sich ins Beige, was zwar ihrem Geschmack keinen Abbruch tut, aber wenig attraktiv aussieht. Bei Blüten mit Rosa- oder Purpurfärbung (wie von *Magnolia liliiflora* und *Magnolia* × *soulangeana* beispielsweise) stellt sich dieses Problem in geringerem Maße. (Siehe auch Seite 60 und Seite 115.)

# Doppelporträt

Zwei Pflanzenporträts haben hier einen Rahmen erhalten, weil beide in dieser kalten Jahreszeit so viel zu bieten haben – der Japanische Perlschweif (*Stachyurus praecox*) mit seinen knackigen, frisch-süßen Blüten, die in steifen Ähren aus den Achseln wachsen, und die Balsampappel (*Populus balsamifera* var. *balsamifera*) mit ihren unzähligen klebrigen Duftknospen voller Verheißung. Sie bergen das aromatische Grün in sich, das im Haus auch jetzt schon sprießen will, und den Balsamduft und Balsamgeschmack zum Aromatisieren von Speisen und Getränken.

### Ein sanfter gelber Traum

Auf einer ihrer vielen botanischen Reisen geriet Jelena am Fuße des Berges Fudschi in Japan in völlige Verzückung über die Schönheit der Wälder. Dicke Ränder mit zart grüngelb blühenden Sträuchern, Wolken von Frühlingsfarben säumten die Wälder.

Das waren *Alnus maximowiczii*, eine Erlenart, die Grüppchen von dicken gelben Kätzchen ausbildet; die Scheinhasel (*Corylopsis spicata*) mit zart getönten Blütenähren; der wohlriechende Fieberstrauch (*Lindera benzoin*) mit chartreusegelben Sträußchen an den Zweigen; die Japanische Kornelkirsche (*Cornus officinalis*) mit einer etwas größeren gelbgrünen Schirmrispe als *Cornus mas*; das etwas hellere Gelb der *Kerria japonica* und schließlich die cremefarbenen Blütenähren des schon genannten *Stachyurus*.

Dieser sanfte zartgelbe Frühlingstraum nimmt jetzt auch allmählich auf der Domäne der Familie de Belder in Hemelrijk Gestalt an, wo die flauschige Blüte von ausschließlich männlichen Salweiden (*Salix caprea*) für viel Farbe und Futter für Bienen und Hummeln sorgt (ohne jedoch jenes Übermaß an Nachkommen hervorzubringen, das bei gleichzeitigem Vorhandensein von weiblichen Weiden entstünde), neben Tausenden von wilden gelben Narzissen (*Narcissus pseudonarcissus*), die einen duftenden Frühlingsteppich unter all dieser zartgelben Anmut ausrollen.

Jelena, die immer auf der Suche nach eßbaren Blüten ist, suchte und fand zwischen all diesen Frühlingsschönheiten auch noch Leckerbissen – nicht willkürlich oder unbedacht, denn sie hält sich stets an die weise Devise ihrer Freundin Dr. Hoo, die einmal sagte: »Lies zuerst alles, was über giftige Pflanzen geschrieben worden ist, und probiere dann den Rest aus.«

So entdeckte sie die köstliche Süßigkeit, die *Stachyurus praecox* uns anbietet: Abstehende Zweige mit kleinen buttergelben Blüten, die wie Perlen auf einer Schnur aufgereiht zu sein scheinen – ein kleiner Frühlingstraum, aus dem größeren Ganzen herausgenommen: ein Frühlingsfestschmaus, denn die Blüten kann man sowohl roh als auch verzuckert essen, und sie lassen sich sogar süß-sauer einlegen.

### Schwelgen in duftendem Grün

Bietet uns der Perlschweif seine Blüten zum Verzehr an, so sind es bei der Balsampappel die Blätter und vor allem die harzigen Knospen, in der erstere schlafen, die Aroma in unsere Küche bringen.

*Populus balsamifera* var. *balsamifera* lautet ihr vollständiger Name – die Balsampappel, die uns (echten) Balsam liefert. Sie müssen aufpassen, wenn Sie ein solches Bäumchen aussuchen, denn Balsampappel ist noch lange nicht gleich Balsampappel: Richten Sie sich also unbedingt nach dem botanischen Namen, und kaufen Sie die Pflanze in einer vertrauenswürdigen Gärtnerei. Oder bitten Sie einen Bekannten, der ein gut duftendes Exemplar im Garten stehen hat, um ein Reis, das Sie im Herbst blattlos in den Boden stecken.

Wenn Sie schon mitten im Winter in den Genuß dieses Duftes kommen und sich diese Pflanze zulegen wollen, dann streichen Sie mit Ihren Händen über die Zweige mit den Mini-Knospen: Geben sie keinen Duft ab, dann verzichten Sie auf den Kauf, denn eine richtige *Populus balsamifera* var. *balsamifera* duftet immer (zumindest ein wenig).

Wer Platz im Garten hat, dem möchte ich raten, (in alle Himmelsrichtungen) mindestens einen dieser ›Duftbäume‹ zu pflanzen, auf daß sich, ganz gleich, aus welcher Richtung der Wind weht, der Balsamduft in jedem Fall über Haus und Garten ausbreiten kann. Auch in nicht ganz so großen Gärten ist dies möglich, denn ebenso wie alle anderen Pappeln läßt sich auch die Balsampappel ausgezeichnet stutzen, und mit dem abgeschnittenen Holz können Sie duftende Aufgüsse zubereiten.

Rezepte mit *Stachyurus praecox* und *Populus balsamifera* var. *balsamifera* finden Sie auf den folgenden Seiten.

# Perlschweif-Allerlei

### Perlschweif süss-sauer

Zupfen Sie so viele Perlschweifblüten von den Ähren, wie Sie entbehren können, legen Sie sie in ein Glas, und gießen Sie einen heißen Zuckersirup darüber, den Sie zuvor aus (Weißwein-)Essig, Zucker, Zimtstangen und Nelken gekocht haben. Die auf diese Weise süß-sauer eingelegten Blüten halten sich lange und schmecken sehr gut, aber leider geht dabei die Blütenform verloren.

Wenn Sie den Zuckersirup zuerst etwas abkühlen lassen und ihn lauwarm über die Blüten gießen, bleiben die Perlschweifblüten schöner und behalten eine knackige Konsistenz, doch das Produkt ist dann leider weniger lange haltbar.

Wenn Sie sie ziemlich rasch verbrauchen wollen, können Sie die Blüten an ihren knackigen Stengeln belassen, denn sie werden erst nach einiger Zeit zäh.

### Perlschweif-Pickles

Füllen Sie ein Glas mit Perlschweifblüten, und gießen Sie einen guten (Wein-)Essig darauf. Die Blüten verfärben sich zwar in Essig, behalten jedoch ihre Form und Konsistenz.

### Perlschweif auf Torten

Auf Torten und Nachspeisen können Sie die süßen Blütenähren des Perlschweifs sowohl frisch als auch verzuckert zum Garnieren verwenden. Sie behalten beim Verzuckern sehr gut ihre Farbe.

Die Abbildung präsentiert viermal *Stachyurus praecox*: einmal frisch in der kleinen Schale und zweimal in süß-saurem Sirup (in dem Glas mit dem silbernen Deckel heiß zubereitet und im Glaskelch mit lauwarmem Zuckersirup übergossen. In dem kleinen Ingwertopf sehen Sie die Pickles.

# Balsam-Erlebnisse

### Balsam-Kir

Echter Champagner oder einer der weißen, nach Champagnermethode zubereiteten Schaumweine oder sogar ein einfacher Wein erhalten mitten im Winter durch einen Aufguß aus Balsampappelknospen ein besonderes Aroma, denn schon im Februar beginnt das klebrige Harz, das die Knospen von *Populus balsamifera* var. *balsamifera* umhüllt, beim geringsten Hauch von Sonnenwärme seinen unübertroffenen Duft freizusetzen.

Warten Sie mit dem Stutzen oder Beschneiden der Balsampappel bis zu diesem Zeitpunkt, denn man braucht eine große Zahl dieser klebrigen Knospen für eine Karaffe voll Wohlgeruch.

### Frischer Aufguss

Pflücken Sie für 500 ml Wasser ca. 100 harzige Knospen (und genießen Sie während dieser Arbeit den Duft).

Fügen Sie etwa 150 g Zucker hinzu, und lassen Sie alles in einem Topf mit dickem Boden 30 Minuten auf schwacher Hitze sanft kochen.

Sie werden feststellen, daß sich das Harz während des Rührens am Löffel ›absetzt‹, denn es löst sich beim Kochen nicht auf, gibt aber trotzdem sein Aroma ab.

Schöpfen Sie die Knospen mit einem Schaumlöffel ab, und gießen Sie die nun sehr aromatische Flüssigkeit durch ein Haarsieb in eine Karaffe. Zur Dekoration können Sie ein paar Knospen wieder hinzugeben. Verwenden Sie diesen Aufguß zur Zubereitung eines ganz besonderen und äußerst aromatischen Kir: Der Zuckeraufguß ist schwerer als der alkoholische Zusatz und setzt sich, wenn Sie nicht rühren, am Boden des Glases ab. Doch sobald man das Glas hebt, steigt der Duft auf.

### Balsampappelsirup

Wünschen Sie einen länger haltbaren Sirup, dann nehmen Sie auf 1 l Wasser 200 harzige Balsamknospen und 1,25 kg Zukker, und lassen Sie auch dies 30 Minuten schwach kochen. Gießen Sie die Flüssigkeit anschließend durch ein Sieb, in das Sie ein Tuch gelegt haben. Fügen Sie 20 g Ascorbinsäure oder Zitronensäure hinzu, und füllen Sie den Sirup in gut verschließbare sterilisierte Flaschen ab.

### Trauben-Balsam-Sauce

Nehmen Sie 500 g Muskatellertrauben, pürieren Sie sie zusammen mit 1 Teel. ›quatre épices‹ (Samen von *Nigella sativa* – Schwarzkümmel) kurz im Mixer, und lassen Sie das Mus mit einem guten Schuß Balsampappelsirup 30 Minuten schwach kochen.

Passieren Sie die Sauce durch ein Haarsieb, und servieren Sie diese aromatische Beilage werktags zu gebratener Kalbsleber und bei besonderen Anlässen mit gebratener Enten- oder Gänseleber als Vorspeise.

# Winterblüten-Liköre

Jenes Gläschen Likör, das so gut nach oder zu einer Tasse Kaffee mundet, bekommt das gewisse Etwas, wenn man es – im wahrsten Sinne des Wortes – mit Blüten auffrischt.

Vor allem im Winter ist es ein wahres Fest, wenn Blumen aus dem Garten Liköre mit ihrem Duft und ihren Farben zieren. Eine ganze Reihe dieser Blüten gibt zudem noch Farbe und Aroma an die Getränke ab, andere hingegen schwimmen nur für eine begrenzte Zeit und allein wegen ihrer Schönheit oben auf dem Likör.

Wenn Sie (viele) Gäste haben, so schmükken Sie alle Liköre, die Sie möglicherweise ausschenken, mit jeweils einer anderen Blüte – ist die Gesellschaft klein, so beschränken Sie sich auf drei oder vier.

Märzveilchen (*Viola odorata*), winterblühendes, nicht kletterndes Geißblatt (*Lonicera fragrantissima*) und Blüten des kletternden Jasmins (*Jasminum paniculatum* und/oder *Jasminum sambac* – aus dem Gewächshaus oder Wintergarten) geben ihr Aroma an das Getränk ab, und die Veilchen verleihen ihm sogar eine liebliche zartlila Farbe, wobei die Blüten selbst jedoch verblassen.

Der Japanische Perlschweif (*Stachyurus praecox*) hat kein Aroma zu verschenken, dafür aber eine reizvolle goldgelbe Farbe. Diese vier verschiedenen Blüten sollten Sie am besten 3–4 Tage in den Getränken ziehen lassen, die anderen erst ein paar Stunden vor Gebrauch hineingeben. (Sie können die Blüten vor dem Ausschenken mit einer langen Pinzette entfernen oder sie ausfiltern, indem Sie das Getränk einfach mit Hilfe eines Trichters und eines Siebs in eine andere Flasche umfüllen.)

In der Abbildung sehen Sie von links nach rechts:

Duftende reinweiße *Jasminum paniculatum*-Blüten, daneben aromatische *Lonicera fragrantissima*, die ich immer wieder durch frische ersetze, wenn sich neue Blüten gebildet haben (nach ca. 4 Tagen werden die Blüten braun, haben ihr Aroma abgegeben und somit ihren Zweck erfüllt); dahinter eine große Karaffe, in der Hunderte kleiner Blüten von *Viola odorata* ihre Aroma- und Farbarbeit verrichtet haben; ganz hinten ein hoher schmaler Glaszylinder mit honigfarbenem *Stachyurus praecox*-Likör; in der ›Handflasche‹ blaue Tupfer von *Trachystemon orientalis* und in der ›Hühnerbeinflasche‹ eine erste Ernte frühlingsfrischer Gänseblümchen. Die großen Blüten wie *Camellia* und *Magnolia stellata* kommen am besten in einem Gefäß mit einer weiten Öffnung zur Geltung – links das liebliche Rosa von *Camellia × williamsii* 'Elisabeth Rothschild' und rechts das Weiß von *Magnolia stellata*.

### In ›geblümten‹ Gläsern

Haben Sie schon daran gedacht, Ihre Gläser ›aufblühen‹ zu lassen? Nicht? Wie schade. Es gibt kaum eine hübschere Verwendung für Winterblüten: Legen Sie eine große oder mehrere kleine Blüten in jedes Glas, und füllen Sie es mit dem passenden Likör auf. So kann man mit jedem Schluck die Schönheit der Blüte aus nächster Nähe genießen.

## Über Sahne und Frischkäse

Es herrscht eine Art (internationaler) Sprachverwirrung hinsichtlich diverser Milchprodukte, die im Handel angeboten und in Rezepten empfohlen werden, so daß ich (und wie ich festgestellt habe, auch viele andere) beim Studium von Kochbüchern ratlos werde, wenn die Franzosen von Crème fraîche, die Engländer von Double Cream und die Belgier von Platte kaas reden. Deshalb suchte ich Rat bei einer Fachfrau auf diesem Gebiet: Betty Koster-Vennis brachte Licht in die verwirrende Vielzahl der Namen und Sorten.

**SCHLAGSAHNE / CRÈME FLEURETTE / SINGLE CREAM** Schlagsahne hat einen Fettgehalt von mindestens 30 % (schlagfähig ist sie ab 27 % Fettgehalt). Je fetter Sahne ist, um so weniger Gefahr besteht, daß sie ausflockt, und um so steifer kann man sie schlagen (Schlagsahne ›extra‹ hat einen Fettgehalt von mindestens 36 %). Je älter Sahne ist, um so schneller wird sie steif, aber sie flockt dann auch viel schneller aus. Mit Schlagsahne kann man ausgezeichnet kochen, aber man muß dann vorsichtig sein mit der Verwendung von Säuren (Zitronensaft usw.), sonst besteht die Gefahr des Ausflockens.

**SAHNE** Der Handel unterscheidet zwischen Schlagsahne und Sahne. Letztere hat einen geringeren Fettgehalt (25–29 %) und läßt sich daher weniger gut schlagen, ist aber zum Kochen ebenso geeignet wie Schlagsahne.

**CRÈME CHANTILLY** ist keine flüssige Sahne, sondern die französische Bezeichnung für steifgeschlagene (Schlag-)Sahne mit Zucker. Ohne den Zusatz von Zucker heißt steifgeschlagene Sahne einfach Crème fouettée (= Schlag-Sahne).

**›KOCHSAHNE‹** ist, wie der Name schon sagt, nur zum Kochen gedacht – eine Sahne mit einem Fettgehalt von 20 %. Man kann sie aufschlagen, jedoch nicht steif schlagen. Kochsahne ist in Deutschland am ehesten in italienischen Lebensmittelgeschäften zu bekommen (Panna da Cucinare).

**KAFFEESAHNE** oder Kaffeerahm wird mit einem Fettgehalt von 10–15 % angeboten. Man kann sie nicht aufschlagen, wohl aber erhitzen, um damit – neben Kaffee und Tee – auch Saucen zu verfeinern. Gewöhnlich ist dieses Produkt ultrahocherhitzt (bis zu 10 Sekunden auf 135–150° C; Haltbarkeit einige Wochen) oder sterilisiert (bis zu 20 Minuten auf 110–120° C; Haltbarkeit ca. 1 Jahr).

**SAURE SAHNE/SOUR CREAM** ist eine Sahne, in der durch eine Bakterienkultur eine Milchsäuregärung in Gang gesetzt wurde. Saure Sahne hat einen Fettgehalt von 10–30 %, eignet sich ausgezeichnet für die kalte Verarbeitung, flockt aber beim Erhitzen (zu) schnell aus.

**CRÈME FRAÎCHE** entsteht ähnlich wie Saure Sahne aus Sahne, die mit Milchsäurebakterien versetzt wird. Der (entscheidende) Unterschied liegt im Fettgehalt: die 38–40 % der Crème fraîche werden durch schonendes Wasserverdampfen erzielt. Wollen Sie selbst Crème fraîche herstellen, so vermischen Sie 250 ml (Schlag-)Sahne mit 5 ml Buttermilch und halten dies 1 Stunde lang auf einer Temperatur von 21° C. Dann müssen Sie die Flüssigkeit kühl stellen und haben nach ca. 12 Stunden Crème fraîche. Dieses Produkt eignet sich phantastisch sowohl für die kalte als auch für die warme Zubereitung, da es bei Erhitzen nicht ausflockt.

**›CRÈME D'ISIGNY‹** In Frankreich wird Crème fraîche von mindestens 30 Herstellern angeboten, ›Crème d'Isigny‹ ist eine davon. Da dies jedoch eine sehr gute Marke ist und da diese Crème fraîche einen Fettgehalt von 40 % hat, ist sie ziemlich bekannt und hin und wieder auch bei uns im Handel erhältlich. Leider werden in vielen modernen französischen (Koch-) Büchern sowie auch in Zeitschriften die Begriffe Crème fraîche (das gesäuerte Produkt) und frische Sahne (Crème fleurette also) durcheinandergeworfen – selbst von Meisterköchen.

In solchen Fällen muß man sich sehr gut auskennen, um herauszufinden, was tatsächlich gemeint ist: die ›süße‹ Sahne, die man steif schlagen kann (um sie beispielsweise in süßen Puddings und in anderen Nachspeisen zu verarbeiten), oder die gesäuerte echte Crème fraîche, die man sowohl in Suppen (zum Binden) und Saucen, aber auch in herzhaften und süßen Torten (ähnlich wie Mascarpone) verwenden kann.

Man kann sich an die folgende vereinfachte Regel halten: Steht in einem französischen Text, daß die Sahne steifgeschlagen (fouetter) werden muß, dann ist Crème fleurette (bzw. Schlagsahne) gemeint, denn Crème fraîche kann man nicht steif schlagen. Wird die Crème fraîche nur glattgerührt oder mit Eiern verquirlt verwendet, so ist Crème d'Isigny (oder eine andere Crème-fraîche-Marke) gemeint.

**CRÈME DOUBLE** Wenn die Franzosen von Crème double sprechen, meinen sie eine Crème fraîche mit einem Fettgehalt von 45 %. Der Unterschied zwischen Crème fraîche und Crème double liegt also lediglich im Fettgehalt.

**MASCARPONE** ist eine italienische Version einer Double Cream mit einem Fettgehalt von 60 %. Mascarpone ist sozusagen eine Mischung aus Frischkäse und Crème fraîche.

**DOUBLE CREAM** Wenn in einem Rezept Double Cream vorkommt, können Sie also ebensogut den bei uns überall erhältlichen Mascarpone verwenden. Double Cream ist lediglich etwas weniger fest.

**SINGLE CREAM** Die englische Single Cream ist gar nicht so ›single‹, denn sie ist mit unserer (Schlag-) Sahne vergleichbar.

**CLOTTED CREAM** ist auch als **DEVONSHIRE CREAM** bekannt. Sie wird aus nicht-entrahmter Milch (also direkt von der Kuh) hergestellt. Man schüttet dazu die Milch in weite Behälter und wartet dann, bis sich der Rahm absetzt. Dann wird die Milch mit der Rahmschicht im Wasserbad ca. 1½ Stunden auf 80° C erhitzt. Früher stellte man die Behälter irgendwo an einen warmen Ort in der Nähe des Herdes und ließ sie dort viele Stunden lang stehen. Nach dem Abkühlen schöpft man die dicke gelbe oberste Rahmschicht mit einem flachen Löffel ab: Das ist die Clotted Cream oder Devonshire Cream mit einem Fettgehalt von 55 %. (Mit Flaschen- oder Tütenmilch ist dies nicht möglich!)

**QUARK / FROMAGE FRAIS / PLATTE KAAS** entsteht aus Magermilch, die man, nachdem man sie mit Milchsäurebakterien geimpft hat, austropfen läßt und dann durchrührt.

Quark enthält mehr Säurewecker (Milchsäurebakterien) als Gerinnungsmittel (Lab). Die Käse-Rohmasse (der Käsebruch) wird nicht geschnitten, um Klumpenbildung zu vermeiden. Kleine Schwankungen in der Zubereitung wie:

- Temperaturunterschiede während der Säuerung,
- unterschiedlich lange Säuerungszeiten
- und unterschiedliche Mengen des zugefügten Säuerungsmittels

haben zur Folge, daß der französische Fromage frais und der belgische Platte kaas anders schmecken als unser Quark.

Da entrahmte Milch benutzt wird, hat der Quark einen Fettgehalt von unter 10 % Fett in der Trockenmasse. Für jede weitere (höhere) Fettstufe muß Sahne zugesetzt werden. Halbfetter Quark hat einen Fettgehalt von mindestens 20 % Fett i. Tr., Quark der Vollfettstufe hat einen Fettgehalt von mindestens 45 % Fett i. Tr., und Sahnequark (Rahmstufe) enthält mindestens 50 % Fett i. Tr.

**JOGHURT** Durch die Aktivität spezieller Milchsäurebakterien in der Milch entstehen verschiedene Sorten von Joghurt, die sich in ihrer Konsistenz und in ihrem Fettgehalt unterscheiden. Im Handel sind: Trinkjoghurt und stichfester Joghurt sowie Magermilchjoghurt bzw. Joghurt aus entrahmter Milch (höchstens 0,3 % Fett), fettarmer Joghurt (1,5–1,8 % Fett), Vollmilchjoghurt (mindestens 3,5 % Fett) und Sahnejoghurt (mindestens 10 % Fett). Bulgarischer Joghurt wird hergestellt, indem man Milch vor der Säuerung auf zwei Drittel ihres ursprünglichen Volumens eindampft.

**FROMAGE BLANC** Dieser Frischkäse wird aus pasteurisierter magerer Kuhmilch hergestellt, die man ein paar Stunden lang säuern läßt. (Die Säuerungszeit ist in jedem Fall länger als bei Käsearten, die längere Zeit reifen.) Man schneidet die Rohmasse sehr vorsichtig und läßt sie dann 48 Stunden lang ruhen. Danach läßt man den Käse 3–4 Stunden lang abtropfen und füllt ihn dann in Plastikschalen ab. Den fertigen Käse bewahrt man in etwas Molke auf.

**COTTAGE CHEESE/HÜTTENKÄSE** Bei der Herstellung dieses Frischkäses wird dickgelegte Magermilch unter Rühren erwärmt, wobei sich das Eiweiß zu reiskorngroßen Körnern zusammenballt. Nach der Ruhezeit wäscht man die Masse mehrfach in immer kälterem ungesäuertem Wasser. Schließlich vermischt man die Käsekörner mit gesalzener Sahne.

**LAB** ist ein Ferment, das aus dem Magen von Kälbern gewonnen wird. Man verwendet es, um bei der Käseherstellung die Milch gerinnen zu lassen, ohne sie zu säuern. Heute werden vermehrt auch von Mikroorganismen produzierte sogenannte Labaustauschstoffe eingesetzt.

**VEGETARISCHER KÄSE** wird mit Hilfe eines Ferments hergestellt, das aus wilden Disteln gewonnen wird.

**ALS FRISCHKÄSE BEZEICHNET MAN AUSSERDEM KÄSESORTEN WIE** ›MonChou‹, ›Boursin‹, ›Bressot‹, ›Crameû‹, ›Maquée de Campagne‹ und ›Maquée à la crème‹, ›Maredsous‹, ›St. Moret‹ und ›Philadelphia‹. Alle diese Sorten haben einen unterschiedlichen Fettgehalt, und einigen sind Kräuter und/oder Knoblauch zugesetzt.

**RICOTTA** ist ein phantastischer ›Kochkäse‹ – ein italienischer frischer, magerer Käse (mit nur 4–10 % Fett), der aus Molke gewonnen wird. Achten Sie beim Kauf darauf, daß man Ihnen keinen ›Ricotta salata‹ verkauft. Das Produkt muß sehr weiß sein und fast so weich wie steife Schlagsahne, jedoch körniger.

**MOZZARELLA** ist ebenfalls ein frischer, ungereifter Käse, der ursprünglich aus Büffelmilch hergestellt wurde, heute jedoch meist aus Kuhmilch gemacht wird.

**MAIKÄSE** oder **GRASKÄSE** Diese köstliche holländische Käsesorte ist genau wie Mozzarella ein ungereifter Käse mit einem Fettgehalt von 45–48 % i. Tr.

**FETA** ist ein griechischer Käse mit einem Fettgehalt von 45–60 % i. Tr. Man unterzieht ihn einer leichten Reifung in einem Pökelbad, woher der salzige Geschmack rührt. Ist Ihnen dieser zu stark, so können Sie den Feta etwas milder machen, indem Sie die Käsestücke in Milch legen – aber nicht zu lange, denn sonst wird der Käse (zu) aufgeweicht.

## Vinaigrettes und andere Dressings

Die einfachste Vinaigrette entsteht, wenn man Öl mit Essig, Salz, Pfeffer, einer Prise Zucker und Gewürzen nach Wahl verquirlt. Am besten verwendet man natürlich frische Kräuter, doch im Winter wird man wahrscheinlich häufig auf getrocknete oder tiefgefrorene Kräuter zurückgreifen müssen. Ich selbst ziehe in jedem Fall tiefgefrorene den getrockneten Kräutern vor; das gilt vor allem für Basilikum, das getrocknet kaum noch Aroma hat, wohingegen frisch zerbröckelte gefrorene Blättchen einen sehr intensiven Geschmack haben. (Sie im Sommer locker aufeinandergelegt in Tiefkühldosen zu verpacken, ist keine große Mühe, gemessen an dem Genuß, sie im Winter zur Verfügung zu haben.)

**Öle und Essige** Man kann die Vinaigrette verfeinern, indem man ein aromatisches Öl verwendet (sehr gutes Olivenöl, Kürbiskernöl, verschiedene Arten von Nußöl, mit Trüffeln aromatisierte Öle, Öl aus geröstetem oder ungeröstetem Sesam, das man mit einem geschmacksneutralen Öl wie Traubenkernöl oder Sonnenblumenkernöl vermischt) und/oder einen außergewöhnlichen Essig dazugibt.

Wertvolle Essige sind ein guter Rotweinessig, ein schöner voller Sherry-Essig, natürlich ein Balsamico und für warme Saucen ein Himbeeressig.

Meine Devise ist: »Je mehr Ölsorten, um so mehr Abwechslung«, aber bei den Essigen reichen mir die vier aufgeführten. Wenn ich Estragonaroma haben möchte, würze ich das Gericht mit Estragon, statt Estragon-Essig zu verwenden, und wenn ich den süßlichen Geschmack von Mango brauche, dann nehme ich die kleingewürfelte oder pürierte Frucht, auf keinen Fall Mango-Essig. Zum Einlegen von Früchten oder Gemüse eignet sich Apfelcidre-Essig sehr gut, und für süß-sauer Eingelegtes ist ein nicht allzu kostspieliger Malzessig schmackhafter als normaler ›Einmachessig‹.

**Mit Kräutern und Kräuterblüten** Sehr beliebte Salat- bzw. Vinaigrette-Würzkräuter sind natürlich Petersilie und Schnittlauch und heute sicherlich auch die Schnittlauchblüten – obgleich ich sie nicht so gern kleingeschnitten in der Vinaigrette sehe, sondern lieber die auseinandergezupften Blüten über den Salat streue.

Basilikum mit Origano ist eine bewährte italienische Gewürzkombination; statt des wildwachsenden Dosts (*Origanum vulgare*) können Sie aber auch den ›zahmen‹ einjährigen Majoran (*Origanum majorana*) verwenden. Auch die fröhlich violetten Majoranblümchen eignen sich für die Vinaigrette oder zur Verwendung im Salat.

Wo man früher mit winzigen Mengen gehackter Thymianblätter würzte, kann man jetzt großzügige Mengen Thymianblüten nehmen, und auch wenn Rosmarin nicht als Salatkraut gilt – eine Zugabe von zartblauen Rosmarinblüten ist nicht zu verschmähen.

Dunkelviolette Gundermannblüten werden in einer Vinaigrette durch die Säure heller (siehe Seite 11), und Salbeiblüten reagieren ebenso, bleiben aber schmackhaft. Ich finde es jedoch hübscher, die frischen Blüten über den Salat zu streuen, und gebe zur Unterstützung des spezifischen Aromas lieber kleine Mengen des kleingeschnittenen Krauts in das Dressing.

Die Blütendolden des Selleries schmecken überraschend gut, und sie sind außerdem sehr dekorativ. Für den Dill und seine Blütendolden gilt das gleiche. Unter den Minzen ist die Lavendelminze (*Mentha* × *piperita* var. *citrata*) sehr zu empfehlen, und sie läßt sich mit ihren aromatischen Blättern und Blüten auch in (Obst-)Salaten verwenden. Daneben sind außer Grüner Minze (Spearmint – *Mentha spicata* syn. *Mentha viridis*) auch Edelminze (*Mentha gentilis*) und andere Minzen von den Seiten 152/153 geeignet für geschmackliche Experimente. Die Blüten von Petersilie, Liebstöckel, Estragon und Sauerampfer sind unangenehm im Geschmack und in der Konsistenz, weshalb für die Vinaigrette nur die grünen Blätter in Frage kommen. Indem man immer wieder andere Kombinationen aus den genannten Kräutern zusammenstellt, kann man unendlich viele Geschmacksvariationen kreieren.

**Meine Lieblings-Vinaigrette** Diese Vinaigrette ist nicht nur köstlich in Salaten, sondern auch zu Artischocken oder Avocados als Vorspeise.

Drücken Sie eine große Knoblauchzehe und die dreifache Menge rohe Zwiebel durch eine Knoblauchpresse. Rühren Sie 1–1½ Eßl. guten Senf (vielleicht eine Sorte mit grünem Pfeffer) darunter, ½–1 Teel. Zucker oder einen Schuß konzentrierten Holunderblütensirup und Salz nach Geschmack. Verrühren Sie die Zutaten zu einer Paste, die Sie dann verdünnen, indem Sie nach und nach jeweils 1 Eßl. Essig auf 3 Eßl. Öl unterrühren. Ich nehme meist 2 Eßl. geschmacksneutrales Öl (Traubenkernöl beispielsweise) auf 1 Eßl. Öl mit einem etwas ausgeprägteren Geschmack. Dazu kann man immer wieder andere Öle verwenden, damit die Vinaigrette im Geschmack variiert. Rühren Sie jedesmal, wenn Sie Öl und Essig hinzugefügt haben, gut durch, und fahren Sie mit dem Verdünnen fort, bis Sie die gewünschte Menge und die gewünschte Konsistenz haben.

Am Schluß mischen Sie eine Kombination frisch gehackter Kräuter Ihrer Wahl (und eventuell Kräuterblüten) darunter – auch diese können Sie immer wieder anders zusammenstellen. Verwenden Sie auch gelegentlich Scheibchen von Schalotten oder von Frühlingszwiebeln.

Anmerkung: Wenn Sie nicht jeden Tag von neuem eine Vinaigrette zubereiten wollen, können Sie auch eine größere Menge der Basismischung ohne die frischen Kräuter herstellen. Im Kühlschrank aufbewahrt, steht sie Ihnen eine Woche lang immer wieder zur Verfügung.

**Speck-Vinaigrette** Braten Sie für eine große Schüssel Salat 250 g sehr klein gewürfelten mageren Räucherspeck aus. Lassen Sie das Speckfett abkühlen, jedoch nicht erstarren, und bereiten Sie eine Vinaigrette wie beschrieben zu (oder eine einfachere Vinaigrette), doch in diesem Fall natürlich ohne Öl. Lassen Sie das Dressing mindestens 30 Minuten an einem nicht zu kalten Ort durchziehen.

Diese Vinaigrette ist vor allem sehr schmackhaft zu leicht bitteren Salaten aus Chicoree, Endivie und/oder Löwenzahn, Zutaten, die Sie nach Geschmack noch mit Gänseblümchen, Primeln und/oder Gundermannblüten anreichern können.

Anmerkung: Wenn Sie die Vinaigrette lieber wie gewöhnlich mit Öl, statt mit dem ausgelassenen Fett des Specks zubereiten wollen, können Sie auch hauchdünne Scheiben durchwachsenen, leicht geräucherten Speck knusprig ausbacken, etwas abkühlen lassen und dann ›zerbröselt‹ mit der Vinaigrette vermischen oder über den Salat streuen. Ein paar Löffel geröstete Pinienkerne sind dazu eine köstliche Ergänzung.

**Salsa verde** Dieses grüne italienische Dressing gehört eigentlich zu Salaten mit Fisch oder Hühnerfleisch, es schmeckt jedoch auch hervorragend zu grünen Salaten (mit oder ohne Zusatz von Fisch oder Huhn).

Die echte Salsa verde ist von recht ›kompakter‹ Konsistenz. Sie benötigen 1 Eßl. Kapern, 1 Sardellenfilet (durch Einweichen in Milch etwas entsalzt), 1 Schalotte, 1 Knoblauchzehe, 1 Eßl. Petersilie und 1 Eßl. Basilikum. Diese Zutaten werden zunächst fein gehackt und anschließend gründlich miteinander verrührt. Schließlich verdünnen Sie diese Paste mit 3 Eßl. Olivenöl und dem Saft von einer Zitrone (oder von 2 Limetten).

**Dressing auf der Basis von saurer Sahne oder (bulgarischem) Joghurt** Ein Dressing für grüne Salate, Salate mit Obst oder mit Fleisch, Fisch oder Geflügel können Sie natürlich auch sehr gut auf der Basis eines Bechers saurer Sahne oder bulgarischen Joghurts zubereiten und dann nach Geschmack Zitronensaft, Holunderblüten- oder Akaziensirup, Honig, Knoblauch und Kräuter hinzufügen.

**Mayonnaise** Eine andere Ausgangsbasis für ein Dressing ist Mayonnaise, doch sollte man dazu möglichst keine fertig gekaufte verwenden. Wer eine Küchenmaschine besitzt, für den wird die Herstellung einer einfachen Mayonnaise auf die Dauer zur Routine; aber auch ohne Maschine ist sie eigentlich im Handumdrehen herzustellen.

Für das Grundrezept brauchen Sie 2 Eigelb mit 1 Eßl. Zitronensaft oder Essig, 1 Teel. Senf, Salz nach Geschmack und 2 Eßl. Öl. Geben Sie die Zutaten für eine Minute in den Mixer (mit Hackmesser). Gießen Sie dann in einem sehr dünnen Strahl (durch die kleinere Öffnung) 250–300 ml Öl hinzu.

Unnötig zu erwähnen, daß man mit Zitronensaft ein anderes Ergebnis erhält als mit Essig, und auch die verschiedenen Ölsorten bewirken geschmackliche Unterschiede. Weitere Variationen erreichen Sie, indem Sie Knoblauch, Schalotten und alle Kräuter, die Ihnen nur in den Sinn kommen, hinzufügen.

Wenn Sie Kräuter verwenden, sollten Sie sie gleich zu Beginn dazugeben, so daß sie schon von Anfang an mit den übrigen Zutaten vermischt werden. Soll das Dressing grobere Stücke enthalten (Walnüsse, Apfelstücke oder Knollensellerie beispielsweise), dann legen Sie die vorgehackten Zutaten auf die fertig gerührte Mayonnaise und mischen sie mit der Impuls-Einstellung kurz unter.

## Verzuckern

Das Verzuckern von Blüten erfordert viel Geduld, ist jedoch ansonsten nicht so schwierig, wie es auf den ersten Blick wirken mag.

Sie schlagen Eiweiß mit einer Gabel etwas auf und pinseln die Blüten und Blätter von allen Seiten sorgfältig, aber sehr dünn damit ein. Lassen Sie überschüssiges Eiweiß auf jeden Fall abtropfen. Sie können auch Gummi arabicum verwenden, das mit Wasser leicht verdünnt wird.

Bestreuen Sie anschließend die Blüten oder Blättchen von allen Seiten gewissenhaft mit sehr feinem Kristallzucker (bzw. sehr feinem Tafelzucker), und schütteln Sie ein eventuelles Zuviel wieder ab. Nehmen Sie keinen Puderzucker, denn dadurch könnten Ihre Blüten am Ende unansehnlich stumpf werden. Und glauben Sie nicht, Sie könnten gewöhnlichen Kristallzucker in der Mühle feinmahlen: Wenn Sie dies versuchen, erhalten Sie ebenfalls (eine Art) Puderzucker.

Heizen Sie den Backofen auf 50° C vor. Warten Sie, bis er diese Temperatur erreicht hat, und öffnen Sie erst dann die Ofentür, denn sonst heizt er sich immer weiter auf, weil er versucht, das ganze Zimmer auf 50° C

zu erhitzen – und dann wird es für die Blüten viel zu warm im Ofen.
Legen Sie Pergamentpapier oder Backpapier auf den Ofenrost, schalten Sie dann das Gebläse des Ofens ein, und verteilen Sie die Blüten auf das Papier.
Lassen Sie sie so lange im Ofen (wobei die Ofentür einen guten Spaltbreit offenstehen muß), bis sie in ihrer Zuckerhülle ganz trocken sind.
Für schön ›aufgeblühte‹ verzuckerte Exemplare benötigen Sie eine Reihe von Hilfsmitteln. Kleine Rosen und *Yucca*-Blüten gelingen beispielsweise auf Eierbechern sehr gut.
Löwenzahnblüten und andere gefüllte kleine Blüten stecken Sie am besten auf Zahnstocher und anschließend in trockenen Steckschaum. Blumen mit einem kräftigen Stengel oder Blütentrauben (von *Prunus padus* beispielsweise) werden besonders schön, wenn Sie den Stengel in eine leere (hölzerne) Garnrolle stecken.
Dicht gefüllte Blüten wie Rosen und die gefüllten *Papaver somniferum* können Sie auch sehr gut hängend trocknen. Stechen Sie einen metallenen Blumendraht durch den Stengelansatz der Blüte, biegen Sie diesen zu einem Häkchen um, und biegen Sie auch das andere Ende des Drahts um. Hängen Sie die Blüte damit (vorsichtig!) an den Stäben der Grillspirale auf . . . So trocknete ich die Rosen auf Seite 98/99 und die Mohnblüten auf Seite 128.
Schichten Sie verzuckerte Blüten zwischen Pergamentpapier in luftdicht verschließbare Blechdosen oder in Vorratsgläser, doch warten Sie nicht zu lange mit dem Verbrauch.

## Eis selbst machen

Eis in einer Eismaschine herzustellen, ist ganz und gar nicht schwierig, im allgemeinen ist es in 20 Minuten geschehen. Problematischer ist Eis mit steifgeschlagenem Eiweiß: Will man es im Gefrierfach machen, so muß man den Eischnee so steif wie möglich schlagen und dann unter die schon halbwegs gefrorene Masse heben. Für die Zubereitung in der Eismaschine sollte man das Eiweiß nur halbsteif schlagen, andernfalls dauert es zu lange, bis die Masse gefroren ist. Es ist zwar auch dann möglich, aber die Laufzeit der Maschine nach Hinzufügen des steifen Eischnees verlängert sich dann um wenigstens 20 Minuten!
Wird Eis in einer Schale in der Tiefkühltruhe oder im Gefrierfach des Kühlschranks zubereitet, so benötigt die Grundmasse viel Luft. Das beste Resultat erhalten Sie, wenn Sie 1 l Flüssigkeit zu 2 l Eismasse aufschlagen. (Dies kann man mit Schlagsahne oder Eiweiß oder mit einer Kombination von beidem erreichen.)
Bei unbewegtem Gefrieren reguliert der Zuckergehalt die Kristallbildung: Gibt man zu wenig Zucker hinzu, so erhält man grobe Kristalle und deshalb körniges Eis. Bei einem zu hohen Zuckergehalt sinkt der Gefrierpunkt, genau wie beim Hinzufügen von Alkohol. Je öfter man die Schale aus dem Gefrierfach nimmt und gut durchrührt, um so feiner wird das Eis.

## Weingelee

Bei der Zubereitung von Weingelee geht man von folgenden Verhältnissen aus: 2 Teile (süßen Weiß-) Wein auf 1 Teil auf beliebige Weise aromatisiertes Wasser, Zucker und Gelatine.
Sie können also beispielsweise Nelken oder Safran in 200 ml heißem Wasser ziehen lassen, dann mit 150–200 g Zucker süßen, die Flüssigkeit abseihen und anschließend sofort 18 vorher eingeweichte und ausgedrückte Blätter Gelatine (=30 g) hinzufügen. Rühren Sie, bis sich die Gelatine völlig aufgelöst hat, und gießen Sie dann mit 50 ml Zitronensaft und 500 ml Wein auf (ergibt insgesamt 750 ml Flüssigkeit). Auf dieser Grundlage können Sie variieren, indem Sie einen Schuß eines (starken) alkoholischen Getränks, Fruchtsäfte oder Honigsorten hinzufügen.

## Über Gelatine

Ich habe in den Rezepten immer Blattgelatine verwendet, doch man kann sie natürlich auch durch die entsprechende Menge Gelatinepulver ersetzen. 12 Blätter Gelatine wiegen 20 g.
Wenn Sie sichergehen wollen, daß Gelees, Cremes und Gelatinen auch wirklich fest werden, sollten Sie sich an folgende Mengenverhältnisse halten:
Für das Festwerden von (Pudding- bzw. Aspik-)Masse, die man stürzen will, benötigt man pro Liter
- Milch: 15 Blätter Gelatine
- halb Milch/halb Sahne bzw. Kochsahne: 12 Blätter Gelatine
- Buttermilch: 18 Blätter Gelatine
- Fruchtsaft; Bouillon: 18–21 Blätter Gelatine
- Fruchtkompott: 15–18 Blätter Gelatine
- Wasser, Likör, Most, Wein: 21–24 Blätter Gelatine

Wenn Sie Schlagsahne dazugeben, müssen Sie pro halben Liter Schlagsahne, die steifgeschlagen 1 Liter Volumen ergibt, 6 Blätter Gelatine rechnen.

## Beignet-Teig

Beignet-Teig, Ausbackteig, Fritierteig – dies alles sind Namen für den Teig, in dem Blüten und Blätter fritiert werden.
Die Grundlage für einen guten Beignet-Teig bilden 250 g Mehl (Type 405), 1 Eigelb, 1 Eßl. Öl (oder zerlassene Butter) und 200 ml Milch, Mineralwasser oder Bier. Rühren Sie diese Zutaten zu einem glatten Teig, unter den Sie kurz vor Gebrauch 2 steifgeschlagene Eiweiß ziehen.
Die angegebene Menge reicht für 20 große Blüten (Zucchiniblüten) oder Blütentrauben (*Acacia* oder *Hosta* beispielsweise) oder Blütenschirme (von Holunder) aus.
Für eine herzhafte Zubereitung können Sie das Grundrezept variieren, indem Sie verschiedene Gewürze hinzufügen: eine Prise Salz, frisch gemahlenen roten, grünen oder schwarzen Pfeffer, etwas Piment, Gewürznelken oder pulverisierten Safran. Auch das Öl, für das Sie sich entscheiden, kann den Geschmack beeinflussen.
Für eine süße Zubereitung bieten sich Zucker, Vanillezucker, gelegentlich auch etwas Zimt oder Safran an; Sie können Mineralwasser oder (helles) Bier verwenden, aber auch Tonic oder einen ›Cocktail‹ aus Selterswasser und Orangensaft bzw. (moussierendem) Weißwein mit einem Schuß weißem Wermut, Sherry oder Likör.
Auch das Mehl ist ein Geschmacksträger, mit dem Sie experimentieren können. Sie können verschiedene ›Mehlsorten‹ kombinieren, beispielsweise Weizenmehl und Speisestärke wie bei dem vietnamesischen Teig (siehe unten) oder Mehle mit unterschiedlichen Ausmahlungsgraden (je höher die Typenzahl, desto vollwertiger das Mehl). Sogar Buchweizenmehl, Kichererbsenmehl (oder Mehl von anderen Hülsenfrüchten) und Reismehl können verwendet werden (jedoch nur in Verbindung mit Weizenmehl, meist im Verhältnis 1:1).
Zum Fritieren wählen Sie am besten ein geschmacksneutrales Pflanzenöl. Ich bevorzuge Traubenkernöl, aber auch Sonnenblumenkernöl (meist fälschlich Sonnenblumenöl genannt) ist geeignet.
**VIETNAMESISCHER BEIGNET-TEIG** Für diesen Teig mischen Sie Weizenmehl (Type 405) und Speisestärke im Verhältnis 1:1. Auf 250 g Mehl nehmen Sie dann 1 Teel. Trockenhefe (oder ein halbes Päckchen Backpulver = 7,5 g), 2 Teel. Thymian(pulver) bzw. Rosmarin oder Sesam, ½ Teel. Paprikapulver (oder Piment), ½ Teel. Salz, 1 Eßl. Sesamöl, kein Eigelb, wohl aber 2 steifgeschlagene Eiweiß und als Flüssigkeit Bier oder Mineralwasser.
**TEMPURA-TEIG** ist sehr dünn und muß sehr kalt verarbeitet werden. Wollen Sie am Tisch Tempura zubereiten, so müssen Sie den Teig auf eine Schüssel mit Eiswürfeln stellen und ihn erst kurz vor Gebrauch zubereiten. Für den Teig rechnen Sie auf 250 g Mehl: 1 Eigelb, 1 Teel. Backpulver und 800 ml eisgekühltes Wasser.
**KARTOFFEL-BEIGNET-TEIG** Dies ist ein schöner kompakter Teig, mit dem man Gemüse und kräftigen Blüten (aber auch Garnelen usw.) einen schönen dichten Teigmantel geben kann. Sie pürieren 250 g mehligkochende, in Salzwasser gekochte Kartoffeln, vermischen das glatte Püree mit 200 g Weizenmehl (Type 405), 1 Teel. Salz und 250 ml Bier und ziehen zum Schluß 4 steifgeschlagene Eiweiß darunter. (Dieses Rezept fand ich in dem Buch »Kartoffel« von Bodo A. Schieren, und ich bin so begeistert von dem Ergebnis, daß ich das Rezept weitergeben möchte.)

## Andere Rührteige

**PFANNKUCHENTEIG** Der Standard-Pfannkuchenteig besteht aus 200 g Weizenmehl (Type 405), 2–3 Eiern und einer Prise Salz. Dies wird mit 500 ml Milch zu einem glatten Teig verrührt.
**HEFETEIG** Für einen einfachen Hefeteig lösen Sie 10 g Hefe in 350 ml lauwarmer Milch auf, würzen mit einer Prise Salz und arbeiten 200 g Weizenmehl (Type 405) darunter.
Durch Hinzufügen von Aromastoffen und Gewürzen oder durch Verwendung anderer Mehlsorten kann man natürlich ebenso viele Geschmacksvarianten wie beim Beignet-Teig erzielen.
**DÜNNE PFANNKUCHEN (PALATSCHINKEN)** Für sehr dünne Pfannkuchen verrühren Sie 100 g Mehl, 3 Eier, 1 Prise Salz und 500 ml Milch zu einem Teig. Sollen die Pfannkuchen etwas dicker werden, so nehmen Sie mehr Mehl und weniger Eier.
**DÜNNE OMELETT-HÜLLEN FÜR SUSHI-PÄCKCHEN** Die sehr dünnen Omelett-Hüllen zum Einwickeln bestimmter japanischer Sushis sind nicht schwer zuzubereiten. Rühren Sie 30 g Speisestärke mit 2 Teel. Salz und 50 ml Wasser glatt, und schlagen Sie sie anschließend unter 8 verquirlte Eier.
Ölen Sie eine Pfanne mit Antihaftbeschichtung (24 cm Durchmesser) ein, gießen Sie gerade so viel von dem verquirlten Ei hinein, daß der Boden bedeckt ist, backen Sie auf mittlerer Hitze, bis sich die Ränder des Omeletts abzulösen beginnen, und legen Sie das Omelett dann auf Pergamentpapier. Die Omelett-Hüllen müssen papierdünn sein! Die angegebenen Mengen sollten 10–12 Omeletts ergeben.

## Knetteig

**Won-ton-Hüllen** Diese Teighüllen zum Einwickeln der gedämpften chinesischen **Dim sum** sind in den meisten asiatischen Lebensmittelgeschäften unter dem Namen Won-ton-Hüllen fertig zu kaufen, und zwar genau wie Blätterteig tiefgefroren und ca. 10 × 10 cm groß.
Wenn Sie sie dennoch selbst machen wollen, dann kneten Sie einen Teig aus 250 g gesiebtem Weizenmehl (Type 405), 1/2 Teel. Salz, 1 verquirlten Ei und ca. 50 ml Wasser. Rollen Sie diesen Teig 1,5 mm dünn aus, und schneiden Sie daraus Quadrate von 10 × 10 cm oder Kreise mit einem Durchmesser von 8–9 cm. Die angegebenen Mengen ergeben ca. 50 Hüllen.
Zum Formen der sogenannten Bettelsäckchen benötigen Sie Teighüllen von 15 × 15 cm. Sie legen eine kleine Menge Füllung in die Mitte jedes Teigquadrats, nehmen die Ränder über der Füllung zusammen und formen sie zu ›Säckchen‹, die Sie mit Schnittlauchhalmen zusammenbinden. (Schnittlauchhalme werden geschmeidiger, wenn man sie ein paar Sekunden lang in heißes Wasser legt.) Diese Bettelsäckchen können Sie mit einer Füllung Ihrer Wahl dämpfen.
**Galettes de riz / Reishüllen** Man bekommt sie fertig zubereitet in asiatischen Lebensmittelläden.
In Thailand heißen sie Bânh Tráng, und auch sie sind ideal für Dim sum, fritierte Frühlingsrollen oder andere fernöstliche Leckerbissen.
Diese aus Reismehl hergestellten Teighüllen sind 15 × 15 cm groß und werden getrocknet angeboten. Um sie weiterverarbeiten zu können, bedecken Sie sie 1 Minute lang mit einem feuchten Tuch.
**Ravioli** können Sie sehr leicht selbst machen, indem Sie von den genannten Won-ton-Hüllen ausgehen (auch wenn Pasta-Teig strenggenommen eine etwas andere Zusammensetzung hat – siehe unten) und diese in 5 cm große Quadrate oder andere Figuren zerschneiden.
Die Hälfte der Teigquadrate mit etwas Füllung belegen, die anderen Quadrate darauflegen und die Ränder gut andrücken (eventuell mit etwas Wasser oder verquirltem Eiweiß; falls Sie den Ravioli-Teig selbst herstellen wollen, dürfen Sie den Teig beim Ausrollen nicht mit Mehl bestäuben, denn sonst kleben die beiden Teighälften nicht aneinander).
Im Handel sind auch spezielle Ravioli-Bretter mit viereckigen Höhlungen: Sie legen das Brett mit einer Teiglage aus, geben in jede Höhlung etwas von der Füllung und bedecken alles mit einer zweiten Teiglage. Wenn Sie dann mit der Teigrolle darüberfahren, sorgen die erhöhten Zickzacklinien zwischen den Vierecken dafür, daß die Teiglagen zu einzelnen gezackten Ravioli-Päckchen zerteilt werden.
Mit ein wenig Geschicklichkeit gelingt Ihnen dieser Rand auch mit einem Teigrädchen, und so können Sie die Größe der Päckchen selbst bestimmen.
**Ravioli-Teig / Tagliatelle-Teig / Pasta-Teig** Verkneten Sie 500 g Mehl mit 4 großen Eiern, 10 g Salz und 2 Eßl. (Oliven-)Öl zu einem festen Teig, den Sie 2 Stunden lang unter einem feuchten Tuch ruhen lassen. (Eventuell können Sie eines oder mehrere der Eier durch Wasser ersetzen – pro Ei ca. 35 ml Wasser.) Rollen Sie den Teig, ohne ihn mit Mehl zu bestäuben, 1,5 mm dünn aus, und bereiten Sie daraus Ihre Ravioli, Tagliatelle oder anderen Pasta-Formen.
**Gefärbte Pasta** Mit gefärbtem Tagliatelle- oder Lasagne-Teig läßt sich sehr schön arbeiten, und Pasta-Teig zu färben, ist überhaupt nicht schwierig, wenn Sie dies in Ihrer Küchenmaschine oder sogar in einer Pasta-Maschine machen. Die gefärbte Pasta, die vorgegartes Gemüse und weniger Eier enthält, ist ca. 2 Minuten früher gar als naturfarbene Pasta.
**Spinat-Pasta** Dämpfen Sie 250 g Spinatblätter (die Blattrippen entfernt), lassen Sie sie sehr gut abtropfen, pürieren Sie sie, und verkneten Sie sie dann mit 2 Eiern und 500 g Mehl zu einem Teig.
**Brennessel-Pasta** Brennesseln sind etwas aromatischer als Spinat und geben weniger Flüssigkeit ab, so daß ein fester, gut ausrollbarer Teig entsteht. Nehmen Sie 125 g Brennesselspitzen von ausschließlich jungen Pflanzen, dämpfen und pürieren Sie sie, und verkneten Sie sie dann mit 500 g Mehl und 3 Eiern zu einem Teig.
**Tomaten-Pasta** Für diese hellrote Pasta nehmen Sie 80–90 g Tomatenmark (konzentriert aus einer Dose oder Tube) auf 500 g Mehl und 2 Eier.
**Rote-Bete-Pasta** Dieser Pasta-Teig hat eine schöne weinrote Farbe, die beim Kochen etwas heller wird. Sie nehmen auf 500 g Mehl 2 Eier und 80–90 g geschälte, ungekochte und pürierte rote Bete.
**Möhren-Pasta** Dämpfen Sie 250 g Möhren, pürieren Sie sie, und verkneten Sie sie mit 500 g Mehl und 2 Eigelb zu einem Teig.
**Artischocken-Pasta** Dämpfen Sie 3 Artischockenherzen, pürieren Sie sie, und verkneten Sie sie mit 500 g Mehl und 2 Eiern zu einem Teig.
**Frische-Kräuter-Pasta** Nehmen Sie auf 500 g Mehl 100 g sehr fein gehackte Kräuter und 3 Eier.
**Gewürzpasta** Rechnen Sie auf 500 g Mehl 4 Eier, 1/2 Teel. Gelbwurz (Kurkuma), 1/2 Teel. (süßes) Paprikapulver und 2 Eßl. gemahlenen Mohnsamen (durch das Vermahlen wird das Aroma besser erschlossen). Verkneten Sie die Zutaten mit 1–2 Eßl. (Oliven-)Öl zu einem schön gesprenkelten Teig.

Anmerkung: Allen diesen gefärbten Pasta-Teigsorten können Sie nach Bedarf und Geschmack 1–2 Eßl. (Oliven-)Öl oder anderes aromatisches Öl hinzufügen.

## Bouillon und Fond

Ein Fond entsteht gewöhnlich durch Einkochen einer guten Bouillon und wird meist als Grundlage für Suppen und Saucen verwendet. Für Suppen kann man die Bouillon nicht oder nur wenig reduziert (beispielsweise von 4 auf 3 l) verarbeiten. Zum Aromatisieren von Saucen wird die Flüssigkeitsmenge bis auf ein Viertel eingekocht.
Bouillon läßt sich ebenso wie ein für Saucen eingekochter Fond ausgezeichnet einfrieren: Bouillon sollten Sie am besten in Literdosen oder Litertüten (Menge für 4 Personen) einfrieren, Fond erst in Eiswürfelschalen gefrieren lassen und dann in Dosen füllen, denn man braucht für die Zubereitung einer Sauce nur eine sehr kleine Menge des konzentrierten Fonds.
In jede Bouillon oder in jeden Fond gehört **Gemüse** – traditionsgemäß verwendet man natürlich Lauch, (Winter-)Möhren, Zwiebeln, Knollensellerie und Schalotten; für einen Fischfond, der auch weniger stark reduziert schon einen ausgeprägten Geschmack besitzt, eignen sich Staudensellerie und Fenchelknollen als zusätzliche Ingredienzen und auch ein paar Dillstengel.
Damit sind wir bei den **Gewürzkräutern:** Gewöhnlich gehört ein Bund Petersilie dazu, ebenso Schnittsellerie, Gewürznelken, Pfefferkörner, Wacholderbeeren – sehr lecker sind außerdem Salbei, Thymian und Rosmarin, Liebstöckel (Sie können ebenso wie beim Fenchel die Stengel mitverwenden), Piment, ›quatre épices‹ (Schwarzkümmel – die Samen von *Nigella sativa*), und schließlich fügt man noch etwas Salz hinzu, am besten erst, wenn der Fond weiterverarbeitet wird, denn die anderen Bestandteile der Sauce können ja auch schon Salz enthalten.
**Fleischbouillon** Dazu nehmen Sie Suppenknochen und kräftiges Muskelfleisch, entweder vom Rind, was einen etwas intensiveren Geschmack ergibt, oder vom Kalb. Für 4 l Wasser brauchen Sie ca. 1 kg Suppenknochen und 2 kg Fleisch (vom Rind) – für eine helle Kalbsbouillon können Sie 1 kg Kalbsknochen und 2 kg Suppenfleisch nehmen. Wenn Sie den Geschmack von Geräuchertem mögen, fügen Sie vielleicht ein paar Stücke Räucherspeck hinzu.
Wollen Sie einen dunklen Rinderfond, so stellen Sie die zerhackten Knochen und in Stücke geschnittene Zwiebeln in einer Kasserolle 20 Minuten lang in den Ofen, den Sie auf 225° C vorgeheizt haben.
**Geflügelbouillon** bereiten Sie am besten auf der Grundlage von Karkassen (Gerippe) zu, die jeder Geflügelhändler übrigbehält, wenn er Hühnerschenkel und Hühnerbrustfilet schneidet. Es können auch Füße und Flügel dabei sein. 4 kg Karkassen auf 4 l Wasser ergeben eine kräftige Bouillon.
**Fischfond** Auch hierfür verwenden Sie die ›Abfälle‹: Gräten, Köpfe und Schwänze verschiedenster Fische, die Sie bei Ihrem Fischhändler bekommen. Rechnen Sie auch diesmal 4 kg auf 4 l Wasser.
**Aspik** erhalten Sie, wenn Sie eine vollständig entfettete Kalbs- oder Geflügelbouillon mit der entsprechenden Menge Gelatine binden.
**Court bouillon** Das ist eine Gemüsebouillon, in der Gemüse (noch) schmackhafter wird, die man aber auch sehr gut als Grundlage für (vegetarische) Suppen und Saucen verwenden kann. Eine Court bouillon können Sie auch aus Gemüse-›Abfällen‹ zubereiten: den äußeren Blättern von Rosenkohl (oder anderem Kohl) beispielsweise, den holzigen Stücken von Spargel, den Hülsen von Erbsen usw.
Rechnen Sie 2 kg Gemüse auf 4 l Wasser, und nehmen Sie ein aromatisches Öl, in dem Sie das Gemüse vorher eventuell kurz ansetzen.
Bei allen Arten von Bouillon und Fond kann man den Geschmack durch Hinzufügen von (Weiß-)Wein verfeinern oder variieren. Nehmen Sie dazu (mindestens) 750 ml Wein auf 4 l Wasser.
Zuerst setzen Sie das Fleisch und die Knochen (bzw. die Karkassen oder Gräten) in 4 l (kaltem!) Wasser auf. Bringen Sie das Ganze zum Kochen, und schöpfen Sie den Schaum, der sich bildet, sorgfältig ab. Dies ist sehr wichtig, denn sonst wird die Bouillon oder der Fond trüb und muß aufwendig mit Eiweiß und (eventuell mehreren) Filtergängen geklärt werden. Schöpfen Sie so lange ab, bis sich kein Schaum mehr bildet, und fügen Sie erst dann das Gemüse und/oder die Kräuter hinzu.
Bringen Sie alles erneut zum Kochen, und lassen Sie dann die Bouillon bei sehr schwacher Hitze ohne Deckel 4 Stunden lang ziehen. (Die Flüssigkeit muß in Bewegung bleiben, ohne jedoch sprudelnd zu kochen.) Gießen Sie die Bouillon bzw. den Fond dann durch ein feines Sieb (am besten durch ein Sieb mit einem Nesseltuch darin), und lassen Sie ihn – falls Sie einen konzentrierten Fond haben wollen – noch weiter eindampfen.
In manchen Kochbüchern steht, Fischfond dürfe nicht länger als 20 Minuten ziehen, weil er sonst bitter würde, doch meiner Meinung nach gehört diese Behauptung in das Reich der Phantasie! Da die Gräten so dünn sind, ist ihnen der gesamte Geschmack jedoch nach ungefähr 2 Stunden völlig entzogen, weshalb in diesem Fall keine 4stündige Kochzeit erforderlich ist.

# Pflanzenregister

# Rezeptregister

### VERZUCKERTES



### VORSPEISEN



## *Abbildungsnachweis*

A. BÄRTELS (Deutschland) Seite 178

MARIJKE HEUFF (Amsterdam) Seite 191 unten

WILLY HEUYSDENS (Kalmthout) Seite 9, 31 rechts, 32 rechts, 52 oben

JEAN-PIERRE LEBAILLY (Brüssel) Seite 190 rechts

BERTRAND LIMBOUR (Brüssel) Seite 146/147, 157, 169 oben, 176 rechts, 177 oben, 181 links, 182, 184

»PLANT PICTURES WORLD WIDE« (Haarlem) Seite 40 unten, 41, 115 rechts oben und unten, 183, 185 oben rechts, 192

SCALA (Florenz) Seite 4, 83, 98, 110

ANTON SCHLEPERS (Prionatuinen – Schuinesloot/Slagharen) Seite 8 rechts, 11 oben, 48 rechts unten, 49, 52 unten, 107 rechts, 181 rechts

DIANE VAN STRYDONCK – DE BELDER (Kalmthout) Seite 17 rechts, 24 links unten und rechts oben, 25 oben und unten, 28 oben und unten, 36, 37 unten, 40 oben, 103 unten, 127 oben, 191 oben

»THE GARDEN PICTURE LIBRARY« (London) Seite 189 oben, 190 links

Alle übrigen Fotos (224) stammen von Rudolf Bom (Lienden).

Seite 4
Christian Berents (1658–1720), Stilleben mit Blumen, Früchten und Gemüse, Rom, Galleria Nazionale di Arte Antica

Die Deutsche Bibliothek – CIP-Einheitsaufnahme
Der **Geschmack von Blumen und Blüten**: eine kulinarische Entdeckungsreise / Elisabeth de Lestrieux; Jelena de Belder-Kovačič. Fotogr.: Rudolf Bom u. a. [Aus dem Niederländ. von Hildegard Höhr und Theo Kierdorf]. – Köln: DuMont, 1993
Einheitssacht.: De smaak van bloemen ‹dt.›
ISBN 3-7701-2972-5
NE: Lestrieux, Elisabeth de; Bom, Rudolf; Höhr, Hildegard [Übers.]; EST

Aus dem Niederländischen von Hildegard Höhr in Zusammenarbeit mit Theo Kierdorf
Das Manuskript wurde durchgesehen von Prof. Dr. Dietrich Frohne, Universität Kiel

Titel der niederländischen Ausgabe: De Smaak van bloemen, De verfijnde kunst van het koken met bloemen

Satz der deutschen Ausgabe: Fotosatz Froitzheim, Bonn
Printed in the Netherlands

ISBN 3-7701-2972-5